Katherine Mansfield:
Tagebuch
Vollständige Ausgabe

Herausgegeben und übersetzt
von Max A. Schwendimann

W0222404

Deutscher
Taschenbuch
Verlag

dtv

Von Katherine Mansfield
ist im Deutschen Taschenbuch Verlag erschienen:
The Garden-Party and other Stories (9136)

Ungekürzte Ausgabe
1. Auflage April 1979
2. Auflage März 1981: 11. bis 16. Tausend
Deutscher Taschenbuch Verlag GmbH & Co. KG,
München
Lizenzausgabe mit freundlicher Genehmigung der
Deutschen Verlags-Anstalt GmbH, Stuttgart
ISBN 3-421-01723-9
Titel der englischen Originalausgabe:
›Journal of Katherine Mansfield‹ (Constable & Co. Ltd., London 1954, 2. Aufl. 1962)
Umschlaggestaltung: Celestino Piatti
Gesamtherstellung: C.H. Beck'sche Buchdruckerei,
Nördlingen
Printed in Germany · ISBN 3-423-01401-6

Das Buch

Kathleen Beauchamp ist vierzehn Jahre alt, als sie ihre Heimat Neuseeland verläßt, um in das Queen's College in London einzutreten. Ein Jahr später beginnen ihre Aufzeichnungen, in denen sie ihre Wünsche, Hoffnungen und Sehnsüchte festhält. Die Tagebucheintragungen, flüchtigen Notizen, Randbemerkungen zu den von ihr gelesenen Büchern, Briefentwürfe und Erzählskizzen beschreiben den äußeren und vor allem den inneren Lebensweg dieser bemerkenswerten Frau, die als Schriftstellerin unter dem Namen Katherine Mansfield bekannt ist und deren Erzählungen zu den Meisterwerken moderner Dichtung gehören. »Ihr Tagebuch ist ein hemmungsloses Ich-Buch, widersprüchlich, zerrissen wie die Schreiberin, enthusiastisch und deprimiert, furios und zärtlich, ängstlich und forsch, fordernd und geduldig, voller Qual und Zuversicht, Depression und Hoffnung. Es ist das Seismogramm einer so radikalen wie sensiblen Ich-Erkundung, ist nicht etwa narzißtische Selbstdarstellung, sondern notwendige, durch Leiden erzwungene, im Protokoll überprüfbar gehaltene Selbsterfahrung. Darum wirkt das Buch so unmittelbar, so authentisch. Darum ist es, wiewohl die Autorin kein Hehl daraus macht, daß sie sich ihrer Bedeutung bewußt ist, diskreter als die distanzierten Ich-Berichte unserer zeitgenössischen Tagebuchschreiber, die sich als Zeugen der Zeit verstehen, Privates in gesellschaftliche, welthistorische Dimensionen rücken.« (Deutsche Zeitung)

Die Autorin

Katherine Mansfield (eigentlich Kathleen Beauchamp), geboren am 14. 10. 1888 in Wellington/Neuseeland, kam 1903 nach London und besuchte dort das Queen's College. 1918 heiratete sie den Schriftsteller und Literaturkritiker John Middleton Murry. Katherine Mansfield gilt als Begründerin der modernen »short story«. Sie starb am 9. 1. 1923 in Avon/Frankreich.

Inhaltsverzeichnis

Wenn es dem Schüler beschieden sein sollte, er-innert er sich, daß wichtiger als alle noch so bestechenden äußeren Werke das innere Werk ist, welches er vollbringen muß, wenn er seine Bestimmung gerade auch als Künstler erfüllen soll.

Eugen Herrigel
Zen in der Kunst des Bogenschießens

Vorwort

Eine Auswahl der zu den Meisterwerken moderner Dichtung gehörenden Erzählungen von Katherine Mansfield ist auch in deutscher Sprache erschienen: »The Garden-Party«, »Prelude«, »Bliss«, »At the Bay« und andere (Arche Verlag, Zürich 1952), eine kleinere Auswahl in der Fischer Bücherei (Frankfurt a. M. 1959). Noch sind aber längst nicht alle Erzählungen ins Deutsche übertragen worden, und es fehlte vor allem die vollständige Übersetzung des *Tagebuchs,* das, abgesehen von seinem literarischen Wert, auch als menschliches Dokument von großer Bedeutung ist, da hier die künstlerische und geistige Entwicklung der Dichterin fast Schritt für Schritt verfolgt werden kann.

John Middleton Murry, der bekannte Kritiker und Herausgeber der Werke seiner Frau, hat denn auch mit Nachdruck darauf hingewiesen, daß das Tagebuch zum vollen Verständnis von Katherine Mansfields Wesen und Werk unentbehrlich ist. »Es hat kaum je einen Schriftsteller gegeben, bei dem Leben und Werk so untrennbar verbunden sind wie bei Katherine Mansfield. Ihre Briefe und ihr Tagebuch sind wesentlich zu einem wirklichen Verständnis ihres Werkes, sie bilden zusammen mit den Erzählungen ein einziges Ganzes; die einen ergänzen und vollenden die andern. Es gab in der Tat Augenblicke, da mir schien, als ob ihre Briefe – und das gilt auch für ihr Tagebuch – die Eigenart ihres Genies vollständiger

ausdrückten als selbst die besten ihrer Erzählungen. Sie sind ein Legat der Wahrheit.« (J. M. Murry, *Katherine Mansfield and Other Literary Studies*, London 1959.)
Das ist vielleicht deshalb so, weil besonders auch im Tagebuch die Eigenschaften, welche den unverwechselbaren Reiz von allem, was Katherine Mansfield geschrieben hat, ausmachen, fast noch fühlbarer hervortreten als in den anderen Formgesetzen unterworfenen Erzählungen: die Spontaneität, die Menschlichkeit, der Humor, die Wahrheitsliebe, das Mitleid, der Schönheitskult, das Naturgefühl – die ganze liebenswerte Katherine Mansfield.
Das Tagebuch beginnt mit dem Jahre 1904, als die Dichterin sechzehn Jahre alt war. Eine zumindest die wichtigsten Lebensdaten festhaltende biographische Einführung, besonders was die Kindheit und Jugend betrifft, scheint deshalb angezeigt, dies nicht nur zum besseren Verständnis ihres Herkommens, sondern auch zur Erhellung des Hintergrundes, der objektiven Seite der sehr subjektiven Tagebuchnotizen.
Die vorliegende Ausgabe des Tagebuchs von Katherine Mansfield ist eine genaue Übertragung der von J. M. Murry herausgegebenen »definitiven Edition« von 1954*, in welcher, wie man weiß, Stellen aufgenommen wurden, die aus verschiedenen Gründen in der Originalausgabe von 1927 unterdrückt worden waren. Es wurden außerdem Notizen einbezogen, die, obwohl sie schon 1939 im sogenannten *Scrapbook* veröffentlicht worden waren, eigentlich zum Tagebuch gehören, und die, wie J. M. Murry bemerkt, auch in die Originalausgabe einbezogen worden wären, hätte man sie rechtzeitig gekannt. Als Ergebnis einer sorgfältigen Durchsicht der Manuskripte wurden ferner zahlreiche kleinere Verbesserungen angebracht. Die Gewissenhaftigkeit von Katherine Mansfields Biographen, Ruth Mantz (1933) und Anthony Alpers (1954), hat endlich eine beträchtliche Menge von Informationen über das Leben der Dichterin vor 1912 zutage gefördert, die vorher unbekannt waren.

Vorwort

Auch die Autobiographie des verstorbenen William Orton, *The Last Romantic* (1937), enthält einige Stellen aus einem von Katherine Mansfield 1911 geführten Tagebuch, die offensichtlich authentisch sind und die in diese Ausgabe einbezogen wurden.

Obschon noch immer einige Teile des bewegten Lebens der Dichterin in den Jahren 1906–1912 verborgen geblieben sind, so ist doch genug davon zum Vorschein gekommen, um ihren Entschluß zu erklären, die Aufzeichnungen jener Jahre zu zerstören. Unter diesem Gesichtspunkt kann man auch verstehen, daß nur einige Seiten der »großen Klagebücher«, von denen sie später gesprochen hat (siehe Eintragung vom 16. 2. 1916), übriggeblieben sind. Es kann kein Zweifel darüber bestehen, daß die einst begeisterte Anhängerin der Lehre vom gefährlichen Leben viel von der begierig gesuchten Erfahrung in der »unerklärlichen Vergangenheit« schließlich als Vergeudung betrachtete, oder daß der jugendliche Glaube an die Vergänglichkeit der Liebe der Überzeugung von ihrer Ewigkeit Platz machte.

In verschiedenen Perioden ihres Lebens seit 1912 hegte Katherine Mansfield den Plan, »eine Art von genauem Notizbuch« für eine spätere Veröffentlichung zu schreiben. (Siehe zum Beispiel die Eintragungen vom 22. 1. 1916.) Drei verschiedene Versuche, diesen Plan zu verwirklichen, können in ihren Manuskripten nachgewiesen werden, und einmal, im Jahre 1920, war sie damit soweit, daß sie J. M. Murry beauftragte, einen Verleger zu suchen. Die Aufzeichnungen in diesem Notizbuch sollten durch die Tagebucheintragungen ergänzt und neu gestaltet werden. Manchmal fanden sich die ursprüngliche Tagebucheintragung und die neugeschriebene Notiz Seite an Seite. In diesen Fällen, wie zum Beispiel im Mai 1919, sind beide einbezogen worden.

Diese zum Zweck der Veröffentlichung zu ihrer Lebenszeit bearbeiteten Notizen sind jedoch nur ein Bruchteil des Stoffes, aus dem das Tagebuch besteht. Dieses enthält ferner Bestandteile verschiedenster Art: kritische Bemerkungen, Bekenntnisse, nicht abgesandte Briefe, die sie in die gleichen Schulhefte schrieb wie ihre Erzählungen; bruchstückartige Notizen, die sie aufbewahrte und immer wieder las, so zum Beispiel die vom 19. August 1920; kurze Aufzeichnungen von noch zu schreibenden Geschichten und Randbemerkungen zu den von ihr gelesenen Büchern. Sie war erbarmungslos mit ihrer Vergangenheit, und es kann nicht daran gezweifelt werden, daß das, was überlebte, fast gänzlich Aufzeichnungen sind, von denen sie aus diesem oder jenem Grunde wünschte, daß sie erhalten bleiben sollten. Dies gilt jedoch nicht für die Bruchstücke von 1904–1912. Diese, mit Ausnahme des Tagebuchs über ihre Reise auf die Nordinsel von Neuseeland, das sie wahrscheinlich als Erinnerung aufbewahrte, scheinen der Vernichtung nur durch einen Zufall entgangen zu sein. Da sie von ihren Biographen benützt worden sind, schien es angezeigt, sie auch in die als endgültig zu betrachtende Ausgabe des Tagebuches aufzunehmen. *M. A. S.*

---

* Textstellen, die in der englischen Ausgabe französisch wiedergegeben sind, werden nicht ins Deutsche übersetzt; Zitate aus der Literatur werden nach Möglichkeit in einer der gängigen Übersetzungen wiedergegeben; englische Gedichte bleiben unübersetzt.

Einführung

I

Kathleen Beauchamp, besser bekannt unter ihrem Schriftstellernamen Katherine Mansfield, wurde an einem stürmischen Sonntag, dem 14. Oktober 1888, in Wellington, Neuseeland, geboren. Sie war die dritte Tochter des Harold und der Annie Beauchamp. Ihr Vater war ein Neuseeländer der ersten Generation, der von England zwar noch immer als von seiner »Heimat« sprach, aber im Herzen bereits ein überzeugter Neuseeländer war. Harold Beauchamp war ein wohlgestalteter, stämmiger, kräftiger junger Mann, unternehmungslustig und humorbegabt, und er hatte von seinem Vater eine Vorliebe zum Anhören und Erzählen von guten Geschichten geerbt, eine Gabe, die er zweifellos an seine dritte Tochter Kathleen, genannt Kass, die Kezia der Neuseelandgeschichten, weitergegeben hat. Auch von ihrer Mutter hatte Kathleen manches geerbt; was sie selber über ihre Mutter nach deren Tod im Jahre 1918 schrieb, könnte ebensogut von ihr selbst gesagt werden: »Sie lebte jeden Augenblick ihres Lebens intensiver und voller als alle anderen Menschen, die ich je gekannt habe, und ihre Fröhlichkeit war nicht minder echt, da sie eigentlich auf Tapferkeit beruhte, auf dem Mut, alles zu überwinden.«

Die ersten Jahre ihres Lebens verbrachte Kathleen in einem von ihrem Vater gebauten Haus an der Tinakori Road in Wellington. Diese mit ihren Eltern, ihren älteren Schwestern, der Großmutter mütterlicherseits, Margaret Isabella Dyer, geb. Mansfield, und deren jüngster Tochter Belle verlebten Jahre waren Zeiten wolkenlosen Glücks für die sehr feinfühlige und eher zarte Kathleen.

Sie war noch immer ein kleines Mädchen, als die Familie Beauchamp nach Karori umzog, einer Siedlung in einem Hochtal über dem Meer, umgeben von rauhen, mit Stechginster bewachsenen Bergen, etwa eine Stunde Wagenfahrt von Wellington entfernt. Vater Beauchamp glaubte, die frische Berg- und Meerluft würde den Kindern wohl bekommen. In Karori lebte auch die ältere Schwester von Kathleens Mutter, eine kränkliche, vornehme Frau, mit ihrem Mann, Kathleens geliebtem Onkel, dem wir in »Prelude« und »The Doll's House« begegnen.

Als Kind galt Kathleen in ihrer Familie als »etwas schwierig«. Niemand schien zu ahnen, daß dieses feinfühlige kleine Mädchen dazu bestimmt war, seinen Gedanken und Gefühlen in einer Sprache Ausdruck zu geben, die zum schönsten gehört, was in englischer Sprache geschrieben worden ist.

Obwohl Kathleen inmitten einer großen und liebevollen Familie lebte, scheint sie ein durchaus eigenes und starkes Innenleben gehabt zu haben, denn sie schrieb: »In meiner Kindheit lebte ich umgeben von einer Fülle von Blumen, und diese waren meine einzigen Vertrauten . . .Wie sehr liebte ich mein Leben! Meine größte Freude war, neue Blumen zu entdecken und zu lieben, und mein größter Kummer der Gedanke, daß sie sterben könnten. Ich erinnere mich an einen frühen Frühling. Mitten in der Nacht schlich ich mich aus dem Haus, um ein Schneeglöckchen, das am Tag zuvor erblüht war, mit einer Decke vor der Kälte zu schützen.«

Auch später erwähnt sie sowohl in ihren Briefen wie in ihrem Tagebuch immer wieder die Blumen, die sie um sich hat. Für ihre Familie aber war sie einfach »anders«. Sie schien eher etwas langsam, gleichgültig und nachlässig, obwohl sie in Wirklichkeit sehr wach und hellhörig war. So konnte sie sich zum Beispiel Jahre nach dem Ereignis an einen zwischen Erwachsenen ausgetauschten Blick oder an Worte und deren Bedeutung erinnern.

Bald bekam sie eine kleine Schwester, und zwei Jahre nach deren Geburt ein angebetetes Brüderchen, Leslie Heron Beauchamp, der später eine so wichtige Rolle in ihrem Leben spielen sollte. Erst nach seinem Tod im Alter von achtzehn Jahren wandten sich ihre Gedanken wieder dem Neuseeland ihrer Kindheit zu, dem Schauplatz der glücklichsten Zeit ihres Lebens in der Geborgenheit ihrer Familie, die sie zu einigen ihrer schönsten Erzählungen anregte.

Kathleen war etwa zehnjährig, als ihr Vater zum Direktor der Bank von Neuseeland ernannt wurde und die Familie wieder in die Tinakori Road in Wellington zog, in ein größeres und schöneres Haus, wie es des Vaters gehobener gesellschaftlicher Stellung angemessen war. Dieses Haus mit großem Garten und Tennisplatz bildet den Hintergrund für die berühmte Geschichte »The Garden-Party«. Vom Kinderzimmer aus hatte die kleine Kathleen eine wunderbare Aussicht auf den Hafen von Wellington, die sie ebenfalls später in ihren Erzählungen beschrieben hat. Und auch hier fand sie eine Fülle von Blumen, die in ihren Gefühlen eine große Rolle spielten und immer wieder in ihren Geschichten erscheinen.

Zusammen mit ihren Schwestern besuchte Kathleen das »Wellington Girl's College«, wo sie als gute Schülerin galt und ihren ersten, bescheidenen literarischen Erfolg feiern konnte: eine kurze Skizze, die im Schulmagazin Aufnahme fand. Obwohl sie ein eher zartes Kind war, übte sie sich im Schwimmen und Tauchen, spielte Tennis und nahm teil an Kindergesellschaften und Bällen. Aber sie sehnte sich auch nach Stille und Frieden, und diese fand sie in den Ferien im Landhaus »an der Bucht«.

Später kamen Kathleen und ihre Schwestern in eine exklusivere Schule, wo das phantasievolle Mädchen offensichtlich mit einigem Mißtrauen angesehen wurde, denn es war nicht immer leicht, den Unterschied zwischen Phantasie und Lüge zu erkennen. Ihre Aufsätze wurden als schlecht geschrieben, als grammatisch und orthographisch falsch bezeichnet, obwohl die Lehrerin einräumte, daß sie eine gewisse Originalität besaßen.

Die Beauchamp-Kinder wurden auf sehr konventionelle Weise erzogen, und dagegen lehnte sich Kathleen auf. Niemand scheint verstanden zu haben, daß sich hinter dieser Auflehnung etwas Positives regte. Das junge Mädchen wurde verschlossen, widerspenstig, befangen, sie gab sich nach außen witzig und ironisch, fühlte sich aber unglücklich, unverstanden und innerlich gespalten. Sie sehnte sich nach einem Menschen, der sie verstand und dem sie wichtig war. Kathleen begann deshalb eine romantische Mädchenfreundschaft mit einem etwas älteren Maori-Mädchen, einer Stammesprinzessin, die sie aus der Schule kannte und von der sie sehr beeindruckt war. Nach der Konvention der weißen Kolonisten mußte diese Freundschaft jedoch geheimgehalten werden.

Weniger anstößig war eine andere Freundschaft für das junge weiße Mädchen. Kathleen war unbewußt auf der Suche nach dem »Märchenprinzen«, wenn möglich einem Künstler, der sich in sie verlieben und sie entführen würde. Sie war vierzehn Jahre alt, als sie ihren »Märchenprinzen« fand. Sie hatte begonnen, Cellostunden zu nehmen und verliebte sich in einen der Söhne ihres Musiklehrers, der wie sie Cello spielte.

An ihre Cellostunden erinnert die Erzählung »The Wind Blows«, in der, wie in vielen anderen, das Motiv des Windes eine große Rolle spielt. Kathleen war an einem stürmischen Tag geboren und betrachtete den Wind als ein Symbol ihres Lebens.

Wie ihr Vater und ihr Onkel war Kathleen sehr musikalisch, was aus ihrer Sprache herauszuhören ist.

2

In dieser Zeit nahm Kathleens Leben eine große Wende. Zusammen mit ihren zwei älteren Schwestern wurde sie zur Weiterbildung nach London geschickt.

Im Januar 1903 reiste die empfindsame, begeisterungsfähige, romantisch veranlagte Kathleen mit Vater, Mutter, den beiden Schwestern und Tante Belle nach England. Während der nächsten sechs Jahre korrespondierte sie regelmäßig mit ihrem Freund Arnold, dem Cellisten, der bald nach ihrer Abreise ebenfalls nach Europa kam, um seine Musikstudien in Brüssel fortzusetzen. Gefühle in Worte zu kleiden war für die Entwicklung ihrer schriftstellerischen Gaben von großer Bedeutung.

Das Queen's College in der Harley Street in London, das Kathleen nun bezog, galt damals als »progressiv«, freilich nur innerhalb der Grenzen strenger, viktorianischer Traditionen. Sie war nicht einsam, denn sie hatte ja die Gesellschaft ihrer Schwestern und einiger Kusinen. Auch schloß sie bald Freundschaft mit einer Schulkameradin, Ida Baker, die sie Leslie Moore nannte und die als L. M. der Briefe und des Tagebuches in die Literaturgeschichte eingegangen ist. Es war eine Freundschaft fürs Leben.

Im Queen's College begeisterte sich Kathleen für ihren Deutschlehrer; sie empfand für ihn, was der Schuljargon als »pash«, Passion, leidenschaftliche Verehrung, bezeichnete. Dieser Lehrer lud öfters einige ausgewählte Schülerinnen zu »literarischen Abenden« bei sich zu Hause ein, und dort lernte die junge Enthusiastin die sogenannten »dekadenten« Schriftsteller kennen, wie Pater, Dowson, Verlaine und Oscar Wilde, der vier Jahre zuvor im Pariser Exil elend umgekommen war. Diese »Dekadenten« erfreuten sich glühender Verehrung seitens der »zornigen jungen Menschen« jener Tage, deren Ideale Dorian Gray und Henry Wooton waren. Kathleen Beauchamp bekam *The Picture of Dorian Gray* zu lesen, und ihre Notizen dazu machen deutlich, wie sehr dieses Buch sie bezauberte und wie stark und auch bedenklich der Einfluß war, den Oscar Wildes Aphorismen auf sie ausübten. Einige davon hielt sie in ihren Lesenotizen fest, zum Beispiel diese: »Die einzige Art, eine Versuchung loszuwerden, ist, ihr nachzugeben.« – »Das eigene Wesen vollkommen zu entwickeln, dazu sind wir auf der Welt.« – »Um eine Natur zu verderben, genügt es, sie verbessern zu wollen.« – »Verwirkliche deine Jugend, solange du sie hast.«

Um diese Zeit sei ihr Geist gewesen wie ein Eichhörnchen, notierte sie in ihr Tagebuch. Beständig sammelte sie Eindrücke und Erfahrungen, die sie später in ihren Erzählungen auswerten wollte.

Im Jahre 1906 besuchte sie ein Konzert in Brüssel, das ihr Freund Arnold gab. Zwischen den beiden scheint ein Einverständnis bestanden zu haben, das fast einer Verlobung gleichkam. Nicht lange danach gaben Arnold und dessen Zwillingsbruder Garnet ein Konzert in London, und es hat den Anschein, daß Kathleen damals zu der Einsicht kam, daß ihr Freund doch nicht ganz für sie empfand, was sie für ihn zu fühlen glaubte. Die Beziehung wurde abgebrochen, aber es dauerte lange, bis Kathleen innerlich damit fertig wurde. Sie war ruhelos, reizbar und widerspenstig. Der Absicht ihres Vaters, sie mit ihren Schwestern am Ende des Schuljahres nach Wellington zurückzuholen, begegnete sie mit heftiger Auflehnung, aber sie mußte sich fügen. Sie nahm sich jedoch vor, sich so schlecht zu benehmen, daß ihr Vater sie gerne wieder nach London zurückkehren lassen würde.

3

In der Zwischenzeit war ihr Vater zum Präsidenten der Bank von Neuseeland berufen und geadelt worden. Als Sir Harold zog er mit seiner wieder versammelten Familie in ein noch größeres, noch schöneres und von einem großen Garten umgebenes Haus. Die Mädchen waren glücklich, nur »Kass«, die jetzt ihr eigenes Zimmer hatte, fühlte sich »wie ein eingesperrter Vogel«, wie ihre jüngere Schwester Jeanne sich ausdrückte. Sie sehnte sich nach London zurück. Wellington erschien ihr zu jener Zeit wie eine Wüste oder ein Gefängnis. Ihr einziger Gedanke war der heiße Wunsch, nach England zurückzukehren und berühmt zu werden – nun allerdings nicht mehr wie früher als Musikerin, sondern als Schriftstellerin. Dazu fühlte sie sich berufen. »O, laß mich etwas wirklich Gutes schreiben«, notierte sie damals. Sie fing an, Kinderverse zu schreiben, dann »Stimmungsbilder«, kurze Prosastücke, die sie »Vignetten« nannte, eigentlich Gedichte in Prosa. Durch Vermittlung ihres Vaters fanden diese Texte unter dem Pseudonym Katherine Mansfield Aufnahme in einer Melbourner Zeitschrift. Eine neue Schriftstellerin war geboren, und sie war erst achtzehn Jahre alt.

Schon zu dieser Zeit wandte sie sich entschieden der »Short story« zu, ohne Zweifel die ihren Gaben angemessenste Form. Am besten war sie, wenn sie über Kinder schrieb – und das heißt Kindheitserinnerungen –, aber diese Entdeckung sollte sie erst später machen, nach ihres Bruders Tod. Aber schon zu jener Zeit, im Alter zwischen achtzehn und zwanzig, lag ihre besondere Stärke in der Darstellung kurzer Szenen und der blitzartigen Erhellung seelischer Vorgänge. Noch versuchte sie nur selten, eine Handlung zu entwickeln oder menschliche Charaktere zu zeichnen, und die Wirkung solcher Versuche ist eher statisch als dynamisch. In ihren Erzählungen wird der Hintergrund – Landschaft, gesellschaftliche Zustände und Ereignisse – in impressionistischer Weise beschworen. Sie besaß schon damals eine ausgeprägte Beobachtungsgabe und übte sich bewußt darin, das, was sie sah und erfuhr, in möglichst genauen und farbkräftigen Worten wiederzugeben. (Der Einfluß van Goghs, der auf sie einen tiefen Eindruck machte, wird darin spürbar.) Sie experimentierte, entwarf, korrigierte, machte Skizzen und verwarf sie wieder, weil sie ihr nicht gut genug erschienen. Sie strebte nach Vollendung in Form und Ausdruck, wobei sie sehr strenge Maßstäbe anlegte. Sie schrieb unablässig, obwohl niemand da war, von dem sie hätte lernen können, der sie ermutigt oder beraten hätte. Sie schien auf intuitive Weise zu wissen, was gut war und was nicht. Sie schrieb, weil sie schreiben mußte, und sie übte das Schreiben wie ein Musiker auf seinem Instrument.

Währenddessen bedrängte sie ihren Vater immer wieder, sie nach London zurückkehren zu lassen. Vater und Mutter machten einen letzten Versuch, sie zurückzuhalten, und ließen sie an einer Expedition durch das Vulkangebiet von Rotarua auf der Nordinsel teilnehmen, wahrscheinlich in der Hoffnung, auf diese Weise ihre Begeisterung für Neuseeland zu wecken. Die abenteuerliche Fahrt, die sie später ebenfalls in einer Erzählung verarbeitete, vermittelte ihr tatsächlich ein tiefes Gefühl der Zugehörigkeit zu ihrer wilden, von der Zivilisation unverdorbenen Heimat, verstärkte zugleich aber auch ihre Abneigung gegen die materialistische Einstellung der weißen Kolonisten, gegen ihre engherzigen Vorurteile und kärglichen kulturellen Werte. Mehr denn je sehnte sie sich bei der Rückkehr danach, einer Gesellschaft zu entrinnen, die ihrer Berufung zur Schriftstellerin im Wege stand. Für ihre Familie war diese Situation nicht ohne Tragik. Aber für Kathleen war der Wunsch, sich ganz dem Schreiben widmen zu können und zu diesem Zweck eine Umgebung aufzusuchen, in der sie diese Begabung voll entfalten konnte, eine Frage auf Leben und Tod. In den ersten Monaten des Jahres 1908 kam es zu bitteren Auseinandersetzungen mit ihrem Vater, der sich aber schließlich dem Willen seiner Tochter beugte und sie ziehen ließ. Er setzte ihr eine bescheidene, aber genügende Jahresrente aus und empfahl sie einem Freund in London, auch sorgte er für ihr erstes Unterkommen in der Großstadt, in einer Pension für ledige berufstätige Frauen.

Als Kathleen Beauchamp, nun Katherine Mansfield, am 3. Juli

1908 Neuseeland verließ, war es, obwohl sie das damals nicht ahnen konnte, für immer.

4

Nachdem Katherine Mansfield in London nun plötzlich auf sich selbst gestellt war, änderte sich ihr Wesen, und damit auch ihr Stil. Ihre erste Erzählung der neuen Art, »The Tiredness of Rosabel«, ist ganz unsentimental und weist schon einige Kennzeichen ihrer besten späteren Geschichten auf.
Über ihr Leben zwischen 1909 und 1916 war lange Zeit nicht viel bekannt. Heute weiß man, daß sie damals ein Leben nach den Maximen Oscar Wildes und anderer »Dekadenter« zu verwirklichen suchte. Es war die Zeit des »fin de siècle«, und Katherine Mansfield sog deren verführerische Luft tief und begierig ein. Sie glaubte an Erfahrung um der Erfahrung willen, und »vivere pericolosamente« scheint damals ihr Wahlspruch gewesen zu sein: »O, ich will die Dinge auf die Spitze treiben!« (Tagebuch, November 1906).
Sie wurde sich jedoch bald bewußt, daß sie auf diese Weise nicht nur Erfahrung gewann, sondern sich dabei auch selbst vergeudete und zerstörte. Sie verschwendete ihre Gefühle in verschiedenen Freundschaften, kurzen Episoden im Stil des Dorian Gray, auf die sie sich einließ, um Erfahrungen zu sammeln, die ihr unumgänglich erschienen, wenn sie selber etwas zu sagen haben wollte. Aber schon bald wurde sie gewahr, daß dieses Suchen nach »Erfahrung« ihr nicht die Ausdrucks- und Schaffenskraft verlieh, die sie sich erwartet hatte, daß es sie vielmehr unsicher und zerfahren machte und innere Konflikte hervorrief, die sie zu spalten drohten.
Ihre »vie de bohème« fand ein plötzliches Ende durch eine unglückliche Heirat, die sie offensichtlich unüberlegt, einem flüchtigen Impuls folgend, einging, und die nur ein paar Wochen dauerte. Als die Nachricht von dieser Heirat ihre Fa-

milie erreichte, machte sich Katherines Mutter sofort auf die lange Reise, um ihrer Tochter beizustehen. Katherine erwartete ein Kind. Mutter und Tochter reisten nach Bayern, zweifellos um einen Skandal zu vermeiden, und Katherine brachte in Bad Wörishofen durch eine Fehlgeburt ein totes Kind zur Welt. Die Erlebnisse jener Tage fanden ihren Niederschlag in den Erzählungen, die unter dem Titel »In a German Pension« von A. R. Orage, damals Herausgeber der Londoner Zeitschrift *The New Age*, veröffentlicht wurden. Orage war ein guter Literaturkenner und Kritiker, und seine Zeitschrift galt als Sprungbrett für alle, die literarischen Ruhm erstrebten. Katherines bayrische Geschichten fanden Anklang, sie konnte stolz sein auf diesen ersten Erfolg. Schon bald darauf distanzierte sie sich jedoch von diesen Geschichten, die sie als unreif und ihrer unwürdig ansah. Sie war inzwischen geistig über sie hinausgewachsen, ebenso über einige der Erzählungen, die um diese Zeit in der Zeitschrift *The Open Window* erschienen.

Von nun an lebte Katherine Mansfield buchstäblich, um zu schreiben, und alles, was sie schrieb, wurde durch die Intensität des Gefühls und die Genauigkeit des Ausdrucks zu einer Form der Poesie. Nicht nur ihre Erzählungen, sondern auch ihre Briefe und Tagebuchnotizen beginnen sich durch ihre besondere Begabung auszuzeichnen: die Gabe der blitzähnlichen Erhellung kleiner, oft unbedeutender Ereignisse und Episoden, die für einen Augenblick die innersten Gefühle der Menschen sichtbar werden läßt. Auch weiß sie für ihre Erzählungen den bedeutsamen Augenblick zu wählen, in dem das Licht allgemeiner Erfahrung die Charaktere transparent macht. Diese werden nicht von außen her beschrieben; sie enthüllen sich selber, indem die Menschen aufgrund ihrer natürlichen Reaktionen ihre seelische Stimmung ahnen lassen. Dabei ist die hohe sprachliche Sensibilität Katherine Mansfields von entscheidender Bedeutung.

5

Um diese Zeit – es war kurz vor Weihnachten im Jahre 1911 – machte ein junger Kritiker, John Middleton Murry, Katherines Bekanntschaft. Murry war der Herausgeber einer neuen Zeitschrift, *Rhythm*, und er hatte eine von Katherines Kurzgeschichten, »The Woman at the Store«, zu lesen bekommen, nach seinem Urteil bei weitem der beste Beitrag zu seinem Magazin. Er wollte deshalb die Autorin kennenlernen. Die beiden wurden bald gute Freunde, dann Liebende. Sie lebten mehrere Jahre zusammen und heirateten, als Katherine endlich die Scheidung ihrer Ehe erwirken konnte. Obwohl sie mit Nöten und Schwierigkeiten aller Art schwer zu kämpfen hatten, waren sie im Kreise ihrer literarischen Freunde sehr glücklich miteinander. Zu ihren Freunden zählten D. H. Lawrence und dessen Frau Frieda, in deren Nähe in Cornwall sie zeitweise lebten.

Der Erste Weltkrieg brachte den beiden jungen Schriftstellern Verwicklungen, Leiden und Mißverständnisse. Mehrmals war Katherine ernstlich krank, und besonders schwer traf sie der Tod ihres geliebten Bruders, der im Krieg umkam. Dieser schwere Verlust wurde zum Wendepunkt ihres Schaffens. Sie faßte den Entschluß, in ihren Erzählungen ihre Kindheit mit dem geliebten Bruder und der Familie in Neuseeland noch einmal zu beschwören und zu neuem Leben zu erwecken. Sie hatte sich bis dahin an verschiedenen Themen und Motiven und in mehreren Stilarten versucht, jetzt entwickelte sie sich zur Meisterin ihres ganz eigenen Stils. Das zeigte sich zuerst in der längeren Erzählung »Prelude«. Ihre Sprache ist kräftig, dem Erzählstoff angemessen und gleichzeitig beschwingt von dem gebieterischen Drang nach dem vollendeten Satz, dem einzig richtigen Wort. Durch einen unbeirrbaren Instinkt für das Wesentliche und unbedingte Ehrlichkeit des Ausdrucks gewinnt ihr Stil eine suggestive Kraft. Ihre Sprache ist beseelt von ihrem starken Gefühl und spiegelt die Frische und Originalität ihres Wesens wider. Die Schwingungen ihres Wesens sind um so ergreifender spürbar, je mehr Zurückhaltung sie sich auferlegt. Auffallend ist ihr tiefes, zärtliches und humorvolles Verständnis für das Wesen von Kindern und Tieren. Das besondere Wesensmerkmal ihrer Erzählungen, über denen oft eine leichte Schwermut liegt, ist aber vor allem ihre ungewöhnliche, spontane und ergreifende Wahrhaftigkeit.

6

Im Jahre 1917 erkrankte Katherine Mansfield an Lungentuberkulose. Den Rest ihres kurzen Lebens verbrachte sie unstet an verschiedenen Orten, auf der Suche nach der verlorenen Gesundheit, in Südfrankreich, Italien, der Schweiz, und endlich in der Priorei von Avon bei Fontainebleau, wo der Kaukasier Georg Iwanowitsch Gurdjieff ein »Institut für die harmonische Entwicklung des Menschen« eröffnet hatte.

John M. Murry, inzwischen ein bekannter Kunst- und Literaturkritiker, schrieb damals über seine Frau: »Katherine, wenn sie wirklich sie selber ist, schreibt wie der Südwind. Unter seiner Berührung ist die Welt leuchtend, still, drängend. Alle Farben nehmen ein neues Leben an, es ist wie der Übergang von einem Leben in ein anderes. Und sie enthüllt das geheime Leben, nicht nur des Intellekts (was ich vielleicht bisweilen auch kann), nicht nur von einzelnen Menschen (was auch ich vielleicht tun könnte), sondern der ganzen, unermeßlichen Welt.«

Katherine Mansfield hatte die Fähigkeit erworben, sich derart in die Personen oder Dinge, von denen sie schrieb, zu versetzen, daß sie sich mit ihnen identifizierte. An eine befreundete Malerin schrieb sie: »Was kann man Besseres tun mit diesen runden, prächtigen Früchten (Äpfel), als sie an sich zu nehmen, mit ihnen zu spielen, *sich in sie zu verwandeln?* Wenn ich an einer Auslage von Äpfeln vorbeigehe, muß ich stehenbleiben und sie bewundern, bis ich fühle, daß ich mich langsam in einen Apfel verwandle, und daß ich selber einen hervorbringen könnte, auf wunderbare Weise, so wie ein Zauberer ein Ei produziert . . . Wenn ich etwas über Enten schreibe, so schwöre ich Ihnen, daß ich dann eine weiße, rundäugige Ente bin, die auf einem mit gelben Blumen umrandeten Teich schwimmt und sich bisweilen auf eine andere rundäugige Ente stürzt, die mit gesenktem Kopf davonschwimmt. In Tat und Wahrheit ist der Umstand, sich in eine Ente zu verwandeln (was D. H. Lawrence als Vereinigung mit der Ente oder dem Apfel bezeichnen würde), etwas so Passionierendes, daß ich beim bloßen Gedanken daran ganz außer Atem gerate. Denn obwohl die meisten von uns nicht über dieses Stadium hinausgelangen, ist dies in Wirklichkeit nur ein Vorspiel. Was nachher kommt, ist der Augenblick, wo man der Ente, dem Apfel oder Natascha ähnlicher wird als diese sich selbst, *und dann schafft man sie neu* . . . Ich glaube daran, weil ich nicht einsehen kann, wie die Kunst den göttlichen Sprung aus dem begrenzten Rahmen der Dinge machen kann, wenn sie nicht versucht hat, die Dinge *zu werden*, bevor sie sie neu erschafft.«

Es ist diese Gabe der Neuschöpfung, die Katherine Mansfields Erzählungen so unvergeßlich macht. Niemand, der ihre Geschichten, ihre Briefe, ihr Tagebuch mit Sympathie und Verständnis gelesen hat, sieht danach die Dinge dieser Welt in der gleichen Weise wie vorher; alles nimmt ein eigenes inneres Leben an, es ist, als könnte sie ihren Lesern die Augen für eine neue Anschauung des Lebens öffnen. Eine der Quellen dieser Vision, sagt sie, sei die Freude, der glückselige Friede, wie sie sie in der Villa Pauline in Bandol (1916) erlebte. Jener Zustand der Glückseligkeit sollte jedoch nicht lange dauern. Ihre von Fieber, Blutstürzen und Schmerzen begleitete Krankheit machte sie immer empfindlicher, und alle ihre Gefühle, Freude, Traurigkeit, Hoffnungslosigkeit, Liebe und Haß, wurden tausendfach verstärkt, das Schreiben wurde zur Bürde, zur fast hoffnungslosen Aufgabe. In einem Brief an ihres Mannes Bruder, Richard Murry, schrieb sie: »Es ist mir nicht möglich, all das Böse, all das Leid der Welt nicht zu sehen. Mir scheint, sie müßten erkannt und in Betracht gezogen werden, und ich habe nichts übrig für den blinden Optimisten oder Sentimentalisten. Da ist zum Beispiel die Grausamkeit Kindern gegenüber – wie kann man sie erklären? Und die Schönheit, die sich unter Häßlichkeit verbirgt – auch sie kann ich nicht erklären. Ich möchte an Gott glauben, aber es ist mir unmöglich. Die Wissenschaft scheint uns daran zu hindern. Und wenn man an Gott glaubte, so müßte es ein guter Gott sein – und kein guter Gott ließe seine Kinder derart leiden. Nein, für mich ist das Leben ein Geheimnis. Es besteht aus Leiden und aus Liebe. Man liebt und man leidet, und man muß lieben. Was mich betrifft, so habe ich das Bedürfnis, in Liebe zu leben, in Liebe zu allen Dingen, alles so tief zu durchdringen, daß man es lieben lernt. Das schließt den Haß nicht aus, im Gegenteil; ich meine eher, es schließt den Zorn nicht aus. Aber ich muß gestehen, ich habe nur dann das Gefühl, gut zu leben, wenn ich in Liebe lebe. Ich spreche nicht von einer persönlichen Liebe, verstehen Sie, sondern von einem – unendlichen Gefühl. Warum sollte man lieben? Man weiß es nicht, es ist ein Mysterium. Aber die Liebe ist wie ein Licht, und nur in seinen Strahlen kann ich die Dinge klar erkennen . . . All dies ist sehr unbestimmt, nicht wahr? Aber ich glaube, man muß einen guten Grund zum Leben haben. Die Armut der heutigen Kunst kommt zum großen Teil daher, daß die Künstler ohne Religion sind; sie sind, wie es in der Bibel heißt, Schafe ohne Hirten. Wir Künstler sind eigentlich Priester. Ob ich auch Fehler mache, zittere und zage, umfalle und wieder aufstehe, so glaube ich doch an diese seltsame Liebe . . .«

Wir finden hier die ersten religiösen Anklänge – Anzeichen eines religiösen Glaubens (Katherine dachte eine Zeitlang daran, der römisch-katholischen Kirche beizutreten) – an eine

Religion der Liebe, einer allumfassenden Liebe. »Leiden muß zur Liebe werden«, schrieb sie. Immer stärker sucht sie nach Schönheit in allen Dingen, nach der Schönheit, die Wahrheit ist. Walter de la Mare schrieb über sie: »Miss Mansfield ist bis in die Fingerspitzen verliebt in die Schönheit, und dies aus Überzeugung, denn ihre Liebe entspringt ihrer Hingebung an die Wahrheit.«

Sobald es ihr Gesundheitszustand erlaubte, fing sie wieder an zu schreiben. Je weiter ihre Krankheit fortschritt, um so heftiger wurde ihr Wunsch zu schreiben, solange dazu noch Zeit war. Und sie muß gefühlt haben, daß die Zeit knapp wurde, denn sie notierte in ihr Tagebuch: »Menschliches Leiden ist grenzenlos. Wenn man denkt: Jetzt bin ich auf dem tiefsten Grund des Meeres angelangt, tiefer hinunter kann es nicht gehen, sinkt man noch tiefer hinab. Und so ist es immerfort. Letztes Jahr in Italien dachte ich: Ein Schatten mehr wäre der Tod. Aber dieses Jahr ist so viel schrecklicher gewesen, daß ich voller Zärtlichkeit an die Casetta denke. Leiden ist grenzenlos ...«

»Ich möchte nicht sterben, ohne meiner Überzeugung Ausdruck gegeben zu haben, daß das Leiden überwunden werden kann. Denn das glaube ich. Was muß man tun? ... Man muß sich unterwerfen. Widersetze dich nicht. Nimm es an. Laß dich überwältigen. Nimm es völlig an. Mache es zum Bestandteil deines Lebens. Alles im Leben, was wir wirklich annehmen, verwandelt sich. So muß Leiden zu Liebe werden. Das ist das Geheimnis. Das muß ich tun. Über die persönliche Liebe ... hinaus muß ich zu größerer Liebe gelangen, ich muß dem Leben als Ganzem geben, was ich ihm gegeben habe ... O Leben, nimm mich an, mach mich deiner würdig, lehre mich!« Und dann schrieb sie noch: »Ich möchte nicht sterben, da ich noch nichts getan habe, mein Leben zu rechtfertigen.«

Oft jedoch machte ihr die Krankheit jede schöpferische Arbeit unmöglich. Aber die geringste Besserung weckte in ihr sogleich wieder die Sehnsucht zu leben, zu lieben und zu schrei-

ben – was für sie ein und dasselbe war. In einem Brief aus Montana im Jahre 1921 sagte sie: ». . . Ich denke sehr oft an Sie. Vor allem am Abend, wenn ich auf meinem Balkon sitze und es zu dunkel ist, um zu schreiben oder etwas anderes zu tun, als die Sterne zu erwarten. Es ist die Stunde, die ich leidenschaftlich liebe. Man fühlt sich dann halb entkörperlicht, wie ein Schatten, der auf der Schwelle der Persönlichkeit sitzt, während die dunkle Flut steigt. Dann kommen der Mond, so wunderbar heiter, und die Sterne, die aus einem uns unbekannten Grunde sehr wohlgemut sind. In einer mondänen Existenz vergißt man leicht, diese Wunder zu betrachten. Aber das tut nichts: sie warten, bis wir wiederkommen. Die Morgendämmerung ist ein anderes Wunder. Wie kann man die unglaubliche Schönheit des Tagesanbruchs in Worte fassen? Es läuft alles auf eines hinaus: man entgeht der Herrlichkeit des Lebens nicht. Fassen wir den Vorsatz, ewig zu leben. Und das wäre nicht einmal lange genug!«
Dort oben in den Walliser Bergen fühlte Katherine Mansfield noch einmal, wie »Liebe, Wärme, Schönheit, Frieden« sie durchdrangen. Auch waren jene Wochen und Monate für sie eine Zeit fruchtbarster Tätigkeit, in der sie einige ihrer reifsten und schönsten Werke schuf. Am 15. September schrieb sie: »Gerade habe ich mein neues Buch beendet. Gestern abend, um zehn Uhr dreißig, habe ich die Feder hingelegt, nachdem ich geschrieben hatte: ›Gott sei gelobt!‹ Ich wollte, es gäbe einen Gott. Ich wünsche mir nichts Besseres, als ihn zu preisen und ihm zu danken. Das Buch heißt ›At the Bay‹, nach dem Titel einer langen Geschichte, die sich darin befindet, ungefähr sechzig Seiten, eine Fortsetzung von ›Prelude‹. Ich hoffe, daß sie gut ist, mein Herz und meine Seele sind ganz darin und, o Gott! wie hoffe ich, daß sie jemandem Freude machen werde! Es ist seltsam, die Toten zu neuem Leben zu erwecken. Da ist meine Großmutter in ihrem Lehnstuhl, mit ihrer rosa Strickarbeit, da ist mein Onkel . . . Während ich schreibe, sage ich zu ihnen: ›Ihr seid nicht tot, meine Lieben, ihr lebt in meiner

Erinnerung. Ich grüße euch. Ich bemühe mich, euch durch mich hindurch in eurer Fülle und Schönheit wiedererstehen zu lassen.‹ «

Mit diesem Buch, besonders mit »At the Bay«, einem kleinen Meisterwerk der englischen Sprache, erfüllte Katherine Mansfield das ihrem Bruder gegebene Versprechen. Noch immer kämpfte sie für ihr Leben, sie strebte danach, das Leiden anzunehmen und zu überwinden. Sie fühlte einen Stolz in sich, den sie instinktiv als schlecht empfand. Im Oktober 1921 schrieb sie: »Ich frage mich, warum es so schwer sein sollte, demütig zu sein. Ich glaube nicht, daß ich eine gute Schriftstellerin bin, ich kenne meine Fehler besser als irgend jemand sonst. Ich weiß genau, wo ich versage ... Ein böser alter Stolz scheint in meinem Herzen zu sein, eine Wurzel davon, die beim geringsten Anlaß einen fetten Schößling treibt ... Während dieses Zustands kann man nicht ruhig, klar und gut sein, wie man sein sollte. Ich betrachte die Berge, ich versuche zu beten – und ich denke an etwas *Geistreiches!* Es ist eine Art von Erregung in einem, die nicht da sein sollte ... Und alles, was ich in diesem Zustand schreibe, ist nichts wert, ist voll von *Sediment* ... Man muß lernen, man muß üben, sich selber zu vergessen.« Immer wieder vernehmen wir diesen Schrei nach Demut, nach Herzensreinheit, nach Integrität. Am 21. November schreibt sie: »Herr, mache mich kristallklar, damit Dein Licht durchscheinen kann!«

Katherine Mansfield war mit der Zeit zu der Überzeugung gelangt, daß die Wurzel ihres Übels nicht in ihren Lungen, sondern anderswo zu suchen war, und sie glaubte, wenn diese gefunden und überwunden werden könnte, dann wäre sie geheilt – Heilung des Körpers durch die Seele. Sie beschäftigte sich mit östlicher Weisheit, las die Schriften von Leo Schestow und *Kosmische Anatomie* von P. D. Ouspensky. Am 6. Februar 1922 schreibt sie: »Ich muß mein Selbst heilen, um gesund zu werden. Das ist das Wichtigste, und dazu brauche ich keine Hilfe. Ich muß es allein schaffen, und das ohne Verzug. Ich bin noch immer nicht ganz aus einem Guß, wie ich es sein müßte.«

Zu dieser Zeit besuchte sie der französische Schriftsteller Edmond Jaloux in Randogne-sur-Sierre, und er schrieb: »Der Abend, den ich mit ihr und ihrem Gatten verbrachte, bleibt für mich eine unvergeßliche Erinnerung. Ich sehe vor mir eine zerbrechliche Gestalt, eher klein, anmutig und zurückhaltend, die den Eindruck macht, als lebe sie am Rande des Lebens, in einer Zone, die schon nicht mehr ganz das Leben ist, sondern ein Strahlenkranz. Die Schönheit des Antlitzes ist ergreifend, die Gesichtszüge sind ungewöhnlich fein geschnitten, die Augen sehr dunkel. In ihrem Blick liegt ein Ausdruck, der nicht von dieser Welt zu sein scheint. Und wenn Katherine Mansfield spricht, stimmt das, was sie sagt, ganz mit dem Gesamteindruck überein, den sie hervorruft . . .«

Aber sie wurde immer wieder von Rastlosigkeit umgetrieben. Sie konnte nicht arbeiten, nicht zur Ruhe kommen. Ihr Geist war voller Sehnsucht nach einem Wunder – sie hoffte auf körperliche Heilung durch geistige Erneuerung. Eine solche Regeneration suchte sie in Georg Iwanowitsch Gurdjieffs »Institut für die harmonische Entwicklung des Menschen« in Avon bei Fontainebleau. Sie war sich bewußt, daß ihr Intellekt und ihre Seele gespalten waren und daß sie zu einer Einheit finden mußte. Ihr Mann war nicht mit ihr einverstanden, und so beschlossen die beiden, sich für eine Weile zu trennen, damit Katherine sich völlig ihrer neuen Aufgabe widmen konnte. Im Oktober 1922 wurde sie in das Gurdjieff-Institut aufgenommen. Sie war zu der festen Überzeugung gelangt, daß sie bei dieser Suche nach geistiger und körperlicher Einheit, die, wie sie glaubte, zu ihrer Gesundung führen würde, allein sein müsse. In ihr Tagebuch schrieb sie: »Und nun, Katherine, was verstehst du unter Gesundheit? Und wozu willst du sie? Antwort: Unter Gesundheit verstehe ich die Kraft, ein volles, erwachsenes, lebendiges, atmendes Leben zu leben, in enger Berührung mit allem, was ich liebe, der Erde und ihren Wundern, dem Meer, der Sonne, mit allem, was wir meinen, wenn wir von der äußeren Welt sprechen. Ich möchte in sie eingehen, Teil von ihr sein, darin leben, von ihr lernen, alles hinter mir lassen, was angenommen und oberflächlich ist an mir, und ein bewußtes, unmittelbares menschliches Wesen werden. Ich möchte andere verstehen lernen, indem ich mich selber verstehe. Ich möchte alles sein, dessen ich fähig bin, so daß ich (und hier habe ich angehalten und gewartet und gewartet, aber umsonst – es gibt nur einen Ausdruck dafür) *ein Kind der Sonne werde.* Davon zu reden, anderen helfen zu wollen, ein Licht voranzutragen und so weiter, darüber auch nur ein Wort zu verlieren, wäre falsch. Möge das genügen: *ein Sonnenkind.*

Und dann möchte ich arbeiten. Woran? Ich möchte so leben, daß ich sowohl mit den Händen als auch mit dem Gefühl und dem Verstand arbeite. Ich möchte einen Garten, ein kleines Haus, eine Wiese, Tiere, Bücher, Bilder, Musik, und aus alledem heraus, als Ausdruck davon, möchte ich schreiben . . . Aber warmes, volles, lebendiges Leben – im Leben verwurzelt sein – lernen, wissen wollen, fühlen, denken, handeln. Das ist es, was ich mir wünsche. Und nichts weniger. Danach muß ich streben.«

Während der letzten drei Monate ihres Lebens schrieb Katherine Mansfield Briefe an ihren Mann, an denen wir ermessen können, wie nahe sie ihrem Ziel auf dem Weg nach geistiger Erneuerung und Vollendung gekommen war. Am 9. Januar 1923 kam John M. Murry nach Avon, um Katherine zu besuchen; er konnte nicht wissen, daß er sie zum letztenmal lebend sehen würde. Seinem Bericht über ihre Gespräche können wir entnehmen, daß sie das Gefühl hatte, ihre Seele sei geheilt; sie hatte die Angst, ihren Mann zu verlieren, überwunden – und auch die Angst vor dem Tod. Sie hatte die wahre Liebe gefunden, eine ganze und vollkommene Liebe. Und in den Augen John M. Murrys war sie tatsächlich ein von Liebe verklärtes Wesen.

Am gleichen Abend, als sie mit ihrem Mann die Treppe zu ihrem Zimmer hinaufging, erlitt sie einen krampfartigen Hustenanfall, und als sie wenig später ihr Zimmer erreichte, einen Blutsturz. Sie starb innerhalb weniger Minuten. Sie hatte ihr Leben dahingegeben für jenen Zustand kristallener Klarheit, für den sie so lange gekämpft, gelitten und gebetet hatte. In dieser Reinheit und in dem unbedingten Gehorsam gegen ihre Berufung war sie groß als Mensch und als Künstlerin. Ihre Erzählungen gehören zu den Meisterwerken moderner Dichtung. Und ihre Briefe sowie das Tagebuch (1904–1923), in dem sich die Persönlichkeit der Dichterin in ihrer ganzen Offenheit, Spontaneität und Wahrhaftigkeit offenbart, in ihrem Streben nach Erkenntnis und künstlerischer Vollkommenheit, zählen ohne Zweifel zu den Selbstdarstellungen, welche die Zeiten überdauern werden.

Prof. Dr. B. M. Charleston
Professor für englische Sprache und Literatur an der Universität Bern

Tagebuch

Katherine Mansfield verließ Neuseeland im Januar 1903, um in das Queen's College, Harley Street, London, einzutreten. Sie war damals vierzehn Jahre alt. Ein Jahr zuvor hatte sie in Wellington die Bekanntschaft eines talentierten jungen Cellisten, Arnold Trowell, gemacht, der selbst aus Wellington stammte. Sie hatte mit ihm Freundschaft geschlossen, eine mädchenhafte Neigung zu ihm gefaßt und begonnen, selbst auch Cellostunden zu nehmen. Arnold Trowell ist der Cäsar einiger der folgenden Eintragungen. Er und sein Bruder, Garnet Trowell, ein junger Geiger, verließen Neuseeland etwa sechs Monate später als Katherine, um ihre Musikstudien am Konservatorium in Brüssel fortzusetzen.
Die folgende Notiz, die während Katherines ersten Weihnachtsferien nach ihrem Eintritt ins Queen's College geschrieben wurde, war wahrscheinlich an Cäsar gerichtet.

1904

1. Januar. Es ist zwölf Uhr. Alle Kirchenglocken läuten. Ein neues Jahr beginnt. Jetzt, an seinem Eingang, mein Liebster, will ich mein Buch anfangen. Es soll gar nicht königlich oder dramatisch werden, es soll nur einfach alles enthalten, was ich getan habe. Du, der du so weit weg bist, weißt so wenig von allem, was mir geschieht, und es ist sehr selbstsüchtig von mir, dir nicht mehr zu erzählen. Eben bin ich von einem Mitternachtsgottesdienst zurückgekommen. Es war sehr schön und feierlich. Draußen war es prickelnd kalt, und die Nacht war wundervoll. Über all die Wälder und Wiesen hatte die Natur einen Schleier geworfen, aber die Bäume hoben sich dunkel und schön von dem klaren, sternenübersäten Himmel ab. Die Kirche sah heute abend wirklich wie ein Gotteshaus aus, so stark, so gastfreundlich, so unbesiegbar. Während des stillen Gebets entschloß ich mich, dies zu schreiben. Ich will in diesem neuen Jahr versuchen, ein anderer Mensch zu werden. Am Ende des Jahres werde ich sehen, wie ich alle die Vorsätze gehalten habe, die ich heute abend fasse. So viel kann geschehen in einem Jahr. Man kann es so gut meinen, und so wenig tun.

Ich schreibe dies beim Licht einer winzigen Gasflamme, und ich habe nur einen Morgenrock an. Sehr dekolletiert. Ich bin so müde, daß ich wohl besser zu Bett gehe. Morgen ist der 1. Januar. Wie wundervoll, wie reizend ist doch diese Welt. Ich danke Gott in dieser Nacht, daß ich *bin*.

1. April. Heute war das Wetter sehr trüb und grau. Ich wachte schon um vier Uhr auf, und seither habe ich nichts als den Verkehrslärm gehört. Ich habe große Sehnsucht, wieder auf dem Lande zu sein, in Wäldern und Gärten und Wiesen, um dem Spiel des Frühlingsorchesters zu lauschen. Während meiner Arbeit habe ich den ganzen Tag von Wäldern geträumt und von den geheimen Schlupfwinkeln, die mein gewesen sind, jahrelang nur mein. Heute morgen ging ein Mädchen unter meinem Fenster vorbei, das Primeln anbot. Ich kaufte einige große Sträuße, löste ihre engen Fesseln und ließ die armen, müden, zerdrückten Blüten sich in einer himmelblauen Schale ausstrecken. Aber es waren keine Primeln vom Land. Als ich mich über sie neigte, schauten mich ihre müden blas-

sen Gesichtchen mit der gleichen seltsam erstaunten Verwirrung an, wie ich sie manchmal auf den Gesichtern von kleinen Kindern bemerkt habe. Es war, als ob der Frühling in mein Zimmer gekommen wäre, aber mit gebrochenen und beschmutzten Schwingen, und leise – sehr leise.
Heute abend saß ich in meinem Sessel bei dem gedämpften Licht meiner Leselampe, in Gedanken versunken an die Jahre, die vergangen sind. Sie zogen durch mein Herz wie eine Melodie in Moll, und die Erinnerung daran, süßduftend wie der Duft meiner Blumen, durchschauerte meinen müden Kopf in seltsamer Erquickung.

1906

Die Wege des Lebens[1]

»Frühreif sein ist vollkommen sein.« O. *W.*[2]
»Das griechische Gewand war seinem Wesen nach kunstlos. Nichts sollte den Körper zeigen als er sich selbst.« O. *W.*
»Genie bei einer Frau ist der mystische Lorbeer Apolls, der weichen Brust Daphnes entsprossen. Er beschleunigt das Wachstum, und manchmal bricht er das Herz, dem er entspringt.« *M.C.*
»Furcht einzugestehen, ist das Eingeständnis von Versagen.« *K.M.*
»Se marier et avoir des enfants! Mais quelle blanchisseuse – je veux la gloire!« *Marie Bashkirtsheff.*
»Ein Mann, der sich durch Musik auszudrücken vermag, fühlt sich zu Höherem getrieben als zu parlamentarischer Beredsamkeit.« *G.E.*

---

[1] Deutsch im Originaltext.
[2] Oscar Wilde. – Für die hier und in der Folge angeführten Namen verweisen wir auf das Namensverzeichnis.

»Jede große Leistung als Schauspieler oder in der Musik wächst mit der Entwicklung. Immer wenn ein Künstler sagen kann: ›Ich kam, sah und siegte‹, ist es am Ende einer Periode geduldigen Übens. Genie ist zunächst nicht viel mehr als eine große Fähigkeit, Disziplin zu üben. Deine Muskeln, dein ganzer Körper müssen wie eine Uhr gehen – zuverlässig, zuverlässig, haargenau.« *G. E.*

»Sollte jemand in mich dringen, einen Grund anzugeben, warum ich ihn liebte, so gäbe es nur eine Antwort: Weil er er war, und ich ich bin.« *Montaigne.*

»Der stärkste Mann ist derjenige, der ganz allein steht.«

Henrik Ibsen

»Glückliche Menschen sind nie genial. Genie verlangt Widerspruchsgeist.« *K. M.*

»Es sind naturgemäß oder im allgemeinen nicht die Glücklichen, die am begierigsten sind auf eine Verlängerung ihres gegenwärtigen Lebens oder auf ein Leben nach dem Tode, sondern diejenigen, die nie glücklich gewesen sind.« *J. S. M.*

»Es ist keine unnatürliche Abweichung von der Idee eines glücklichen Lebens, es niederzulegen, nachdem das Beste, was es zu bieten hat, bis zur Neige ausgekostet ist; wenn alle Freuden des Lebens alltäglich geworden sind, und *nichts ungekostet, nichts unbekannt* geblieben ist, was die Neugier erregen und den Wunsch, länger zu leben, rechtfertigen könnte.« *J. S. M.*

»Treibe alles so weit es geht.« O. W.

»Die Alten verlangen alles – die im mittleren Alter glauben alles – die Jungen wissen alles.« O. W.

»Wie verrückt zu lieben ist vielleicht nicht vernünftig, aber es ist weit vernünftiger, als gar nicht zu lieben.« *M. M.*

»Menschen, die nur durch Erfahrung lernen, vergessen die Intuition.« *A. H. H.*

»Kein Leben ist umsonst, außer wenn es in seinem Wachstum stehengeblieben ist.« O. W.

»Wir sind nicht auf die Welt gekommen, um unsere moralischen Vorurteile zur Schau zu tragen.« O. W.

»Wenn man eine Natur verderben will, braucht man sie bloß zu reformieren.« O. *W.*

»Die einzige Art, eine Versuchung loszuwerden, ist, ihr nachzugeben.« O. *W.*

»Gewissen und Feigheit sind ein und dasselbe. Das Gewissen ist die Schutzmarke der Firma. Das ist alles.« O. *W.*

»Das eigene Wesen vollkommen zu verwirklichen – dazu sind wir da.« O. *W.*

Katherines Vater beschloß, daß seine Tochter Ende Oktober 1906 nach Wellington zurückkehren sollte. Am 6. Dezember kam sie widerwillig und widerspenstig dort an. Der Stil ihres Tagebuchs ist fieberhaft und überreizt. Tief beeindruckt von der im Vorhergehenden angedeuteten Lektüre, war sie verliebt in die Idee, Erfahrungen zu machen um jeden Preis, und versessen auf die Rückkehr nach England. Sie fand vorübergehend Trost in dem Gedanken, sich den Eltern gegenüber so unmöglich zu machen, daß diese sie fortschicken müßten. Zur selben Zeit gab sie ihre frühere Absicht, Musikerin zu werden, auf und konzentrierte sich mehr und mehr auf das Schreiben.

1. Oktober. Ich gehe die breite, fast menschenleere Straße entlang. Sie sieht bedeutungslos, verlassen, nachlässig aus – wie eine Frau, die nicht mehr an ihre Schönheit glaubt. Der herrliche Lebensrhythmus fehlt. Mit müden, bleichen Gesichtern gehen die Menschen hin und her – schweigend, traurig. Alle Farben scheinen ihren Glanz verloren zu haben. Die Straße ist farblos, wie eine große Sandfläche. Und nun gehe ich durch die enge Eisenpforte den schmalen Pfad hinauf und durch die schwere Türe in die Kirche. Schweigen hing bewegungslos über der Kirche; die Schatten ihrer großen Seitenflügel verdunkeln alles. Durch das Düster erschienen undeutlich die Figuren der Heiligen. Der Hochaltar erglänzte mystisch – wie eine Vision. Und dann bemerkte ich, daß viele

Menschen in den Kirchenstühlen knieten, in seltsam pathetischer Haltung – fast wie in der Alten Welt. Eine Nonne kam und setzte sich neben mich. Sie erhob ein leidenschaftsloses, ausdrucksloses Gesicht – und der Rosenkranz glänzte wie eine silberne Schnur in ihren Fingern.

[November: auf der S.S. Corinthic]. Rasch fiel die Nacht. Wie ein großer weißer Vogel glitt das Schiff dahin – vorwärts ins Unbekannte. Durch die Dunkelheit schienen die Sterne; der Himmel aber war ein Garten mit goldenen Blumen, schwer von Farbe. Ich lag auf dem Deck des Dampfers, die Hände hinter dem Kopf verschränkt, und ein merkwürdig komplexes Gefühl überkam mich beim Betrachten der Sterne – die plötzliche Erkenntnis, daß sie stetig und immer mächtiger in das Innerste meiner Seele hineinschienen. Ich fühlte ihr stilles Licht die tiefsten Tiefen durchdringen, und Furcht und Verzückung machten mich reglos – schaudernd. Ein furchtbarer Zauber liegt in ihrem Schein, dachte ich. So wie die Kraft des Sonnenscheins bewirkt, daß das Feuer bleich und verbraucht erscheint, so löscht dieses Sternenlicht die Flamme meines Lebens aus. Ich sah die Flamme meines Lebens vor mir wie eine ganz kleine, furchtsam flackernde Kerze, und ich dachte: bald wird sie erlöschen; und dann, während ich diesem Gedanken nachhing, sah ich, wo sie geleuchtet hatte, die Dunkelheit sich ausbreiten. Und dann trieb ich dahin – woher, wohin? Ich trieb in einem großen, grenzenlosen, purpurnen Meer. Ich wurde von der Gewalt der Wellen hin und her geworfen, und der verworrene Schall vieler Stimmen flutete mir entgegen. Ein Gefühl unsagbarer Verlassenheit durchdrang meinen Geist. Ich wußte, dieses Meer war ewig. Ich war ewig. Dieses Weinen war ewig.

So, indem ich über mich selber lächle, setze ich mich hin, um diesen neuen Einfluß zu analysieren: dieses komplexe Gefühl. Überall mache ich nach einiger Zeit eine ähnliche Erfahrung.

Es ist nicht ein Mann oder eine Frau [unleserlich] – es ist die ganze Oktave des Sex. F. R. ist mein letzter. Als ich ihn zum erstenmal sah, lag ich lang ausgestreckt in einem Liegestuhl, und er ging vorbei. Ich beobachtete die vollendete rhythmische Bewegung, das unbeschränkte Selbstvertrauen, die Schönheit seiner Gestalt, und jenes [unleserlich], das das Unverwüstliche und Ewige in der Jugend ist, und Schöpferlust regte sich in mir. Ich hörte ihn sprechen: er hat eine tiefe, volle, seltsam erregende Stimme, die Gewohnheit, andere nachzuahmen, einen lebhaften Sinn für Humor. Seine Gesichtszüge sind fein geschnitten wie die einer Statue, sein Mund ist ganz griechisch. Auch hat er viel gesehen und viel erlebt, und seine Hand ist vollkommen in ihrer Kraft und Kühle. Er ist groß, und seine Kleider zeichnen die Umrisse seiner Gestalt ab. Wenn ich ihm nahe bin, ergreift mich ein widernatürliches Verlangen, ich möchte, daß er mir sehr wehe täte. Ich möchte von seinen festen Händen erdrosselt werden. Er raucht oft Zigaretten, wählerisch, auserlesen.

Gestern abend saßen wir an Deck. Er zeigte mir das Pikettspiel. Es war sehr heiß. Er trug ein loses Seidenhemd unter seinem Smoking. Er schien merkwürdig erregt, manchmal fast ein wenig heftig. Eine unterdrückte Erregung lag in jedem seiner Blicke, in allen seinen Bewegungen. Er sprach die meiste Zeit Französisch mit ausgezeichneter Geläufigkeit und einer gewissen übertriebenen Geziertheit. Er hat jahrelang in Paris gelebt. Je mehr Herzen man besitzt, um so besser ist es, sagte er, indem er sich über meine Hand beugte. Ich fühlte seinen Rockärmel auf meinem nackten Arm. Wenn heutzutage *ein* Herz eine sehr primitive Angelegenheit ist, muß man viele haben, antwortete ich. Wir tauschten einen langen Blick, und der seine berauschte mich wie der Duft einer Gardenie.

Gestern nachmittag wurde auf dem Deck Kricket gespielt. Er schlug als erster den Ball. Ich schaute ihm zu. Er machte ein paar langsame Schritte und schlug dann den Ball mit unglaub-

licher Kraft gegen das Tor. Bei jedem Wurf war mir, als sei der Ball auf mein Herz gerichtet. Ich rang nach Atem ...
Wir verleugnen unseren Geist im gleichen Maße, wie wir unsere Körper kastrieren. Ich frage mich, ob das wahr ist, und ich glaube, daß es wirklich so ist. O, ich möchte es auf die Spitze treiben. Morgen abend findet ein Ball statt. Dieu sei gedankt, ich weiß, daß ich wirklich gut tanze. Ich werde kämpfen für das, was ich will, aber ich [weiß] nicht genau, was das ist. Ich möchte ihn aus der Fassung bringen, seltsame Tiefen in ihm erregen. Er hat soviel gesehen, daß es eine großartige Eroberung wäre. Er ist jetzt – ich weiß nicht recht, ich glaube sehr neugierig und etwas aus der Fassung gebracht. Wird aus mir am Ende eine fille entretenue? Es sieht so aus. O Gott, das ist besser, als die Tochter meiner Eltern [zu sein]. [Sechs unleserliche Wörter.]
Sie sind noch schlimmer, als ich erwartet hatte. Sie sind neugierig und spähen herum, sie passen auf, und sprechen tun sie nur vom Essen. Sie streiten sich auf hoffnungslos vulgäre Weise. Mein Vater sprach von meiner Rückkehr [nach London] als von einem verdammten Unsinn, sagte, stell dir vor, er wolle nicht, daß ich mich im Dunkeln mit Burschen herumtreibe. Seine mit langen sandfarbenen Haaren bedeckten Hände sind absolut grausame Hände. Ein Gefühl körperlichen Widerwillens ergreift mich. Er will, daß ich in seiner Nähe bleibe. Er beobachtet mich beim Essen, ißt in der gemeinsten, geräuschvoll-vulgärsten Manier, die sich beschreiben läßt. Er ist wie ein beständiges Ärgernis, aber ich kann ihm nicht entrinnen, und die Stimmung, die davon ausgeht, nimmt mich ganz gefangen. Wenn ich ihm bei Tisch die Schüsseln reiche oder ein Buch, oder wenn ich ein Kissen hole für ihn, so dankt er mir nicht einmal. *Sie* ist immer mißtrauisch, beständig auf anmaßende Weise tyrannisch. Ich sehe ihm zu, wie er das ganze Deck abschreitet in seinen weiten scheußlich gesprenkelten Hosen, seiner absurden [unleserlich] Mütze. Manchmal ist er wie eine Katze, finde ich, – nur daß seine

Augen nicht wie Katzenaugen sind, sie sind so hervorstechend, so schrecklich widerlich, wenn er verwundert ist, oder wenn er etwas ißt, was ihm schmeckt, dann sieht es aus, als ob sie ihm aus dem Kopfe träten. Er beobachtet, wie die Schüsseln herumgehen, darauf erpicht, ja eine gute Portion zu bekommen. Ich kann kaum eine halbe Minute allein sein, oder in Gesellschaft von Frauen – schon ist er da, schaut ängstlich umher, Gleichgültigkeit vortäuschend, und zupft mit seinen haarigen Händen an seinem langen herabhängenden rotgrauen Schnurrbart. Hu!
Sie ist völlig und [unleserlich] und leicht aus der Fassung zu bringen. Sagt ihm, was er zu tun hat oder nicht zu tun hat – schaut beständig unruhig und ängstlich aus. Beide sind so absolut unenthusiastisch. Sie sind mir ein beständiges Ärgernis. Ihr Anblick bewirkt eine gänzliche Veränderung in mir. Ich werde unsicher in meinem Benehmen – erscheine befangen. Sie haben keine Idee von [unleserlich] Dingen. Es wird mir nie möglich sein, zuhause zu leben. Das ist mir völlig klar. Es würde zu beständigen Reibereien führen. Mehr als eine Viertelstunde sind sie nicht zu ertragen, und geistig sind sie mir ganz und gar unterlegen. Was wird die Zukunft bringen? Ich bin voll ruhelosem Staunen, aber von der herrlichen Erwartung, die mich einst erfüllte, ist nichts geblieben, sie rauben sie mir.

Wäre Tom Moore an Bord der *Corinthic* – ich könnte mir vorstellen, daß seine Muse sich zu dem Lied inspirieren lassen würde:

Oft in the stilly night
Ere slumber's chains have bound me
My sleep is put to flight
By all the noise around me.

Along the corridor
Strange gurgles, many a sound.

Dezember. Für heute nachmittag habe ich genug gelesen. Jetzt möchte ich schreiben. Werde ich's können? Hier ein Versuch.

Ich kann nichts schreiben, nichts. Ich habe viele Einfälle, aber keine Herrschaft über den Gegenstand. Ich möchte Verse schreiben, aber sie wollen nicht kommen . . . Was ich auch tue, es gelingt mir nicht, etwas Bezauberndes hervorzubringen. Es ist schrecklich ärgerlich und entmutigend. Aber probieren geht über studieren, und so will ich's nochmals versuchen. Ich möchte etwas ein wenig Geheimnisvolles schreiben – etwas wirklich Schönes und Originelles.

Das Wachsen von Flügeln. Versuche, so etwas wie eine Skizze des Ganzen zu entwerfen. Dann ist es viel einfacher. Entwirf die Umrisse, ordne die Charaktere sorgfältig und vollständig ein. Sie ist in Neuseeland geboren. Nach ihres Vaters Tod wird sie nach London geschickt, zu Miss Pitts, die eine Pension führt für die jungen Mädchen, die an den verschiedenen Colleges studieren wollen. Hier ist Gelegenheit, zum Beispiel eine Karnevalsszene hineinzubringen . . . Constance Foster und Miss Manners. Sie werden beim Neffen von Miss Manners, Paul Hardy, eingeführt – einem Schriftsteller.

1907

Edie, im folgenden E.K.B., ist eine Künstlerin, die Kinderbilder zeichnete und mit der Katherine eine Zeitlang eifrig zusammenarbeitete, indem sie Kinderverse zu den Bildern schrieb. Zur gleichen Zeit suchte sie die Gesellschaft von Arnold Trowells Vater, bei dem sie Cellospielen lernte. Adelaide ist Ida Baker, die treue Freundin, die sie vom Queen's College her kannte, auch Leslie Moore genannt, oder abgekürzt L.M.

Januar (?) Ich glaube, da ist Mr. Trowell. Ich habe mich endgültig entschlossen, nicht Musikerin zu werden. Das ist nicht meine Stärke. Das sehe ich klar. Ich muß Schriftstellerin werden. Cäsar verliert an Einfluß über mich. Edie wartet auf mich. Ich werde in ihre Arme sinken. Da bin ich am sichersten. Liebst du mich?

O, dieser eintönige, schreckliche Regen! Dieses dumpfe, stetige, hoffnungslose Geräusch! Ich habe die Vorhänge zugezogen, um das weinende Gesicht der Welt auszuschließen – die Bäume, die sich sanft in ihrem Kummer wiegen und ihre Silbertränen auf die braune Erde fließen lassen – die engen, armseligen, schmutzigen, durchnäßten Holzhäuser, ohne Farbe, abgesehen vom matten Rot des Daches – und die lange Reihe grauer Hügel, unwegsam, geisterhaft.

So habe ich denn die Vorhänge zugezogen, und das Licht ist faszinierend. Ein fortwährendes Zwielicht hängt über allem. Ein morbider Zauber verbreitet eine lastende Atmosphäre. Seltsam, wie, während ich hier sitze, ruhig, allein, jedes meiner Besitztümer – der weißschimmernde Kalender an der Wand, jedes Bild, jedes Buch, mein Cellokasten, sogar die Möbel – sich zu regen scheinen. Die Velasquez-Venus bewegt sich ganz leise auf ihrem Ruhebett; ein seltsames Lächeln geistert einen Augenblick lang auf Manons Gesicht und ist dann wieder verschwunden; der Schaukelstuhl ist voll geduldiger Ergebung, der Cellokasten in tiefe Gedanken versunken. Neben mir duften durchdringend süß Reseden in einer kleinen Schale, und ein Büschel scharlachroter Geranien leuchtet warm.

Zuweilen dringt der lange, hoffnungslose Ton des Nebelhorns weit draußen auf See durch das regelmäßige Rauschen des Regens zu mir herein. Und dann scheint alles Leben nur ein trauriger Schrei, ein Tappen in einer sinnlosen, ziellosen Finsternis zu sein. Dann und wann – meilenweit entfernt, so kommt es mir vor – höre ich das Geräusch einer Tür, die sich öffnet und schließt.

Und ich horche und denke und träume, bis mir mein Leben nicht als *ein* Leben, sondern wie viele Milliarden Leben erscheint, und meine Seele ist niedergedrückt von der Last vergangener Existenzen, von dem unbestimmten, beängstigenden Bewußtsein zukünftigen Strebens und Kämpfens.
Und die grauen Gedanken fallen auf meine Seele wie der graue Regen auf die Welt, aber ich kann nicht einfach den Vorhang zuziehen und sie verbannen.

Februar. Ich bin am Meer – genau gesagt am Strand von Island Bay – und liege flach auf dem Gesicht im warmen weißen Sand. Und vor mir erstreckt sich das Meer.
Zu meiner Rechten – in Nebel gehüllt, wie ein Märchenland – ein Traumland, die Schneeberge der Südinsel; zu meiner Linken die Falten herrlicher goldener Berge, auf denen zwei weiße Leuchttürme sitzen wie große wachthaltende Vögel. Ein riesiger gelber Hund liegt neben mir. Er ist naß und zerzaust, und ich habe weder Schuhe noch Strümpfe an – ein rosa Kleid – einen Panamahut – einen großen Sonnenschirm. Adelaida, wärst du doch bei mir!
Da, wo die Klippen liegen, ist ihr Schatten dunkelviolett auf dem Grünblau – du kennst den pfauenfarbenen Ton des Wassers. Blau – wie das Blau von Rossetti; grün – wie das Grün von William Morris. O, welch wundervoller Tag! Ich werde hier bleiben bis zum Einbruch der Dunkelheit – ich werde am Strand entlanggehen – die Wellen werden über meine Füße schäumen – ich werde viel Tee trinken – und eine unsinnige Menge Brot und Aprikosenkonfitüre essen, in einem kleinen Restaurant, das Cliff House heißt.
Ein Boot mit orangefarbenem Segel treibt über die blaue See. Jetzt kommen die Maori-Fischer hereingesegelt – ihr weißes Segel bläht sich im Wind. Am Strand steht eine Gruppe von ihnen, in blauen Jacken und dicken, bis zu den Knien aufgerollten Hosen. Die Sonne scheint auf ihr dickes, krauses Haar und scheint auf ihre Gesichter, so daß ihre Haut wie

Bernstein glüht. Sie scheint auf ihre nackten Beine und auf ihre starken braunen Arme. Sie ziehen ein Boot an Land, *Te Kooti* genannt. Das nasse Seil läuft durch ihre Hände und fällt in einem seltsamen Muster auf den von herumwirbelndem Gischt bedeckten Sand.

Wenn Neuseeland kunstreicher geworden ist, wird es einem Künstler das Leben schenken, der imstande sein wird, seine natürlichen Schönheiten auf angemessene Weise zu beschreiben. Es scheint das paradox, ist jedoch wahr.

Lesefrüchte

»Ich bin, was ist: kein Sterblicher darf wagen, den Schleier zu lüften.«

»Er ist aus sich selbst; ihm allein verdanken alle Menschen ihr Dasein.« *Beethovens Religion.*

»Verwirkliche deine Jugend, solange du sie hast. Verschleudere nicht das Gold deiner Tage, indem du Langweilern zuhörst, hoffnungslosen Versagern zu helfen suchst, oder dein Leben an den Unwissenden, den Gewöhnlichen oder den Gemeinen wegwirfst – was die Ziele, die falschen Ideale unserer Zeit sind. Lebe! Lebe das wundervolle Leben in dir! Laß dir nichts entgehen! Sei stets auf neue Erfahrungen aus ... Fürchte dich vor nichts.« O. *W.*

»Ehrgeiz ist ein Fluch, wenn du nicht gegen alles andere gefeit bist – wenn du nicht willens bist, dich deinem Ehrgeiz zu opfern.« *Eine Frau.*[1]

»Alle Musiker, und seien sie noch so unbedeutend, werden geboren ohne die Kraft, das Leben ernst zu nehmen. Sie be-

[1] Eine Frau, später A. W., »A Woman«, ohne Zweifel Katherine Mansfield.

gehren nicht einen Mann oder eine Frau, sondern die ganze Oktave des Sex.« *A. W.*

»Man fühlt sich hilflos unter dem Joch der Schöpfung.« *A. W.*

»Die Natur hält uns zum Narren! Was für einen Sinn hat es, jemanden zu lieben, wenn jede Waschfrau genau dasselbe tun kann? Das ist bloß ein Trick der Natur, um die Fortpflanzung sicherzustellen.« *A. W.*

»Den Mut zu deiner Maßlosigkeit haben – deine Grenzen finden.« *A. W.*

»Die meisten Frauen verwandeln sich in Salzsäulen, wenn sie zurückblicken.« *A. W.*

»Große Menschen sind immer völlig ihren eigenen Neigungen gefolgt. Wozu sollten wir uns die Namen von Menschen merken, die bloß tun, was alle andern tun? Das Gesetz mit Erfolg zu brechen, ist ein Zeichen von Erhabenheit.« *A. W.*

»Ich will nicht meinen Lebensunterhalt verdienen, ich will leben.« O. *W.*

»Du musterst dich von der Höhe einer Eingebung aus und prallst mit widerwärtigen Stößen von der Spitze der Kathedrale zurück in den Straßendreck.« *A. W.*

»Eine Frau kann Musik nicht wirklich verstehen, bevor sie nicht tatsächlich die so mühsam versteckten Dinge erfahren hat, die offenbar die Grundlage von allem sind.« *A. W.*

»Die Umsetzung eines Gefühls in eine Handlung ist sein Tod, sein logisches Ende ... Dies ist jedoch nicht der Fall bei unrechtmäßigen Handlungen. Diese entsprechen der Neugier unseres Temperaments, dem bewußten Ausdruck unserer Neigungen, sie verschmelzen eine rohe Empfindung unseres Blutes mit der Kunst des Handelns oder des Zufalls. Denn wir kastrieren unseren Geist in dem Maße, in dem wir unseren Körper verleugnen.« O. *W.*

30. März 1907. Auswahl aus Dorian Gray[1].

---

[1] *The Picture of Dorian Gray*, 1891, von Oscar Wilde.

»Natürlich zu sein ist nur eine Pose – und die ärgerlichste Pose, die ich kenne ...«

»Menschen ohne Prinzipien liebe ich mehr als alles andere auf der Welt.«

»Das Schlimmste an einer Romanze ist, daß sie einen so unromantisch macht.«

»Die Treuen kennen nur die alltägliche Seite der Liebe; es sind die Treulosen, die die Tragödien der Liebe kennenlernen.«

»Jede Beeinflussung ist unmoralisch – unmoralisch vom wissenschaftlichen Standpunkt aus.«

»Nur die Sinne können die Seele heilen – so wie nur die Seele die Sinne heilen kann.«

Mai (?) O laß mich etwas wirklich Gutes schreiben, laß mich einen Einfall skizzieren und ausarbeiten. Hier ist Stille und Frieden und Glanz – Busch und Vögel. In der Ferne höre ich Arbeiter, die ein Haus bauen – und der Mond macht mich halb wahnsinnig. Laß es ein Gedicht sein. An die Arbeit! Ich bin ganz wild nach Ideen. Glück auf, liebste Kathie. So ist es, und es *wird* mir gelingen. Die Sonne bricht durch. Ich bin froh, der Nachmittag wird schön werden. Aber ich bitte dich, *laß* mich schreiben.

1. Juni. Day's Bay. Und eine weitere Veränderung. Ich sitze im kleinen armseligen Wohnzimmer, das einzige Zimmer des Sommerhäuschens mit Ausnahme des kajütenähnlichen, mit Schlafkojen versehenen Schlafraums und eines Anbaus mit Bad und vollem Holz- und Kohlenkeller. Auf der einen Seite liegt das Meer, das sich bis unmittelbar an den Hofraum erstreckt; auf der andern das Gebüsch, das fast bis zur Eingangstür hinunterwächst.

Sonntagabend. Hier bin ich, fast erfroren, halbtot vor Erschöpfung. Ich kann nicht schlafen, denn das Ende ist so plötzlich gekommen, daß sogar ich, die ich es so lange erwartet hatte, entsetzt und überwältigt bin. Sie ist müde. Ich verbrachte die letzte Nacht in ihren Armen – und heute abend hasse ich sie, was heißen will, wenn man es näher betrachtet, daß ich sie anbete: daß ich nicht in meinem Bett liegen kann, ohne den Zauber ihres Körpers zu fühlen: was auch heißt, daß Sex mir nichts bedeutet. Bei ihr fühle ich alle die sogenannten sexuellen Impulse stärker als je mit einem Mann. Sie bezaubert, unterwirft mich – und ihrem persönlichen Selbst – ihrem vollkommenen Körper – gilt meine Anbetung. Wenn ich mit dem Kopf auf ihrer Brust liege, dann fühle ich, was das Leben enthalten kann. Alle meine Sorgen und Ängste sind wie weggeblasen. Fort sind alle Erinnerungen an Cäsar und Adonis; fort die schreckliche Banalität meines Lebens. Nichts bleibt übrig als die Zuflucht ihrer Arme.

Und natürlich hätte ich all dies noch vor einer Woche ertragen können, weil ich nie gewußt hatte, was es heißt, wirklich zu lieben und geliebt zu werden – leidenschaftlich anzubeten. Aber jetzt glaube ich, wenn sie mir versagt sein sollte, muß ich – geht meine Seele auf die Straße und bettelt um Liebe von jedem zufällig vorübergehenden Fremden, bittet und bettelt um ein wenig von dem kostbaren Gift. Ich bin halb wahnsinnig vor Liebe. Sie bedeutet mir gegenwärtig sogar mehr als meine Musik – sie ist wirklich alles, alles für mich, und nun will sie gehen. Was ich vorausgesehen habe, ist Wirklichkeit geworden. Es hat sich gezeigt, daß die Seifenblase märchenhaften Ursprungs ist – und dies ist wirklich meine letzte Erfahrung dieser Art – die letzte. Ich kann es nicht länger ertragen; es tötet meine Seele, wirklich; jedesmal empfinde ich es tiefer, denn jedesmal bricht die alte Wunde wieder auf, das Messer dringt noch tiefer in mein Fleisch, und ich erleide die Qualen aufs neue.

Neben mir brennt die ruhige Flamme der Kerze, golden wie eine Blüte; aber wenn ich hier lange genug sitzen bleibe, wird sie kleiner werden, flackern und erlöschen. Und so ist das

Leben, und so, vor allem, ist die Liebe – ein unbestimmtes, vergängliches, flüchtiges Etwas. Und der Pessimismus starrt mich an, finster und schrecklich, und ich klammere mich an die alten Illusionen. Ich bin verliebt in Regenbögen und Kristallgläser. Der Regenbogen verblaßt, und die Gläser zersplittern in tausend diamantene Stücke. Wohin sind sie verstreut worden in der Unermeßlichkeit des Himmels, in die vier Windrichtungen – sind sie für immer dahin?
In meinem Leben – soviel eingebildete Liebe; in Wirklichkeit achtzehn unfruchtbare Jahre – niemals ein reiner, spontaner, zärtlicher Impuls. Adonis war – wenn ich es wage, in mein Herz zu schauen – nichts als eine Pose. Und jetzt kommt sie – und an sie gelehnt, an ihre Hände geklammert, ihr Gesicht an meinem, bin ich ein Kind, eine Frau, und mehr als halb Mann. [Nach einer unleserlichen Seite geht es weiter.]

1. Juni. Und dann schlichen Geräusche so nahe heran, daß ich zurückging ins Schlafzimmer und im Dunkeln aus dem Fenster lehnte. Sie schlief friedlich. Ich konnte sie nicht wekken. Ich versuchte es, aber ohne Erfolg; und mit jedem Augenblick wuchs mein Entsetzen vor allem. Sogar der Zaun im Hof wurde schrecklich für mich. Als ich auf die Pfosten starrte, wurden sie zu scheußlichen Chinesengestalten, sehr lebendig und schrecklich. Sie lehnten müßig an nichts, mit gekreuzten Beinen und zuckenden Gesichtern. Es war schrecklich kalt. Ich lehnte mich noch weiter hinaus und beobachtete eine der Figuren. Sie krümmte sich, schnitt Grimassen, bewegte sich hin und her – und dann rollte der Kopf unter das Haus – er rollte im Kreise herum: wie ein schwarzer Ball – vielleicht war es eine Katze – sprang er ins Leere. Ich schaute wieder nach der Figur – sie war gekreuzigt, hing leblos, aber noch immer grinsend vor mir. Tiefe Stille. Es war zu furchtbar. Ich entledigte mich meines Morgenrocks und der Pantoffeln und setzte mich auf den Bettrand, zitternd, fast weinend, hysterisch vor Gram. Irgendwie war sie schweigend erwacht und kam zu mir herüber – nahm mich wieder in die Zuflucht ihrer Arme. Wir legten uns hin, immer noch schweigend, und dann und wann preßte sie mich an sich, küßte mich, mein Kopf auf ihrem Busen, ihre Hände waren auf meinem Körper und streichelten mich liebevoll – wärmten mich [unleserliches Wort], um mir wieder mehr Leben zu geben. Dann ihre Stimme, die flüsterte: Geht's jetzt besser, Liebling? Ich konnte nicht mit Worten antworten. Und wiederum: Kannst du es mir nicht sagen? Ich schmiegte mich dicht an ihren warmen, süßen Leib, glücklicher als je zuvor, glücklicher, als ich es mir jemals hätte träumen lassen – die Vergangenheit wieder einmal begraben. Ich klammerte mich an sie mit dem Wunsch, dieses Dunkel möge ewig dauern.

Nie war das Gefühl, daß sie mir gehörte, so stark gewesen, dachte ich. Hier kann außer mir niemand bei ihr sein, hier kann ich sie durch tausend zärtliche Einflüsterungen an mich fesseln – eine Zeitlang. Was für eine Erfahrung! Als wir dann in die Stadt zurückkehrten, war es kein Wunder, daß ich nicht mehr schlafen konnte, daß ich mich im Bett hin und her warf und mich sehnte, tausend Dinge begriff, die mir bisher unverständlich gewesen waren . . . O Oscar! [Oscar Wilde] bin ich besonders empfänglich für sexuelle Regungen? Es muß so sein, nehme ich an – aber ich bin froh darüber. O, daß sie mich, jedesmal, wenn ich ihr begegne, in ihre Arme nähme und mich an sich preßte. Und ich glaube, auch sie würde das gerne tun, aber sie hat Angst, und die Konvention hindert sie daran. Wir werden wieder fortgehen.

Heute nachmittag will mich ein Herr besuchen, der sein Cello mitbringen will, um mich spielen zu hören; und jetzt, da der Augenblick *est arrivé*, mag ich ihn nicht sehen. Er ist eingebildet, der Liebhaber unzähliger Schauspielerinnen und kennt alle Städte unter der Sonne – wohlhabend, Junggeselle. Und gestern, als ich ihm begegnete, benahm ich mich völlig grundlos wie eine Gans. Er fragte mich schließlich, ob er mich besuchen dürfe. Kathie, du bist völlig verrückt; er hat einen so jämmerlich unintellektuellen Kopf!

25. Juni. Ich hasse alle und jeden, verabscheue mich, verabscheue mein Leben und liebe Cäsar. Jede Woche, manchmal jeden Tag – tout dépend –, wenn ich an den faszinierenden Kult denke, von dem ich absorbiert werden möchte, komme ich zum Schluß, daß all dies wirklich ein Ende nehmen wird. Freiheit um jeden Preis! Ich fange schrecklich unglücklich an, fasse Gott weiß wieviele Vorsätze, und dann breche ich sie! Eines Tages werde ich das nicht mehr tun . . . Ich werde das Eisen schmieden, solange es heiß ist, und werde mich und meine unüberwindliche Seele preisen. Durch den Amethysten gesehen, ist die Lage teuflisch faszinierend, aber sie kann es nicht ewig bleiben. Der Zauber liegt hauptsächlich in ihrer Unbeständigkeit. Es hat lange genug gedauert. Ich muß gehen; ich kann nicht – will nicht – ein Haus auf irgendeinen verdammten Felsen bauen. Aber Geld, Geld brauche ich. Ich finde eine gewisse Ähnlichkeit zwischen mir und John Addington Symonds.

Es gibt Frost heute, alles ist weiß von Rauhreif; ein niedriger blauer Nebel, der sich nur zögernd auflöst, hängt über der Kiefernallee. Es ist sehr kalt, man hört das Knarren der vorüberfahrenden Wagen schon sehr früh. Eine Straßenbahnpfeife ertönt; am anderen Ende der Straße fährt eine Straßenbahn vorbei. Die Dienstmädchen räumen Geschirr weg. Unten im Musikzimmer träumt das Cello. Ich frage mich, ob es unter der Berührung seines Meisters erwachen wird. Wohl kaum.

Ein Jahr ist vergangen. Was ist geschehen? London liegt hinter mir, M. liegt hinter mir, C. ist fortgegangen. In der Musik habe ich Fortschritte gemacht, mein Spiel ist zehntausendmal schöner und stärker geworden. Und auch ich habe mich auf merkwürdige Weise verändert. Ich finde mich kolossal interessant. Ein faszinierender Tag hat mir gehört. Mein Freund hat mir *Dorian* geschickt.

Und ich habe ein Buch mit Kinderversen geschrieben. Wie *absurd!* Aber ich bin sehr froh darüber; es ist auf so köstliche Weise unwirklich. Und während meine Gedanken an purpurne Gänseblümchen und an die Süße weißer Gardenien erinnern, schenke ich der Welt diesen »kleinen Fingerhut«![1] Ich bin drei Wochen lang mit einem jungen Engländer verlobt gewesen, weil er eine so schöne Figur hatte. Ich bin sehr oft auf die langweiligste Art töricht gewesen; aber das ist vorbei. Das kommende Jahr wird denkwürdig sein. Der Höhepunkt des Kultes wird festlich begangen werden. Um diese Zeit nächstes Jahr werde ich Mimi wiedergesehen haben.

Abend. Den ganzen Vormittag lang habe ich gespielt, sehr schwierige Musik, und bin glücklich gewesen. Am Nachmittag sind Cäsars Vater, Mutter und Schwester gekommen. Cäsars Vater und ich haben gespielt. Ich war unglücklich und spielte schlecht; Hand und Handgelenk schmerzten mich schrecklich, und ich konnte jenen wunderbaren, verborgenen Quell von Musik tief in mir nicht spüren. Ich war zu traurig. Cäsars Vater bedrückte mich. Ich hatte das Gefühl, daß etwas ihm Kummer machte, und ich wußte, was es war; und so litt ich mit ihm. Ich schenkte ihnen einen großen Strauß Kamelien zum Mitnehmen. Ich spielte ein ganzes Bach-Konzert vom Blatt, und Herr T. hatte etwas sehr Schönes für mich kopiert. Ich bin froh, daß es heute in mein Leben getreten ist. In der *Abenddämmerung*[2] ging ich auf die Straße hinaus. Es war so schön; der Mond war wie eine Melodie, die man durch eine geschlossene Türe hört. Nebel über allem. Die Berge bloße Schatten heute abend. Ich fühlte mich auf einmal so schrecklich unglücklich, daß ich auf der Straße fast zu weinen be-

---

[1] Zitat aus *Alice in Wonderland* von Lewis Carroll.

[2] In deutscher Sprache im Text.

gann; und doch hüllte mich die Musik wieder ein, nahm mich gefangen, umfing mich, dem Himmel sei Dank! Ich wäre gestorben, ich wäre tot ohne das, das ist sicher. Ich sandte Herrn T. ein schönes Buch, eines, das ich wirklich schätze.

Juni. Es ist eben acht Uhr. Irgendwo auf der Welt wacht er jetzt vielleicht auf, oder er kleidet sich an, oder er spielt oder frühstückt – und ich bin hier. Also denn, guten Morgen, Cäsar, und guten Tag! Ein Brief von mir kommt heute in London an. Es ist eigenartig, so fern von seinem anderen Selbst zu leben und sich ihm doch jeden Tag näher zu fühlen. Alles was ihn betrifft, ist nun viel klarer. Ich denke in jeder, wirklich jeder Situation an ihn – und ich glaube, daß ich ihn auch verstanden habe . . . Ich liebe ihn – aber ich frage mich, ob auch aus ganzer Seele . . .
Ich will diesen Tag auf praktische Weise feiern, indem ich ein Buch zu schreiben anfange. Mir gehen tausend zarte Bilder durch den Kopf, jeden Tag, wenn ich zurückgehe, beim Anziehen, beim Sprechen und sogar vor dem Cello-Spielen. Ich möchte ein ganz unwirkliches, aber doch ganz und gar wahrscheinliches – weil über jeden Zweifel erhabenes – Buch schreiben, das in den Herzen der Leser Empfindungen und Gefühle weckt, die zu lebhaft sind, als daß sie nicht tausend zartfühlende Tränen und tausend liebliche Glocken des Lachens hervorrufen würden. Ich werde nie etwas Theatralisches unternehmen; und es muß ultramodern sein. Ich sitze ganz nahe am Feuer, während ich schreibe und träume, mein Gesicht ganz heiß vom Feuer. In der Ferne tutet ein Dampfer und – Gott, Gott! – meine ruhelose Seele!

29. Juni. Ich glaube nicht, daß ich jemals wieder werde Kinderreime schreiben können. Ich *glaube*, ich habe die Fähigkeit dazu verloren. Was für einen bezaubernden Vormittag ich verbracht habe mit dem Geiger und der Sängerin. Sie hat eine merkwürdige Ähnlichkeit mit H., ein ganz und gar mu-

sikalisches Gesicht. Wir saßen im Zimmer des Geigers; die Vorhänge wehten hin und her, und die Veilchen in einer kleinen Glasschale – blau und weiß – waren wunderschön. Und ich bin sicher, die beiden mochten mich gut leiden.
Aber dieser Nachmittag ist entsetzlich gewesen. E. K. B. langweilte mich, und ich langweilte sie. Ich war nicht glücklich, und ich glaube, sie auch nicht. Aber sie tat nie den ersten Schritt.

Sonntag, 11. August. Liebster, obwohl ich dich nicht sehen kann, sollst du wissen, daß ich dein bin – jeder meiner Gedanken, jede meiner Empfindungen gehört dir. Heute morgen beim Erwachen träumte ich von dir – und den ganzen Tag über lebe ich, während mein äußerliches Leben stetig, eintönig, ja sogar langweilig verläuft, mein inneres Leben mit dir, in gewaltigen Sprüngen. Ich erlebe in meiner Liebe zu dir alle Stufen des Gefühls, die es gibt. Für mich bist du Mann, Künstler, Geliebter, Gatte, Freund – der mir alles gibt – und dem ich alles hingebe – alles. Und so ist diese Einsamkeit nicht so schrecklich für mich, denn in Wirklichkeit ist mein äußerliches Leben nur ein Trugleben – eine Welt nichtfühlbarer, sinnloser grauer Schatten. Mein inneres Leben aber pulsiert von Sonnenschein und Musik und Glück – grenzenlose, unermeßliche, unergründliche Quellen von Glück – und *du.* Eines Tages werden wir wieder beieinander sein – und dann – und dann nur werde ich mich verwirklichen – werde ich zu mir selbst kommen, weil ich glaube – immer geglaubt habe – daß du in deinen Händen gerade jene abschließenden letzten Takte hältst, die mein Lebenslied unvollendet lassen – weil du mir notwendiger bist als alles andere. Nichts zählt – nichts *ist,* solange du mein Leben beherrschst – O – laß es so bleiben. Zerdrücke nicht plötzlich diese eine schöne Blume – ich habe Angst – inmitten meiner Freude . . .

20. August. Regen, der gegen die Fenster schlägt, und ein

heftiger, schrecklicher Windsturm. Ich kam in mein Zimmer hinauf, um zu Bett zu gehen, und plötzlich, als ich schon halb ausgezogen war, begann ich nachzudenken und Cäsars Porträt zu betrachten und mir Fragen zu stellen. Und ich fühlte, daß ich hätte schreiben können: »Geliebter, ich könnte das Gesicht im Kissen verbergen und weinen und weinen und weinen. Hier ist Nacht und Winterregen. Du bist in der Herrlichkeit des Sommers, im Tageslicht, im brausenden Verkehr – der Ruf des Lebens. Auch ich muß es haben. Ich muß leiden und erobern. Ich muß fort von hier. Ich kann nicht vorwärtsschauen in die öde lange unsagbar graue Endlosigkeit der kommenden Jahre. Weißt du, daß du alles in allem bist – daß du mein Leben *bist?* Heute abend fühle ich mich elend und erschöpft. Verzeih mir. Ich bin der Winterkahlheit müde. Ich möchte lachen und ich möchte lauschen.«
Ich konnte die Worte nicht finden, aber wie ich fühlte! Und nun zu Bett, voller Hoffnung in die Dunkelheit schauen, nachdenken, schöne scharlachrote Muster wirken und hoffen, daß ich träume. Mit dem Cello geht es besser, aber ich glaube, Herr T. ärgert sich über mich. Das darf nicht sein. Was soll aus uns allen werden? Ich bin so fleißig, so eifrig, und doch – das ist alles. Buon riposo.

27. August. Ein glücklicher Tag. Ich habe einen vollkommenen Tag verbracht. Nie habe ich Herrn Trowell so gern gehabt, mich so im Einklang gefühlt mit ihm; und mein Cello drückte alles aus. Heute morgen spielten wir das Weber-Trio – tragisch, wild-dramatisch, voll Rhythmus und Betonung. Und dann heute nachmittag bekam ich Angst. Ich hatte das Gefühl, daß ich nichts zu spielen hätte, daß ich die Concerti nicht anrühren dürfte, daß ich keine Fortschritte gemacht hätte. Wie schrecklich war das! Und doch lag Sonnenschein auf dem Boden des Musikzimmers, und mein Cello fühlte sich warm an. Er kam, und wir verstanden uns sofort, und ich glaube, er war froh. O freudige Zeit! Es war fast unmenschlich. Und das zu hören: Gut gemacht! Du zeigst wirkliches Verständnis. Sehr gut! Ich hätte diese Worte nicht für alle Lorbeerkränze der Welt eingetauscht. Und mit einer Passage aus einer Weber-Fuge für erste Violine und dann Cello aufzuhören. Das ging mir ins Blut. *Après* tranken wir Tee und aßen Johannisbeerkuchen im Rauchzimmer, als Begleitung zu der Fuge, und sprachen über die Ehe und über die Musik – über den Fehler, den eine Frau mache, wenn sie glaubt, sie stehe zuvorderst in der Schätzung eines Musikers; zuerst kommt unbedingt seine Kunst. Ich weiß, ich verstehe. Und auch den Mangel an Sympathie. Sollte ich Cäsar heiraten – und ich dachte die ganze Zeit an ihn –, könnte ich wohl vieles selbst erproben. Herr Trowell sagte: »Seine Frau muß an seinem Ruhm teilnehmen und dafür sorgen, daß er stets auf der höchsten Stufe bleibt.« Er hätte heute nachmittag nicht mehr Liebe in seine Stimme legen können, noch ich für ihn. Guten Abend, mein Geliebter. Heute abend werde ich durch deine Musik sprechen.

28. August. Heute erhielt ich einen Brief von Aida über Arnold Trowell, und im Moment weiß ich nicht, was ich dabei empfand. Zuerst war ich so traurig, so verletzt, es schmerzte mich so sehr, daß ich die abscheulichsten Dinge in Betracht zog; aber jetzt fühle ich mich nur *alt,* und zornig und einsam und so, als ob alles außer meinem Cello für mich sein Interesse verloren hätte. Wie soll es nun weitergehen? Soll ich seine Lebensweise billigen? Soll ich sagen, tue was du willst, lebe, wie du willst, sieh dir das Leben an, mache Erfahrungen, erweitere deinen Horizont? Oder soll ich es verurteilen? Nun, ich denke so: Es ist ein Jammer, daß Künstler so leben. Aber da es nun einmal so ist – *gut* . . . aber ich werde es nicht tun.

Um diese Zeit verließ Mr. Trowell Wellington, um sich in England niederzulassen. Seine Abreise brachte Katherine of-

fensichtlich vollends zur Verzweiflung; und sie raffte sich auf, ihrem Vater eine Art von Ultimatum zu stellen.

2. September. O laß mich ihn lüften, und sei es auch nur ein klein wenig. Immer hängt er schwer und unbeweglich vor mir – der Vorhang, der die Zukunft verhüllt. Laß mich nur eine seiner Ecken aufheben und schauen, was dahinter liegt. Dann werde ich ihn vielleicht gerne wieder fallen lassen.
Alle, alle haben sie Neuseeland verlassen – meine Familie – *mein* Vater. Es mußte so kommen. Ich dachte immer: solange sie hier sind, kann ich es aushalten. Und nun – auf die eine oder andere Weise werde auch ich gehen. Ihr werdet schon sehen.

6. September. Ich habe Angst und versuche, tapfer zu sein. Dies ist die größte und schrecklichste Qual, die ich jemals durchgemacht habe. Aber ich muß Mut haben, muß ihm mutig entgegentreten, mit erhobenem Haupt, und ich muß *kämpfen*, für mein Leben, unbedingt. Hier stehe ich jedenfalls völlig, schrecklich allein. Was kann ich tun? O, was kann geschehen: Wird es der Himmel sein oder die Hölle? Ich *muß* gewinnen, aber vor allem muß ich tapfer den Konsequenzen ins Auge sehen. Es nützt nichts, mich hinter diesen Hecken und großen Steinen zu verstecken und im Schatten zu bleiben. Im vollen Licht muß ich sterben oder leben. Jetzt ist die Zeit gekommen, mich zu bewähren, die Zeit der Erfüllung meiner Philosophie und meines Wissens. Denk nur einen Augenblick daran, was es bedeutet, denke an all das, und dann mache dir nichts daraus, wenn der Feind losfeuert. Du trägst den magischen Kettenpanzer – der Glaube an den Ausgang bedeckt dich; aber bleibe fest, vernünftig und ruhig. Und lerne endlich, daß du mit einem starken Kopf in diesen Kampf ziehen mußt. Ich kann nicht länger im Schatten bleiben, obwohl der Kopf mich *schmerzt* vor ANGST. Das ist die größte Krise, die neunte Welle. Wenn sie über meinen Kopf hinwegbraust, muß ich mich erheben, das Wasser aus Augen und Haaren schütteln und hineintauchen. O, der Sieg muß mein sein. Mit beiden Händen halte ich diesen Gedanken fest. Halte dich fest, und laß die Musik schmettern und betäuben. Sie kann das Pochen meines Herzens nicht übertönen.

O, Kathleen, ich habe Mitleid mit dir, aber ich verstehe, daß sie kommen muß – diese große Wendung. Du bist immer feig bis zum allerletzten Moment, aber das ist das größte Ereignis deines Lebens. Beweise nun, daß du stark sein kannst. Liebling, ich halte deine beiden Hände, und meine Augen schauen voll in die deinen, voll Vertrauen, fest entschlossen, voll höchster Ruhe, Hoffnung und grenzenlosem Glauben. Du mußt jetzt eine Frau sein und die Seelenangst der Kreatur ertragen. Bewähre dich. Sei stark, sei gut, sei klug, und es ist dein. Verliere nicht im letzten Augenblick den Mut. Argumentiere verständig und ruhig. Sei mehr als eine Frau. Bewahre einen völlig klaren Kopf, bewahre dein Gleichgewicht!!! Überzeuge deinen Vater, daß es *la seule chose* ist. Denke an das himmlische Glück, das dein sein könnte, das nach diesem Kampf vor dir liegt. Sie warten auf dich mit ausgestreckten Händen, und mit einem *Freudenschrei* fällst du in ihre Arme – die zukünftigen Jahre. Viel Glück, mein Schatz. Ich liebe dich.

Infolge dieser Unterredung scheint provisorisch vereinbart worden zu sein, daß Katherine Anfang 1908 nach England zurückkehren dürfe. Die erste bezahlte Veröffentlichung einiger ihrer Geschichten in einem australischen Magazin, »The Native Companion«, erfolgte in dieser Zeit und scheint ihren Vater beeindruckt zu haben.

1. Oktober. Ich bin voll von Ideen heute abend. Und sie müssen um jeden Preis Wurzel fassen. Ich habe genug gesehen, um meine Phantasie zu beflügeln. Ich möchte gern

etwas ganz Schönes und doch Modernes und Studentenhaftes schreiben, voll von Sommer.
Wirklich, ich sollte es können, und doch bin ich gar nicht zuversichtlich. O, laß mich etwas wirklich Gutes schreiben, etwas entwerfen und ausarbeiten. Hier ist Stille und Frieden und Licht – Busch und Vögel. In der Ferne höre ich Arbeiter, die ein Haus bauen – und die Straßenbahn macht mich halb verrückt. Laß es ein Gedicht sein ...
Und es *wird* mir gelingen. Heller Sonnenschein, jetzt. Ich bin froh. Es wird ein schöner Nachmittag werden – aber, ich bitte dich, *laß* mich schreiben.

21. Oktober. Zum Teufel mit meiner Familie! Großer Gott, was für eine langweilige Gesellschaft! Ich kann sie alle zusammen nicht ausstehen. Ich werde bestimmt nicht mehr lange hier bleiben. Gott sei's gedankt! Selbst wenn ich allein in meinem Zimmer bin, stehen sie draußen und rufen einander zu, reden über die Bestellung beim Metzger oder über die schmutzige Wäsche und – das fühle ich – richten mein Leben zugrunde. Es ist so demütigend. Und heute morgen mag ich nicht schreiben, sondern will Marie Bashkirtsheff lesen. Wenn sie aber in mein Zimmer kommen und mich *bloß* bei einem Buche antreffen, bringen mich ihre tragischen, anklagenden Blicke vollends aus der Fassung.
Hier in meinem Zimmer habe ich das Gefühl, in London zu sein. In London! Beim Schreiben dieses Wortes möchte ich in Tränen ausbrechen. Ist es nicht schrecklich, etwas so sehr zu lieben? Für Männer habe ich gar nichts mehr übrig, aber *London* – das ist Leben. Diese Kreaturen, die mit mir spielen wollen – Narren sind sie, und ich verachte beide. Ich sehne mich nach Menschen, die mir überlegen sind. Und wie steht es mit mir? Bin ich absolut niemand, nur übermäßig eitel? Ich weiß es nicht ... ich weiß bloß, daß ich schrecklich unglücklich bin. Das ist alles. Ich bin so unglücklich, daß ich wünsche, ich wäre tot – aber ich wäre verrückt, wenn ich

sterben wollte, wo ich doch überhaupt noch *gar nicht* gelebt habe.
Und so bin ich zwei Stunden lang hier gesessen und habe gelesen. Meine rechte Hand ist ganz kalt ...
Sollte sie ins Zimmer kommen, so lege ich Marie Bashkirtsheff weg und nehme schnell meine Feder in die Hand. Sie lehnt sich an die Türe, rasselt mit der Klinke und sagt: »Schreibst du etwas Kolossales – oder etwas Gewöhnliches – oder etwas Aufregendes?« Wie albern! Ich bitte sie dringend, das Zimmer *sofort* zu verlassen. Sollte sich die Tür aber öffnen und Mimi eintreten oder Ida oder meine bezaubernde Gwen – wie glücklich wäre ich dann – bei allen dreien kann ich ich selber sein.
Vor dem Fenster ist das rumpelnde Geräusch der Straßenbahn und der fade Gesang der Vögel zu hören. Da kommt der Tee, und ich gebe der Versuchung nach – *wie gewohnt.*
Ich bin so ewig dankbar, daß ich J. nicht gestattet habe, mich zu küssen. Man redet ständig von ihm, und es wäre mir widerwärtig, ihm zu begegnen. Warum eigentlich? Es ist lachhaft. Ich brauchte ihn nur als Stoff zum Schreiben. Ich habe stets eine so fürchterliche Angst, lächerlich zu erscheinen. Der Gedanke an Oscar Wilde verstärkt dieses Gefühl noch, an ihn, der wirklich der Inbegriff des *savoir faire* war. Ich möchte in jeder Gesellschaft ganz frei und ungezwungen erscheinen, meiner eigenen Bedeutung bewußt, die ich für grenzenlos halte, freundlich, umgänglich und sehr aufnahmebereit. Ich möchte ein wenig herablassend erscheinen, sehr *grand monde,* und ich möchte der Mittelpunkt des Interesses sein. Ja, aber *quelquefois* ergreift mich zu meinem unaussprechlichen Kummer eine unverkennbare Schüchternheit. Ist das nicht lächerlich? Ich weiß nicht, wohin mit meinen Händen und neige zum Erröten.

23. Oktober. Ich danke dem Himmel, daß ich zur Zeit, obwohl ich verdammenswürdig bin, in niemanden verliebt bin, außer in *mich selbst.*

Wahrscheinlich um die Zeit bis zu ihrer Abreise zu überbrücken, oder um sich von ihrer ungelegenen Gegenwart zu befreien, während er einen endgültigen Entscheid über ihre Zukunft traf, ermöglichte der Vater seiner ungebärdigen Tochter die Teilnahme an einer Reiseexpedition in das Tawharetoa-Territorium – das Katherine fälschlicherweise King-Country nannte. Vielleicht hoffte ihr Vater auch, daß sie dadurch auf andere Gedanken käme, oder er wollte sie mit einer Seite Neuseelands bekannt machen, die sie in ihrer leidenschaftlichen Ablehnung seiner städtischen Kultur übersehen hatte. Die Expedition dauerte vom 15. November bis zum 17. Dezember 1907. Ein Teil des von Katherine mit Bleistift geschriebenen Tagebuchs dieser Reise war unleserlich.

Kaingaroa Plain. Auf der Reise war das Meer wunderschön, eine Silberstiftradierung, mit einer blassen Sonne, die durch perlfarbene Wolken brach.
Das Reisen in der Eisenbahn hat für mich etwas ungemein Bezauberndes. Ich lehne mich aus dem Fenster, eine Brise weht mir freundlich um die Ohren, und mein unter hundert grauen Stadtschleiern verborgener kindlicher Geist sprengt seine Fesseln und frohlockt in mir. Ich betrachte die lange Reihe brauner Gehege, hier ein dicht mit Butterblumen bewachsenes Gebiet, dort ein liebliches weißes Feld mit Arumlilien. Es folgen Täler, die erleuchtet sind vom schwankenden Licht der Ginsterblüten. In der Ferne graue Whares[1], zwei Augen und ein Mund, mit der hellen Unterrockkrause eines Gartens, der sich um das Häuschen rankt.
Einmal kam auf der weißen Straße ein Zug geduldigen Viehs des Weges, wie ein Trauerzug – und dahinter ritt ein Junge

[1] Whares sind die neuseeländischen Maori-Häuschen.

auf einem braunen Pferd. Etwas an der gelassenen Haltung seiner Gestalt, an der Sonnenbräune seiner nackten Beine erinnerte mich an Walt Whitman.

Überall auf den Hügeln große Mengen verkohlter Holzklötze, die wirklich aussehen wie seltsame, phantastische Tiere: ein gähnendes Krokodil, ein kopfloses Pferd, ein gigantischer Gänserich, ein Wachhund – über die man im Licht des Tages lachen würde – die aber in der Dunkelheit ein Alptraum sind. Und hin und wieder überfallen die silbrigen Baumstämme die Hügel wie eine Armee von Gerippen.

In Kaitoke hielt der Zug zum »Morgenlunch«, dem unvermeidlichen Tee der Neuseeländer. F. T. und ich gingen auf dem Bahnsteig auf und ab, guckten in die lange Holzhalle, wo auf einem großen Ladentisch Schinkenbrote aufgeschichtet lagen, mit Tassen und Tellern, Kuchen und große Kessel mit Milch. Wir hatten keine Lust zu essen und wanderten bis ans Ende des Bahnsteiges und schauten hinunter ins Tal. Unter uns lag eine zitternde Masse weißer einheimischer Blüten – ein kleiner scharlachfarben schimmernder Baum – eine Gruppe von im Winde wehenden *Toi-Toi*[1], die wirklich aussahen wie eine Gruppe kleiner Mädchen, die ihr Haar im Winde trocknen.

Am späten Nachmittag hielten wir in Jakesville. Und wir spielen drinnen im Haus, während das Leben auf der Eingangsschwelle sitzt und der Tod an der Hintertüre Wache hält!

Nach kurzen Augenblicken eines schrecklich unerfrischenden Schlafes wachte ich auf, als die graue Morgendämmerung in das Zelt glitt. Mir war heiß, und ich war müde und voll Unbehagen – das schreckliche Gesumme der Mücken – das schwere Atmen der andern – benebelten einen Augenblick lang meine Sinne, und dann stellte ich fest, daß die Luft von

---

[1] Hohe Pflanze, wie Riedgras.

Vogelgesang erfüllt war. Von nah und fern riefen und schrien sie sich zu.

Ich stand auf und schlüpfte durch die enge Zeltöffnung hinaus auf das nasse Gras. Rundherum lagen die Weiden noch im dunklen Schatten – der Wohnwagen in der Lichtung wie der Schatten seiner selbst – aber am Rand des graubedeckten Himmels verkündete ein heller, rosenfarbener Streifen den Tag. Das Feld war von Kleeblüten übersät. Mit beiden Händen hob ich meinen Morgenrock auf und rannte zum Fluß hinunter – und das Wasser floß vorüber – lachte melodisch, und die grünen Weiden, plötzlich bewegt vom Atem des anbrechenden Tages, schwangen sachte miteinander. Da vergaß ich das Zelt und war glücklich ...

So krochen wir wieder durch den gräßlichen Drahtzaun – der jedesmal straffer gespannt schien – und wanderten die weiße, aufgeweichte Straße entlang. Auf der einen Seite war der Himmel vom Sonnenuntergang überstrahlt, hellgelb und bronzegrün, und in dem unglaublichen Wolkenton von dichtem Mauve.

Um uns herum bewegten sich die Pferde sachte in der Dunkelheit, ein recht unheimliches Geräusch. Visionen von längst dahingegangenen Maoris, von vergessenen Schlachten und verschollenen Fehden regten sich in mir, bis ich durch die dunkle Lichtung auf einen kahlen Hügel rannte; der Pfad war sehr eng und steil, und auf dem Gipfel hob sich eine kleine Maori-Hütte schwarz gegen den hohen Himmel ab. Davor streckten zwei Kohlbäume[1] gespenstige Hände aus, und ein Hund, der mein Kommen beobachtet hatte, bellte wie toll.

Dann sah ich den ersten Stern, sehr freundlich und blaß am gelben Himmel, und dann einen andern und noch einen, wie kleine Lilien, wie Primeln. Und überall um mich herum in

[1] Hoher Baum mit kohlkopfähnlicher Spitze.

der sich verdichtenden Dunkelheit riefen die Waldhühner einander mit eintöniger Beharrlichkeit zu. Sie schienen verloren und verzagt.
Ich gelangte zu der Hütte, und ein kleines Maori-Mädchen und drei Jungen sprangen von nirgendwoher auf mich zu, winkten und nickten. An der Tür saß eine schöne, alte Maori-Frau und herzte eine Katze. Sie trug ein weißes Kopftuch über ihren schwarzen Haaren und um den Leib eine grelle, grün- und schwarzkarierte Decke. Unter der Decke schaute ein weites, blaues Kattunkleid hervor, das sie auf einheimische Art trug, den Rock über dem Mieder.

Dann fiel der Regen schwer und eintönig auf den Fluß und den Flachssumpf und die meilenweite öde Ebene. In der Ferne, weit weg, verbargen sich die Berge hinter einem dichten grauen Schleier.

Montag. Das *Manuka*-[1] und Schafland – sehr abschüssig und kahl, hier und dort von Wasserläufen, Weidegruppen und buschigen Schluchten durchsetzt. Es war sehr heiß. Wir waren müde und erreichten gegen Abend Pohue, wo Bodley das Gästehaus hat, und wo seine vierzehn Töchter Erbsen pflanzen. Wir kampierten auf einer Hügelkuppe, mit Bergen ringsumher, und marschierten am Abend in den Busch, zu einer schönen, mit Margeriten gesprenkelten Schlucht – Farn, *Tuis*, und wir sahen die Schafställe. Gestank und Lärm, zwölf Maoris – ihr heiseres Kreischen – das Kochen des Nachtessens auf dem Gehöft, die Rosen, der Maori-Koch. Gab Briefe auf, betrachtete die Maoris.

Dienstagmorgen. Sehr früher Aufbruch. Titiokiura – die holperigen Wege und herrlichen Berge und der Busch. Der Gipfel von Tarenga.

---

[1] Ein weißblühender Strauch.

Morgens regnete es, dann klares Wetter – die wilden Berge ringsumher, und die Orgelpfeifen. Den ganzen Tag lachen wir vor Freude. Wir frühstücken hinter der Maori-*Pah*[1] und gelangen auf kürzestem Wege in den Busch. Am Nachmittag noch schönerer Busch, und wir kampieren bei den Tarawera-Mineralbädern – der alte Mann – die Kerze in einer Dose – die Landschaft, die alte Hütte – das heiße Wasser, die Hügel, die Straße.

Wie wir schlafen! Am nächsten Tag Marschieren und Busch, Clematis und Orchideen. Bei einem gepflügten Feld begegne ich Mary, und endlich gelangen wir zu den Waipungafällen, der heftige Wind, Flachs und *Manuka,* die schlechten Straßen, Kampieren am Fluß, und dann aufwärts in der Hitze nach Rangitaiki. Briefe zur Post gegeben, Kampieren auf einer Halbinsel – Purpur, Farn, das saubere Haus – Abend, Sahne, Wildschweine, Frau und Tochter, der Mann, ihr Glück.

Donnerstag. Die Ebene – Regen, lange Fäden – purpurne Berge, Flußenten und ein Haufen Ginsterbüsche, wilde Pferde – das große Bimssteinfeuer – Lerchen in der Sonne, Orchideen, Flaum auf den *Manukas,* Schneebeeren. Nach einer Weile *Manuka* und ein paar Bäume, mehr Pferde, es regnet heftig, schreckliche Straße. Kein Wasser. Nacht im Zelt, der Regen, die vibrierende Luft, die Einsamkeit. Früh zu Bett, der seltsame Ton, Angst davor, ob das *der* Regen ist; Hektors Frühstück, die Küche, am Abend, am Morgen – unsere nassen Kleider.

Am Morgen Dauerregen – das Schnaufen der Pferde. Wir stehen sehr früh auf, und um sechs Uhr, als wir fertig sind zum Gehen, bricht die Sonne durch das graue Gewölk. Ein feiner Wind bläst und ein weiter Spalt blauen Himmels öffnet sich. Nasse Stiefel, nasser Autoschleier, zerrissener Mantel und der schimmernde Tau auf den Sträuchern. Kein Früh-

[1] Maori-Siedlung.

stück. Wir brechen auf, der Weg wird immer schlechter. Wir scheinen ständig nur durch Täler zu fahren, die mit Unterholz bedeckt sind, und dann plötzlich sehen wir um die Ecke ein Stück Straße. Große Freude, aber die Pferde sinken darin ein, die Zugriemen sind gerissen; die Lage wird immer hoffnungsloser. Das Wetter verschlechtert sich, und es regnet in Strömen. Wir kommen immer wieder vom Weg ab, verlieren fast die Hoffnung, als wir plötzlich in der Ferne einen Mann auf einem weißen Pferd sehen. Die Männer verlassen den Wagen und rennen ihm nach. Nach einer Weile treffen wir auf zwei andere Männer, Maoris in schmutzigen blauen Segeltuchhosen – einer von ihnen spricht kaum Englisch. Es sind Feldmesser. Wir halten an, kochen im Kessel Wasser, trinken Tee und essen Heringe. O, wie gut das tut! Vor uns die purpurnen Berge, die mageren, elenden Hunde, wir plaudern mit ihnen. Dann lassen wir die Pferde laufen, aber es gibt kein Wasser; die dunkelhäutigen Menschen, unser Gespräch – *E ta, haeremai te kai* – es ist kalt. Das prasselnde *Manuka*feuer. Maiglöckchen, die [unleserlich]. Wir gelangen in die Nähe von Galatea. Am Galateafluß essen wir zu Mittag, in der Mitte liegt eine Insel mit einer größeren Baumgruppe. Das Wasser ist sehr grün, und die Strömung stark. Ich beobachte eine wunderbare Libelle; es ist sehr heiß, und die Wolken ballen sich zusammen.

»Mutters Liebling, nicht wahr?« sagte sie und warf das Baby in die Luft.
»Wenn es schläft«, rief das Mädchen, »hat es ein sauberes Schürzchen an, und ein gestärktes Kinderlätzchen.«

»Halte die Pferde, oder sie reißen aus, zum Fluß!« Meine Angst.

Begegne einem Mann, einem Feldmesser auf einem weißen Pferd, sein Gespräch. *Nango*(?)-Hütte, Picton in der Ferne.

Am Stadteingang halten wir an und gehen in die »Stadt«. Dort gibt es einen Laden, ein Gasthaus und eine Post. Mrs. Prodgers ist da mit dem Baby und den Engländern. Der Fluß ist schön, aber die Maori-Frauen sind etwas eigenartig. Der Postjunge – die Kinder – Unfall mit den Pferden. Das Maori-Zimmer, die Kissen. Dann ein seltsamer Weg in einer Art von Senkung mit dichtem Gestrüpp. In der Ferne leuchtet eine kleine Wolke im Sonnenlicht.

Durch die rote Pforte sind wogende Getreidefelder zu sehen und ein Sumpf mit Flachs – das Gehöft in der Ferne [unleserlich] ein kleines Feld mit Schafen, Weiden- und Kohlbäume, und in weiter Ferne die purpurnen Hügel im Schatten – Schafe, die zum Scheren drinnen sind.

Dort fahren wir hinein und fragen nach einem Paddock. Am Schurschuppen vorbei – am Farmhaus vorbei gelangen wir zu einem schönen Platz mit einer Gruppe von Buschbäumen – *Tuis,* Elstern – Vieh – mit durchfließendem Wasser. Aber ich weiß aus bitterer Erfahrung, daß die Mücken uns fressen werden. Zwei Maori-Mädchen sind beim Waschen; ich plaudere mit ihnen. Sie sind ausgesprochen kindisch. Während das Abendessen gekocht wird, gehe ich spazieren – und beuge mich über einen riesigen Stamm. Vor mir das vollkommene Panorama des Sonnenuntergangs – lange, sanfte, stahlfarbene Wolken auf blaßblauem Grund – die Berge im Dunkel – ein schmaler Flußlauf mit einem Baum daneben ist glänzendes Silber wie das Meer – die Schafe, und ein geisterhaft leidenschaftliches Auffliegen von Vögeln [unleserlich].

Dann die Ankunft Bellas, ihr Zauber in der Dämmerung, die verkörperte Dämmerung. Ihr sonderbares Kleid, das geflochtene Haar und ihre scheue, schwingende Gestalt. Das Leben, das sie hier führen.

In den Schurschuppen – das gelbe Kleid mit blauen Federn an der Jacke, und ein Rock mit scharlachroten Blüten. Die Hast, die Hitze und das Aussehen der Schafe. Lebt wohl.

[unleserlich] Begegne dem Hirten. Wilde Erdbeeren. Farn mit rosaroten Blättern.
Waki. Aßen zu Mittag auf einer Lichtung im Busch und gelangten nachher auf Umwegen zu der *Pah.* Es war wunderbar. Nur eine Ansammlung von Hütten, der Platz für *Kumara* und Kartoffeln. Wir besuchen zuerst das Haus. Kein Englisch. Dann einen bezaubernden kleinen Platz mit Rosen und Nelken im Garten. Durch die Türöffnung der Kochkessel, das Feuer und glänzende Blechdosen – die Frau – im Hintergrund das Kind in einem rosaroten Kleid mit roten Ärmeln. Wie sie dasteht, die Falten ihres Rocks zusammenrafft. Alles, was sie sagen kann, ist »Yes«. Dann betreten wir das Wohnzimmer – Fotos – eine Wanduhr – Matten – Handwerkszeug – rotes Tischtuch – Roßhaarsofa. Das Kind, das sagt: *»Nicely, thank you«*, die scheuen Kinder, die Mutter und das arme Baby, weiß und nackt. Die andern aufgeweckten Kinder; ihr schönes Gesicht und ihre königliche Haltung.
Dann an der Türe zur Post eine große, farbige Menge mit fast drohender Miene – ein Anhänger von Rua[1] mit langen Haaren, wie man sie auf den Fidschi-Inseln trägt, und Seitenkämmen – ein sehr schönes fünfzehnjähriges Mädchen. Sie ist mit einem ehrwürdigen alten Mann verheiratet; ihr lachendes Gesicht, ihre mit den Haaren der Kinder spielenden Hände, ihr Lächeln. Dann über den schlimmen Fluß – der Führer, die schwimmenden Hunde – starke Strömung. Er steht im Wasser, eine königliche Figur, dann sein »All right!«, und wir sind draußen. Die vollkommene Natürlichkeit und Ungezwungenheit seiner Gestalt, so knochenlos – er wünscht uns Glück auf die Reise. Seine Stimme ist wohllautend, er spricht ganz korrektes Englisch, obwohl er jedes Wort getrennt ausspricht. Wir sehen ihn zuletzt, wie er anhält, um die Pferde zu striegeln, neben einem Tui-Erdhügel [unleserlich].

---

[1] Ein Maori-Prophet.

Die Sonne brennt. Wir kampieren neben der Hütte des Führers. Der Glanz der Nacht.

. . . eine Hütte auf einem Hügel, mit Schnitzereien; aber es ist niemand zuhause, obwohl offensichtlich vor kurzem ein Feuer hier brannte. Vom Sattel aus schauen wir meilenweit über grünes Buschland, dann wieder über verbrannten, rotbraunen Busch – blaue Ferne und ein weiter wolkenbedeckter Himmel. Alle Leute sind wohl zur Schafschur gegangen. Ich sehe niemand. Über der Hütte liegt ein grüner Grabhügel.

Und ständig das fast lautlose Rieseln des Wassers, das über braune Kiesel fließt. Es scheint das volle, tiefe, vergangene Wesen von alldem zu atmen. Ein Märchenbrunnen in grünem Moos. Dann, als wir um die Ecke biegen, kommen wir an mehreren kleinen, verlassenen, grauen *Whares* vorbei. Sie sehen sehr alt und einsam aus, beinahe gespenstisch. An einer Tür hängt ein Kummet, und auf einem abgerissenen Blatt Papier eine gekritzelte Nachricht. Blumen im Garten, eine Gruppe goldener Ginsterbüsche und eine Gruppe gelber Schwertlilien. Nicht einmal ein Hund begrüßt uns. Alle die Hütten gehen auf den Fluß hinaus, auf das Tal und die von Büschen gekrönten Hügel. Die Bäume über und über bedeckt mit [unleserlich] Blüten.

Wir sammeln *nga-moni*[1] mit den Maori-Kindern – in der Sonne. Ihr Geplapper und ihr wunderliches, drolliges Wesen. Sie lachen uns aus, aber wir lernen es, obwohl es schwierig ist und auch ermüdend, da unsere Hände so steif sind. Eines der Mädchen, braunhaarig und schwarzäugig, ist besonders anziehend. Es lacht auf unbeschreibliche Art und hat sehr weiße Zähne. Neben ihm ein Maori in einer rot- und schwarzgestreiften Flanelljacke. Der kleine Junge ist in braune Lum-

---

[1] Eine Art süßer Kartoffeln.

pen gekleidet – seine Kleider sind an vielen Stellen zerrissen, er trägt einen braunen Filzhut mit einer *Koe-Koea*-Feder, seitlich verwegen angesteckt. Auch hier begegne ich Prodgers. Es ist herrlich, wieder einmal wirkliche Engländer zu sehen. Ich habe die drittklassige Ware so satt. Die Maoris und die Touristen, die gehen noch, aber nichts dazwischen. Auch war dieser Ort eine große Enttäuschung nach Umuora, das ungeheuer faszinierend war. Die Maoris hier sprechen teils Englisch, teils die Maori-Sprache, nicht wie die anderen Eingeborenen. Auch kleiden sich diese Leute fast wie Engländer. Und in Umuora tragen sie viel Zierat und merkwürdige Haartrachten. Ich habe weiter nichts Interessantes gesehen.
Wir fahren weiter nach Waiotapu. Ein grauer Tag, und ich lenke den Wagen. Lange, staubige Straße; dann Tarawera vor uns, mit der großen weißen Schlucht – die Armut des Landes – aber prachtvolle blaue Berge ringsherum in einer großen Ebene von verbranntem *Manuka*.
Wir essen zu Mittag und fragen uns, ob wir die Wharepuni besuchen sollen. Die Männer gehen voran, kommen aber bald zurück und sagen, der Weg sei zu lang – dazu die Hitze – aber da ist eine große *Pah*, anderthalb Meilen entfernt. Dorthin gehen wir. Das erste, was wir sehen, ist ein Mann am Wegrand, in einem weißen Hemd und braunen Hosen, der auf uns wartet. Ihm gegenüber ein fester Maori-Zaun, in der Ferne, jenseits der Pferdekoppel mehrere *Whares*, zusammengeballt wie Schnecken auf dem grünen Land. Und über die Pferdekoppel kommen eine Anzahl kleiner Knaben zwischen drei und zwölf Jahren herangeschlendert, in abgetragenen Kleidern, barfuß, unbeschreiblich schmutzig. Aber einige sind fast schön zu nennen, keiner von ihnen ist sehr kräftig. Einer von ihnen, ein großer Bursche, sprach Englisch. Schwarze Locken, die sich um sein Stirnband drängen. Ruhe, fast Mattigkeit in seinen schwarzen Augen; latschiger Gang, aber in seinem Gesicht leidenschaftliche Unruhe und Kraft.

Montag nacht schliefen wir außerhalb von Warbricks *Whare* – ganz niedlich. Frau Warbrick ist wie aus dem Bild geschnitten in ihrem rosa Morgenrock [unleserlich]. Ihre Hände sehen aus wie geschnitzt. Sie gibt uns einen großen Laib Brot, lehnt sich wiegend an den Drahtzaun und schaut aus nach ihrer Nichte Johanna, die mit einer weißen Teekanne aus Email durch den Garten geht. Sie ist ein dickes, kräftig gebautes Mädchen mit einer blauen Schürze, geflochtenen Haaren und sonderbaren Augen. Dann melkt sie die Kühe. Wahi (?) bringt uns eine große Schale Milch und eine kleine Tasse Rahm, auch eine Tasse mit Schweineschmalz. Sie ißt mit uns, lehrt mich ein paar Worte der Maori-Sprache und raucht eine Zigarette. Johanna ist eher schweigsam, liest Byron und Shakespeare und möchte gerne wieder in die Schule gehen. W. lehrt sie handarbeiten. Am Abend machen wir ihr einen Besuch – die saubere Wohnung, die Bilder, die Betten – Byron – und kerzenähnliche Blumen in einem Glas – süß – Papier und Federhalter – Fotos von Maori und auch von Weißen. Johanna bleibt an der Türe stehen, während wir ihren »Schmuck«, ihre Kleider besichtigen [unleserlich]. Etwas Trauriges liegt über allem: sie ist so reizend.

Auf der Fahrt nach Waiotapu. In der Ferne die Berge; zur Rechten fast violett; zur Linken regengrau. Dahinter ein höherer Gipfel, zinnfarben und silbern. Dann, etwas später, eine kurze Reihe schimmernd grüner Bäume und ein Hügel mit gelbem Gras. Wir halten bei einem kleinen Sumpf, um die Pferde zu füttern, und man hört das Quaken eines Frosches.

Tiefe, fast schreckliche Stille. Dann treten die Berge stärker hervor. Sie sind noch immer sehr schön, und bald bemerken wir ein kleines Wölkchen von weißem Dampf [unleserlich], und in Windungen und Krümmungen führt die Straße an mehreren Dampflöchern vorbei. Tiefe Stille, und eine merkwürdige rote Färbung an den Felsen, wo die verbrannte [unleserlich] Erde sich zeigt.

Wir kommen an einem öligen, grellgrünen See vorbei – an

dessen Ufern die *Manukas* in phantastischer Blütenfülle emporklettern. Die Luft ist schwer von Schwefel und Dampf ... Dann betrachten wir die Schlammvulkane, steigen die schlüpfrigen grünen Stufen hinauf und schauen in die Krater. Der Schlamm quillt aus der Tiefe in großen Klumpen von widerlicher Färbung, wie ein eiterndes, schmutziges Geschwür in der Erde. Auf einem strudelnden Tümpel weiter unten eine dünne Decke von Erdöl, schwarz wie Pech. Regen begann zu fallen. Sie ist angeekelt und empört.
Auf dem Rückweg – eine schreckliche Straße – lange, lange Fahrt – und schließlich Nässe und Hunger. Bett und wiederum Nässe. Der Morgen ist schön, aber heiß. Je mehr sie sich der Stadt nähern, um so mehr verabscheut sie diese. Vielleicht ist es der Gestank.

Donnerstag. Die widerliche Reise.

Freitag. Sie ist so müde, daß sie den ganzen Morgen im Garten des Sanatoriums sitzen bleibt. Der Abend – scheußlich.

Samstag. Briefe ... Ein ruhiger Nachmittag, *furchtbarer* Regen – bis an die Knöchel – das durchnäßte Zelt – Angst vor jeder Bewegung. Sie findet Rotarua abscheulich und häßlich – diese kleine Hölle.

Sonntagmorgen. Frühe Abfahrt. Ihr Herz macht an jedem Meilenstein einen Sprung. Bei der Abfahrt ist die Stadt sehr schön, und Whaha – in weißem Nebel – fremdartig und phantastisch ... O, es ist viel zu heiß, dort, wo sie essen. Sie fühlt sich so krank – so müde – ihr Kopfweh ist unerträglich – sie kann kaum die Augen offenhalten, muß sich zurücklehnen, jedes Holpern des Wagens tut ihr weh. Aber je weiter sie kommen, um so leichter wird ihr zumute. Sie begegnen wieder einem Maori, der barfuß und elastisch dahinschreitet. Sie rief ihm zu: »*Tenakoe!*«

Montag. Den ganzen Sonntag über wurde sie immer froher, je weiter sie sich von Rotarua entfernten. Gegen Abend gelangten sie zu einem hohen Berg, sehr schroff und alt und grimmig, ein alter Kampfplatz der Maoris. Hier hatten sie gekämpft, und auf dem Gipfel sprudelte eine Quelle. Der Berg stand finster, bedrohlich, schweigend, hoch aufragend im blauen Abendlicht – ein ewiges Denkmal. Als sie die Kuppe umrundeten, erblickten sie den Waikato-Fluß, der wild und ungestüm unter ihnen dahineilte.

Sie kampieren in einer Koppel am Fluß – ein wunderbarer Ort ... Vor ihnen eine weite Fläche reißenden glatten Wassers – und eine Pappel, und eine lange, gerade Kiefernallee... Und dort am Abhang vor ihnen – neigt sich ein *Manuka*baum in voller Blüte über den Wasserspiegel. Die Koppel ist voll von diesen *Manukas.*

Nach dem Mittagessen gehen sie durch die Gatter – immer ein donnerndes Geräusch aus der Ferne im Ohr – den sandigen Pfad hinab in eine kleine Kiefernallee. Der Boden ist von rostbraunen Nadeln bedeckt – große Felsblöcke versperren den von *Manukas* überwachsenen Weg. Sie kämpfen sich mit gebeugten Köpfen und vorgehaltenen Händen hindurch. Und dann gelangen sie plötzlich auf eine Lichtung voll verbrannter *Manukas,* und sie rufen beide laut. Dort ist der Fluß – wild, ungestüm, rauschend, stürzend, der wie rasend das Leben aus der stillen sanften Strömung hinter ihm saugt – wie Meereswellen, wie wilde Wölfe. Der Lärm klingt wie Donner. Und gerade vor ihnen zeichnet sich der einsame Berg vor einem grell orangefarbenen Himmel ab. Die Färbung ist so stark, daß sie sich auf ihren Gesichtern widerspiegelt, in ihrem Haar; der Felsblock, den sie erklettern, ist warm davon. Sie steigen immer höher hinauf.

Die Farbe der untergehenden Sonne verändert sich, wird malvenfarben, und in dem vergehenden Licht ist die weite Fläche verbrannter *Manukas* wie ein feiner, malvenfarbener Nebel um sie. Ein Vogel fliegt groß und lautlos vom Fluß auf, geradewegs in den blühenden Himmel hinein. Kein anderer Laut als die leidenschaftliche Stimme des Flusses ist zu hören.

Sie erklimmen einen hohen, schwarzen Felsen und sitzen dicht beisammen dort oben, allein mit finsteren, fast brutalen Gedanken, wie Wapi. Der Himmel hinter ihnen hatte nun fast die Farbe von Sonnenblumen – und dann auf einmal brach durch eine Wolke schimmernd ein ferner Silbermond – ein unerwartet köstlicher Ton in der Nacht. Der Himmel verwandelte sich, glühte noch einmal auf, und der Fluß rauschte noch donnernder, betäubender. Langsam gingen sie zurück, verirrten sich, fanden den Weg wieder – hoben eine Handvoll Tannennadeln auf und atmeten ihren Duft gierig ein. Und dann erblickten sie in der Ferne die Koppel mit dem Zelt, das wie eine goldene Mohnblume erglänzte.

Draußen die Sterne und der unsägliche Zauber – zauberischer, sacht sich bewegender Nebel – Nebel über der ganzen Welt. Wie sie daliegt, die Arme hinter dem Kopf verschränkt – kann sie undeutlich, wie einen grauen Gedanken, den Mond und den Nebel sehen. Man kann sie kaum unterscheiden. Sie ist jetzt nicht müde – nur glücklich. Sie kann erkennen, wie sich die Pappel im Wasser spiegelt. Das Gras ist naß. Schwacher Grillengesang. Als sie ihr Haar bürstet, schlägt ihr eine Welle kalter Luft entgegen – feuchte, kalte Finger um ihr Herz.

Die Sonne geht auf. Die Pappel ist jetzt grün. Der Tau glänzt über allem – eine kleine Schar von Gänsen und Gänschen schwimmt über den Fluß. Der Nebel wird weiß, löst sich von dem Berg vorne. Dort sind die Fichten – und dort am Ufer – die blühenden *Manukas*, eine einzige Fläche von dichtem Weiß auf dem Hintergrund des blauen Wassers. Eine Lerche singt, das Wasser sprudelt. Etwas weiter weg kann sie gerade noch das Schimmern der Stromschnellen erkennen. Der Nebel scheint zu steigen und zu fallen.

Und nun ist der Tag voll angebrochen mit einem Duett für zwei Oboen. Man kann es *hören.*
Sonnenschein – wer hat jemals einen solchen Sonnenschein erlebt? Sie gingen auf der nassen Straße durch den Kiefernhain. Die Sonne schimmerte golden, Heuschrecken zirpten in den Sträuchern. Durch ihre dünne Bluse fühlte sie die Haut brennen, und sie war glücklich.

17. Dezember. Im Zug. Noch nie war es so heiß. Das Land ist ausgedörrt – golden vor Hitze. Die Schafe suchen Schutz im Schatten der Felsen. In der Ferne schimmern die Berge in der glühenden Hitze. M. und ich sitzen einander gegenüber. Ich sehe ganz *bezaubernd* aus.

28. Dezember. Und wieder bin ich im Zug, diesmal mit May Gilmour. Ich bin etwas belustigt und sehr glücklich. Ich weiß, ich fühle, daß ich einen guten Tag haben werde, und das ist eine Reise von sechstausend Meilen wert. Aber ich frage mich, was May Newman denken wird. Ich hege den Verdacht, daß sie nichts mehr mit mir zu tun haben will. Aber ich mag mich gut leiden, und so bin ich glücklich. Seit meiner Rückkehr habe ich eine müßige, wertlose Woche verbracht. Vor dem nächsten Sonntag muß ich etwas Bestimmtes unternehmen. O, das Meer und Wagner zusammen! Ich danke Gott, daß ich fünf Gedichte geschrieben habe.
Abend. Ich verbrachte ihn im Busch mit ihr. Sie ist sehr anmutig, weiß gekleidet. Sie schwebt. Wir sitzen im Busch, und im Sonnenschein wird das Braun ihrer Haare zu einem reizenden Kastanienbraun – wie bezaubernd! Aber ich bin ruhig. [unleserlich]. Es ist wie ein Traum. Das Meer ist tropischblau. Es gibt da eine kleine Insel – Mana Island. Manchmal sahen wir durch das Gebüsch einen rotbraun verbrannten Flachssumpf und dahinter das Meer. Im Busch gibt es eine große Menge Farn. Immer wieder ist meine kleine *pipi-wharona* zu hören. Wie heiß der Sand ist! Er brennt meine Füße

durch die braunen Schuhe hindurch. Ich lege den Hut ab und binde einen braunen Schleier um den Kopf, fast wie eine Spanierin. Wir sprechen über Musik, hauptsächlich über MacDowell und Chopin, und ich fühle mich, leider, etwas überlegen.

Ich sollte eine gute Autorin werden. Den Ehrgeiz dazu besitze ich bestimmt, und auch die Ideen. Aber habe ich auch die Kraft, alles, was ich schreiben möchte, auszuführen? Ja, wenn ich zurückkehren kann, sonst nicht. Aber schließlich, warum nicht?

31. Dezember [Nach einigen Versuchen in einer anderen Handschrift]. Nie, nie werde ich meine Handschrift ändern können. Im Zimmer unter mir raucht ein Herr eine Zigarette. Der Duft dringt zum Fenster herein, und mich bestürmen so viele Erinnerungen, daß ich für eine Weile vergesse, mich zu erinnern. Am Abendhimmel draußen ist alles weit – und licht und leicht. Im Nachbargarten wird der Rasen gemäht. Ich höre das klappernde, eintönige Geräusch der Maschine. Es ist der 31. Dezember, sehr kühl und still. Das Geräusch der Mähmaschine unterstreicht meine ländliche Umgebung. Und jene Zigarette!

1908

1. Januar. Das Jahr ist erwacht – MEIN JAHR 1908. Und ein glückliches Neues Jahr wünsche ich dir. O, der Himmel, der große Stern, das Licht, der Ton, die bittere See . . .

Nun denn – ich habe die Intelligenz und auch die Erfindungsgabe. Was sonst brauche ich?

Die folgenden Eintragungen zeigen, daß ihr Vater seine pro-

visorisch gegebene Einwilligung zu Katherines Rückkehr nach England zurückgezogen hatte. Katherine scheint einen leidenschaftlichen Bericht über ein Abenteuer nach einem Ball geschrieben zu haben, der ihren Eltern in die Hände fiel. Es ist verständlich, daß sie es sich zweimal überlegten, ehe sie ihre unbesonnene Tochter ziehen ließen.

23. Januar. Ich warte auf Clara Butt und Kennerly Rumford.
Nun ist da die Schwester von Kathleen Smith[1], ein blasses, schlankes Mädchen mit langen, schwarzen, aus dem Gesicht gekämmten Haaren – eine sehr kindliche Gestalt. Ihr Bruder und ihre Schwester begleiten sie. Sie trägt einen blaßgelben Abendmantel mit langen Spitzen an den Ärmeln. Das stille, langweilige Haus, die Lilien auf dem Balkon, die schweren Möbel, die staubige Bibliothek, die verblichenen Fotos ihres Vaters, des Vaters ihrer Mutter, ihre altmodischen Manieren, das ungenügende Essen, und kein Tageslicht. So ist das Leben für diese Althea. Natürlich Dickens, Thackeray und Stevenson. Einige Briefe, eine Menge alter Tagebücher. So altert sie, aber in all dieses Schweigen hinein. Der alte Diener und die altersschwachen, schrecklichen Hunde mit den unmöglichen Namen. Die Spaziergänge – sehr gesetzt; gelegentliche Fahrten mit der Straßenbahn; die leise Musik. Sie spielt Klavier. In das Rosenholz des Pianos ist gefältelte Atlasseide eingelassen. Spärliches Kaminfeuer, keine Besuche, und ein enges Schlafzimmer mit einem weißen Porzellanengel, der Weihwasser hält. Die Kirche, der romantische Einfluß. Wie sie eines Tages zwei Rosen in ihr Haar steckt und sich vor einen Spiegel stellt, bemerkt sie, daß sie schön ist.

Februar (?) Nacht. J'attends pour la première fois dans ma vie la crise de ma vie. Ich warte, während eine Schafherde

[1] Freundinnen.

im Mondlicht die Straße hinunterzieht. Ich höre das Knallen der Peitsche, und hinten sehe ich einen schweren dunklen Wagen – wie ein Leichenwagen, il me semble. Und alles in diesem Opferlicht. Ich sehe reizend aus. Ich habe keine Angst. Ich bin ganz Gefühl. Ich bitte den lieben Gott, mich nicht allzu lange warten zu lassen, denn meine Seele hungert, so wie mein Körper den ganzen Tag nach ihm gehungert und geschrien hat. O komm nun – bald. Jeder Augenblick il me semble ist ein Augenblick höchster Gefahr. Aber diesen Mann liebe ich von ganzem Herzen, der andere ist mir gleichgültig. Es kommt. Ich gehe zu Bett.

In der Tasche eines alten Mantels fand ich einen von Ariadnes Handschuhen – aus cremefarbenem Wildleder mit zwei silbernen Druckknöpfen. Und da hat er zwei Jahre lang gelegen. Noch immer birgt er eine köstliche Spur von Carlotta; noch immer, wenn ich ihn an meine Wange lege, entdecke ich das Geheimnis des Duftes, den sie liebte. O Carlotta, hast du es nicht vergessen? Wir schwebten die Regent Street hinunter, in einem hansom-cab, Blüten goldenen Lichts an jeder Seite, und vor uns ein kleiner Halbmond.

10. Februar. Mein Leben wird natürlich damit enden, daß ich Selbstmord begehe.

18. März. Ich bezahle meine Begabung mit meinem Leben – Es wäre besser, ich wäre tot – wirklich.
Ich bin anders als die andern, weil ich alles erlebt habe, was man erleben kann. Aber niemand ist da, um mir zu helfen. Natürlich ist Oscar – Dorian Gray – dafür verantwortlich.

1. Mai. Es geht mir jetzt viel schlechter denn je. Dieser Weg führt zum Wahnsinn. Nimm dich zusammen!

17. Mai. Neun Uhr abends. Sonntagabend. Vollmond.

Jetzt muß es geplant werden.
O Kathleen, flechte keine solchen furchtbaren Fallstricke mehr – denn du bist so abscheulich unklug gewesen. Schöpfe Weisheit aus allem, was du erlitten hast und noch erleiden mußt. Ich weiß, du *kannst wirklich* nicht so bleiben, wie du jetzt bist. Sei gut – um Gotteswillen, sei gut – und tapfer, sage öfter die Wahrheit, und lebe ein besseres Leben – ich bin all dieser Falschheit müde – und der Mond scheint noch immer – und die Sterne sind noch da. Du würdest gut daran tun, morgen zum Arzt zu gehen wegen deinem Herzen – und dann zu versuchen, alle die dummen, unsinnigen Probleme zu lösen. Bleibe nicht hier – nimm Arbeit an – wehre dich gegen die Leute. So wie es jetzt ist, gehst du mit unvorstellbarer Geschwindigkeit dem Teufel zu. NIMM DICH JETZT ZUSAMMEN. Es ist wirklich höchst seltsam, daß ich so sicher bin, an Herzversagen zu sterben – und Arthur allein ist schuld daran.[1]

Mai. Gerade habe ich ein Buch von Elizabeth Robins, *Come and Find Me,* gelesen. Wirklich ein kluges, ein ausgezeichnetes Buch; es erzeugt in mir ein solches Gefühl von Macht. Ich beginne nun langsam zu erkennen, wozu Frauen in der Zukunft fähig sein werden. Sie haben wirklich bis jetzt keine Chance gehabt. Wir haben gut reden von unsern aufgeklärten Zeiten und von unserem emanzipierten Lande – der reine Unsinn! Man hält uns in unseren selbstgeschmiedeten Sklavenketten fest. Ja, ich sehe jetzt ein, daß sie tatsächlich selbstgeschmiedet sind und daß wir sie nur selber beseitigen können. Eh bien – wo ist nun mein Ideal und meine Weltanschauung? Hat Oscar – eine Gardenie steht noch auf meinem Nachttisch – hat Oscar noch immer soviel Einfluß auf mich? Nein; denn ich bin jetzt einer größeren Vision fähig – ein wenig

[1] K. M. schrieb eindeutig »Arthur«; eine Person dieses Namens konnte jedoch in jener Zeit ihres Lebens nicht festgestellt werden.

Oscar, etwas Symonds, ein wenig Dolf Wyllarde – Ibsen, Tolstoi, Elizabeth Robins, Shaw, d'Annunzio, Meredith. Um den verschlungenen Wandteppich unseres Lebens zu wirken, genügt es, einen Faden aus vielen harmonisch angeordneten Strängen zu nehmen – und zu erkennen, daß sie harmonieren müssen. Es ist nicht nötig, die Schafe selber zu züchten, die Wolle zu kämmen, zu färben und zu brandmarken – nimm freudig an, was schon getan worden ist, und gehe mittels der ersparten Zeit ein großes Stück vorwärts. Unabhängigkeit, Entschlossenheit, ein festes Ziel, die Gabe der Unterscheidung, *geistige Klarheit* – diese sind unentbehrlich. Dann wieder Willenskraft – die Erkenntnis, daß Kunst unbedingte Selbstverwirklichung ist. Die Erkenntnis, daß der Genius in jeder Seele schläft – daß es gerade auf die Individualität, in welcher unser Sein wurzelt, so brennend ankommt.
Hier also ist eine kleine Zusammenfassung von dem, was ich benötige – Kraft, Wohlhabenheit und Freiheit. Es ist eine hoffnungslos abgeschmackte Lehre, zu glauben, daß die Liebe alles auf der Welt sei, eine Lehre, die den Frauen von Generation zu Generation eingebleut wird, und die uns so grausam hemmt. Wir müssen uns dieses Irrtums entledigen – und dann kommt für uns die Gelegenheit zu Glück und Freiheit.

12. Oktober. Dies ist mein unglücklicher Monat. Ich hasse es, ihn durchleben zu müssen; jeder Tag erfüllt mich mit Schrekken.

21. Dezember. Ich möchte gerne eine Lebensgeschichte schreiben, ganz im Stil von Walter Paters *Child in the House.* Über ein Mädchen in Wellington; der sonderbare Zauber und die Öde dieser Stadt – mit klimatischen Wirkungen – Wind, Regen, Frühling, Nacht – die See, das Schauspiel der Wolken. Und dann den Ort zu verlassen und nach Europa zu gehen. Dort ein Doppelleben zu führen – zurückzukehren und total desillusioniert zu sein, die Wahrheit herauszufinden – nach

London zurückzugehen – dort ein so intensives und seltsames Leben zu führen, daß das Leben selbst sie willkommen zu heißen schien – und todkrank nach W. zurückzukehren, um dort zu sterben. Eine Erzählung – nein, eine Skizze, kaum das, mehr eine psychologische Studie – sehr gelehrter Art – ich würde sie mit klimatischer Unruhe erfüllen – und auch voll seltsamer Sehnsucht nach dem Künstlichen. Ich würde es *Kampf* nennen – und das Kind würde ich – ah, ich hab's – ich würde aus ihm einen Mischling machen, ein Maori-Kind, und es Maata nennen. Warbrick, der Führer, müßte hineingebracht werden.

Katherine erhielt endlich die elterliche Erlaubnis, nach London überzusiedeln. Ihr Vater bewilligte ihr eine Rente von hundert Pfund im Jahr, gewiß keine große Summe, aber zu jener Zeit gerade ausreichend. Sie schiffte sich im Juli 1908 in Lyttleton ein und landete in London am 24. August. In der ersten Zeit wohnte sie in Beauchamp Lodge, einer Pension für Musikstudentinnen. Sehr bald nahm sie ihre Beziehungen zu Arnold Trowells Familie wieder auf, die in Carlton Hill wohnte, und verliebte sich in Arnolds Bruder Garnet Trowell. Er war nun Violinist in einer umherziehenden Operngesellschaft. Im November begleitete sie ihn nach Hull und lebte mit ihm zusammen.

Die Beziehung muß nicht sehr glücklich gewesen sein, denn kurze Zeit darauf, am 2. März 1909, heiratete sie unvermittelt in London einen Gesangslehrer, George Bowden, den sie am Morgen nach der Hochzeit ebenso plötzlich verließ. Für kurze Zeit kehrte sie zu Garnet Trowell, der nun in Liverpool lebte, zurück. Die Nachricht von ihrer Heirat und der Trennung von ihrem Mann hatte in der Zwischenzeit ihre Familie erreicht, und Katherines Mutter kam in aller Eile nach England, um zu retten, was noch zu retten war. Sie erreichte London am 27. Mai 1909. Es ist anzunehmen, daß sie damals noch nicht wußte, daß ihre Tochter schwanger war. Sie ging mit Katherine nach Wörishofen in Bayern und brachte sie dort in einem Kloster unter. Am 10. Juni kehrte sie nach Neuseeland zurück.

1909

Brüssel, Frühling 1909.

Loveliest of trees, the cherry now
Is hung with bloom along the bough
And stands about the woodland ride
Wearing white for Eastertide.

Karfreitag. Es ist Karfreitagabend; sicherlich der bedeutsamste Tag des Jahres. Immer, immer fühle ich die Nagelspuren in meinen Händen, den schrecklichen Durst in meiner Kehle, Jesu Agonie. Er ist sicherlich nicht tot, und ohne Zweifel sind alle unsere Lieben, die gestorben sind, uns *nahe*, Großmutter und Jesus und alle. Hilf mir. Auch ich dürste – ich hänge am Kreuz. Laß mich gekreuzigt werden – so daß ich ausrufen kann: »Es ist vollbracht.«

I could find no rest.
Tossed, and turned, and cried aloud ›I suffer‹.
In my tortured breast
Turned the knife, and probed the flesh more deeply

Life seemed like a wall,
Brick and fouled and grimed

Oh delicate branches, reaching up for the sun!
The plants on tiptoe, stretching up to the light!

Ich kann es jetzt nicht sagen. Vielleicht werde ich es einmal können, viel später. In einer Seelenqual werde ich mich plötzlich ausdrücken können. Es ist die Freude des Selbstausdrucks.

Do you see him?
Look, in the half-light here,
High behind the curtain hanging there,
See how it swings and trembles.
Oh woman, do not cry upon him so.
It is the wind that makes the curtain blow.
Pillow thy head upon my barren breast.
The child! he comes and stands beside my chair,
Then claps his hands upon my eyes. Who's there,
Motherling?‹ ›I've no notion – It's not *you*.‹

The child – he came into this room to-night,
Groping his way. ›Why haven't you a light,
Mother?‹ ›My eyes were tired with weeping, dear.‹
›I'm not afraid of dark if you stay here.‹
(Oh, the thought in heart and brain
He cannot see the light again.)

The child – he came and stood beside my chair
Then pressed his hands before my eyes. ›Who's there?
Motherling guess!‹ ›It never could be you.‹
›Oh no! Three guesses.‹ ›Wait then, thats too few.‹
The only hands to bring her calm,
Folded closely, palm to palm.

The child – he shyly stood in front of me
›Am I too big to sit upon your knee,
Motherling? I'm too tired for any fun.
If I'm too heavy –‹ ›No, my little son!‹
The blood within her veins ran cold;
Light he was – so light – to hold.
The child – he hid his face against my breast
Crying ›Oh, mother – let me rest!‹

Im Zug nach Harwich. Ich fürchte, daß ich wirklich gar nicht mehr ich selber bin. So bin ich also hier angelangt. Heute nachmittag nahm ich eine Tablette und schlief bis nach fünf – dann weckte mich Ida. Noch halb im Schlaf und schrecklich müde packte ich, aß etwas – und Ida war ganz aufgeregt bei dem Gedanken, daß ich wieder fortgehen wollte, und immer noch der Eingebung des Augenblicks folgend, nehme ich den Zug nach Liverpool St. Ich löste eine Fahrkarte zweiter Klasse, und hier bin ich, ganz erschöpft, aber nicht imstande, zu schlafen. Das Abteil ist voll, aber, Garnie, mir ist, als ob ich *heim*ginge. Aus England wegzukommen – das ist mein großer Wunsch. Ich hasse England. Es ist dunkle Nacht und es regnet. Mir gegenüber schläft ein kleines Kind in einem roten Mäntelchen; es schüttelt das Haar, so wie Dolly, als ich ein Mädchen war, in Brüssel, vor so vielen Jahren. Außer mir schlafen alle. Der Zug donnert durch die Nacht. Ich trage einen grünen Seidenschal und einen dunkelbraunen Hut mit einem [unleserlich] aus mattrosa Samt. Ich reise unter dem Namen Mrs. K. Bendall.

Morgens im Zug nach *Bruxelles*. Ich habe sehr gut geschlafen, habe einen kleinen Brandy und Soda getrunken, bevor ich zu Bett ging, und ich fühle mich jetzt etwas besser, obwohl ich noch immer das unerträgliche Kopfweh habe, das mich geplagt hat. Ich sitze in der Damenkabine auf meiner Hutschachtel, gewaschen und angezogen, und muß plötzlich lachen über alle. Gerade habe ich die Haare gewaschen und gekämmt. Die Menschen! O, die dicke Frau in dem rosaroten Wollkleid – mein Gott! Und die köstliche alte englische Gouvernante, die in einem Kloster außerhalb Brüssels zu verweilen gedenkt. Jedermann glaubt, ich sei Französin. Ich muß bei Cooks vorbeigehen und nach allem sehen.

29. April. In diesem Zimmer. Und fast noch bevor ich dies geschrieben habe, werde ich es in einem anderen Zimmer lesen, und so ist das Leben. Ich habe wieder gepackt und bin auf dem Weg nach London. Werde ich jemals wieder eine glückliche Frau sein? Je ne pense pas, je ne veux pas. O, in

New York zu sein! Höre mich! Ich bin ruhelos. Das ist es, was mich quält.

Ein feiner Tag, Brüderchen – aber ich seh' ihn nicht. Mein *Körper* ist so befangen. *Je pense* an all die schrecklichen Dinge, die es gibt – »an all diesen Schmutz«. Krank an der Seele, körperlich krank – ohne Heimat, ohne einen Ort, wo ich meinen Hut aufhängen und sagen könnte, hier gehöre ich hin, denn es gibt auf der ganzen Welt keinen solchen Ort für mich. Aber, *attendez:* du sollst *nicht* essen, und auch nicht schlafen! Es nützt nichts, »gut« *auszusehen* und sich halbtot zu *fühlen.*

Im Zug nach Antwerpen. Ich mag Belgien, denn ich mag Grün und Mauve. Ich möchte gerne wissen, wie es sein wird, wenn ich meinem kleinen Sohn vorlesen werde.

Das Folgende ist anscheinend ein nicht abgesandter Brief an ihren Geliebten. Er trägt die Überschrift: A. C. F. Brief. Nacht.

Juni 1909. Endlich ist er vergangen, dieser langwierige Tag, und die Abenddämmerung beginnt durch die Äste des nassen Kastanienbaums hereinzufiltern. Ich glaube, ich habe mich gestern auf meinem schönen, jubilierenden Spaziergang erkältet, denn heute bin ich krank. Ich begann zu arbeiten, nachdem ich Dir geschrieben hatte, aber ich konnte nicht – und mir war so kalt. Stell Dir vor, daß ich zwei Paar Strümpfe trage und zwei Mäntel, und daß ich eine Wärmflasche brauche – und das im Juni, und daß ich fröstle . . . Es müssen die Schmerzen sein, die mich frösteln und schwindlig machen. Allein zu sein den ganzen Tag, in einem fremden Haus, wo jedes Geräusch dir ungewohnt vorkommt, und in deinem Leib eine schreckliche Verwirrung zu fühlen, die auch auf deinen Geist übergreift, das ruft auf einmal Bilder von abscheulichen Vorfällen hervor, von abstoßenden Menschen, die du abschüttelst, die jedoch immer wieder auftauchen, wäh-

rend die Schmerzen nachlassen und sich wieder verschlimmern. Ach! ich werde nicht mehr barfuß in verwilderten Wäldern umherwandern. Jedenfalls nicht mehr, bevor ich mich an das Klima gewöhnt habe ...
Das Wunderbarste, was ich mir vorstellen kann, ist, daß meine Großmutter mich zu Bett bringt, daß sie dann mit einer Schale heißer Milch und Brot kommt und mit gefalteten Händen, den linken Daumen über den rechten gelegt, vor mir steht und mit ihrer lieben Stimme sagt: »Da, mein Liebling, ist das nicht gut?« O, was für ein Wunder von Glück das wäre! Und später aufzuwachen und zuzuschauen, wie sie die Bettücher aufdeckt, um nachzuschauen, ob du kalte Füße hast, und wie sie sie in eine kleine rosa Wolljacke hüllt, weicher als ein Katzenfell ... Ach!
Wenn man mich eines Tages fragt: »Mutter, wo wurde ich geboren?« und ich antworte: »In Bayern, Liebling«, dann wird mich wieder die Kälte beschleichen, die ich jetzt fühle – Kälte des Herzens, der Hände, der Seele. Liebster, ich bin weniger traurig heute abend. Nur daß ich ein so schreckliches Bedürfnis habe, sprechen zu können – die Überzeugung zu haben, daß Du *da* bist ... Das ist alles.

Sonntagmorgen. Noch ein Sonntag. Was hat uns beiden dieser Tag nicht alles gebracht! Für mich ist er voll Süße und Seelenqual. Glasgow – Liverpool – Carlton Hill – *Unser Haus.* Heute regnet es wieder – ein stetiger, beharrlicher Regen, der einen von einer Erinnerung zur andern treiben läßt. Als ich den Brief an Dich beendet hatte, ging ich hinunter zum Abendessen, aß ein wenig Suppe, und dann sagte der alte Doktor neben mir plötzlich: »Bitte, gehen Sie jetzt zu Bett«, und ich ging wie ein Lamm und trank ein wenig warme Milch. Es war eine angstvolle Nacht. Als ich dachte, es sei endlich Morgen geworden, zündete ich eine Kerze an, sah nach der Uhr und stellte fest, daß es gerade ein Viertel vor zwölf war! Jetzt weiß ich, was es heißt, gegen Schlafmittel anzukämpfen. Auf dem Nachttisch lag Veronal – Vergessenheit, tiefer Schlaf. Denke, was das bedeutet! Aber ich nahm keins. Jetzt bin ich auf und angezogen ...

Wörishofen, Bayern, 4. Juli 1909.

Far in a western brookland
That bred me long ago
The poplars stand and tremble
By pools I used to know ...

He hears: long since forgotten
In fields where I was known,
Here I lie down in London
And turn to rest alone.

Ich muß streiten, um vergessen zu können: ich muß bekämpfen [sic], um mich selbst wieder achten zu können. Ich muß mich nützlich machen, um wieder an das Leben glauben zu können.
Ich *will* arbeiten, ich will *mit* dem Glück um die Zufriedenheit kämpfen.
Wir müssen jeder allein sein – allein arbeiten, allein kämpfen, um unsere Kraft, unsere Opferwilligkeit zu beweisen.[1]

The Grandmother.

Underneath the cherry trees
The grandmother in her lilac printed gown
Carried Little Brother in her arms.
A wind, no older than Little Brother,
Shook the branches of the cherry trees
So that the blossom snowed on her hair
And on her faded lilac gown
And all over Little Brother.

---

[1] In deutscher Sprache im Text.

I said ›May I see?‹
She bent down and lifted a corner of his shawl,
He was fast asleep,
But his mouth moved as if he were kissing.
›Beautiful!‹ said the Grandmother, nodding and smiling,
But my lips quivered,
And looking into her kind face
I wanted to be in the place of Little Brother,
To put my arms around her neck
And kiss the two tears that shone in her eyes. (1909)

Kurz darauf hatte Katherine, die ihr Baby leidenschaftlich gern gehabt hätte, eine Fehlgeburt. Der Verlust war ihr unerträglich, und sie sehnte sich nach einem Kind, das ihr das eigene hätte ersetzen können. Auf der Suche nach einem solchen Kind fand ihre Freundin Ida Baker Walter, einen kleinen Jungen, der in einem Mews, einer Sackgasse an der Welbeck Street in London, lebte und seit einiger Zeit krank war. Ida Baker brachte ihn nach Wörishofen, wo er mehrere Wochen lang von seiner Tante Sally, wie er Katherine nannte, gesund gepflegt wurde.

1910-1911

Im Januar des Jahres 1910 war Katherine wieder in London. Anscheinend kehrte sie für kurze Zeit zu ihrem Mann zurück. Auf dessen Anregung unterbreitete sie einige ihrer in Bayern geschriebenen Erzählungen dem Schriftleiter der Zeitschrift »The New Age«, A. R. Orage, der sie freundlich aufnahm.
Im Frühjahr mußte sie sich einer schmerzhaften Peritonitisoperation unterziehen. Ein rheumatisches Fieber erschwerte die Genesung. Nach ihrer Rückkehr aus Rottingdean in der Grafschaft Sussex, wo sie sich zur Erholung aufgehalten hatte,

befreundete sie sich mit dem Schriftsteller William Orton, der in seinem autobiographischen Roman »The Last Romantic« über diese Freundschaft berichtet.
Anfang 1911 zog Katherine nach Clovelly Mansions an der Gray's Inn Road in London. Einige Anzeichen weisen darauf hin, daß sie im Frühling schwanger war und daß die Schwangerschaft abgebrochen wurde. Wie es sich nun auch verhielt (der Herausgeber des »Tagebuchs«, John M. Murry, bezweifelt einen Schwangerschaftsabbruch), eines ist sicher: Diese zwei Operationen (wenn es zwei gewesen sind) waren von großer psychologischer Bedeutung in Katherine Mansfields Leben. Die Aussicht, daß sie jemals ein Kind bekommen würde, war nun sehr zweifelhaft geworden. Im geheimen träumte sie immer wieder von einem Kind, was ihr jedoch versagt blieb.

1910. Ich habe einen fast wahnsinnig zu nennenden Wunsch, etwas wirklich Gutes zu schreiben – und eine Unfähigkeit dazu, die unendlich qualvoll ist, wie du dir vorstellen kannst. Ich will es jedoch trotzdem versuchen, selbst wenn überhaupt nichts Großes dabei herauskommen sollte.

14. März. Diese fast verrückte Sehnsucht zu arbeiten, zehrt an mir – es war, als ob ein heimtückischer und schrecklicher Wurm an meinem Herz nagte und nagte. Furchtbare Seelenangst quälte mich.

Der Gray's Inn Road entlang.
Über einen undurchsichtigen Himmel schieben sich graue Wolken mühsam wie die Flügel müder Vögel. Wind weht: im nackten Licht nehmen Häuser und Menschen ein groteskes Aussehen an – zu scharf modelliert, arglistig ins Leben gezerrt.
Eine kleine Prozession windet ihren Weg die Gray's Inn Road hinauf. An der Spitze ein Mann zwischen den Deichseln eines

Schubkarrens, der unter dem Gewicht einer Drehorgel und zweier Bündel knarrt. Der Mann ist klein und grünlichbraun, sein Kopf hängt nach vorn, das Gesicht ist schweißnaß. Die Drehorgel ist hellrot, mit einem blaugoldenen »Tanzbild« auf jeder Seite. Das Bündel ist eine Frau. Man sieht nur einen schwarzen Regenmantel, von einem Matrosenhut gekrönt; das kleine Bündel, das sie hält, hat kalkweiße Beine und gelbe Stiefel, die vom losen Ende des Schals herabhängen. Dahinter kommen zwei kleine Knaben mit kurzen Schritten angestiefelt, die starr auf den Boden blicken, als hätten sie Angst, über ihre Füße zu stolpern.
Kein Wort wird gesprochen; sie heben nie die Augen auf. Und dieses Schweigen und diese Nachdenklichkeit verleihen ihrem Schreiten eine seltsame Würde.
Sie sind wie Pilger, die nach einem Nirgendwo vorwärtsstreben, sich mühsam fortschleppen, sich festhalten und dem hellroten, glorreichen Ding mit den blaugoldenen Tanzbildern folgen.

Die folgenden Eintragungen stammen aus William Ortons Buch »The Last Romantic«. Es besteht kein Grund, an ihrer Echtheit zu zweifeln. Orton ist Michael, Lais ein Mädchen, in das er verliebt war. Ob Katherine zu jener Zeit ihren Namen tatsächlich »Catherine« schrieb, wissen wir nicht.

6. September 1911, Mittwoch. Michael kam gestern nachmittag und verlangte den Schwarzen Opal [einen Ring, den sie ihm geschenkt hatte, und der ihnen gemeinsam als eine Art von Talisman diente]. Ich nahm ihn schnell vom Finger. Michael war in helles Grau gekleidet, und er trug die entzückende lebhafte bunte Krawatte. Ich versprach, ihn später in Queen's Hall[1] zu treffen – ja, ja, ich wollte gehen. Als die Turmuhren fünf Uhr schlugen, machte mir der Mann einen

[1] Ein bekanntes Konzertlokal, im Zweiten Weltkrieg zerstört

Besuch. Er nahm mich in seine Arme und trug mich zum Schwarzen Bett. Sehr braun und sehr stark war er. Es dunkelte. Ich schmiegte mich an ihn wie eine Wildkatze. Ganz unpersönlich bewunderte ich meine silberfarbenen Strümpfe, die unter den Knien von gezackten Bändern gehalten wurden, und die gelben, mit weißem Pelz besetzten Wildlederschuhe. Wie lasterhaft ich aussah! Wir liebten uns wie zwei wilde Tiere. Sehr spät in der Nacht saßen wir unter einem Baum im Park. Der Mond schien durch die Zweige von rasch sich entlaubenden Bäumen. Das Gras roch nach Erde. In tiefem Schatten lagen Liebende ineinander verschlungen. Aber überall um mich war Michael. Er kam auf mich zu – ging an mir vorbei, hielt an, zündete sich eine Zigarette an – ich sah ihn in der Ferne – ich hörte seine leichten Schritte auf der Straße hinter mir – ich wollte aufspringen und dem Mond zurufen: »Je veux mourir, je veux mourir« – ich wollte die Hände ringen, mich hin und her wiegen und weinen – und dann wurde ich ganz ruhig und still . . . Er kam für einen Augenblick mit mir nach Hause. Ich zündete eine Kerze an – die Welt schwand dahin . . . Er riß mir die Kleider von den Schultern. Ich lachte – lehnte mich nach vorn – graziös und geschmeidig – blies die Kerze aus und stand nackt bis zur Taille im mondbeglänzten Zimmer. »Meine Schönheit, mein Wunder!« Er kniete vor mir nieder, seine Arme umschlangen mich. Ich preßte ihn an mich – warf die Haare nach hinten und lachte den Mond an. Ich war toll vor Leidenschaft – ich wollte töten . . . Nachher verließ er mich.

Heute morgen breitete ich die Bilder von St. Malo auf dem Schreibtisch aus; ich blätterte in seinem Skizzenbuch. Meine Liebe für Michael hat sich verändert: sie ist gebietender, unwiderstehlicher geworden. Manchmal fühle ich voller Hoffnungslosigkeit, daß wir niemals zusammensein werden – und doch, wenn noch etwas Wahrheit in mir ist, weiß ich, daß wir nur zusammen schöpferisch tätig sein und der eine im andern

Erfüllung finden können. Nur Michael und ich sind wahrhaftig . . . Ich will ein neues Leben anfangen; dieses hier ist bis zum Zerreißen abgenützt . . .

Heute bin ich sehr einsam und krank. Die Häuser vor meinem Fenster sind in Nebel gehüllt. Ein Geräusch wie von Klopfen und Schlagen und das Geschrei von Stimmen dringt vom Zimmerplatz herüber – wie von Ertrunkenen, die sich unter Wasser ein Floß zimmern. Ich liege mit dem Gesicht nach unten im grünen Wasser, schwanke lässig hin und her, aber sie sehen mich nicht, und nur mein Schatten berührt sie.

Das Jahr geht zu Ende.

The world is beautiful tonight
So many stars shine in the sky,
And homeward, lightly hand in hand
The happy people pass me by

I lose my way down every path
I stumble over every stone
And every gate and every door
Is locked 'gainst me alone.

K. M. 6. Sept. 1911

Lais ist eben hier gewesen. Sie ist so schön, daß ich keine andere Schönheit sehe und mich mit der süßen Lais begnüge. Ihr schlanker Körper in dem grauen Kleid – ihre Hände stützen ihr helles Haar – so lag sie auf dem gelben Kissen. Wenn sie lachend spricht und ihre Augen strahlen, wenn rosige Farbe ihre Wangen überflutet und ihr Mund rot ist wie Hagebutten, dann verstehe ich all die Millionen Gründe, warum Gott die Sonne in den Himmel gesetzt hat – damit sie eines Tages durch geschlossene Vorhänge scheinen und die Schönheit von Lais erleuchten möge. Wir sind die drei Ewigkeiten – Michael, Lais und ich. Denn Michael ist Dunkel und Licht, Lais ist Flamme und Schnee, und ich bin Meer und Himmel. O, wie schade, daß sie keine Prinzessin ist – mit weißen, hermelinbesetzten Stiefelchen und einem silbernen Hemd und einem blauen, mit rosa Apfelblüten bestickten Unterrock und einem langen, fließenden Kleid aus blaßgrünem Samt mit eingewobenen goldenen Drachen, gefüttert in hellem Orange. Als Gürtel eine lebende Schlange mit Augen aus diamantförmigen Smaragden – ihre lang herabfallenden Haare sind an den Enden von Quasten aus rosa Korallen zusammengehalten. Sie würde in einem Ebenholzschlitten fahren, der mit den Federn wilder Papageien gefüttert ist – Flamingos würden über ihrem Kopf schweben wie ein Baldachin. Sie soll mich eines Tages zu Märchen inspirieren.

Mitternacht. Après tout lebe ich bloß in den Tag hinein – und gehe in allem, meine Arbeit ausgenommen, den Weg des geringsten Widerstandes. Ob es andere Künstler fühlen wie ich – die drängende Notwendigkeit – die schreiende Not – die jagende Begierde – die nie gestillte – friedlose? Ich glaube, es gab eine Zeit, da ich hätte einhalten können, und Tage, ja Wochen wären so vorübergegangen, aber jetzt vergeht keine Stunde mehr. Ich atme es mit der Luft. Ich bin durchtränkt davon. Wie also ist dein höchstes Verlangen, Catherine – wonach strebst du so leidenschaftlich? Bücher und Geschichten zu schreiben, und Skizzen und Gedichte.

29. Oktober. Das Wunder der Wunder ist geschehen: mein Leben ist vorbei, und ich habe Frieden. Ich schreibe in Michaels Notizbuch; es ist spät in der Nacht – morgen bin ich weit von hier. Sieh mich an, Michael – denn es genügt nicht, diese Feststellung zu machen; ich stelle mir vor, daß es interessant sein könnte für dich, deine Catherine in blendendem Licht zu sehen. Ich bin wieder wie ein kleines Kind. Ich kenne weder die Welt noch das Fleisch noch den Teufel[1]. Ich lebe nur noch in meiner Phantasie. Alle meine *Gefühle* sind dort,

[1] Zitat aus dem anglikanischen Gebetbuch.

meine *Wünsche* und mein Ehrgeiz. Nicht daß ich der Welt unbedingt entsagen möchte – sie ist gar nicht mehr da. Ich habe sie verlassen – ein kleiner Schritt – ich schaute mich nicht um und wußte es nicht – und jetzt werde ich verweilen, wo ich bin – an meinem geheimen, unsichtbaren Ort.

1912-1913

Ende 1911 begegnete Katherine im Haus des Schriftstellers W. L. George dem jungen Kritiker John Middleton Murry. Dieser hat die Begegnung und ihre Folgen in seinem Buch »Between two Worlds« eingehend beschrieben. Ende April 1912 mietete er ein Zimmer in Katherines Wohnung, und nach einigen Wochen wurden sie Liebende. Das folgende Fragment aus Katherines Tagebuch entstand während der ersten Phase ihrer Bekanntschaft.

Gerade als sie dabei war, Tee zu machen, kam er herein, und sie rief ihm zu, ging zur Tür und sah ihn im Gang stehen. Hallo! sagten sie. Er kam näher. Sie sagte: »Hätten Sie gern eine Tasse Tee?« Ja, gern. Er sei draußen Jo Simpson begegnet – sie müsse Jo kennenlernen. Sie tranken Tee aus Schalen und begannen zu plaudern und zu rauchen. Er erzählte ihr sein Leben und sie ihm ihres. Sie ging zum Fenster und rief: »Kommen Sie herüber!« Er sah das Meer und ein Schiff. Ja, sie sah es auch. Es bewegte sich – mit Segeln. Sie lehnten sich aus dem Fenster und plauderten – über viele Dinge. Dann sagte sie: »Jetzt gehe ich zu Bett. Gute Nacht!« »Gute Nacht!« »Hätten Sie gern einen großen Mantel?« »Nein, danke – ich habe auf jeden Fall meinen eigenen.«
Aber wie reizend er aussah, mit dem großen eingerollten Schirm – und dahinschreitend wie ein Gott.

Nach vielen, in »Between two Worlds« beschriebenen Wechselfällen gingen die beiden im Dezember 1913 nach Paris, wo Murry als Zeitungskorrespondent ein Auskommen zu finden hoffte. Diese Hoffnung erwies sich als illusorisch, und Murry kehrte nach zwei Monaten nach London zurück. In Paris hatte er seine Freundschaft mit dem jungen französischen Schriftsteller Francis Carco erneuert. Katherine blieb einstweilen in Paris.

1914

Januar, Paris.
(Oben auf einer Rechnung, beginnend mit Tee, Drogerie, Marmelade.)

Tea, the chemist and marmalade –
Far indeed to-day I've strayed,
Through paths untrodden, shops unbeaten,
And now the bloody stuff is eaten.
The chemist, the marmalade and tea,
Lord, how nice and cheap they be!

Tips and fares and silly femmes
Have skipped about my day like lambs,
And great their happiness increased
Since I am the one who has been fleeced!

»In Rußland«, sagte Tschechow zu Gorki, »ist ein ehrlicher Mann eine Art Schwarzer Mann, mit welchem Kindermädchen Kinder erschrecken.« Es ist erstaunlich, wie ähnlich die Sprache Tschechows der von Gorki ist, wenn er sich mit Gorki unterhielt. *(George Calderon)*
Ich möchte dieser Spur weiter nachgehen.

Ein ruhiges, unwiderstehliches Wohlergehen – fast mysti-

scher Art und doch zweifellos mit körperlichen Zuständen verbunden. *(Dorothy Wordsworth's Tagebuch)*
Schreibt Dorothy:

William (P. G.) is very well,
And gravely blithe – you know his way –
Talking with woodruff and harebell
And idling all the summer day
As he can well afford to do.
(P. G. for that again.) For who
Is more Divinely Entitled to?
He rises and breakfasts sharp at seven,
Then pastes some fern-fronds in his book,
Until his milk comes at eleven
With two fresh scones baked by the cook
And then he paces in the sun
Until we dine at half past one.
›God and the cook are very good‹,
Laughs William, relishing his food.
(Sometimes the tears rush to my eyes:
How kind he is, and oh, how wise!)
After, he sits and reads to me
Until at four we take our tea.
My dear, you hardly would believe
That William could so sigh and grieve
Over a simple, childish tale
How ›Mary trod upon the Snail‹,
Or ›Little Ernie lost his Pail‹.
And then perhaps a good half-mile
He walks to get an appetite
For supper, which we take at night
In the substantial country style.
By nine he's in bed and fast asleep,
Not *snoring*, dear, but very deep,
O, very deep asleep indeed . . .

Und so weiter, *ad lib*. Was für ein Pa-man![1]

Ich will Goethe lesen. Abgesehen von einigen Gedichten kenne ich nichts von ihm gut. Ich werde sofort *Dichtung und Wahrheit* lesen.

Am Ende ist das Leben, da wo es am größten und besten ist, doch nur wie ein vorlautes Kind, mit dem man spielen muß, das bei guter Laune gehalten werden will, bis es einschläft, und dann ist man die Sorge los. *(Temple)*
Dies ist die Tonart, die Manier – nicht wegen dem, was ausgesagt und ausgedrückt wird, sondern wegen ihres »Schwungs« – die mich zum Schreiben anspornt.

Das Kind in meinen Armen.
»Wirst du mich berühren, mit dem Kind in meinen Armen?« ist kein bloßer Scherz. Wenn man das »wirst« mit »kannst« vertauscht, wird die Frage *tief, sehr tief:*[2] Ich habe eben daran gedacht . . ., daß ich kaum wage, meinen Gedanken über J. und meiner Sehnsucht nach J. freien Lauf zu lassen. Und ich dachte: Wenn ich ein Kind hätte, würde ich jetzt mit ihm spielen und mich *darin verlieren* und es küssen und zum Lachen bringen. Und ich würde mich von dem Kind gegen meine tiefsten Gefühle beschützen lassen.
Wenn ich das Gefühl hätte: »Nein, ich will nicht länger daran denken; es ist unerträglich«, dann würde ich das Baby schaukeln.
Ich glaube, daß dies für alle Frauen zutrifft. Und es erklärt den merkwürdigen Ausdruck der Sicherheit bei jungen Müttern: sie sind gefeit gegen jeden *äußersten* Gefühlszustand durch das Kind in ihren Armen. Und es erklärt auch die Frauen, die ihre Männer »Kinder« nennen. Solche Frauen

---

[1] Neuseeländer Kolonist.
[2] Deutsch im Text.

fressen und pfropfen sich voll mit ihren Männern bis zu einem Zustand völliger Herzlosigkeit. Beobachte einmal das heimliche, zufriedene Lächeln von Frauen, die sagen: »Männer sind nichts als Kinder!«

Sie waren nicht genug ineinander verliebt, um sich vorstellen zu können, daß 350 Pfund im Jahr ihnen alle Annehmlichkeiten des Lebens bieten würden.

(Jane Austen's *Elinor and Edward*)

Mein Gott! sage ich.

Ich ging in J.'s Zimmer und schaute durch das Fenster. Es war Abend, mit wenig Licht, und das bißchen Licht, das da war, war sehr mild – die launenhafte Stunde, in der die Menschen nie ganz im Brennpunkt zu sein scheinen. Ich schaute einem Manne zu, wie er die Straße auf und ab ging – er sah aus wie eine Fliege, die eine Wand hinauf läuft –, und einigen Männern, die sich mit einem Schubkarren abmühten – praktisch nur Gesäße und Füße. Im gegenüberliegenden Haus saß ein kleines, dunkelhaariges Mädchen mit einem grauen Schal an einem schwer vergitterten Erdgeschoßfenster und las in einem Buch. Ihr Haar war in der Mitte gescheitelt: sie hatte ein kleines ovales Gesicht. Sie war ganz reizend, wie in das Fenster eingepreßt mit dem schimmernden Weiß der Buchseiten. Ich fühlte eine Art spanischer Verliebtheit ...

Es ist, als ob Gott seine Hand öffnete und einen ein wenig darauf tanzen ließe, um sie dann fest zu schließen – so fest, daß man nicht einmal schreien könnte ... Der Wind ist schrecklich heute abend. Ich bin sehr müde – aber ich mag nicht zu Bett gehen. Ich kann weder *schlafen* noch *essen*. Zu müde.

»P. litt an der Berührung mit der Kunst, der unerbittlichen, magischen Berührung, die uns zum Trotz noch immer verwandelt; die nie zaudert, das von ihr zu verwandelnde Material zu untersuchen und zu erproben, aber es unfehlbar verwandelt.«

Ende Februar waren Katherine und J.M.M. wieder nach London zurückgekehrt, mit wenig mehr als den Kleidern, die sie auf dem Leibe trugen, wie Murry schreibt. Einige Wochen lang wohnten sie in einer möblierten Wohnung in Beaufort Mansions, Chelsea[1]*. Von den Hinterfenstern sah man auf einen Zimmerplatz und einen Friedhof.*

Ein Traum.
6. März. K.T. [Katie] und ihre Schwester wanderten eine Straße entlang, die auf der einen Seite von einem hohen Berg, auf der andern von einer tiefen Schlucht begrenzt war. So tief war die Schlucht, daß die Klippen auf ihrem Grunde glänzten wie die Spitzen scharfer, winziger Zähne. Ihre Schwester fürchtete sich sehr und klammerte sich an ihren Arm, zitterte und weinte. Und so unterdrückte K.T. ihren eigenen Schrecken und sagte: »Es ist sehr gut, alles ist ganz gut.« In der einen Hand trug sie einen kleinen Muff.
Plötzlich kam ein Streitwagen auf sie zu, wie der in ihrem blauen Lateinbuch, der von sechs schweren Pferden gezogen und von einem Wagenlenker geführt wurde, der ein Käppchen auf dem Kopfe trug. Sie kamen in vollem Galopp auf sie zugesprengt, aber der Lenker war ganz ruhig; ein boshaftes Lächeln lag auf seinen Lippen.
»O, K.T.! O, K.T.! ich fürchte mich!« schluchzte ihre Schwester.
»Es ist alles in Ordnung, vollkommen in Ordnung«, schalt K.T.
Aber wie sie nach dem Wagen ausschaute, geschah etwas Seltsames. Obwohl die Pferde noch immer wie rasend galoppier-

[1] Ein hauptsächlich von Künstlern bewohnter Stadtteil nahe der Themse.

ten, schienen sie nicht vom Fleck zu kommen, sondern *galoppierten jetzt rückwärts,* während der Wagenlenker lächelte, als ob er tief befriedigt wäre. K. T. hielt ihren kleinen schwarzen Muff vor das Gesicht ihrer Schwester. »Sie sind verschwunden, sie sind ganz verschwunden.« Aber nun kam das betäubende Getöse von hinten, wie das Gerassel einer Reiterarmee in klirrender Rüstung. Das Getöse wurde lauter und lauter und kam immer näher »O, K. T.! O, K. T.!« jammerte ihre Schwester, und K. T. preßte die Lippen zusammen und drückte nur den Arm ihrer Schwester. Jetzt war das Donnern ganz nahe – in einem Augenblick würde es über ihnen sein – *jetzt!*

Aber nichts stürmte an ihnen vorbei als ein einziger schwarzer, haushoher Hengst, geritten von einem dunklen, gelassenen Reiter, mit einem weiten Hut, der an den beiden vorüberglitt wie ein Schiff auf dunklem Wasser und wichtigtuerisch hügelabwärts ritt. Der Anblick war so fürchterlich, daß K. T. sich bewußt wurde, daß sie träumte. »Ich muß sofort aufwachen.« Und sie strengte sich an, die Augen zu schließen und die Szene zu verbannen, aber es gelang ihr nicht. Sie versuchte zu schreien, und sie fühlte, daß ihre Lippen sich öffneten, aber kein Ton kam heraus. Sie schrie und kreischte tonlos, bis sie endlich ihr Bett fühlte und den Kopf in die brennende Dunkelheit des Schlafzimmers hob.

Der Zahnweh-Sonntag.

Ach, warum kann ich nicht alles schreiben, was geschieht! Ich glaube ganz ernsthaft, daß das Verhältnis zwischen mir und L. M.[1] außerordentlich interessant ist. Nicht während *es* geschieht, denke ich das, aber seine Bedeutsamkeit ist so offenkundig, daß sie mich aufschrecken läßt. Habe ich ihr glückliches Leben zerstört? Bin ich schuld daran? Wenn ich sehe,

[1] L. M. = Leslie Moore, der Name, den Katherine ihrer Freundin Ida Baker gab.

wie blaß sie ist und wie sie mit den Füßen schlurft, wenn sie zu mir kommt – tränennaß; wenn ich sehe, wie die Knöpfe lose an ihren Kleidern hängen und wie ihr Rock zerrissen ist – warum mache ich mir dann Vorwürfe und fühle mich für sie verantwortlich? Sie machte mir das Geschenk ihrer selbst. »Nimm mich, Katie, ich bin dein. Ich will dir dienen und deine Wege gehen, immer, Katie.« Ich hätte einen glücklichen Menschen aus ihr machen sollen. Ich hätte »ihre Gebete erhören« sollen. Sie kosteten mich so wenig, und sie waren so demütig. Ich hätte erproben sollen, ob ich einer Jüngerin würdig bin. Ja, es ist ganz und gar meine Schuld.

Manchmal finde ich Entschuldigungen für mich. »Wir waren zu gleichaltrig. Ich experimentierte und war verletzt, wenn sie sich an mich lehnte. Ich hätte das Opfer nicht verhindern können, auch wenn ich es gewollt hätte« – aber das sind Ausflüchte. Heute abend sah ich sie vor Schmerz ganz zusammengekauert, und als ich aus Jacks Zimmer kam, sah ich sie wie ein kleines Tier vor dem Kaminfeuer zusammengerollt. Ich bettete sie auf das Sofa, gab ihr etwas Warmes zu trinken, brachte ihr einige Decken und mein dunkles Daunendeckbett. Und als ich sie zudeckte, war sie so rührend – ihr langes blondes Haar – das mir so vertraut ist, das ich schon so lange kenne – aus dem Gesicht gezogen, so daß es leicht war, mich zu bücken und sie zu küssen, nicht so, wie ich es gewöhnlich tue, mit einem kleinen halbherzigen Kuß, sondern mit schnellen, liebevollen Küssen, wie man sie freudig einem müden Kinde gibt. »O!« seufzte sie, »davon habe ich geträumt.« (Die ganze Zeit über empfand ich einen leichten Widerwillen.) »O!« hauchte sie, als ich sie fragte, ob es ihr jetzt bequem sei, »das ist das Paradies, Liebste.« Guter Gott! Ich muß normalerweise ja ein gefühlloser Unmensch sein. Es war das erste Mal in all diesen Jahren, daß ich mich zu ihr niederbeugte und sie so küßte. Ich weiß nicht, warum mir ihre Berührung immer ein wenig zuwider ist. Ich könnte sie nicht auf die Lippen küssen.

Ach, wie gerne würde ich manchmal darüber sprechen – nicht nur einen Augenblick lang, sondern bis ich genug davon habe, und bis ich der Last der Erinnerung ledig bin. Es ist lächerlich von mir, von Jack zu erwarten, daß er das versteht oder meine Gefühle teilt; und doch – wenn er es nicht tut und gelangweilt ist oder vor sich hin summt, bin ich schrecklich unglücklich – vielleicht vor allem über meine Unfähigkeit, ihn zu bezaubern.

... Hob ihr armes, von Tränen nasses und beflecktes Gesicht.

Ihr Körper war gehorsam, aber wie langsam und widerwillig er gehorchte – als ob er gegen das Drängen ihres mutigen Geistes protestierte.

Kein Laut im Zimmer außer ihrem ruhigen Atmen und dem flatternden Rauschen des Feuers und dem scharfen Pochen des Regens an der Scheibe. Draußen erschienen Lichter an einem und dann noch an einem andern Fenster. Der Himmel war grau und bedeckt, abgesehen von einem blaßroten, von kleinen Wolken umsäumten Streifen.

Zufrieden, draußen zu stehen, und in dem Licht, das aus Katies hellen, warmen Fenstern fiel, zu baden und sich zu sonnen, zufrieden, der Stimme ihres Lieblings unter andern Stimmen zu lauschen und nach ihres Lieblings anmutigem Schatten Ausschau zu halten. (März)

Die Aussicht von meinem Fenster heute morgen ist schrecklich aufregend. Ein starker Wind weht, und die Scheiben sind mit Regen besprengt. Auf dem Zimmerplatz neben dem Friedhof liegen große Wasserlachen, und Rauch zieht vorüber ...

Der letzte Freitag. Heute scheint die Welt bersten zu wollen. Ich erwarte Jack und Ida. Ich war beim Nähen, so wie Mutter zu nähen pflegte – als ob die Nadel vom Herzen geführt würde. Entsetzlich! Aber gibt es tatsächlich noch etwas weit Entsetzlicheres, das einmal Wirklichkeit werden könnte, und ist es dieses Etwas, das mich so erschreckt? Mitten im Nähen schaute ich zum Fenster hinaus und sah, wie die Arbeiter zu Mittag aßen. Sie hatten ein Feuer angefacht und saßen auf einem Brett zwischen zwei Fässern. Sie aßen und rauchten und zerschnitten belegte Brote. Ich habe das undeutliche Gefühl, daß es einen verrückt machen könnte.

19. März. Träumte von Neuseeland. Herrlich.

20. März. Träumte wieder von Neuseeland – einen der schmerzlichen Träume, in denen ich dort bin und nicht weiß, ob ich eine Rückfahrkarte besitze.

21. März. Reiste mit zwei braunen Frauen. Die eine hatte einen Korb voll Vogelmiere am Arm, die andere einen Korb voll Narzissen. Beide trugen Säuglinge, die sie irgendwie mit einem zerrissenen Schal an sich gebunden hatten. Saubere, magere Frauen mit gekämmten, geflochtenen Haaren. Sie saßen einander im Autobus gegenüber und schwatzten. Dann nahm eine von ihnen ein Stück Brot aus der Tasche und reichte es dem Säugling, während die andere ihr Mieder öffnete und das Kind an ihre Brust legte. Sie saßen da mit wiegenden Knien und warfen scharfe Blicke auf die Mitreisenden. Sie sahen geschäftig und gleichgültig aus.

22. März. War in der Albert Hall mit Beatrice Campbell. Ein schlechtes, langweiliges Konzert. Aber die ganze Zeit dachte ich, daß ich am liebsten in Gesellschaft musikalischer Menschen bin, und daß sie wirklich zu mir gehören. Ein (meilenweit entfernter) Violinist neigte den Kopf. Er trug sein Haar wie G.[1], und deshalb kam mir wahrscheinlich der Gedanke. Ich sollte wunderbar darüber schreiben können.

23. März. Wenn ich allein bin, so bin ich immer auf eine mehr

[1] Garnet Trowell.

oder weniger aktive Weise unglücklich. Niemand weiß oder kann wissen, welche Last L. M. für mich ist. Sie zieht mich ganz einfach hinab und sitzt dann auf mir, ruhig und blaß. Die tiefste Ursache meines Glücks in Paris war der Umstand, daß ich vor ihr sicher war. Wenn J. nicht wäre, würde ich ganz allein leben. Es regnet; ich bin erkältet, und das Feuer ist ausgegangen. Draußen piepsen Spatzen wie Hühner. O Himmel, an welch' andere Szene erinnert mich der Lärm! Die warme Sonne und die winzigen gelben Bälle, die auf dem Grase herumtrippeln, und Sheehan[1], der mir das kleinste Küken, in einen Flanellappen gewickelt, überreicht, damit ich es zum Küchenfeuer trage.

24. März. Der Geburtstag meiner Mutter. Ich wachte um zwei Uhr auf, erhob mich und setzte mich auf den Fenstersims und dachte über sie nach. Ich würde sie so gern wiedersehen und die kleine Falte zwischen ihren Augenbrauen, und ihre Stimme hören. Aber ich glaube nicht, daß ich sie wiedersehen werde. Meine Erinnerung an sie ist so vollkommen, daß ich nicht glaube, daß sie gestört werden wird.[2]

Die P's waren gestern zum Abendessen bei uns. Sie sind ehrenwert und angenehm, aber Frau P. ist eine Last, und P. macht mich *alt.* Er mag nur das, was ich einmal gewesen bin, und mein »normales«. Ich betrachte es als abnormal ruhig und etwas leblos. Ich will die beiden nicht mehr sehen. Gottseidank haben wir heute ein wenig Sonne.

Heute abend war der Fluß niedrig und die kleinen Mauern und Türme und Kamine am andern Ufer schwarz auf dem nächtlichen Hintergrund. Ich denke stets an *Paris* und an *Geld. Mein* ganzer Frühling liegt in den Sonnenuntergängen.

---

[1] Patrick Sheehan war Gärtner und Kutscher in Chesney Wold, dem Landsitz von Katherines Vater in Karori, Neuseeland. Er ist das Vorbild für Pat in »Prelude«.

[2] Sie wurde nicht gestört, Katherine sah ihre Mutter nie wieder.

25. März. Ida und ich waren heute viele Meilen unterwegs. Wir saßen in einem Autobus und plauderten, und hin und wieder, wenn ich aufschaute, kamen wir an Plätzen vorüber, wo die Schmetterling-Blätter sich eben zum Flug bereit machten. Wir trafen uns in der Nähe der Orte, die wir früher so oft besucht hatten – Queen Anne Street – und ergingen uns in einer der kurzen Gassen und Durchgänge, die wir so gut kennen – Seite an Seite, plaudernd. »Laß mich deinen Schleier binden«, und ich bleibe stehen; sie bindet ihn und wir gehen weiter. Im persischen Laden lehnte sie sich an einen rot und schwarzen Seidenvorhang. Sie war sehr blaß, und ihr schwarzer Hut sah enorm aus, und sie wollte unbedingt »diese Dinge« für mich kaufen – »fühle, wie weich sie sind«, und sie lächelte und sprach ganz atemlos vor Müdigkeit.

26. März. Neumond, sechs Uhr neun, abends. (Ich habe ihn jedoch nicht gesehen.) Ida und ich nahmen die Straßenbahn nach Clapham. Sie ging gegen neun Uhr, nachdem sie mich angezogen hatte. Wenn ihre Hände mich loslassen, komme ich mir vor wie mit Kränzen behängt. Ein dummer, unwirklicher Abend bei Miss R. Hübsche Räume und hübsche Leute, hübscher Kaffee und Zigaretten aus einer Silberschachtel. Eine Art unechter Meredith-Atmosphäre über allem. Amber Reeves hat ein keckes, hübsches Gesicht – und das war alles. Ich war unglücklich. Ich habe »bezaubernden« Damen nichts zu sagen. Ich komme mir vor wie eine Katze unter Tigern. Als man die Damen allein ließ, sprachen sie von Gespenstern und vom Kindbett. Ich bin todunglücklich unter ihnen allen – und das Schweigen …

27. März. J.'s öffentliches Examen. Er weinte fast, als er fortging, weil er vergessen hatte, die dringende Arbeit, die ihn gestern den ganzen Tag beschäftigt hatte, zur Post zu geben. Ich warte auf Ida. Sie hat sich sehr verspätet. Alles ist in

einem Zustand der Erwartung – sogar die Vögel und die Kamine. *Insgeheim* Angst.
Im letzten Augenblick sagte Ida nicht einmal Auf Wiedersehen, sondern rannte einfach davon. Ich ging einige enge Straßen hinunter; große Regentropfen fielen. Ich kam an ein paar Lagerhäusern vorbei, und der köstliche Geruch von frischem Holz und Stroh erinnerte mich an Wellington. Ich konnte mir beinahe ein Sägewerk vorstellen. Abends die Campbells und der kleine Papagei, der auf einem Draht hin und her wippte.

28. März. Ordnete meine Kleider. Die Krokusblüten im Battersea-Park erinnerten mich an den Herbst in Bayern. Der Boden ist noch naß, und es sieht aus, als ob der Winter vorbei wäre – langes grünes Gras zwischen den zertretenen Blumen. Vögel sehen viel wilder aus als die wildesten Tiere. Ich denke an einen Wald voll *wilder* Vögel . . . Ich möchte allein sein. Die *Magnolia conspicua* schlägt aus.

29. März. J. würde mich als wirklich wichtig betrachten, wenn ich Pfunde, Schillinge und Pence heimbrächte. Er findet, daß er bei weitem die erste Geige spielt. Wie gerne würde er damit angeben, was ich mit einem Theaterstück verdiene. Darum werde ich heute anfangen, eines zu schreiben. Und ich werde Blut schwitzen, bis ich es zustandegebracht habe. Ein abscheulicher Tag.

30. März. »Ich befürchte, Sie sind zu psychologisch, Mr. Temple«.[1] Dann ging ich aus und kaufte den Speck.

31. März. Ein strahlend schöner Morgen, aber da ich weiß, daß ich ausgehen muß, um den Scheck einzulösen und die

---

[1] Anspielung auf Maurice Temple, eine Figur aus dem Roman *Still Life*, an dem Murry damals schrieb.

Rechnungen zu zahlen, kann ich nicht arbeiten und bin unglücklich. Das Leben ist hassenswert, kein Zweifel. Als G. [Gordon Campbell] und J. im Park von körperlichem Wohlbefinden redeten, und wie sie sich noch immer auf »parties« freuen könnten, hätte ich beinahe gestöhnt. Und ich bin sicher, daß J. in angenehmer Gesellschaft viel Vergnügen finden könnte. Ich nicht. Ich bin fertig damit, und jetzt kann ich damit überhaupt nichts anfangen. Ich würde mich soviel lieber müßig über das Brückengeländer lehnen und den Booten zuschauen und den freien, ungewöhnlichen Menschen und spüren, wie der Wind bläst. Nein, ich hasse die Gesellschaft. Die Idee, ein Theaterstück zu schreiben, kommt mir heute ganz blödsinnig vor.

1. April. Verbrachte noch einen schrecklichen Tag. Nichts hilft oder könnte mir helfen, außer einem Menschen, der erraten könnte, was in mir vorgeht. Und J. ist viel zu sehr von seinen eigenen Angelegenheiten in Anspruch genommen, der liebe Arme, als daß er es jemals könnte. Auch spielen die Menschen in seiner Nähe psychologisch gesehen für ihn keine Rolle. Solange man sich nicht direkt mit ihm beschäftigt oder sich gegen ihn richtet, bleibt er völlig unbeteiligt und ohne den geringsten Argwohn. Sehr normal, aber einsam, und schwer verständlich für mich. Sah Campbell und sprach von Pfunden, Schillingen und Pence. Ging spazieren und fand einigen Trost bei ein paar Kindern und dem Rauschen des Wassers wie von steigenden Wellen.

2. April. Ich fange wieder an, schlecht zu schlafen, und ich habe mich entschlossen, alles, was ich geschrieben habe, zu zerreißen und neu anzufangen. Das ist sicher am besten. Dieses Elend hält an und macht mich so müde. Könnte ich bloß auch nur für *einen* Tag mit meiner früheren Geläufigkeit schreiben, so wäre der Bann gebrochen. Es ist die beständige Anstrengung – die langsame Entwicklung meiner Idee und dann ihre langsame Auflösung, die sich vor meinen Augen und ohne daß ich darauf Einfluß haben könnte, vollzieht.

3. April. Machte heute abend einen Spaziergang am Fluß und schaute den Booten zu. Zwei von ihnen hatten rote Segel und eines weiße. Die Bäume schlagen in diesem warmen Wetter so schnell aus, daß man fast zuschauen kann – große, weiße Knospen wie Vögel an den Kastanienbäumen, und runde Bäume mit einem Anflug von Grün. Die Welt ist über alle Maßen lieblich. Mein Brief an L. M. war eine große Anstrengung. Sie schien irgendwie nicht mehr »im Rennen« zu sein. Aber so geht es uns allen. Ein wahres Grauen vor Menschen überkommt mich. Ich könnte sie nicht *ertragen.* Ich wäre froh, wenn ich auf einem Hausboot leben könnte, mit Jack als meinem Ehemann und einem kleinen Jungen als Sohn.

4. April. Zu meiner großen Erleichterung trug ich heute morgen einen moralischen Sieg davon. Ging aus mit der Absicht, 2s. 11d. auszugeben, und tat es nicht. Abgesehen davon habe ich einen gräßlichen Tag verbracht. Schrecklich einsam. Ich kann jetzt wirklich nur etwas Satirisches schreiben. Wenn ich versuche, die Dinge schön zu finden, werde ich kitschig. Und gleichzeitig habe ich solche Angst davor, statt etwas Satirischem etwas Spöttisches zu schreiben, daß ich mit meiner Feder in der Luft hänge und sie sich nicht dazu finden will. Abendessen mit den Campbells und Drey. Danach ins Café Royal. Die Schafe blökten, und wir ließen eine schwache Gegenstimme vernehmen. Sah eine Schlägerei. Die Frau mit dem Rücken zu mir – die Arme in den Ellbogen scharf angewinkelt, den Kopf vorgestreckt wie ein großer Vogel. D. hatte Angst.

5. April. Kein Vogel sitzt stolzer auf einem Zweig als eine Taube. Sie sieht aus, als wäre sie dort von Gott hingesetzt worden. Der Himmel war seidenblau und weiß, und die

Sonne schien durch die kleinen Blätter hindurch. Aber die verwachsenen mageren Kinder ließen mich Gott etwas weniger liebhaben. Als ich gestern abend versuchte, mich Jack verständlich zu machen, und merkte, wie ungläubig er ist, wurde mir mehr denn je bewußt, wie sehr ich ihn liebe. Nicht daß ich ihn so haben möchte, und manchmal sich selbst zum Trotz, ist er wirklich mein Kamerad. Ich liebe ihn tief innerlich.

6. April. Ich ging aus mit J., auf der Suche nach einem Laden; aber statt dessen gelangten wir zum Swan Walk und darüber hinaus und beschauten uns die hübschen Häuser mit den blühenden Birnbäumen in den Gärten, den grünen Geländern und schön geschnitzten Gartentoren. Ich hätte sehr gern ein kleines Haus. Ich glaube fast, dieses hier ist verhext. Auf jeden Fall ist C. darin eingebettet wie ein Fettklumpen, und wenn es dunkelt, beginnt es in der Küche zu kribbeln und zu krabbeln. Mein Kopf ist voll von Stickereien, aber es ist kein Stoff da, um sie zusammenzuhalten oder zu festigen. Ein dummer Zustand! L. M. scheint einfach dahinzuschwinden. Ich kann mir kaum mehr vorstellen, wie sie wirklich aussieht: subjektiv gesprochen ist sie die gleiche geblieben.

7. April. Heute abend öffneten sich die Himmel zum Sonnenuntergang. Als ich glaubte, der Tag sei verschlossen und versiegelt, erfolgte eine Explosion himmlisch glänzender Blumenblätter ... Ich saß an dem mit Regen bespritzten Fenster und schaute hinaus, bis jenes harte Ding in meiner Brust dahinschmolz und sich in einen winzigen Brunnen verwandelte, murmelnd wie ehedem, und ich trank den Himmel und das Flüstern. Wer soll nun entscheiden zwischen den beiden Möglichkeiten. »Laß es bleiben« und »Erzwinge es«? J. glaubt an die Peitsche: Er sagt, sein Streitroß habe Kraft genug, aber es sei zu faul und scheue zurück vor einer bevorstehenden Reise. Ich für meinen Teil habe das Gefühl, daß ich, wenn meines nicht freiwillig galoppieren und tanzen will, überhaupt nicht reite, sondern nur an seinem Schweif hänge. Zum Beispiel heute ... Heute abend schlagen seine Hufe Funken.

Um diese Zeit zogen Katherine und J. M. M. um, in zwei ziemlich unwohnliche Zimmer im obersten Stockwerk eines Hauses in Edith Grove, Chelsea, wo beide an Brustfellentzündung erkrankten. Im Juli kehrten D. H. Lawrence und seine Frau Frieda aus Italien nach London zurück. Sie waren entrüstet darüber, daß Murry Katherine in derart niederdrückenden Verhältnissen leben ließ. So machten sie sich denn auf die Suche nach etwas Besserem. Sie fanden auch ein paar reizende Zimmer in der Arthur Street, wurden jedoch durch Ungeziefer daraus vertrieben. Mitte Juli mieteten sie für vierzehn Tage ein möbliertes Häuschen in Udimore bei Rye[1]. Das Gedicht »Deaf House Agent« berichtet von einem ihrer Versuche, in dieser Gegend ein billiges Häuschen zu finden.

Mai. Heute ist Sonntag. Es regnet ein wenig, und die Vögel piepen. Küchengeruch liegt in der Luft, und ein Geräusch, wie wenn Kohl gehackt würde.
O, wenn ich nur etwas feiern und etwas schreiben könnte. Ich sehne mich von ganzem Herzen danach, aber die Worte wollen einfach nicht kommen. Sonderbar. Und doch, wenn ich etwas lese, wie zum Beispiel Gorki, bin ich mir bewußt, wie überlegen ich ihnen allen bin ...

Deaf House Agent.
That deaf old man
With his hand to his ear.
His hand to his head stood out like a shell,
Horny and hollow. He said: ›I can't hear.‹
He muttered: ›Don't shout!
I can hear very well!‹
He mumbled: ›I can't catch a word.

[1] Städtchen in der Grafschaft Sussex.

I can't follow.‹
Then Jack, with a voice like a Protestant bell,
Roared: ›Particulars. Farmhouse. At ten quid a year.‹
›I dunno what place you are talking about‹,
Said the deaf old man.
Said Jack: ›What the HELL!‹

Aber der schwerhörige alte Mann nahm eine Nadel aus seinem Pult, zog damit einen Wattebausch von der Größe eines Hühnereis aus seinem Ohr, betrachtete ihn aufmerksam, fand ihn zufriedenstellend und steckte ihn wieder in das erwähnte Organ. (Juli)

An die Schönheit. Warum solltest du heute abend kommen, wo es so kalt und grau ist, wo die Wolken schwer und die Bienen in ihrem Flug behindert sind?

17. August. Ich kann einfach nicht verstehen, daß es eine Zeit gab, da ich mir etwas aus Turgenjew machte. So ein Poseur! So ein Heuchler! Es ist wahr, er war wunderbar talentiert, aber ich behaupte, daß »Vorabend« eine sehr gute Filmkomödie abgegeben hätte.

30. August. Ich glaube, morgen fahren wir nach Cornwall; ich habe mein Tagebuch wieder gelesen. Sag mir, gibt es einen Gott? Ich traue Jack nicht. Ich bin alt, heute abend. Ach, ich wünschte, ich hätte einen Liebhaber, der mich [unleserlich] lieben, festhalten, trösten und mich am Denken hindern würde.

Nachdem sie vierzehn Tage in einem möblierten Cottage in Cornwall verbracht hatten, mieteten J.M.M. und Katherine im September ein feuchtes, häßliches Häuschen für fünf Schilling die Woche in The Lee, bei Missenden, Buckinghamshire, anderthalb Meilen entfernt von den in Cholesbury wohnenden Lawrences.

3. November. Heute abend ist Vollmond, und wie! Von der Eingangstür aus sieht man ein großes Feld mit weißen Rüben und dahinter einen stachligen Wald mit roten Lichtstreifen am Horizont. Von der Hintertür aus sieht man einen alten Baum mit noch einem oder zwei Blättern und einen in den Zweigen sitzenden Mond. Ich bin tief glücklich und frei. Colette Willy[1] ist in meinen Gedanken heute abend. Ich fühle mich in meinem alten Selbst erwachen, und ich strecke mich, strecke mich, bis ich auf den Fußspitzen stehe, voll glücklicher Freude. Ist es wirklich so, daß man sich erneuern *kann?* Lieber, lieber Samuel Butler! Du wirst sehen, du wirst stolz sein auf mich. Morgen, so um zehn Uhr dreißig, fange ich an.

15. November. Es ist sehr still. Ich habe *L'Entrave* nochmals gelesen. Colette ist wahrscheinlich die einzige Frau in Frankreich, die gerade so etwas schreibt. Im Augenblick gebe ich überhaupt nichts auf jemand anders. Aber das Buch, das geschrieben werden sollte, ist noch ungeschrieben. Ich kann mich nicht hinsetzen und losschießen wie Jack.

16. November. Ein Brief von F.[2] Ich hatte ihn nicht erwartet, aber als er kam, schien er ganz unvermeidlich – die Handschrift, die Art und Weise, wie die Buchstaben geformt sind, sein Vertrauen, sein warmes, sinnenfrohes Leben. Ich wollte, er wäre mein Freund; er steht *mir* sehr nahe. Seine Persönlichkeit drückt sich in seinen Briefen an J. deutlich aus, und ich hätte Lust zu lachen und auf die Straße zu rennen.

Dezember. Ich habe Jack nichts gesagt, daß ich wieder von

[1] Die fünf Jahre ältere französische Schriftstellerin Colette.
[2] Ein Brief von Francis Carco an Murry.

Francis Nachricht erhalten habe. In Wirklichkeit interessiert das Jack nicht sehr. Als ich ihm nach jenem Streit einen Brief zeigte, der mir einen richtigen Schock versetzt hatte, hielt er das für einen Scherz und glaubte nicht, daß es ein Liebesbrief war. Ich kam zu dem Schluß, daß ich mich lächerlich gemacht hatte, als ich mit den Worten »Quelqu'un m'a donné ça« zu ihm ging. Und so hielt ich an mich, obwohl es mir schwergefallen ist.

F. wird möglicherweise Besançon bald verlassen, um an die Front zu gehen, wie er mir mitgeteilt hat, und er sagte: »Je vous aime chaque jour davantage«; und er sagte, daß er mich während der ganzen Zeit, als wir in Paris waren, geliebt habe. Nun, so denkt er *jetzt*. Und daß er in einer Hütte am Rand der Welt leben möchte, wohin niemals jemand käme, und daß er zu gewissen Zeiten von einem schrecklichen Gefühl der Leere überfallen werde. Er möchte auf der Straße liegen und die Welt über sich rollen lassen, »et quand je m'endors, je vous prends dans mes bras – et j'éprouve une tristesse affreuse« – und noch viel mehr. Einen Tag nach diesem Brief schickte er mir einen andern . . . »Chère Katherine, je ne veux que vous. Vous êtes et vous serez toute ma vie. Je suis . . .« [Die Einzelseite endet unvermittelt an diesem Punkt.]

18. Dezember. Dies bringt mich zu einem Entschluß – dies macht mich frei. Ich mag dieses Spiel nicht länger spielen. Ich habe die Situation geschaffen. Nun gut, so werde ich das andere mit *mäßiger* Sorgfalt tun, und bevor es zu spät ist. Das ist alles. Ich habe ihm gegenüber gefühlt wie ein Mädchen. Ich habe geliebt, geliebt wie jedes Mädchen – aber ich bin kein Mädchen, und diese Gefühle sind nicht meine. Für ihn bin ich kaum mehr als eine Befriedigung und eine Bequemlichkeit. Natürlich kennt mich G. [Gordon Campbell] nicht durch ihn. Er kennt mich selber nicht – oder will mich nicht kennen. Ich gebe nach, das stimmt. Aber ich bin nicht Colette,

nicht einmal Lesley [Ida Baker, L. M.]. Jack, Jack, wir werden nicht beieinander bleiben. Ich weiß das so gut wie du. Habe keine Angst, mich zu verletzen. Was wir beide ausmerzen müssen – ist mein *du* und dein *ich*. Das ist alles. Wir wollen es in aller Freundschaft tun, und wir wollen im gleichen Wagen zum Begräbnis fahren und uns über dem neuen Grab fest die Hände reichen und lächeln und einander Glück wünschen. Ich kann es. Und du kannst es auch. Ja, ich habe schon jetzt Abschied von dir genommen.
Liebster, es ist schön gewesen. Wir werden niemals vergessen – nein, niemals. Lebewohl! Wenn ich dich einmal verlassen habe, werde ich weiter entfernt sein, als du dir vorstellen kannst. Ich sehe schon, wie du und G. zusammen über die außerordentlich *lange Zeit* sprecht, die es gedauert hat. Aber dann bin ich weit weg, und anders als du denkst.

28. Dezember. Das Jahr ist fast vorbei. Schnee ist gefallen, und alles ist weiß. Es ist sehr kalt. Ich habe meinen Schreibtisch in die Ecke geschoben. Vielleicht kann ich hier besser schreiben. Ja, dies ist ein guter Platz für den Schreibtisch, denn ich kann nicht aus dem dummen Fenster gucken. Ich bin ganz für mich. Die Lampe steht an einer Ecke und *in* der Ecke. Ihr Licht fällt auf den gelb-und-grünen indischen Vorhang und auf den Streifen roter Stickerei. Der einsame Wind atmet kaum. Ich liebe es, die Augen für einen Augenblick zu schließen und an das Land da draußen zu denken, weiß unter Schnee und Mondlicht – weiße Bäume, weiße Felder – die Steinhaufen am Straßenrand weiß – Schnee in den Furchen. *Mon Dieu!* Wie still und wie geduldig! Wenn er käme, könnte ich nicht einmal seine Schritte hören.

1915

1. Januar. Was für ein miserables kleines Tagebuch! Aber ich bin entschlossen, es auch in diesem Jahr zu führen. Wir haben das Alte Jahr verabschiedet und das Neue Jahr begrüßt. Eine schöne Nacht, blau und golden. Die Kirchenglocken läuteten. Ich ging in den Garten und öffnete das Tor – und wäre beinahe einfach fortgelaufen. J. stand am Fenster und drückte eine Orange in einer Tasse Tee aus. Der Schatten des Rosenstrauches lag auf dem Gras wie ein winziges Bukett. Mond und Tau hatten auf alles einen Glitzerschmuck gelegt. Aber gerade um Mitternacht glaubte ich Schritte auf der Straße zu hören; ich erschrak und rannte ins Haus zurück. Aber niemand ging vorüber. J. sagte, ich benähme mich wie ein kleines Kind. L. M. stand vor meinem inneren Auge, mit fliegenden Haaren, sehr blaß, mit dunklen, erschreckten Augen. Und ich dachte an Francis. »Déjà dans la petite pièce de l'hôtel de Cluny j'étais sûr de vous être attaché«, und dann »je suis jaloux de vous comme un avare.« Ich wohne in Hörweite eines rauschenden Flusses, den nur ich hören kann. Ein merkwürdiges Leben . . . wirklicher als dieses dreijährige Idyll – natürlicher und näher an dem, was ich glaube zu sein.

Ich habe zwei Wünsche für dieses Jahr: zu schreiben und Geld zu verdienen. Überlege einmal. Wenn wir Geld hätten, könnten wir nach Belieben kommen und gehen, könnten ein Zimmer in London haben, könnten frei sein und unabhängig und auf Menschen, die nichts sind, herabsehen. Es ist nur die Armut, die uns so beengt. Nun denn, J. will kein Geld und will keines verdienen. Also muß ich es tun. Wie? Vor allem, schreibe dieses Buch fertig. Das ist ein Anfang. Bis wann? Bis Ende Januar. Wenn du das tust, bist du gerettet. Wenn ich Tag und Nacht schreiben würde, könnte ich es fertigbringen. Jawohl!

Ich fühle, wie das neue Leben näherkommt! Ich glaube, so

wie ich immer geglaubt habe. Ja, es wird kommen. Alles wird gut werden.
Später. Nach London. Es regnete und war sehr kalt. Ich gab meinen Brief an der Hauptpost auf. Sah Koteliansky. Die Situation war sehr gut für eine irgendwann zu schreibende Kurzgeschichte. Ich war niedergeschlagen und inquiète à cause de ses ... Habe kaum geschlafen und träumte einen schrecklichen Traum von Mutter. J. las mir aus seinem Buch vor. Er muß sich hüten vor einer Art melodramatischer, intellektueller Sentimentalität.

2. Januar. Scheußlicher Morgen und Nachmittag. *Je me sens incapable de tout,* und dann schreibe ich eben *nicht* gerade sehr gut.
Morgen muß ich meine Geschichte beendigen. Ich sollte den ganzen Tag daran arbeiten – ja, den ganzen Tag und bis in die Nacht, wenn nötig. Ein abscheulicher Tag. *J'ai envie de prier le bon Dieu comme le vieux père Tolstoi.* O Gott, mache morgen aus mir einen besseren Menschen. *Le cœur me monte aux lèvres d'un goût de sang. Je me déteste aujourd'hui.* Speiste bei den Lawrences, und wir sprachen über die Insel. Der Plan ist ganz realistisch[1], aber ein Teil von mir ist blind dafür. Vor sechs Monaten hätte ich den Vorschlag mit Freuden angenommen.
Was ich in der letzten Zeit hauptsächlich empfinde, ist, daß ich alt werde. Ich fühle mich nicht mehr als Mädchen, auch nicht als junge Frau. Ich habe das Gefühl, daß meine Blütezeit weit hinter mir liegt. Manchmal ist meine Todesfurcht schrecklich. Ich fühle mich soviel älter als J., und ich bin sicher, daß er es auch merkt. Früher hat er das nie getan, aber jetzt spricht er mit mir oft wie ein junger Mann mit einer älteren Frau. Nun, es ist vielleicht gut so.

---

[1] Ein Plan von D. H. Lawrence, mit seinen Freunden auf einer fernen Insel eine Art kollektivistischer Kolonie zu gründen.

3. Januar. Ein kalter, häßlicher Tag. Bald nach zwei Uhr wird es dunkel. Ich verbrachte ihn mit Schreibversuchen und indem ich von meinem Zimmer in die Küche rannte. Es wurde mir den ganzen Tag nicht richtig warm. Der Tag schien endlos. Am Abend las ich, und im Bett las ich mit J. viele Gedichte. Wenn ich allein leben würde, wäre ich sehr abhängig von der Poesie. Sprach mit J. über den Inselplan. Für mich ist er zu spät gekommen.

4. Januar. Erwachte früh und erblickte einen schneebeladenen Zweig quer vor dem Fenster. Es ist kalt, Schnee ist gefallen, und jetzt taut es. Die Hecken und Bäume sind mit Wassertropfen bedeckt. Es ist sehr dunkel, und von irgendwo weht ein Wind. Ich sehne mich danach, für eine Weile allein zu sein.
Ich gelobe, in diesem Monat ein Buch zu beendigen. Ich werde den ganzen Tag und wenn nötig die ganze Nacht schreiben und es fertig machen. Ich *schwöre* es. Ich sagte es J., und er hat mich *verstanden.* Aber ich begann nicht gleich an jenem Abend, denn wir liebten uns, und um Mitternacht war ich todmüde und was Anatole[1] sèche nennt. Träumte von Lilian Shelleys Beinen.

5. Januar. Sah den Sonnenaufgang. Schöner, aprikosenfarbener Himmel mit Flammen darin und dann ein feierliches Rosa. Guter Gott, wie herrlich! Ich hörte ein Klopfen und ging hinunter. Es war Benny, der den Efeu beschnitt. Auf dem Pfad lagen die hinuntergefallenen Nester – Büschel aus Heu und Federn. Er sah selber aus wie ein Efeubusch. Ich machte Tee und trug ihn hinauf zu J., der halbwach dalag und blinzelte. Ich fühle mich heute voller Liebe – nachdem ich den Sonnenaufgang gesehen habe.

---

[1] Anatole France?

Abend. Habe ziemlich viel geschrieben. Er ist mir heute sehr nahe. Ich nehme an, daß er meinen Brief erhalten hat, denn ich zittere bei dem Gedanken an ihn.

6. Januar. Ein Brief, vielmehr zwei. Wir gingen nach London. Ich nahm die Briefe mit mir. Er hat mich den ganzen Tag lang verfolgt. Ich habe den ganzen Tag alles für ihn und mit ihm gesehen. Als ich abends oben in einem Bus zum Piccadilly fuhr, wäre ich beinahe aufgestanden und hätte seinen Namen gerufen. Ich sehnte mich derart nach ihm, aber ich wage nicht, meine Gedanken so weit voranzutreiben, wie sie gehen möchten. Habe mir die Haare waschen und die Hände maniküren lassen. Ging ins Hippodrome[1]. Das einzig Sehenswerte war das Publikum – die Köpfe und Hände. Im Dunkel schienen sie so nebelhaft, so unfehlbar in der Bewegung. Sah eine Pantomime. Sehr interessant. Begann über die Pantomimen-Tradition nachzudenken. Würde gern darüber schreiben. Ließ mich für ihn photographieren.

7. Januar. Am Vormittag draußen mit J. Ein nasser Tag. Am Nachmittag sah ich einen Film. Tee mit Kot[eliansky] im Russischen Anwaltsbüro. Er war still und unglücklich. Er schnitt sich in den Finger. Es war etwas Hoffnungsloses, Verzweifeltes an ihm. Jack saß da und zupfte an seinen Fingern. Auf dem Nachhauseweg im Wagen legte er seine Hand in meinen Muff, und der *andere* war zwischen uns. Ich fing an, von Liebe zu reden. Wie vernünftig Jack war! Ja, ich liebe ihn, aber mein Herz sagt die ganze Zeit »Zu spät! Zu spät! Adieu!« Ich weiß, daß ich gehen werde. Wieder habe ich den ganzen Tag an ihn gedacht. Mrs. Hearn hat das Haus sauber und hübsch gemacht. Träumte von L. M.

8. Januar. Erhielt einen Brief von L. M. Sie ist krank gewe-

---

[1] Bekannte »Music Hall« in London.

sen. Auch von Mutter hatte ich heute morgen einen Brief. (O Gott, ein Zug fährt vorüber!) Werde die ganze Nacht aufbleiben und arbeiten. Es ist windig, dunkel, seelenloses, sonnenloses Wetter. Er ist wie ein Gift in meinem Blut. J. und ich liebten uns in meinem Zimmer nach dem Abendessen. Ich habe ihn beinahe »in seiner Männlichkeit getroffen«[1], indem ich von F. sprach. Nachher arbeitete ich und verschwendete Zeit und ging unglücklich zu Bett. Es war schrecklich kalt. J. unterbrach mich den ganzen Tag in meiner Arbeit. Ich habe praktisch nichts getan. Schrieb und sandte eine Strähne meines Haares.

9. Januar. J. ist in die Stadt gefahren. Ich arbeitete ein wenig und machte Jagd auf die Hühner. Eine braune Henne wollte und wollte nicht aus dem Garten. Als sie schon lange *wußte*, daß kein Loch im Drahtzaun war, rannte sie immer noch auf und ab. Ich darf das nicht vergessen und auch nicht, wie kalt es war und wie schmutzig meine dünnen Schuhe waren. Am Abend Lawrence und Koteliansky. Sie sprachen über Zukunftspläne; aber ich stand der ganzen Sache *sehr* gleichgültig gegenüber. Nachdem sie gegangen waren, lagen Jack und ich tief verliebt, seltsam verliebt, im Bett. Alles war klar zwischen uns. Es war wunderbar. Wir gaben einander auf seltsame Weise unsere Freiheit zurück. Ich sehnte mich so danach, Jack zu küssen und zu sagen »Lebewohl, Liebster!« Warum, weiß ich nicht genau. Ich preßte seine Wange an die meine, und er kam sich klein vor, und ich fühlte Liebesschmerz. Dann sagte ich plötzlich: »An was denkst du?«, und er sagte: »Ich dachte, du wärst fortgegangen, und Campbell und Frieda wären gekommen, es mir zu sagen«, und ich war gar nicht bestürzt oder erstaunt. (Als Lawrence zufällig heute

---

[1] »cut across his line of male«, ein von D. H. Lawrence häufig gebrauchter Ausdruck.

abend den Namen von F. erwähnte, fühlte ich einen Stich wie von einem Messer.)

10. Januar. Windig und dunkel. Am Morgen plötzlich Frieda. Sie hatte sich mit Lawrence gestritten. Sie langweilte mich zu Tode. Am Abend gingen wir zu Lawrence hinüber und ließen sie hier zurück. Es war eine warme Nacht, große Regentropfen fielen. Ich hatte nichts gegen das Hingehen, aber das Zurückkommen war scheußlich. Ich fühlte mich nicht wohl und war müde, und mein Herz schlug unregelmäßig. Aber wir sangen ein Lied, um nicht schlappzumachen. Der Regen spritzte mir bis an die Knie, und ich hatte Angst. L. war nett, sehr nett, saß da, mit einer Schnur in der Hand, und verbreitete sich über den wahren Sex.

11. Januar. Kein Brief. Ich hatte einen erwartet. Ich stand auf im Dunkeln, um auf die kleine Magd zu warten und auf die Morgendämmerung. Es war jedoch nicht viel los damit. Ich bin elend. Der Tag ist hell und leuchtend. O Gott, mein Gott, laß mich arbeiten!
O Verschwendung!

12. Januar. Stritt mich mit J. im Bett. Ein mit Bleistift geschriebener *Brief*, als er bis auf die Haut durchnäßt war. Ich habe ihm heute eine Antwort geschickt – das heißt geschrieben. Jetzt kann ich weitermachen. Ich bin entschlossen, in Surrey Lodge eine Wohnung zu mieten. Bin heute im Zustand erhöhter Tugend gewesen, habe tatsächlich die Geschichte *Brave Love*[1] beendet, und ich weiß bis jetzt nicht einmal, was ich davon halten soll. Las sie J. vor, und er wußte es auch nicht. Heftige Kopfschmerzen, aber ziemlich glücklich.

---

[1] Von »Brave Love« sind nur die ersten Seiten erhalten geblieben. Aber 1972 gelang es Margaret Scott in Wellington, eine Fotokopie des ganzen Manuskripts zu entziffern, das im Besitz von Ida Baker gewesen war.

13. Januar. Schickte ihn ab. Von heute an hat J. sein eigenes Zimmer. Die Kohlen sind gekommen. Ich lege großen Wert darauf. (Bis jetzt ist mein kleines Dienstmädchen einfach ausgezeichnet.) Ein widerwärtiger, nebliger Tag mit kaltem Wind.

14. Januar. Ich erhielt einen Brief von F., in dem er mich bittet zu kommen – der wunderbarste Brief, den er mir jemals geschrieben hat. Ich nahm ihn mit nach London. Ich dachte den ganzen Tag an nichts anderes; es ermüdete und erfrischte mich, und dann war ich wieder müde. Sah Palliser und sah Gordon. Der Tag war viel zu kurz. Kaufte J. ein Banjo. Kam heim im Wagen. Ich stellte mir vor, er sei bei mir. Ja, ich war den ganzen Tag verliebt und auch in der Nacht, und todmüde. J. gab dem Banjo einen Fußtritt.

15. Januar. Bekam Nachricht von Lesley und Lawrence. Heute war es schlimmer. Es wehte ein fürchterlicher Wind. Der Himmel war wie Blei. Ich versuchte ihm zu schreiben, aber der Brief geriet außer Rand und Band, und ich konnte nicht. Und so erzählte ich J. *ein wenig* davon. Am Abend besuchten wir die Lawrences. Frieda war recht nett. Es fiel mir schwer, ihr nichts zu sagen, so schrecklich war mir zumute. Kam voller Gedanken und müde von Gedanken nach Hause, konnte jedoch nicht arbeiten, und so legte ich mich gleich schlafen und träumte von Neuseeland. Hatte Nachricht von Clayton.

16. Januar. Ein Brief. Er hat Besançon verlassen. O Gott, laß mich heute arbeiten. Ich muß noch heute schreiben und den Brief auf die Post bringen. Er hat mein Geld erhalten. Es regnet und windet wie gewohnt. Ein furchtbar niederdrükkender Tag. Meine Hände sind eiskalt. (Und jetzt ist Jack nach Chesham gegangen, und Rose hat den Brief zur Post gebracht.) Nun bin ich Gott sei Dank für eine kleine Weile allein. Ich kann schreiben. Aber was? Was gibt es zu sagen?

Nur irgendwie – ihm zu sagen, daß ich ihn liebe und daß ich sein bin fürs Leben. Mehr gibt es nicht zu sagen. Wenn ich aufhöre, ihn zu lieben, bevor das Jahr zu Ende geht, was soll ich dann mit seinem Buch tun? Ich denke nicht daran, es dann nicht mehr zu lieben. Ich meine, wenn unsere Liebe verwundet werden sollte, oder wenn er stürbe, oder vermißt wäre oder gefangen. Wenn ich daran denke, daß er an der Front ist, bin ich wie betäubt. Es hat überhaupt keinen Sinn für mich. Als wir auf den Tee warteten, kam Gordon – wir waren froh darüber. Als wir beide einen Augenblick allein waren, fragte Gordon nach ihm. Jack war in der Küche beim Kochen. Ich schämte mich bitterlich. Ging hinüber zu den Lawrences. Sie waren widerwärtig, geistlos und langweilig.

17. Januar. Ein schöner Tag. Ging spazieren und sah ein paar Regenpfeifer auf einem Feld. Aber der Wind war furchtbar. Ich hätte viele tausend Meilen gehen können. Gestern las ich Gordon »Brave Love« vor. Er machte mich sehr stolz auf meine Arbeit. Den ganzen Tag war ich fern von Jack mit dem andern. In der Nacht liebten wir uns in meinem Zimmer, und ich schloß für einen Augenblick die Augen, lehnte meine Wange an die seine und *träumte.* Es war furchtbar. Ich hatte das Gefühl, F. verraten zu haben, und konnte kaum schlafen. (Jack sagte mir alles über Queenie[1].)

18. Januar. MSS und Brief von Cook's. Es ist Morgen und eine neue Woche. Ich habe meine Arbeit zu tun. Ich bin sehr unglücklich. Das Leben scheint so armselig. Ich versuchte zu schreiben, aber es wurde zusammenhanglos und verträumt. Den ganzen Tag lang war ich voller Haß gegen England. Das ist – nach ihm – meine einzige Leidenschaft – Ekel vor England. Am Abend legten wir den Pelzteppich vor das Feuer, und ich versuchte, ganz umsonst, zu vergessen. Ich

[1] Eine Freundin aus Murrys Pariser Zeit.

erzählte Jack viel über ihn. Jack war eher belustigt als sonst etwas. Er sagte, er würde es Gordon erzählen!

19. Januar. Kein Brief. Der Morgen eine reine Verschwendung. Kam langsam, aber schlecht vorwärts mit *Cinema.*[1] Saß auf dem Diwan und *sah* mehr, als daß ich schrieb: und doch war alles besser. Die Lawrences zum Abendessen da. Sie kamen spät. Jack machte einen Rosinenpudding. Lawrence war anfänglich übelgelaunt, aber allmählich taute er auf. Wir sprachen vom Krieg und seinen Schrecken. Ich habe einfach das Gefühl gehabt, daß er über mich hereinbricht, über mich und meine unglückliche Liebe, und daß alles keinen Zweck hat. Habe ihm geschrieben, nur ein paar Worte. Jack war manchmal recht widerwärtig.

20. Januar. Draußen klopft ein Mann Steine. Der Tag ist sehr still. Manchmal raschelt ein Blatt und ein seltsamer Windstoß fegt am Fenster vorbei. Der alte Mann klopft und klopft, als ob da draußen ein Herz schlüge. Ich wartete heute auf die Post wie in alten Zeiten – aber es kam kein Brief.
Am Nachmittag erhob sich ein heftiger Sturm, aber wir gingen trotzdem zu den Cannans hinüber, aßen mit ihnen und den beiden Lawrences und den Smiths zu Abend und machten nachher ein Spielchen. Spät in der Nacht gingen wir zu den Lawrences, um dort zu übernachten; sehr unordentlich – Zeitungen und verwelkte Mistelzweige. Ich konnte fast überhaupt nicht schlafen, aber es war nett.

21. Januar. Ein stürmischer Tag. Heute morgen gingen wir zu Fuß heim. J. erzählte mir einen Traum. Wir stritten uns mehr oder weniger auf dem ganzen Heimweg. Es hat geregnet und geschneit und gehagelt, und der Wind bläst. Der Hund im Gasthof heult. In der Ferne spielt jemand auf

[1] Veröffentlicht unter dem Titel »Pictures«.

einem Waldhorn. Heute habe ich gelesen und genäht, aber kein Wort geschrieben. Ich möchte es heute abend nachholen. Es ist so sonderbar, still dazusitzen und zu nähen, während mein Herz keinen Augenblick still ist. Ich bin schrecklich müde in Kopf und Leib. Dieser traurige Ort bringt mich um. Ich lebe von alten, erfundenen Träumen; aber sie täuschen uns beide nicht.

Später. Ich bin unten im Wohnzimmer. Draußen heult der Wind, aber hier ist es so warm und angenehm. Es sieht aus wie in einem wirklichen Zimmer, in dem wirkliche Menschen gelebt haben. Mein Nähkorb steht auf dem Tisch; Jacks alte Hausschuhe stecken unter dem Bücherschrank. Der schwarze Lehnstuhl halb im Schatten sieht aus, als ob ein glücklicher Mensch sich darin gerekelt hätte. Wir hatten Hammelbraten mit Zwiebelsauce und Reispudding zum Abendessen. Das *klingt* gut. Ich habe mit einer Nadel Bänder durch meine Unterwäsche gezogen, nach guter alter Weise, wie zuhause. Aber mein angstvolles Herz zehrt an meinem Leib, an meinen Nerven, meinem Gehirn, bald langsam, bald mit rasender Schnelligkeit. Ich fühle, wie dieses Gift langsam in meine Adern dringt – wie jedes Teilchen langsam vergiftet wird. Ja, eine solche Liebe ist eine Krankheit, ein Fieber, ein Sturm. Sie gleicht dem Haß, es wird einem heiß dabei – und ich bin nie, niemals, auch nur für einen Augenblick ruhig. Ich erinnere mich, vor Jahren gesagt zu haben, daß ich einer jener glücklichen Menschen sein möchte, die nur bis zu einem gewissen Grad leiden können und dann zusammenbrechen oder erschöpft sind. Aber ich bin gerade das Gegenteil. Je mehr ich leide, eine um so brennendere Kraft fühle ich, es zu ertragen. Liebster! Liebster!

22. Januar. Kein Brief. Das Wetter schlechter denn je, mit einem Höhepunkt zur Teezeit, als ich mich selbst damit überraschte, daß ich zusammenbrach. Einen Augenblick lang war ich einfach von Angst überwältigt und ging nach oben und legte den Kopf auf das schwarze Kissen. Nachher betäubte ich mich bewußt mit Jack und machte es erträglicher, indem ich französisch sprach. Am Abend las ich und gab vor, zu schreiben, schrieb jedoch keine Zeile, die einen Pfennig wert gewesen wäre. Las *Jésus-la-Caille*[1] nochmals. Die Sehnsucht nach der Stadt verschlingt mich.

23. Januar. Kein Brief. Der alte Steinklopfer ist wieder da. Dichter weißer Nebel reicht bis zum Feldrand. Ich habe stundenlang auf die Post gewartet. [Später] Jack ging nach Chesham. Ich tat nichts. Nach dem Tee ging Rose aus und kam mit einem *Brief* und einem Foto zurück. Ich ging hier hinauf und fühlte, wie mein ganzer Körper sich ihm zuneigte, als ob die Sonne plötzlich das Zimmer überflutet hätte, warm und schön. Er nannte mich »ma petite chérie« – mein kleiner Liebling. O Gott, errette mich von diesem Krieg und laß uns einander bald sehen. Ich sprach mit Jack und spielte dabei mit den Fransen an seiner Lampe. Aber er wollte es überhaupt nicht ernst nehmen. Das Essen war gut – das Feuer brannte. Der Regen ließ nach. Später saß ich in der Ecke vor dem Feuer auf einem schwarzen Kissen und träumte. Sein Foto steckte ich in die Ecke des Landschaftsbildes [drei unleserliche Wörter] gegen eine Akazie, die Hände in den Taschen.

24. Januar. Wusch mir die Haare und arbeitete und las ein wenig. Am Abend kamen die Smiths – ein nettes kleines Paar, wenn nur nicht etwas an ihm mich an Bowden[2] erinnert hätte. Jack war nett zu ihnen. Sie waren Tausende von Meilen entfernt. Nachher sprach Jack mit mir von den früheren Tagen. Ja, es ist alles in der Vergangenheit. Es war ein regne-

---

[1] Roman von Francis Carco.
[2] Katherines erster Mann.

rischer, zwielichtiger Tag, ein dummer, spinnenhafter Tag, nicht wert, ihn zu erleben.

26. Januar. Nach London. Wir erfuhren, daß Beatrice Campbell angekommen war; und so beherbergte uns Drey. Seine Wohnung gefiel mir sehr. Zum Tee im Criterion mit Campbell und Drey. Ließ mir die Hände maniküren. Am Abend ins Oxford[1], sah Mary Lloyd, die sehr gut war. Schlief auf dem großen Diwan in Annes Zimmer. Nachmittags sehr neblig in London; aber die Erleichterung, dort zu sein, war einfach immens.

27. Januar. In die Chancery Lane mit J. Auf die Bank. Sah auf dem Strand einen Herrn in blauem Mantel, der einen Gang hatte wie F. Er geht mir nicht aus dem Sinn. Machte die Bekanntschaft einer Frau, die mit mir im Kino gewesen war – die blaßroten Rosen an ihrem Gürtel, tiefliegende schöne Augen, unordentliche Haare. Ich werde sie nicht vergessen. *Nein, nein,* sie war wunderbar.[2] Kot[eliansky] beim Lunch dabei im Dieppe-Café unter den singenden Kanarienvögeln. Sandte F. mein Bild. Aß mit Kot zu Abend und ging danach ins Pavilion. Mlle. Dewanter (?) sang. Sie ist ausgezeichnet.

28. Januar. Ein Brief. Er ist so unglücklich wie ich. Ich schrieb ihm an die neue Adresse. Ich las seinen Brief mehrmals und immer wieder, bis er ganz zerdrückt war. Bridget [K. M.s Katze] hat ihn halb aufgefressen. Dafür liebte ich sie. Ich saß auf dem Sofa und sah zu, wie ihre kleinen Pfoten den Brief zerknüllten, und ich fühlte, daß sie alles, was zwischen

---

[1] Oxford Music Hall; Mary Lloyd eine Schauspielerin.
[2] Sie ist wahrscheinlich das Vorbild für Miss Moss in der Erzählung »Pictures«.

uns war, verstand und uns köstlich fand. Ich ging essen und dann zum Chelsea Palace.[1]

29. Januar. Ein kalter Tag. Noch immer bei Drey. Sah mich den ganzen Vormittag nach Zimmern um, fand jedoch keine. Aß zu Mittag mit Jack, traf mich danach mit Drey und ging zu Curtis Brown [literarischer Agent]. Er war nett, aber ich fand mich so schrecklich häßlich, daß ich kein intelligentes Wort sagen konnte. Aber er ist mir sympathisch und auch die Frau dort. Danach wieder bei den Campbells. *Dadda! Hallo!* Sah Koteliansky am Bahnhof. Er war sehr lieb. Ich hänge ziemlich an ihm. Er brachte mir einen Rock, Zigaretten und Schokolade. [Zwei unleserliche Wörter] Haus mit Feuer und eine Fahrt in milchweißem Mondschein.

31. Januar. Jack fuhr zu Mary hinüber, um mein Buch zu holen. Ich las den ganzen Tag. Fühlte mich eher unwohl. Am Abend fing es zu regnen an, und der Wind war stürmisch. Wir sprachen über London. Jack versteht, daß ich dort leben möchte, und getrennt von ihm. Es ist wahr. Ich war den ganzen Tag unfähig zu schreiben, und ich las und rauchte und fühlte mich körperlich etwas krank und schrecklich häßlich. Ich werde nicht von ihm sprechen.

1. Februar. Kein Brief. Ich hatte einen erwartet. Ein leichter Grippeanfall macht mir zu schaffen. Ein klein wenig Sonne kommt heraus. Die Bäume sehen aus, als ob man sie zum Trocknen hinausgehängt hätte. Meine Erkältung ist schlimmer geworden. Ich las *Der einsame Nietzsche*[2]; aber ich schämte mich meiner Gefühle für diesen Mann aus der Vergangenheit ein wenig. Er ist sozusagen, »menschlich, allzu menschlich«. Las bis spät. Ich war einfach unsagbar unglück-

---

[1] Music Hall, wie auch das »Pavilion«.
[2] Von Nietzsches Schwester, Elisabeth Foerster-Nietzsche.

lich. Das Leben war wie Sägemehl und Sand. Sprach mit Jack über Kurzgeschichten.

2. Februar. Ein Brief. Er ist sehr unglücklich. Sein Brief hat uns einander nicht näher gebracht, aber ich bin heute etwas fröhlicher, weil ich nicht mehr ganz so widerlich aussehe wie vorher.

Nein, der Tag endete so schlecht wie je. Zum einen ist meine Krankheit wirklich schlimm, und ich bin sehr beunruhigt, wie lange die Briefe brauchen, und auch über sein Schweigen. Ich habe meinen Kimono mit schwarzen Blumen bestickt. Bah! Was für ein Quatsch! Ich gebe nichts auf solchen Unsinn! Francis! Francis! Ich kann den Krieg nicht länger ertragen.

3. Februar. Ein kalter Tag mit starkem Wind. Ich kann nichts tun. Habe den Schreibtisch aufgeräumt und etwas Chinin genommen, und das ist alles. Aber ich weiß, daß ich gehen werde, denn sonst sterbe ich vor Verzweiflung. Mein Kopf ist so heiß, aber die Hände sind kalt. Vielleicht bin ich *tot* und gebe nur vor, hier zu leben. Auf jeden Fall ist kein Zeichen von Leben in mir. Auch kann ich F. nicht schreiben. Ich brauche einen anderen, wärmeren Brief von ihm.

4. Februar. Heute begann die Sonne zu scheinen, und meine Erkältung hat sich gebessert: nur der Husten hält an. Gilbert und Mary [Cannan] kamen zum Tee und Abendessen. Mary sah sehr süß aus, aber wir waren nicht in Stimmung. Rose machte alles sehr gut. Ich schickte sie am Nachmittag auf die Post, um nach einem Brief für mich zu fragen, aber es war keiner da. Ich habe Angst.

Habe *Schuld und Sühne* fertiggelesen. Ich fand es sehr schlecht.

5. Februar. Ein Brief. Es ist Morgen. Die Bäume sind [unleserlich] durch die grünen Hügel. In der Ferne bellt ein

Hund. Es ist still und klar. Und ein kleines Foto – ganz echt. Gott! bin ich glücklich!! Und nun will ich den Brief noch einmal lesen.

6. Februar. Heute erhielt ich einen dringenden Brief. Er hatte eben mein Foto erhalten. Und er will, daß ich sofort komme. Das wird ein sehr schwieriges Unternehmen sein. Das ist mir klar.

15. Februar. Ging mit J. nach London.

16. Februar. Kam heute in Paris an.

19. Februar. Kam heute in Gray an.[1]

Ein nicht abgesandter Brief an Frieda Lawrence, ins Tagebuch geschrieben.
20. Februar. England ist wie ein Traum. Ich sitze am Fenster eines kleinen viereckigen Zimmers, das mit einem Bett, einem Apfel aus Wachs und einer riesigen, geblumten Wanduhr ausgestattet ist. Vor dem Fenster liegt ein Garten voll Goldlack und blauen Emailtöpfen. Die Uhren schlagen fünf Uhr, und die letzten Sonnenstrahlen dringen unter der hin und her schwingenden Jalousie herein. Es ist sehr warm – die Art von Wärme, die einem in der Kindheit heiße Wangen macht. Aber ich bin so glücklich, daß ich Ihnen gleich ein paar Zeilen auf einem leeren Blatt meines Tagebuchs schreiben muß, meine Liebe.
Ich hatte einige schreckliche Abenteuer auf dem Weg hierher, denn der Ort ist in der Armeezone und für Frauen verboten. Der letzte alte Pa-Mann, der meinen Paß examinierte, ein »Monsieur le Colonel«, sehr stattlich mit einem schwarzen

[1] Gray ist ein Städtchen im östlichen Frankreich, damals in der »zone des armées« gelegen, in der Armeezone nahe der Front.

Teewärmer mit Goldquaste auf dem Kopf, der rauchte, was Romanschriftstellerinnen als »schwere ägyptische Zigaretten« bezeichnen, hat mich beinahe zurückgeschickt.
Aber, meine Liebe, es ist ein so wunderbares Land – nur Flüsse und Wälder und große Vögel, die blau aussehen in der Sonne. Ich denke immer an Dich und L. Die französischen Soldaten sind *pour rire*. Selbst wenn sie verwundet sind, lehnen sie sich noch aus ihren Barackenfenstern und winken dem Zug zu mit ihren Verbänden. Aber heute sah ich einen Trupp Gefangener – und das war gar nicht komisch. O, ich habe Dir so viel zu erzählen, daß ich lieber gar nicht anfange. Eines Tages werden wir uns wiedersehen, nicht wahr, Liebling?
Voilà le petit soldat joyeux et jeune! Er hat Briefe ausgetragen. Es ist so heiß wie im Sommer. Man sitzt nur da und lacht.

In Liebe,
Katherine

Ein nicht abgesandter Brief an J. M. M.

Ich scheine gerade noch dem Gefängnis entronnen zu sein, J., Liebster – denn dieser Ort befindet sich in der Armeezone und ist deshalb Frauen untersagt. Die Krankheit meiner Tante hat mir jedoch durchgeholfen. Ich verbrachte einige wirklich schreckliche Augenblicke. Vor dem Bahnhof wartete er auf mich. Er *sang* bloß (so typisch): »Folge mir, aber laß dir nichts anmerken«, bis wir zu einem winzigen Zollhaus am Fluß gelangten, an dem eine abgenützte Droschke stand. Als aber meine Reisetasche und wir beide darin verstaut waren, flog sie davon wie der Wind. Die Türe schlug auf und zu, zu seinem Entsetzen, da er nicht in einer Droschke fahren darf. Wir fuhren in ein nahes Dorf, zu einem großen, weißen Haus, wo er für mich ein Zimmer gemietet hatte – ein ganz außergewöhnliches Zimmer, ausgestattet mit einem Bett, einem Apfel aus Wachs und einer riesigen, geblümten Wanduhr. Es ist sehr warm. Die Sonne strömt durch die Jalousien. Der Garten ist voll von Goldlack und blauen Emailtöpfen. Du würdest auch darüber lachen ...

Das Tagebuch fährt fort:

20. Februar. Ich warte auf mein déjeuner. Neben mir auf einem Stuhl liegt ein dicker Ledergurt und sein Säbel. Es war fast acht Uhr, als er mich verließ. Ich bin eben aufgestanden. Es ist heller Tag. Mein Herz ist ziemlich schwer. Die Sache mit dem Gefängnis macht mir Angst. Ich kann den Gedanken, daß er ins Gefängnis kommt, nicht ertragen – und dann fühle ich auch, tief innen, daß er mich gar nicht liebt. Ich finde ihn wunderbar. Nicht daß ich ihn liebe, nun, da ich ihn kenne – aber er ist so prächtig und so sorglos – *das* liebe ich.
Wir verbrachten eine seltsame Nacht. Das Zimmer – das Zimmer. Die kleine Lampe. Die Holzdecke. Die Sträuße mit den rosa Margeriten, die sich bei Anbruch der Morgendämmerung erschlossen. Das Bild eines Mannes, der das Kaninchen bringt. Und F., ganz nackt, wie er mit einem winzigen Haken das Feuer schürte – so natürlich und schön. F., der sich wieder anzieht, *en petit soldat.* Sein Hemd, Kniehosen, Socken, kleine Krawatte, Unterjacke, schwarze Gamaschen, Jacke. Wie er sich wäscht – und die Haare mit meiner Elfenbeinbürste bürstet. Und dann sah ich ihn nur einen Moment am Fenster vorbeigehen – und dann war er weg. Das ist ein schrecklicher Augenblick für eine Frau.
Merkwürdig war, daß ich mich gar nicht auf das Ende der Reise konzentrieren konnte. Ich war einfach so glücklich, daß ich mich aus dem Wagenfenster lehnte, die Arme auf dem Messinggeländer, mit gekreuzten Füßen und [unleserlich] das Sonnenlicht und die sich vor mir entfaltende wunderbare Landschaft. In Châteaudun, wo wir umsteigen mußten, ging ich ans Büfett, um etwas zu trinken. Ein großer, blaßgrüner Raum mit einem massiven vorspringenden Ofen und einer Bar

mit farbigen Flaschen. Zwei Frauen lehnten mit verschränkten Armen an der Theke. Ein kleiner, sehr blasser Junge flitzte von Tisch zu Tisch und nahm die Bestellungen entgegen. Es war voll von Soldaten, die sich auf ihren Stühlen zurücklehnten, mit den Beinen schlenkerten und aßen. Die Sonne schien durch die Fenster.

Der kleine Junge schenkte mir ein Glas abscheulichen schwarzen Kaffees ein. Die Soldaten bediente er mit einer Art von lustloser Verachtung. Im Vorraum stand ein alter Mann mit einem Eimer voll brauner, gefleckter Fische – große Fische, wie die, welche man in Glaskästen durch Wälder von grünen Algen schwimmen sieht. Die Soldaten lachten und klopften einander auf den Rücken. Sie trampelten umher in ihren schweren Stiefeln. Die Frauen schauten ihnen nach, und der alte Mann stand, demütig wartend, daß sich jemand seiner annehme, Mütze in der Hand, als ob er wüßte, daß das Leben, das er in seiner zerrissenen Jacke, mit seinem Fischeimer – seiner friedlichen Beschäftigung – darstellte, nicht mehr existierte und kein Recht hatte, sich hier vorzudrängen.

Während der letzten Minuten der Reise stand ich große Angst aus. Wir kamen in Gray an, und eine nach der andern, wie Frauen, die einen Arzt konsultieren wollen, schlüpften wir durch eine Tür in ein heißes Zimmer, das gänzlich von zwei Tischen und zwei Obersten ausgefüllt war, Obersten wie aus einer komischen Opfer, große, geschniegelte, graubärtige Herren mit einem Anflug von sonnverbrannter Röte auf den Wangen, beide rauchend, einer von ihnen eine Zigarette mit langer gekräuselter Asche. Er trug einen Ring am Finger. Prächtig und allmächtig sah er aus. Ich biß mir auf die Zähne. Ich bemühte mich, nicht mit den Fingern zu zittern, als ich ihm Paß und Fahrkarte überreichte.

»Unmöglich, ganz unmöglich«, sagte mein Oberst und schaute mich schweigend an, eine Ewigkeit lang, wie mir schien. Seine Augen waren wie zwei graue Steine. Er übergab den Paß dem andern Obersten, der über den Einwand hinwegging, ihn abstempelte und mich gehen ließ. Ich wäre beinahe in die Knie gesunken.

Am Bahnhof stand F., schrecklich bleich. Er salutierte, lächelte und sagte: »Geh nach rechts und folge mir, aber laß dir nichts anmerken.« Und schnell marschierte er in Richtung der Hängebrücke. Er trug einen Postsack auf dem Rücken und ein Paket. Die Straße war sehr schmutzig. Vom Zollhaus an der Brücke spähte ein hageres Weib, die Hände in einen Schal gehüllt, nach uns aus. Am Zollhaus lehnte eine abgenützte Droschke. »Montez! vite vite!« sagte F. Meine Reisetasche, den Postsack und das Paket warf er auf den Boden. Der Kutscher wurde aktiv, peitschte das knochige Pferd, und fort ging es, während die beiden Türen klapperten und auf und zu schlugen. »Bonjour, ma chérie«, sagte F., und wir küßten uns schnell und klammerten uns an die klapprigen Türen. Sie wollten nicht geschlossen bleiben, und F., der nicht mit der Drosche fahren darf, mußte versuchen, sich zu verstekken. Soldaten marschierten die ganze Zeit vorbei. Bei der Kaserne hielt er einen Augenblick an, und eine Menge Gesichter versperrten das Fenster. »Prends ça, mon vieux«, sagte F. und reichte das Paket hinaus.

Fort flogen wir wieder. Einen Fluß entlang. Eine lange, seltsame, weiße Straße hinab, mit sehr fröhlichen hellen Häusern auf beiden Seiten im Sonnenschein. F. legte den Arm um mich. »Ich weiß, das Haus wird dir gefallen. Es ist ganz weiß, das Zimmer ebenso, und auch die Leute.«

Endlich kamen wir an. Die Frau des Hauses kam an die Tür, ein ernsthaftes Baby im Arm.

»Alles in Ordnung?«

»Ja, alles in Ordnung. Bonjour, Madame.«

Es war wie eine Entführung.

Wir betraten ein Zimmer im Erdgeschoß, und die Tür schloß sich hinter uns. Zu Boden fiel die Reisetasche, der Postsack, [unleserlich] wieder. Lachend drückten wir uns aneinander – ein langer, langer Kuß, unterbrochen von einer Wanduhr, die

fünf Uhr schlug. Er machte Feuer. Wir blieben eine kleine Weile beieinander, lachten aber die ganze Zeit. Die ganze Sache schien irgendwie lächerlich und doch ganz natürlich zu sein. Man konnte nur lachen.
Dann verließ er mich für einen Augenblick. Ich bürstete meine Haare und wusch mich und war fertig, als er zurückkam, um mich zum Abendessen abzuholen. Verwundete krochen den Hügel hinab. Alle trugen sie Verbände. Einer von ihnen sah aus, als ob er zwei rote Nelken hinter den Ohren trüge; ein anderer, als wäre seine Hand von schwarzem Siegellack bedeckt. F. sprach und sprach und sprach. »Als ich klein war, dachte ich, die Sonne sei das Schrecklichste auf der Welt, aber jetzt ist sie ganz blaß.« [Unleserlicher Satz]
Dann das lange, lange Abendessen. Ich sagte kaum ein Wort. Als wir hinausgingen, schienen die Sterne durch streifige Wolken, und der Mond war wie eine Kerzenflamme. Auf dem Tisch stand eine kleine Lampe; das Feuer flackerte an der weißen Holzdecke. Es war wie auf einem Schiff. Wir sprachen im Flüsterton, eingeschüchtert von der diskreten kleinen Lampe. Auf die natürlichste Weise entkleideten wir uns langsam beim Ofen. F. warf sich ins Bett.
»Ist es kalt?« fragte ich.
»O nein, gar nicht. Viens, mon bébé. Hab keine Angst. Die Wellen sind ganz klein.« Mit seinem lachenden Gesicht, dem hübschen Haar, ein Arm mit einem Armband auf dem Leintuch, sah er aus wie ein Mädchen. [Unleserlich]
Der Säbel, der große häßliche Säbel, aber nicht zwischen uns, lag auf einem Stuhl. Der Liebesakt schien irgendwie ganz beiläufig zu sein, da wir so viel plauderten. Es war so warm und köstlich, in die Arme des andern geschmiegt zu liegen, beim Licht der winzigen Lampe – *le fils de Maeterlinck* –, während nur das Ticken der Wanduhr und das Knistern des Kaminfeuers zu hören waren. Ein ganzes Leben zog in Gedanken vorüber. Andere Menschen, andere Dinge. Aber wir lagen wie zwei alte Leutchen leise hustend unter der Daunen-

decke und lachten uns an. Wir fuhren nach Indien, nach Südamerika, nach Marseille auf dem weißen Schiff, und dann sprachen wir von Paris. Und manchmal verlor ich ihn in der Menge; es war dunkel, und dann war er wieder in meinen Armen, und wir küßten uns. (Da kommt er, ich kenne seinen Schritt.)

Ich erinnere mich, wie er vom Meer in seiner Kindheit sprach – wie klar es war –, wie er sich über die Mole beugte und hinunterstarrte, und wie die Fische und Muscheln schimmerten – und dann seine Geschichte: »Le lapin blanc«. Schließlich kam der Tag, und die Vögel sangen, und wiederum sah ich die rosa Margeriten an der Wand. Er war *très paresseux*, er lag auf dem Bauch und wollte nicht aufstehen. Endlich – eins, zwei, drei – und dann fröstelte er, fühlte sich nicht wohl und hatte Fieber und Halsweh und Schüttelfrost. Aber trotzdem wusch er sich gründlich und kleidete sich an, und endlich hatte ich wieder die blaurote Vision – dors, mon bébé – und dann ein verschwommenes Bild von ihm durch die Jalousie.

Ich war erst wieder glücklich, als ich im *cabinet* gewesen war und die riesigen, lächerlichen Kaninchen gesehen hatte. Als er um zwölf Uhr dreißig zurückkam, war ich furchtbar glücklich. Wir gingen zum Lunch im gleichen kleinen Restaurant und aßen Eier, in die wir das Brot tunkten, und Birnen und Orangen. Die Soldaten dort. Der Garten voll leerer Flaschen. Der kleine Junge – der gleiche, der am Vorabend die lange Zigarette geraucht hatte.

(Soeben hat es drei Uhr geschlagen. Er kann nicht vor fünf zurück sein.)

Katherine kehrte Ende Februar enttäuscht nach London zurück. Sie ging im März wieder nach Paris, und dann noch einmal im Mai.

18. März. Kam wieder nach Paris.

19. März. In Paris.

24. März. Abreise.

März. Cet héros aux cheveux longs qui pendant des heures entières gratte avec sa canne dans le sable; or, ayant besoin de vivre, crache un peu de sang, et, avec un long regard larmoyant mais satisfait, écrit le mot *Finis* sur le même sable gratté.

»Vielleicht wird eine Seele nur beim Nahen einer von außen kommenden anderen Seele unsichtbar, und wenn sie unvermutet überrascht wird, hat sie keine Zeit zu verschwinden.«
(Leon Schestow)

Darauf kam es Tschechow an.

»Aller Wahrscheinlichkeit nach wird diese Gewohnheit früher oder später aufgegeben werden. In Zukunft werden die Schriftsteller sich und das Publikum wahrscheinlich davon überzeugen, daß jede Art einer künstlich herbeigeführten Vollendung völlig überflüssig ist.« *(Leon Schestow)*

Das sagte Tschechow.

Sonntag, 16. Mai. Paris. Ich habe nicht erwähnt, daß ich die ganze Nacht von Rupert Brooke geträumt habe. Und als ich heute das Haus verließ, stand er an der Tür, mit einem Rucksack auf dem Rücken und einem großen Hut, der sein Gesicht beschattete.[1] Und so ging ich nicht gleich nach Hause, nachdem ich Jacks Brief zur Post gebracht hatte. Ich machte einen langen, sehr müßigen Spaziergang den Quais entlang. Es war herrlich warm: weiße Wolken lagen am Himmel, wie Leintücher, die man zum Trocknen ausgelegt hat. An den großen

---

[1] Rupert Brooke, englischer Dichter, gefallen 1915. Sein Sonett »The Soldier« gilt als das klassische englische Kriegsgedicht des Ersten Weltkriegs.

Sandhaufen unten am Fluß hatten Kinder Tunnels und Höhlen gegraben. Sie saßen darin, gleichmütig und zufrieden; ihre Haare glänzten in der Sonne. Dann und wann ein Mann, der auf dem Gesicht lag, den Kopf in den Armen. Der Fluß war voll großer Silbersterne; die Bäume zitterten leise, glitzernd im Licht. Ich fand köstliche Orte – kleine Plätze mit weißen, viereckigen Häusern. Sie sahen aus wie ausgehöhlt, die Fenster weit offen. Enge Straßen, von Kastanienästen überwölbt, oder ganz verlassen, mit einem Glockenturm, der sich über die Dächer reckte. Die Sonne verzauberte alles.

Ich überquerte den Fluß hin und zurück und beugte mich über die Brückengeländer, immer in der Meinung, daß wir zu einem Park gelangen müßten, was nicht der Fall war. Du kannst dir nicht vorstellen, was für ein Vergnügen mein unsichtbarer, imaginärer Begleiter mir bereitete. Hätte es ihn wirklich gegeben, wäre das möglicherweise nie geschehen; aber – das ist ein Spiel, das ich gerne spiele – neben den Toten zu gehen und mit ihnen zu sprechen, die lächeln und schweigen und *frei* sind, ganz und endgültig frei. Als ich allein lebte, kam es oft vor, daß ich nach Hause kam, meinen Schlüssel ins Schlüsselloch steckte und drinnen bereits jemand auf mich wartete. »Hallo! Sind Sie schon lange da?«

Vermutlich ist das dummes Zeug.

Notre Dame.

Ich sitze auf einer breiten Bank an der Sonne, ganz in der Nähe von Notre Dame. Vor mir ist eine Efeuhecke. Ein alter Mann mit einem Korb am Arm geht vorbei und entfernt die welken Blätter. Im Pfarrgarten wird das Gras gemäht. Ich liebe diese große Kathedrale. Das wenige, was ich von hier davon sehe, sind spitze, schlanke Türme, filigranartig verziert vor dem blauen Hintergrund, und ein paar hockende Steinpapageien, die auf einem kleinen Balkon balancieren. Es ist wie die Federzeichnung eines Kobolds. Und ich mag die Heiligen mit den Kronen auf den Kragen und den Köpfen in den Händen.

Wie die alten Heiligen in einer Kathedrale, *décollés*, deren Kronen über ihren Kragen hängen.

Das »Leben« des Lebens.

Gestern kaufte ich mir ein Buch von Henry James und las darin, wie man sagt, »bis tief in die Nacht hinein«. Es war nicht sehr interessant oder sehr gut, aber ich vermag durch Hunderte von Seiten von schwülstigem, langweiligem James zu waten, um des plötzlichen süßen Schauers willen, des heftig erregenden Entzückens, das er mir zuweilen gewährt. Ich zweifle nicht daran, daß das Genie ist: nur ist dabei eine Menge Abfall, und der Funken ist erstaunlich raffiné –
Etwas möchte ich bemerken. Sein Held, Bernard Longueville, ein brillanter, reicher, dunkelhaariger, gewandter usw. Mann, ist, obwohl ein geistreicher Gefährte, vielleicht am geistreichsten und unterhält sich am besten, wenn er allein ist und er das Beste für sich selbst behält ... Abgesehen von allen attributiven Beiwörtern weiß ich von mir, daß ich geistreich bin, und auch eine gute Kameradin – aber ich glaube, daß es mir ganz genau so geht wie ihm – die Summe kleinster und köstlicher Freuden, die ich der Beobachtung von Menschen und Dingen verdanke, wenn ich allein bin, ist einfach enorm – wirkliche Kurzweil habe ich nur mit mir selber. Wenn ich ein kleines Mädchen auf den Absätzen vorbeirennen sehe, wie ein Huhn bei Regenwetter, das sagt: *»My dear, there's a Gertie«*, dann lache ich und freue mich daran, wie ich es mit keinem anderen Menschen könnte. Genau dasselbe gilt für mein Gefühl für das, was man »Natur« nennt. Andere Menschen wollen nicht anhalten, um die Dinge zu betrachten, die ich betrachten möchte, oder wenn sie es tun, dann um mir einen Gefallen zu erweisen oder mich bei guter Laune zu halten. Aber ich bin so gemacht, daß ich, *sobald* ich mit jemand anderem

zusammen bin, auf seine Wünsche und seine Meinung Rücksicht zu nehmen beginne, und sie sind nicht halb die Rücksichtnahme wert, die die meinen verdienen. Ich vermisse J. jetzt überhaupt nicht – ich habe nicht den Wunsch, heimzukehren, ich bin es ganz zufrieden, hier in einem möblierten Zimmer zu leben und zu beobachten. Das ist bloß eine Frage der Witterung, glaube ich. (Ein *toller* Gertie ist soeben vorbeigegangen.) Das Leben mit anderen beginnt zu verschwimmen, so auch mit J., aber es ist ungeheuer wertvoll und wunderbar, wenn ich allein bin – die kleinen Dinge des Lebens, das *Leben* des Lebens.

Père de famille.
Diese Familie begann sehr bescheiden mit Mamma, sehr dick, mit einem Schnurrbart und einer kleinen, mit zerdrückten Stiefmütterchen bedeckten Toque, und ihrem Jüngsten, der aus einem englischen Tweedanzug barst, der eigentlich als »Norfolk« gedacht war, seine Herkunft jedoch bei näherem Zusehen verleugnete. Sie hatten sich kaum niedergelassen, jedes einzelne Stück Brot im Brotkorb betastet und das krustigste ausgesucht, als zwei junge Männer in blaßblauen Uniformen und mit etwa soviel Schnurrbart wie Mamma am Eingang zum Restaurant erschienen und von Mammas Jüngstem mit allen Anzeichen der Begeisterung begrüßt wurden, der ihnen mit einer Serviette ungefähr von der Größe eines kleineren Leintuchs zuwinkte. Mamma wurde umarmt; sie setzten sich nebeneinander, und kurz darauf gesellte sich ein unglückseliger, langaufgeschossener Jüngling zu ihnen, dessen Teint mit allen Formen von *Frühlingserwachen*[1] gesegnet war, und der aussah, als ob er seine Nächte bei geschlossenem Fenster unter einer Daunendecke mit dem Essen von Schokoladenkeks und der Lektüre von *L'Histoire des Petits Pantalons pas tout à fait fermés* verbrächte.

---

[1] Deutsch im Text.

Fünf Leintücher wurden unter fünf Kragen gesteckt – fünf Augenpaare wanderten über die Speisekarte.
Plötzlich flogen Mammas Arme mit einem Schrei des Entzükkens in die Höhe – desgleichen die Arme von Mammas Jüngstem – die beiden jungen Soldaten sprangen auf die Füße, dem Etudiant brach der Schweiß aus, als ein blühender beleibter Mann erschien und auf sie zuschritt. Die Kellnerin schwebte um den Tisch und war über alle Maßen entzückt über die Demonstration von Vie de famille. Sie kam sich vor wie deren ehemalige Bonne – sie hatte das Gefühl, als ob sie sie schon seit Jahren kenne. Der Himmel weiß, in was für Erinnerungen sie schwelgte – wie sie Monsieur Roué heißes Wasser brachte, oder wie Monsieur Paul sie überrascht hatte, als sie unter seinem Bett nach einem Kragenknopf forschte, auf ihren reizenden Händen und ihren noch reizenderen Knien!

Mai (?) Ich habe zweimal geschrieben, daß ich am Dienstag zurückkehren würde. Ich hätte es beinahe schon der Concierge mitgeteilt. Ich war schon halb fertig. Heute kommt mir das belanglos vor. Vielleicht, weil Jack nicht ein einziges Mal gesagt hat, daß er sich nach mir sehne, daß er traurig ist ohne mich, weil er mich nie angerufen hat ... Er ist für mich der Mensch gewesen, der in einer einsamen Welt meine Hand gehalten hat, und ich die seine – er war ein wirklicher Mensch unter Schatten und war bereit, mit mir zu lachen und zu weinen. Aber heute abend ist er nicht mehr ganz so wirklich. Pour sûr ist er auch ohne mich ganz zufrieden. Meine Ungeduld und ma douleur müssen ihm übertrieben vorkommen. Soll ich zurückkehren? Es hängt ganz von ihm ab. Ich will nicht mehr so viel und so oft schreiben. Ich bin ein wenig absurd gewesen.
(Die alte Gewohnheit des flüchtigen Notierens ist wieder da.)

Femme seule.
Hoffe! du trübseliges Wesen, du sentimentales, verwelktes

Frauenzimmer. Laß die letzte Saite zerspringen und mache Schluß. Ich werde verrückt bei deinem eintönigen Gezupfe. Mein Herz klopft, jeder kleine Pulsschlag schlägt den Takt dazu.

Es ist Morgen. Ich liege in dem leeren Bett – dem riesigen Bett – wie ein Feld so groß und kalt und ungeschützt. Durch die Fensterläden dringt der Sonnenschein herauf vom Fluß und fließt über die Decke in zitternden Wellen. Von draußen kommt das Geräusch eines klopfenden Hammers, und unten im Haus geht eine Türe auf und zu. Aber um mich her höre ich die Einsamkeit ihr Netz spinnen.

Ist dies mein Zimmer? Sind dies meine Kleider, die dort auf einem Stuhl zusammengelegt sind?

Unter dem Kopfkissen – Zeichen und Siegel einer einsamen Frau – tickt meine Uhr.

Die Glocke schrillt. Ah, endlich. Ich springe aus dem Bett und renne im Hemd zur Tür.

Voici votre lait, Madame! sagt die Concierge, indem sie streng auf meine Knie blickt.

Merci bien, Madame! rufe ich fröhlich lächelnd und schwinge die Milchflasche. Pas de poste pour moi?

Rien, Madame!

Schließ die Tür. Bleib für einen Augenblick im Gang stehen, horche, horche – auf ihr verhaßtes Fiedeln. Ich flehe sie wieder einmal an, dir das reizende kleine Stück für nur eine einzige Nachricht zu spielen – schmeichle ihr, mache ihr den Hof.

Nach einem Aufenthalt von einigen Wochen in Elgin Crescent, London, mieteten Katherine und Murry im Juli ein Haus an der Acacia Road Nr. 5 in St. John's Wood, London. Hier besuchte Leslie Heron Beauchamp (Chummie), aus Neuseeland kommend, seine Schwester für eine Woche, bevor er Ende September 1915 an die Front in Frankreich beordert wurde. Er kam fast unmittelbar danach, am 7. Oktober, ums

Leben[1]. *Die folgende Eintragung ist ein Bericht über eines ihrer Gespräche.*

Abend.

Oktober. Sie gehen im Garten an der Acacia Road auf und ab. Es dämmert; die Michaelismargeriten leuchten hell wie Federn. Vom alten Birnbaum unten im Garten – dem schlanken, pappelähnlichen Baum – fällt eine kleine runde Birne, hart wie ein Stein.

»Hast du gehört, Katie! Kannst du sie finden? O Gott, das altvertraute Geräusch.«

Ihre Hände tasten über das dünne, feuchte Gras. Er findet die Birne und reibt sie mit seinem Taschentuch ab, unbewußt, wie in den alten Tagen.

»Erinnerst du dich noch, wie unglaublich viele Birnen jener alte Baum zu tragen pflegte?«

»Unten am Veilchenbeet.«

»Und wie wir nach einem Südwindsturm mit Wäschekörben hinunterliefen, um sie aufzulesen?«

»Und wie, während wir uns bückten, immer noch mehr herunterfielen und uns auf den Kopf und den Rücken plumpsten?«

»Und wie weit verstreut sie herumlagen, unter den Veilchenblättern, auf den Stufen und bis hinunter zum Lilienbeet? Wir fanden sie zertreten im Gras. Und wie schnell die Ameisen an sie gingen. Ich sehe das kleine Loch noch vor mir, mit einer Art von Fransen wie von braunem Pfeffer darum herum.«

»Weißt du, daß ich seither nie mehr solche Birnen gesehen habe?«

»Sie waren so glänzend, kanariengelb – und klein. Und die Schale war so dünn und die Kerne pech-, pechschwarz. Zuerst zog man den kurzen Stiel heraus und saugte an ihm. Er

[1] Bei einer Handgranaten-Demonstration explodierte eine Granate vorzeitig in seiner Hand.

schmeckte säuerlich, und dann aß man sie immer von oben nach unten – Kerngehäuse und alles.«

»Die Kerne waren köstlich.«

»Erinnerst du dich noch, wie wir auf der rosa Gartenbank saßen?«

»Ich werde jene rosa Gartenbank nie vergessen. Sie ist die einzige Gartenbank für mich. Wo ist sie jetzt? Glaubst du, daß man uns im Himmel erlauben wird, darauf zu sitzen?«

»Sie wackelte immer ein wenig, und gewöhnlich waren die Spuren einer Schnecke darauf.«

»Auf dieser Bank zu sitzen, mit den Beinen zu schlenkern und die Birnen zu essen –«

»Aber ist es nicht merkwürdig, wie *tief* unser Glück war – wie unbedingt – tief, leuchtend, warm. Ich entsinne mich, wie wir einander anschauten und lächelten – du auch? –, als ob wir ein Geheimnis teilten ... Was war es wohl?«

»Ich glaube, es war das Familiengefühl – wir waren fast wie *ein* Kind. Ich sehe uns immer vereint umhergehen, vereint die Dinge betrachten, mit den gleichen Augen, diskutieren ... Ich habe dies gerade vorhin wieder gefühlt – als wir im Gras die Birne suchten. Ich erinnerte mich, wie wir zusammen die Veilchenblätter zerzausten – O, jener Garten!«

»Weißt du noch, daß einige der gefundenen Birnen kleine Zahnspuren zeigten?«

»Ja.«

»Wer hatte hineingebissen?«

»Es blieb immer ein Geheimnis.«

Er legt seinen Arm um sie. Sie gehen auf und ab. Und der runde Mond scheint auf den Birnbaum, und die Efeumauern schimmern metallisch. Die Luft riecht frostig ... schwer . . sehr kalt.

»Eines Tages werden wir zurückkehren – wenn alles vorbei ist.«

»Wir werden zusammen zurückgehen.«

»Und alles wiederfinden –«

»Alles!«

Sie lehnt sich an seine Schulter. Das Mondlicht wird dunkler. Sie stehen jetzt an der Rückseite des Hauses. Ein Fenster ist erleuchtet.

»Gib mir deine Hand. Weißt du, ich werde hier immer eine Fremde bleiben.«

»Ja, Liebling, ich weiß.«

»Geh noch einmal mit mir auf und ab, und dann gehen wir hinein.«

»Es ist so merkwürdig – mein absolutes Vertrauen, daß ich zurückkommen werde. Ich fühle das so sicher wie diese Birne in meiner Hand.«

»Ich habe das gleiche Gefühl.«

»Ich könnte unmöglich nicht zurückkommen. Du kennst dieses Gefühl. Es ist sehr rätselhaft.«

Die Schatten auf dem Rasen sind lang und seltsam; ein seltsamer Lufthauch wispert im Efeu, und der alte Mond berührt sie mit silberner Hand.

Sie schauert.

»Dir ist kalt.«

»Schrecklich kalt.«

Er legt seinen Arm um sie. Und auf einmal küßt er sie –

»Good-bye, darling.«

»Ach, warum sagst du das?«

»Darling, good-bye . . . good-bye!«

29. Oktober. Wach auf, wach auf! mein kleiner Junge. Ein nebliger, nebliger Abend. Ich will die Tatsache festhalten, daß ich nicht nur keine Angst habe vor dem Tod – nein, ich heiße den Gedanken an den Tod willkommen. Ich glaube an die Unsterblichkeit, weil er nicht hier ist, und ich sehne mich danach, bei ihm zu sein. Zuerst jedoch, Liebling, muß ich Dinge tun für uns beide, und dann werde ich kommen so schnell ich kann. Liebstes Herz, ich weiß, du bist dort, und ich bin bei dir, und ich will für dich schreiben. Andere sind mir nahe, aber sie sind mir nicht so innig verbunden. Nur dir gehöre ich, so wie *du* mir gehörst. Niemand weiß, wie oft ich bei dir bin. Eigentlich bin ich immer bei dir, und ich glaube fast, *du* weißt es – daß, wenn ich dieses Haus und diesen Ort verlasse, es mit dir sein wird, und ich werde niemals auch nur für die kürzeste Zeitspanne von dir entfernt sein. Du weißt, daß ich niemals mehr Jacks Liebste sein kann. Du hast mich. Du bist in meinem Fleisch und Blut und auch in meiner Seele. Ich gebe Jack meine »überschüssige« Liebe, aber an dir halte ich mich, und dir schenke ich meine tiefste Liebe. Jack ist nicht mehr als . . . irgend jemand sein könnte.

Der Apfelbaum.

Zwei Obstgärten gehörten zu dem alten Haus. Einer davon, den wir den »wilden« nannten, lag hinter dem Gemüsegarten; dort wuchsen Bitterkirschen und Damaszenerpflaumen und durchsichtige gelbe Pflaumen. Aus irgendeinem Grunde war er in Ungnade gefallen; wir spielten nie dort, wir bemühten uns nicht einmal, die heruntergefallenen Früchte aufzulesen; und dorthin trugen das Dienstmädchen und die Waschfrau jeden Montagmorgen die nasse Wäsche zum Trocknen auf den runden offenen Platz in der Mitte – Großmutters Nachthemden, Vaters gestreifte Pyjamas, die Baumwollhosen des Knechts und die schrecklich vulgären lachsfarbenen Flanellhöschen des Dienstmädchens flatterten und tanzten dort in schrecklicher Vertrautheit.

Aber der andere Obstgarten, weit entfernt und vom Haus aus nicht zu sehen, lag am Fuß eines kleinen Hügels und erstreckte sich bis an den Rand der Pferdekoppeln – zu den Gruppen von Akazien, die gelb in der hellen Sonne standen, und den blauen Gummibäumen mit ihren flutenden sichelförmigen Blättern. Dort unter den Obstbäumen wuchs das Gras so dicht und fest, daß es sich in den Schuhen verwickelte, wenn man dort herumlief, und auch an den heißesten Tagen fühlte es sich feucht an, wenn man anhielt und es zerteilte, um nach Fallobst Ausschau zu halten – die Äpfel, die von einem Vogelschnabel markiert waren, die großen, angeschlagenen Birnen, die Quitten, die mit einer Prise Salz so gut zu essen waren, die aber so köstlich dufteten, daß man über dem Schnuppern das Hineinbeißen vergaß ...

In einem Jahr hatte dieser Obstgarten seinen Verbotenen Baum. Es war dies ein Apfelbaum, der von Vater und einem seiner Freunde an einem Sonntagnachmittag auf einem Bummel nach dem Essen entdeckt wurde.

»Großer Gott!« sagte der Freund, indem er sich dem Baum mit Erstaunen und Bewunderung näherte: »Ist das nicht ein –?« Und ein wohllautender, großartiger Name ließ sich wie ein schöner, unbekannter Vogel auf dem Baume nieder.

»Wohl möglich«, sagte mein Vater leichthin. Er hatte keine Ahnung von Obstbäumen und ihren Namen.

»Großer Gott!« sagte der Freund nochmals: »Das sind wunderbare Äpfel, einzigartig. Einzigartig – und wie diese Bäume tragen! Wunderbare Äpfel! Unschlagbar!«

»Nein, sie sind sehr gut – sehr gut«, sagte Vater leichthin, aber er betrachtete jetzt den Baum doch mit ganz anderen Augen.

»Sie sind selten – sie sind sehr selten. In England sieht man sie heutzutage kaum mehr«, sagte der Besucher und besiegelte so meines Vaters Entzücken. Denn Vater war ein Selfmademan, und der Preis, den er für alles zu bezahlen hatte, war so groß und so schmerzlich, daß nichts ihm mehr Freude machen konnte, als zu hören, wie sein Eigentum gelobt wurde. Er war immer noch jung und empfindsam. Er fragte sich noch immer, ob er für sein gutes Geld auch etwas Rechtes erhalten habe. Es gab immer noch Stunden, da er im Mondeslicht auf und ab ging, halb entschlossen, »diese verwünschte Hetze aufzugeben – und Schluß zu machen – ein für allemal«. Und jetzt entdeckte er, daß ihm zusammen mit dem Obstgarten ein wertvoller Apfelbaum gewissermaßen geschenkt worden

war – ein Apfelbaum, um den ihn dieser Johnny aus England tatsächlich beneidete!
»Rührt mir bloß diesen Baum nicht an! Habt ihr's gehört, Kinder!« sagte er, mild aber fest; und als der Gast gegangen war, mit einer ganz anderen Stimme und Manier:
»Daß ihr mir die Äpfel nicht anrührt! Wenn ich euch dabei erwische, schicke ich euch nicht nur sofort ins Bett – ihr bekommt auch noch eine tüchtige Tracht Prügel dazu.« Was seine Großartigkeit nur noch erhöhte.
Jeden Sonntagmorgen nach dem Kirchgang spazierte Vater – Bogey[1] und ich hinterdrein – durch den Blumengarten, den Veilchenpfad entlang, an den weißen Rosen- und Fliederbüschen vorüber, den Hügel hinunter in den Obstgarten. Der Apfelbaum schien, wie die Jungfrau Maria, um die ihm erwiesene hohe Ehre zu wissen; er stand für sich allein, ein wenig gebeugt unter der Last seiner Früchte, und bewegte leise seine glänzenden Blätter – so präsentierte er sich gewichtig und kostbar Vaters furchtgebietenden Blicken, dessen Herz bei seinem Anblick schwoll – wir wußten, daß das Herz ihm schwoll. Er legte die Hände auf den Rücken und verdrehte die Augen auf die für ihn charakteristische Weise. Da stand es – das zufällige Etwas – das Ding, an welches niemand auch nur gedacht hatte, als das harte Geschäft gemacht worden war. Es war gar nicht eingerechnet, war eigentlich gar nicht bezahlt worden. Wenn das Haus zu jener Zeit abgebrannt wäre, so hätte ihn das weniger stark getroffen als der Verlust dieses seines Apfelbaumes. Und wie Bogey und ich uns aufspielten – Bogey, der seine zerkratzten Knie zusammenpreßte, die Hände auf dem Rücken wie sein Vater, eine runde Matrosenmütze auf dem Kopf, auf der »H.M.S. Thunderbolt« aufgedruckt war. Die Äpfel, die zuerst blaßgrün waren, wurden langsam gelb: dann malte die Sonne dunkelrosa

[1] Kosename für Leslie Heron Beauchamp – später auch für J.M.M.

Streifen darauf, die mit dem Gelb verschmolzen, rot wurden und dann in ein schönes klares Karminrot übergingen.

Endlich kam der Tag, an dem Vater ein Perlmuttermesserchen aus der Westentasche zog. Dann langte er hinauf. Langsam und sorgfältig pflückte er zwei der Äpfel.

»Beim Zeus! Sie sind ganz warm«, rief er voll Verwunderung aus. »Das sind ja ganz wunderbare Äpfel! Erstklassig! Prächtig!« Er rollte und drehte sie in den Händen.

»Schaut mal an, nicht ein Flecken – nicht ein Makel!« Er marschierte durch den Obstgarten, und wir stolperten hinter ihm her, zu einem Baumstumpf unter den Akazien. Wir setzten uns rechts und links von Vater hin. Er legte einen der Äpfel auf den Boden, öffnete das Messerchen und zerschnitt den andern zierlich und elegant in zwei Hälften.

»Beim Zeus! Schaut mal an!« rief er aus.

»Vater!« schrien wir gehorsam, aber auch aus wirklicher Begeisterung. Denn die prächtige rote Farbe war durch das weiße Apfelfleisch gedrungen; es war rosarot bis zu den glänzenden schwarzen Kernen, die so genau in die schuppigen Hülsen paßten. Es sah aus, als ob der Apfel in Wein getaucht worden wäre.

»Ich habe *so etwas* noch nie gesehen«, sagte Vater. »Einen solchen Apfel findet ihr so schnell nicht wieder!« Er hielt ihn an die Nase und sprach ein ungewohntes Wort aus: »Bouquet! Was für ein Bouquet!« Und dann überreichte er Bogey die eine Hälfte und mir die andere.

»*Schlingt* ihn bloß nicht so runter!« mahnte er. Es war ihm eine Qual, auch nur so viel davon zu verschenken. Ich wußte es, während ich meine Hälfte demütig entgegennahm, und Bogey nahm die seine ebenso demütig entgegen.

Dann teilte Vater den zweiten Apfel mit dem gleichen genauen, eleganten Schnitt des Messerchens.

Ich ließ Bogey nicht aus den Augen. Zusammen bissen wir hinein. Unsere Münder waren voll von einer mehligen Masse,

einer harten, leicht bitteren Schale – einem scheußlichen Geschmack von etwas Trockenem ...
»Nun?« fragte Vater aufgeräumt. Er hatte seine Hälfte in Viertel geschnitten und die kleinen Gehäuse herausgenommen. »Nun?«
Bogey und ich starrten einander an und kauten verzweifelt. In diesen Sekunden des Kauens und Schluckens führten wir ein langes, stummes Gespräch und tauschten ein seltsames, bedeutungsvolles Lächeln. Wir schluckten und rückten dicht an Vater heran, bis wir ihn fast berührten.
»Herrlich! Wunderbar!« logen wir. »Herrlich, Vater! Einfach wunderbar!«
Aber es hatte keinen Zweck. Vater spuckte aus, was er im Mund hatte, und ging nie mehr auch nur in die Nähe dieses Apfelbaums.

Im November gab Katherine das Haus an der Acacia Road auf und begab sich nach Südfrankreich. J.M.M. begleitete sie, mußte aber schon nach drei Wochen nach England zurückkehren.

November. Bandol, Frankreich. Bruder. Ich glaube, daß ich schon lange gewußt habe, daß das Leben für mich vorbei ist, aber ich habe es nie klar erkannt oder zugegeben, bis mein Bruder starb. Ja, obwohl er in einem Wäldchen in Frankreich begraben liegt, und obwohl ich noch immer aufrecht umhergehe, die Sonne fühle und den Wind, der vom Meer kommt, bin ich doch so tot wie er. Gegenwart und Zukunft bedeuten mir nichts mehr. Ich bin nicht mehr »neugierig« auf Menschen; ich habe kein Verlangen, irgendwohin zu gehen; und der einzig mögliche Wert, den etwas für mich noch haben kann, ist, daß es mich an etwas erinnern könnte, was geschah oder war, als wir noch lebten.
»Erinnerst du dich, Katie?« Ich hörte seine Stimme in den Bäumen und Ulmen, in den Düften, in Licht und Schatten.

Haben die Menschen, abgesehen von denen in der Ferne, jemals für mich wirklich existiert? Oder haben sie sich mir versagt, sind sie dahingeschwunden, weil ich ihnen Wirklichkeit absprach? Nehmen wir an, ich würde sterben, wie ich hier sitze und mit meinem indischen Papiermesser spiele, welchen Unterschied würde es machen? Keinen. Warum begehe ich denn nicht Selbstmord? Weil ich glaube, daß ich noch eine Pflicht zu erfüllen habe, der schönen Zeit gegenüber, als wir beide noch am Leben waren. Ich möchte darüber schreiben, und er wollte das auch. Wir sprachen davon in meinem kleinen Dachzimmer in London. Ich sagte: »Auf die erste Seite werde ich schreiben: Für meinen Bruder Leslie Heron Beauchamp.« Nun gut: es soll geschehen.

Bei Sonnenuntergang legte sich der Wind. Ein halber Mond hängt in der hohlen Luft. Es ist sehr still. Irgendwo summt eine Frau ein Lied. Vielleicht kauert sie vor dem Ofen im Flur, denn es ist die Art von Lied, wie es eine Frau vor dem Feuer singt – grüblerisch, warm, schläfrig, und geborgen. Ich sehe ein kleines Haus mit Blumen an den Fenstern, und die weiche Masse eines Heuschobers im Hintergrund. Die Hühner sind schlafen gegangen – wollige Bündel auf der Stange. Das Pony ist im Stall unter einer Decke. Der Hund liegt in seiner Hütte, den Kopf auf den Vorderpfoten. Die Katze wacht neben der Frau, den Schwanz unter sich gesteckt, und der noch junge, sorglose Mann kommt die dunkle Straße herauf geschlendert. Plötzlich erscheint ein Lichtfleck am Fenster und auf dem Stiefmütterchenbeet unten, und er geht schneller und fängt an zu pfeifen.
Aber wo sind diese artigen Menschen? Diese jungen, starken Menschen mit festen, gesunden Leibern und lockigen Haaren? Es sind keine Heiligen oder Philosophen, es sind bloß anständige menschliche Wesen – aber *wo sind sie?*

Sonntag. [Dezember.] Zehn Minuten nach vier. Dieser Sonntag ist ohne Zweifel der schlimmste meines Lebens. Ich habe den tiefsten Grund berührt. Selbst mein Herz schlägt nicht mehr. Nur eine Art von Summen des Blutes in meinen Adern hält mich am Leben. Jetzt kommt die Dunkelheit wieder zurück; nur an den Fenstern ist noch ein weißer Schimmer. Meine Uhr tickt laut und stark auf dem Nachttisch, als sei sie voll eines winzigen Lebens, während ich dahinschwinde – ich sterbe.

Wieder ist es Abend. Das Meer steigt sehr hoch. Es kräuselt sich, flutet empor und über, umarmt die Felsen, springt auf sie. Im scharfen metallischen Licht haben die Felsen eine rötliche Färbung. Über ihnen ein breiter Gürtel von Grün, vermischt mit einem satten, rußigen Schwarz; weiter oben der Kegel eines violetten Berges; und über dem Berg leuchtet der Himmel in hellem Blau, wie das Innere einer nassen Meermuschel. Das Licht verwandelt sich jeden Augenblick. Schon während ich schreibe, ist es nicht mehr so hart. Ein paar kleine, weiße Wolken krönen den Gipfel des Berges, wie hochgeworfener Rauch. Und jetzt zieht sich eine purpurne Wolke bedrohlich und furchterregend über den Himmel. Die Bäume werfen sich herum in dem unsteten Licht. Ein Hund bellt. Der Gärtner schlurft über den frischgeharkten Weg, spricht mit sich selber, ergreift den Korb für das Unkraut und geht wieder. Zwei Liebende spazieren am Meeresufer. Sie sind in Mäntel gehüllt. Die Frau trägt ein rotes Tuch auf dem Kopf. Die beiden gehen das Ufer entlang, sehr stolz und sorglos, umarmen sich und trotzen dem Wind.
Ich bin krank heute – ich kann nicht gehen – und habe Schmerzen.

Mittwoch [Dezember.] Heute befestige ich mein Herz. Ich gehe rund um mein Herz herum und baue Verteidigungsmauern. Ich will kein einziges Schlupfloch offenlassen, in dem

auch nur ein paar Veilchen wachsen könnten. Verleih mir ein festes Herz, o Gott! Gott, mache du mein Herz fest!
Heute morgen konnte ich ein wenig ausgehen. Und so ging ich zur Post. Sonnenhell. Die Palmen reckten sich in die Luft frisch und schimmernd. Als ich die Straße erreichte, hörte ich singen. Ich hatte den merkwürdigen Gedanken: »Die Engländer sind da!« Aber natürlich waren sie es nicht.

Die Krankheit, an der Katherine zu dieser Zeit litt, war rheumatischer Natur, und sie schädigte ihre Herztätigkeit. Sie hatte aber nichts zu tun mit der Lungentuberkulose, an der sie starb. Diese trat erst zwei Jahre später in Erscheinung, im Dezember 1917. Katherine hatte immer geglaubt, daß sie an Herzversagen sterben werde.

Eine Begegnung.
Heute nachmittag bin ich nicht spazierengegangen. Es gibt hier einen langen Damm, der ins Meer hinausreicht. Riesige Steine auf beiden Seiten und ein schmaler, holpriger Ziegenpfad in der Mitte. Als ich das Ende erreicht hatte, ging gerade die Sonne unter. Und da ich mich einsam und romantisch fühlte, setzte ich mich auf einen Stein und betrachtete die rote Sonne, die scheußlich aussah, wie eine eingemachte Aprikosenhälfte; das Meer, in dem sie unterging, erinnerte mich an einen riesigen Quarkberg. Leise, aber vernehmbar begann ich zu summen: »Allein zwischen Himmel und Meer, usw.« Aber plötzlich bemerkte ich, daß ein winziger Fleck auf dem Damm sich auf mich zu bewegte. Er wuchs und verwandelte sich allmählich in einen jungen Offizier in dunkelblauer Uniform, schlank, mit olivenfarbener Haut, schönen Augenbrauen, schmalen blauen Augen und einem feinen, seidigen Schnurrbart.
»Sind Sie allein, Madame?«
»Allein, Monsieur.«
»Wohnen Sie im Hotel, Madame?«

»Im Hotel, Monsieur.«

»Ach, ich habe Sie schon mehrmals allein spazierengehen sehen, Madame.«

»Das ist möglich, Monsieur.«

Er errötete und legte die Hand an die Mütze.

»Ich bin sehr indiskret, Madame.«

»Sehr indiskret, Monsieur.«

Et in Arcadia Ego.

Vor dem kleinen Holzfeuer zu sitzen, die Hände im Schoß, und mit geschlossenen Augen – sich vorzustellen, man sähe nochmals hinter den Wimpern die tanzende Schönheit des Tages, man spüre nochmals die Flamme auf dem Hals, so wie man glaubte, den gelben Fleck zu spüren, wenn Bogey einem eine Butterblume unter die Nase hielt . . . wenn Atmen eine solche Wonne ist, daß man fast Angst hat zu atmen – als ob ein Schmetterling seine Flügel auf deiner Brust fächelte. Noch einmal den warmen Sonnenschein zu schmecken, der einem im Munde schmolz; noch einmal den weißen Wachsduft zu riechen, der über den Narzissenfeldern lag, und den wilden würzigen Duft des Rosmarins, der in kleinen Büscheln inmitten der roten Felsen nahe dem Meeresstrand wächst . . .

Der Mond geht auf, aber der zögernde Tag verweilt noch am Himmel und auf dem Meer. Das Meer ist rosafarben, von der Farbe unreifer Kirschen, und am Himmel flieht ein gelbes Licht, gelb wie die Flügel von Kanarienvögeln. Sehr standhaft und stark sind die Stämme der Palmen. Die aus ihren Spitzen hervorschießenden grünen Büschel scheinen die Abendluft zu durchschneiden, und dazwischen stehen die blauen Gummibäume, hoch und schlank, mit sichelförmigen Blättern und hängenden, halb blauen, halb violetten Zweigen. Der Mond steht jetzt gerade über dem Berg hinter dem Dorf. Die Hunde wissen es; schon beginnen sie zu heulen und zu bellen. Die Fischer rufen und pfeifen einander zu, während sie ihre Boote hereinbringen; einige halbwüchsige Jungen sin-

gen mit gebrochenen Stimmen unten am Ufer. Man hört auch das Geschrei von Kindern, von kleinen Kindern mit sonnengebräunten Wangen und Sand zwischen den Zehen, die heimgetragen und zu Bett gebracht werden . . .
Ich bin müde, glückselig müde. Glaubst du, daß Gänseblümchen glückselig müde sind, wenn sie sich schließen für die Nacht und der Tau auf sie herabsinkt?

(24. Dezember)

1916

Die glückliche Stimmung war von der bevorstehenden Ankunft J.M.M.'s in Bandol hervorgerufen worden. Katherine hatte ein kleines Haus mit vier Zimmern mieten können, die Villa Pauline, mit einem Mandelbaum im Garten, dessen Zweige an das Fenster des Eßzimmers pochten. Dort verbrachten Katherine und J.M.M. vier glückliche Monate, und dort schrieb Katherine die erste Version von »Prelude«.

22. Januar. [Villa Pauline, Bandol.] Nun aber, was ist es, das ich wirklich schreiben möchte? Ich frage mich: bin ich nicht mehr so ganz Schriftstellerin, wie ich es gewesen bin? Ist das Bedürfnis zu schreiben weniger dringend geworden? Scheint es mir noch immer so natürlich, diese Ausdrucksform zu wählen? Hat Reden es befriedigt? Will ich mehr, als bloß zu erzählen, mich zu erinnern, mich zu ermutigen?
Solche Gedanken ängstigen mich zu Zeiten etwas, und manchmal bin ich fast überzeugt, daß es so ist. Ich sage mir: Du bist jetzt so erfüllt von deinem eigenen Sein, davon, daß du lebst, vom Leben, von deinem Streben nach einem höheren Sinn des Lebens und nach einer tieferen Liebe, daß das andere dich verlassen hat.
Aber nein, im Grunde bin ich nicht überzeugt, denn eigent-

lich ist mein Wunsch nie so stark gewesen. Nur die Form, die ich wählen möchte, hat sich völlig verändert. Ich befasse mich nicht mehr mit den gleichen Dingen. Die Menschen, die in meinen Geschichten gelebt haben oder die ich in meine Geschichten hineinbringen wollte, interessieren mich nicht mehr. Die Handlungen meiner früheren Geschichten lassen mich völlig kalt. Auch wenn diese Menschen existieren und all die Unterscheidungen, Verwicklungen und Auflösungen Wahrscheinlichkeit besitzen – warum sollte *ich* über sie schreiben? Sie stehen mir nicht nahe. All die falschen Fäden, die mich mit ihnen verbanden, sind gänzlich zerschnitten.
Jetzt – jetzt möchte ich Erinnerungen an mein eigenes Land schreiben. Ja, ich will über mein Heimatland schreiben, bis mein Vorrat erschöpft ist. Nicht nur, weil es eine »heilige Verpflichtung« gegenüber meiner Heimat ist, weil mein Bruder und ich dort geboren sind, sondern auch, weil ich in Gedanken all die vertrauten Orte mit ihm durchstreife. Ich bin nie sehr fern von ihnen. Ich sehne mich danach, sie im Schreiben wieder zum Leben zu erwecken.
Ach, die Menschen – die Menschen, die wir dort liebhatten –, auch von ihnen will ich schreiben. Noch eine »Liebesschuld«. O, ich möchte, daß für einen Augenblick unser unentdecktes Land vor der Alten Welt aufblitzt. Es muß geheimnisvoll sein, wie fließend. Es muß atemberaubend sein. Es muß »eine jener Inseln« sein ... Ich will alles sagen, sogar, wie in Haus Nr. 75 der Wäschekorb quietschte. Aber alles muß mit einem Sinn für das Geheimnisvolle erzählt werden, mit einem Glanz, einem Nachglühen, da du, meine kleine Sonne, untergegangen bist. Du bist über den blendenden Rand der Welt hinabgefallen. Nun muß ich mein Teil tun.
Und dann möchte ich Gedichte schreiben. Ich schwanke immer ein bißchen zwischen Poesie und Prosa. Der Mandelbaum, die Vögel, das Wäldchen, wo du ruhst, die Blumen, die du nicht siehst, das offene Fenster, aus dem ich mich lehne und träume, daß du neben mir stehst, und die Zeiten, da dein Bild

»traurig aussieht«. Aber ganz besonders möchte ich eine Art von langer Elegie an dich schreiben ... vielleicht nicht in Versen. Auch nicht in Prosa. Wahrscheinlich in einer Art *besonderer Prosa.*

Und schließlich möchte ich eine Art von *Notizbuch* führen, um es eines Tages zu veröffentlichen. Das ist alles. Keine Romane, keine Problemgeschichten, nichts, was nicht einfach, offen wäre. K. M.

13. Februar. Ich habe praktisch noch nichts geschrieben, und jetzt wird die Zeit wieder knapp. Nichts ist getan. Ich bin meinem Werk nicht näher als vor zwei Wochen, und ich beginne, an meinem Willen, etwas durchzuführen, zu zweifeln. Jedesmal wenn ich ein Gelübde ablege, sagt mein Dämon fast im selben Augenblick: »O ja, das haben wir schon früher gehört!« Und dann höre ich R. D. im Café Royal, wie er sagt: »Schreiben Sie noch immer?« Sollte ich nach England zurückkehren, ohne ein Buch *beendigt* zu haben, so würde ich mich selbst aufgeben. Ich wüßte dann, daß ich keine wirkliche Schriftstellerin bin und daß ich keinen Anspruch auf »einen Tisch in meinem Zimmer« habe. Wenn ich aber mit einem fertigen Buch zurückkehre, dann wird das eine *profession de foi pour toujours* sein. Warum wohl zögere ich so lange? Ist es einfach Trägheit, Mangel an Willenskraft? Ja, ich glaube, das ist es, und das ist auch der Grund, warum es so ungeheuer wichtig ist, daß ich mich behaupte. Heute habe ich einen Tisch in meinem Zimmer so aufgestellt, daß ich in eine Ecke blicke, aber ich kann von meinem Platz aus einige Knospen des Mandelbaumwipfels sehen, und ich höre das Meer. Auf dem Tisch steht eine Vase mit schönen Geranien. Nichts könnte hübscher sein als dieser Fleck, und er ist so ruhig und hoch gelegen, als säße man auf einem Baum. Ich glaube, ich werde hier schreiben können, besonders in der Dämmerung.

Ach, wenn ich einmal in Flammen stehe – wie würde ich dann brennen und lodern! Und hier eine andere Tatsache. Wenn ich nicht schreibe, habe ich das Gefühl, daß mein Bruder mich ruft, und er ist unglücklich. Nur wenn ich schreibe oder in einem Zustand des Schreibens bin – ein Zustand der »Eingebung« – spüre ich, daß er ruhig ist ... Letzte Nacht träumte ich von ihm und Pater Zossima[1]. Pater Zossima sagte: »Laß den neuen Menschen nicht sterben.« Mein Bruder war gewiß dabei. Aber gestern abend rief er mich, als ich am Kaminfeuer saß. Schließlich gehorchte ich und ging hinauf. Ich blieb im Dunkel und wartete. Der Mond wurde sehr hell. Sterne schienen, sehr helle, flimmernde Sterne, die sich zu bewegen schienen, während ich sie betrachtete. Der Mond schien. Ich sah, wie das Meer in das Land überging, und am Himmel darüber lag ein gebogener Wolkenstreif. Vielleicht waren diese drei Halbkreise von magischer Bedeutung. Aber dann, als ich mich aus dem Fenster lehnte, war mir, als sähe ich meinen Bruder auf dem ganzen Feld verstreut – bald auf dem Rücken, bald auf dem Gesicht liegend, bald zusammengekauert, bald halb in der Erde versunken. Wohin ich auch schaute, überall lag er. Ich glaubte, daß Gott ihn mir auf diese Weise zu einem ganz bestimmten Zweck zeigen wollte, und ich kniete am Bette nieder. Aber ich konnte nicht beten. Ich hatte nichts gearbeitet. Ich war nicht in einem Zustand der Gnade. So stand ich endlich wieder auf und ging wieder hinunter. Aber ich war schrecklich traurig . . . Die Nacht zuvor, als ich im Bett lag, wurde ich plötzlich von Leidenschaft ergriffen. Ich verlangte nach J. Aber als ich mich umdrehte, um mit ihm zu sprechen oder ihn zu küssen, sah ich meinen Bruder fest schlafend, und ich wurde kalt. So geht es fast immer. Vielleicht weil ich in Gedanken an ihn schlafen ging, wachte ich auf und war er, für eine ganze Weile. Ich fühlte, daß mein Gesicht sein ernstes, schlafendes Gesicht war. Ich fühlte, daß die Linien meines Mundes sich verändert hatten, und ich blinzelte, wie er es tat, wenn er erwachte.

---

[1] Gestalt aus Dostojewskis *Die Brüder Karamasow.*

Dieses Jahr muß ich Geld verdienen und bekannt werden. Ich will genug Geld verdienen, um auch L. M. etwas davon geben zu können. Ja, ich will für sie sorgen. Das ist mein Plan, und ich will auch genug verdienen, um unsere Schulden bezahlen und anständig leben zu können. Ich möchte gern ein Buch veröffentlichen und eine ganze *Anzahl* von Erzählungen fertig haben. Ach, während ich schreibe, steigt der Rauch meiner Zigarette nachdenklich empor, und ich fühle mich näher jenem schweigenden, kristallenen Wesen, das ich früher fast gewesen bin.

14. Februar. Ich beginne an eine unvollendete Erinnerung zu denken, die mich jahrelang begleitet hat. Es ist eine sehr gute Geschichte, wenn ich sie richtig erzählen kann, und ihr Titel ist *Lena.* Sie spielt in Neuseeland und ist für das Buch bestimmt. Wenn ich es nur in den Griff bekomme.

Lieber Bruder, während ich diese Gedanken notiere, spreche ich mit dir. Für wen habe ich immer geschrieben, als ich jene riesigen Klagebücher schrieb? Für mich selbst? Aber jetzt, da ich diese Worte schreibe und davon spreche, wie ich die Neuseeland-Atmosphäre beschwören möchte, sehe ich dich mir gegenüber, sehe deine gedankenvollen, strahlenden Augen. Ja, für dich habe ich geschrieben. Wir waren auf der Reise – saßen einander gegenüber und fuhren sehr schnell. Ach, mein Liebling, wie konnte ich nur dieser ungeheuren Freude ausweichen? Jedesmal wenn ich die Feder ergreife, bist *du* bei mir. Du bist mein. Du bist mein Spielgefährte, mein Bruder, und zusammen werden wir unser Land durchstreifen. Mit dir zusammen sehe ich alles, und darum sehe ich alles so klar. Es ist ein großes Geheimnis. Mein Bruder, in den letzten Tagen habe ich Zweifel gehabt. Ich bin an schrecklichen Orten gewesen. Ich hatte das Gefühl, nicht bis zu dir vordringen zu können. Aber jetzt, mit einem Mal, haben sich die Nebel gelichtet, und ich sehe und weiß, daß du mir nahe bist. In diesem Augenblick bist du lebendiger bei mir, als wenn du noch am Leben wärst und ich dir ganz aus der Nähe schreiben würde. Und während du meinen Namen sprichst, den Namen, bei dem du mich nennst und den ich so gernhabe – »Katie!« –, öffnen sich deine Lippen zu einem Lächeln – du glaubst an mich, du weißt, ich bin hier. O, Chummie! lege deine Arme um mich. Ichwollte schreiben: laß uns alle andern ausschließen. Aber nein, darauf kommt es nicht an. Nur wollen wir sie zusammen »betrachten«. Mein Bruder, du weißt, wie groß auch mein Verlangen ist, mein Wille ist schwach. Etwas zu tun – und sei es auch nur, ganz allein und nur für mich selber zu schreiben –, fällt mir furchtbar schwer. Gott allein weiß, warum, da mein Verlangen doch so groß ist. Aber so, wie es uns stets glücklich gemacht hat, beieinander zu sitzen – weißt du noch? – und von alten Zeiten zu plaudern, bis in alle Einzelheiten, das letzte Gefühl, indem wir uns anschauten und in Blicken ausdrückten, was Worte versagten, wie innig verstanden wir einander dann – so, mein Liebster, wollen wir es auch jetzt halten. Du weißt, wie unglücklich ich in der letzten Zeit gewesen bin. Ich hatte beinahe das Gefühl: Vielleicht gibt es den »neuen Menschen« gar nicht. Vielleicht bin ich noch nicht auferstanden . . . Aber jetzt zweifle ich nicht mehr. Es ist das Gefühl (es war immer da, aber nie so stark in mir wie heute abend), daß ich nicht allein schreibe. Daß ich in jedem Wort, das ich schreibe, und an jedem Ort dich bei mir habe. Das könnte in der Tat das Motto meines Buches sein. Auf dem Tisch stehen Gänseblümchen, und eine rote Blume, wie eine Mohnblume, leuchtet dazwischen. Von Gänseblümchen will ich schreiben. Vom Dunkel. Vom Wind – von der Sonne und vom Nebel. Vom Pier. Ach, von allem, was du liebtest und was auch ich liebe und fühle. Heute abend ist das klargeworden. Wie oft ich auch zum Schreiben ansetze und wieder neu schreibe, ich werde doch nicht innehalten, Liebster, und das Buch wird geschrieben und beendet werden.

15. Februar. Ich habe das Schweigen gebrochen. Es hat lange gedauert. Habe ich dich im Stich gelassen, wenn ich dasaß und las? O, habe ein wenig Geduld mit mir. Ich werde besser sein, ich werde alles tun, alles, was wir wünschen können. Liebster, ich werde nicht aufgeben. Heute abend ist es sehr stürmisch. Hörst du es? Es ist der Wind und das Meer. Man hat das Gefühl, die Welt wehe wie eine Feder im Wind, die sich in der Luft wiegt wie ein Ballon von Lindsay. Ich höre ab und zu jemand Klavier spielen, aber das ist wohl Einbildung. Wie laut der Wind heult! Wenn ich jeden Tag getreulich aufschreiben würde, wie ich dir die Treue gehalten habe – ja, das muß ich tun. Jetzt bist du wieder bei mir. Du machst einen Schritt auf mich zu, eine Hand in der Tasche. Mein Bruder, mein kleiner Bruder! Deine nachdenklichen Augen! Ich sehe dich immer so vor mir, wie du mich verlassen hast. Ich sah dich einen Augenblick allein – dir selber überlassen und – so kam es mir vor, ganz verloren. Mein Herz sehnte sich in jenem Augenblick so nach dir. Und es sehnt sich auch heute abend, jetzt, nach dir. Hast du geweint? Ich sagte mir immer: Er darf niemals, niemals unglücklich sein. Und jetzt will ich ganz nahe zu dir kommen, will deine Hand in die meine nehmen, und wir werden uns diese Geschichte erzählen.

16. Februar. Heute morgen *habe ich »The Aloe«*[1] *gefunden.* Und als ich nochmals las, was ich geschrieben hatte, da wußte ich, daß ich gestern nicht ganz »richtig« war. Nein, Liebster, es war nicht nur die Stimmung. Aber *»The Aloe«* ist richtig. *»The Aloe«* ist wunderbar. Sie fasziniert mich, und ich weiß, daß sie das ist, was du wolltest. Und nun weiß ich auch, was das letzte Kapitel ist. Es ist deine Geburt – dein Kommen im Herbst. Du in Großmutters Armen unter dem Baum, dein feierliches Wesen, deine wunderbare Schönheit. Deine Hände,

---

[1] »The Aloe« ist die erste Fassung von »Prelude«. Die Erzählung ist gesondert veröffentlicht worden.

dein Kopf – deine Hilflosigkeit, als du am Boden lagst, und vor allem deine ungeheure Würde. Dieses Kapitel soll das Buch beschließen. Das nächste Buch soll ganz und gar unser sein. Und du mußt für Linda die Welt bedeuten; und schon bevor du geboren bist, muß Kezia mit dir spielen – mit ihrem kleinen Bogey. O Bogey, ich muß mich beeilen. Sie alle müssen das Buch haben. Es ist gut, mein Schatz! Mein kleiner Bruder, es ist gut, und es ist wirklich so, wie wir es uns vorgestellt hatten.

17. Februar. Heute abend bin ich traurig. Vielleicht ist es der alte, verlorene Wind. Und das *geistige* Gedenken an dich ist heute nicht genug. Ich möchte dich bei mir haben. Ich muß mich in mein Buch vertiefen, dann werde ich wieder glücklich sein. Mich verlieren, mich verlieren, um dich zu finden, Liebster. O, ich möchte, daß dieses Buch geschrieben wird, es MUSS sein! Es muß gebunden, verpackt und nach Neuseeland geschickt werden. Danach sehne ich mich aus ganzer Seele . . . Es wird geschehen.

Notizen zu »The Aloe«.
»In the scurrely«, wie Lottie sagt. [Unübersetzbares Wortspiel: »to scurry« = eilen, hasten; »scurrely« = zotig, vulgär.]

Aufgepaßt jetzt, Rags! Rühr' mir das nicht an, wenn ich nicht da bin. Wenn du auch nur mit einer Fingerspitze daran rührst, verdorrt deine Hand!
»Mum und wir kamen mit dem Bus herüber, und wir wollten zum Mittagessen bleiben. Wann eßt ihr zu Mittag in eurem neuen Haus?«
»Zur selben Zeit wie immer«, sagte Lottie. »Wenn die Glocke läutet.«
»Puh! Jetzt wissen wir doch nicht, wann«, sagte Pip. »Wir

essen immer um halb eins. Komm, wir gehen in die Küche und fragen die Köchin, um welche Zeit ihr eßt.«
»Wir dürfen vormittags nicht in die Küche«, sagte Isabel. »Wir dürfen auch nicht hinter das Haus gehen.«
»Nun, Rags und ich dürfen, denn wir sind zu Besuch da. Komm, Rags!«
Aber als sie durch das Seitentor getreten waren, das mit einem großen Eisenring geöffnet wurde und in den Hof führte, hatten sie ihre Absicht, die Köchin zu fragen, völlig vergessen.
»Was habt ihr zum Mittagessen?«
»Das gleiche wie immer«, sagte Lottie, »nur gibt es kalte Milch zu trinken anstatt Wasser.«

Mrs. Trout war Witwe. Ihr Mann war vor fünf Jahren gestorben, und gleich nach seinem Tod, noch bevor er ganz kalt war, hatte sie wieder geheiratet, viel gründlicher und treuer, als sie je mit ihm verheiratet war.
Die Heimreise.
Die Aloe ...
Stanley Burnell: Beryl spielt auf der Gitarre.
Die Samuel Josephs; die Reise und das Abendessen; alle zu Bett; Dan; Burnell macht Linda den Hof. Mrs. Burnell und Beryl; Kezia; die Aloe.
Stanley Burnell fährt nach Hause; die Kinderstube; Beryl mit einer Gitarre; Kinder; Alice; die Trout-Schwestern; Mrs. Trouts letzter Roman; Cribbage; Linda und ihre Mutter.
Dreizehn Kapitel alles in allem.
Sie schneiden den Stengel ab, als Linda erkrankt. Sie hat damit gerechnet, daß die Aloe blühen würde.

Jene Frau.
Rittlings auf dem Sims des Erkerfensters sitzend, den Duft der Sonnenblume – oder war es das Meer – einatmend, war die Hälfte von Kezia im Garten und die andere Hälfte im Zimmer.

»Hast du die Harcourts aufgeschrieben?«
»Ja, Mrs. Phil und Mrs. Charlie.«
»Und die Fields?«
»Mrs. *und* die Misses Field.«
»Und Rose Conway?«
»Ja, und auch das Mädchen aus Melbourne, das bei ihr ist.«
»Die alte Mrs. Grady?«
»Glaubst du – es sei nötig?«
»Meine Liebe, sie macht so liebend gern ein kleines Schwätzchen.«
»O, aber die Art, wie sie alles in ihren Tee tunkt! Schokoladeneistorte, und die Enden ihrer Federboa, alles tunkt sie in den Tee.«
»Wie wunderbar lange dieses Band gehalten hat, Harrie! Wunderbar!«
Das war die Stimme von Tante Beryl. Sie, Tante Harrie und Mutter saßen am runden Tisch, vor ihnen große flache Teetassen.
In dem Dämmerlicht und in ihren weißen, bauschigen Musselinblusen mit Flügelärmeln, waren sie drei am Rand eines Lilienteichs sitzende Vögel. Hinter ihnen verschwamm das dämmerige Zimmer im Schatten; die vergoldeten Bilderrahmen waren wie in die Luft gezeichnet; der Türknopf aus geschliffenem Glas schimmerte; ein Lied – ein weißer Schmetterling mit ausgebreiteten Flügeln – haftete an dem Ebenholzklavier.
Tante Harries klagende, singende Stimme: »Es ist wirklich sehr verschlissen, wenn man näher hinschaut. Ich glaube nicht, daß man es noch einmal bügeln kann.«
»Wenn ich reich wäre«, sagte Tante Beryl, »wirklich Geld ausgeben könnte – nicht sparen müßte ...«
»Und wie steht es – sollen wir diese Mrs. Gibbs einladen?«
»Linda!«
»Wie kannst du so etwas vorschlagen!«
»Nun, warum nicht? Sie braucht ja nicht zu kommen. Aber

es muß ja schrecklich sein, nie zu etwas eingeladen zu werden!«

»Du lieber Himmel! Wer ist schuld daran? Wer würde sie wohl einladen?«

»Sie ist ganz selber schuld daran.«

»Sie hat sich mit allen angelegt.«

»Und es muß für Mr. Gibbs besonders schrecklich sein.«

»Aber Harrie, Liebes, er ist ja tot.«

»Ich weiß, Linda, das ist es ja. Er muß sich so hilflos vorkommen, wenn er herunterschaut.«

Kezia hörte noch, wie ihre Mutter sagte: »Daran habe ich nicht gedacht. Ja, das muß einen ... verrückt machen!«

Tante Beryls kühle, leise Stimme schwoll an und überschlug sich: »Da gibt es wirklich nichts zu lachen, Linda. Alles hat seine Grenzen.«

Eine Kindheitserinnerung.

Damals geschahen die Dinge auf so einfache Weise, ohne Vorbereitung und ohne Schock. Man ließ mich in Mutters Zimmer gehen (ich erinnere mich, wie ich auf den Zehenspitzen stand und beide Hände brauchte, um die große, weiße Porzellanklinke zu drehen), und da lag meine Mutter im Bett, die Arme auf dem Leintuch, und da saß Großmutter vor dem Feuer und hatte ein Baby in einem Flanellschal auf den Knien. Mutter schenkte mir überhaupt keine Beachtung. Vielleicht schlief sie, denn Großmutter nickte und sagte mit fast flüsternder Stimme: »Komm und schau dir deine kleine Schwester an.«

Ich näherte mich auf den Fußspitzen, und sie öffnete den Flanellschal, und ich sah einen kleinen, runden Kopf mit einem Büschel goldenen Haars, und ein großes Gesicht mit geschlossenen Augen – weiß wie Schnee.

»Lebt es?« fragte ich.

»Natürlich lebt es«, sagte Großmutter.

»Schau, wie es meinen Finger hält.« Und wirklich, eine Hand, kaum größer als die meiner Puppe, hatte sich um ihren Finger gewunden. »Hast du es gern?« fragte Großmutter. »Ja; wird es mit dem Puppenhaus spielen?« »Nach und nach«, sagte Großmutter, und ich war sehr froh. Mrs. Heywood hatte uns eben das Puppenhaus geschenkt. Es war ein sehr schönes Puppenhaus, mit Veranda und Balkon und einer Tür, die man öffnen und schließen konnte, und mit zwei Kaminen. Ich hätte es schrecklich gern jemand anderem gezeigt.

»Sie heißt Gwen«, sagte Großmutter. »Gib ihr einen Kuß.«

Ich beugte mich vor und küßte den kleinen blonden Schopf. Aber sie beachtete mich nicht. Still und mit geschlossenen Augen lag sie da.

»Geh nun und gib Mutter einen Kuß«, sagte Großmutter.

Aber Mutter wollte nicht geküßt werden. Matt lehnte sie sich in die Kissen und aß etwas Sago. Die Sonne schien durch die Fenster und flimmerte auf den Messingknöpfen des großen Bettes.

Später kam Großmutter mit Gwen in die Kinderstube und setzte sich mit ihr in den Schaukelstuhl vor dem Kaminfeuer. Meg und Tadpole waren zu Besuch bei Tante Harriet, und sie waren schon nicht mehr da, als das Puppenhaus ankam, und das war die Ursache, warum ich es so gern jemandem gezeigt hätte. Selber war ich schon oft durch das winzige Haus gegangen, von der Küche zum Eßzimmer, hinauf in die Schlafzimmer, wo die Puppenlampe auf dem Tisch stand – viele, viele Male.

»*Wann* wird sie damit spielen?« fragte ich Großmutter.

»Nach und nach, Liebling.«

Es war Frühling. Unser Garten war voll von großen, weißen Lilien. Ich rannte immer hinaus, um daran zu schnuppern, und kam mit einer gelben Nase zurück.

»Darf sie nicht hinaus?«

Endlich, an einem sehr schönen Tag, wurde sie warm eingewickelt, und Großmutter trug sie hinaus in den Kirschgarten und spazierte mit ihr unter den fallenden Blüten auf und ab. Großmutter trug ein graues, mit weißen Stiefmütterchen besticktes Kleid. Der Wagen des Arztes stand vor der Tür, und sein kleiner Hund Jackie kam angerannt und schnappte nach meinen bloßen Beinen. Als wir in die Kinderstube zurückkamen und das Baby aus dem Schal wickelten, fielen kleine weiße Blütenblätter wie Federn aus den Falten. Aber Gwen schaute nicht einmal in diesem Augenblick auf. Sie lag in Großmutters Armen, die Augen gerade so weit offen, daß sich ein klein wenig Blau zeigte, ihr Gesicht war sehr heiß, und das Büschel blonden Haares erhob sich steil auf ihrem Köpfchen.

Tag und Nacht waren Großmutters Arme belegt. Ich hatte keinen Schoß mehr, auf den ich klettern, kein Kissen, auf dem ich ausruhen konnte. All das gehörte nun Gwen. Aber Gwen wußte es nicht; sie hob niemals die Hand, um mit der silbernen Brosche, einem Halbmond mit fünf kleinen Eulen, zu spielen; sie langte nie nach Großmutters Uhr und öffnete selber die Rückseite, um Großvaters Haare zu sehen; sie schmiegte sich nie an sie, um das Lavendelwasser zu riechen, oder nahm Großmutters Brillenfutteral und überlegte, ob es wirklich aus Silber sei. Sie lag einfach da und ließ sich wiegen.

Unten in der Küche kam eines Tages die alte Mrs. McElvie an die Tür und fragte Bridget nach dem kleinen Wurm, und Bridget sagte: »Sie lebt von Ochsenblut, das in einem Teller über einer Kerze erwärmt wird.« Nach diesem Ausspruch fürchtete ich mich vor Gwen, und ich beschloß, daß, wenn sie einmal mit dem Puppenhaus spielen sollte, ich sie nie in das Schlafzimmer hinaufgehen lassen würde – nur ins untere Stockwerk, und auch das nur, wenn ich sah, daß Bridget in der Nähe war.

Eines Abends spät saß ich am Feuer auf meinem kleinen Kniepolster, und Großmutter wiegte das Kindchen und sang dazu ein Lied, das sie auch für mich einst gesungen hatte, nur sang sie es jetzt leiser. Plötzlich hielt sie an, und ich schaute auf. Gwen öffnete die Augen und wandte ihren kleinen run-

den Kopf dem Feuer zu und guckte und guckte, und dann – wandte sie die Augen dem Gesicht zu, das sich über sie beugte. Ich sah, wie ihr kleiner Leib sich streckte, wie ihre Händchen nach oben griffen, und Großmutter rief: »Ah, ah, ah!«
Bridget kleidete mich am nächsten Morgen an. Als ich in die Kinderstube kam, schnupperte ich. Eine große Vase voll der weißen Lilien stand auf dem Tisch. Großmutter saß in ihrem Sessel mit Gwen auf dem Schoß, und ein komischer kleiner Mann, der den Kopf in einen schwarzen Sack steckte, stand hinter einer Schachtel mit Porzellaneiern.
»Jetzt!« sagte er, und ich sah, wie Großmutters Gesicht sich veränderte, als sie sich über die kleine Gwen beugte.
»Danke«, sagte der Mann und kam aus dem Sack heraus. Das Bild wurde im Kinderzimmer über den Kamin gehängt. Ich fand es sehr schön. Auch das Puppenhaus war darauf – mit Veranda, Balkon und allem. Gran hob mich hinauf, damit ich meine kleine Schwester küssen konnte.

College-Erinnerungen.
J.'s Fleiß ist eine beständige Ermahnung für mich. Warum schreibe ich nicht auch? Warum, da ich doch voller Ideen bin und weiß, daß der größte Teil davon geschrieben sein muß, *bevor* ich nach England zurückkehre, fange ich nicht an? Wenn ich nur den Mut aufbringe, mich gegen das schwere, massive Tor zu stemmen, ist alles, was dahinterliegt, mein; warum zaudere ich auch nur einen Augenblick? Weil ich faul bin, nicht mehr gewohnt zu arbeiten und unglaublich verschwenderisch. Wirklich, es ist Faulheit, eine Art ungeheurer Trägheit – hassenswert und schändlich.
Gestern dachte ich an meine *vergeudeten, vergeudeten* Mädchenjahre. Mein Leben im College[1], an das ich mich auf eine Art so lebhaft und genau erinnere, könnte ebensogut gänzlich ohne Bücher und Vorlesungen gewesen sein. Ich lebte in den

[1] Queen's College, Harley Street, London.

Mädchen, den Professoren, dem großen, schönen Gebäude, den lodernden Flammen des Kaminfeuers im Winter und den vielen Blumen im Sommer. Die Aussicht von den Fenstern, das ganze Muster, das sich wob. Niemand, hatte ich den Eindruck, sah es wie ich. Mein Geist war genau wie der eines Eichhörnchens. Im sammelte und sammelte, versteckte, was ich eingesammelt hatte, für jenen langen »Winter«, in dem ich meine Schätze wieder ausgraben würde – und wenn jemand in die Nähe kam, floh ich auf den höchsten, dunkelsten Baum hinauf und versteckte mich in den Zweigen. Und ich war so schrecklich fasziniert von Hall Griffin[1] und allen seinen Tricks – und dachte über ihn nach, wie er da saß, über sein Privatleben, wie er als Mann war, usw. usw. (Er erzählte uns, sein Bruder und er hätten einmal ein gewaltiges Heldengedicht geschrieben, genannt das Epos der Hall Griffins.) Es blitzte damals nur selten in all dieser Geschäftigkeit etwas auf, etwas über Spensers »Faerie Queene« oder Keats' »Isabella« oder den »Pot of Basil«, und zwar immer dann, wenn ich anderer Meinung war als H. G. und in mein Notizbuch schrieb: Dieser Mann ist ein Narr. Und Cramb, wunderbarer Cramb! Schon seine Figur überwältigte mich, er war »Geschichte« für mich. Alterslos und feurig, sich immer wieder verzehrend, wütend über das, was er gesehen hatte, aber vom langen Hinschauen etwas blind geworden. Cramb, wie er auf und ab schritt, erfüllte mich bis an den Rand. Ich konnte Crambs donnernde Vorlesungen nicht nachschreiben. Ich wollte einfach nur dasitzen und zuhören. Eine jede seiner Bewegungen, jedes Anhalten seiner Schritte, jeder Klang und jeder Blick stehen so lebendig vor mir, als wäre es gestern gewesen – aber von allem, was er sagte, kann ich mich nur an einzelne Sätze erinnern: »Er saß da, und seine Perücke fiel ihm vom Kopf«; »Anne Bullen, ein liebliches, *reines* Wesen, trat aus ihrer friedlichen Tür in das Licht und den Tumult, und sie schaute

[1] Wie Cramb einer der Professoren am Queen's College.

zurück und sah, wie sich die vertraute Tür hinter ihr schloß, mit einem leichten Zuschnappen, sozusagen – endgültig.« Aber, könnte ich einen zusammenhängenden Bericht von der Geschichte der englischen Literatur geben? Und wie steht es mit der englischen Geschichte? Nein. Wenn ich in *Daten* und *Zeiten* denke, kommen mir die falschen Leute – die richtigen fehlen mir.[1] Wenn ich ein Stück von Shakespeare lese, möchte ich es danach einordnen, was vorher war und was danach kommt. Ich möchte mir wenigstens ein bißchen vergegenwärtigen können, wie England und seine Menschen damals aussahen (während ich das niederschreibe, habe ich das Gefühl, daß ich es tatsächlich könnte, wenigstens letzteres), aber wenn ein Mann erwähnt wird, und gerade wenn der Mann wirklich gelebt hat, möchte ich ihn nicht zur Rechten von Sam Johnson setzen, wenn er in den Schatten Shakespeares gehört. Und das passiert mir öfter. Seit ich hier bin, interessiere ich mich sehr für die Bibel. Ich habe stundenlang darin gelesen, und ich begann mit genau dem gleichen Wunsch. Ich wollte wissen, ob Lot auf Noah folgte, oder so ähnlich. Es ist mir schmerzlich bewußt, daß ich solche Tatsachen wissen sollte: sie sollten zu einem gehören wie das Atmen. Gibt es einen anderen Erwachsenen, der so unwissend ist wie ich? Aber warum habe ich dem alten Herrn Pfarrer, der zweimal die Woche Bibelgeschichte las, nicht zugehört, anstatt ihm ins Gesicht zu starren? Sein Gesicht war ganz rund, dunkelrot, von einer gewissen Frische und von kleinen roten Äderchen mit unzähligen winzigen Verzweigungen bedeckt, die sich bis zur Stirn hinaufzogen und sich in seinen buschigen, weißen Haaren verloren. Er hatte auch kleine, etwas schwam-

---

[1] Auf der dem Originaltext gegenüberliegenden Seite befindet sich eine lange Liste der wichtigsten Gestalten der englischen Literaturgeschichte, vom 18. Jahrhundert an rückwärts. Katherine hatte offenbar versucht, ihr Wissen zu überprüfen. Die endgültige, korrigierte Liste ist völlig fehlerfrei.

mige Hände, purpurfarben und durchscheinend unter dem fleckigen Fleisch. Wenn ich seine Hände betrachtete, dachte ich – er wird einen Schlag bekommen und an einer Herzlähmung sterben ... Es hieß, er sei ein sehr gelehrter Mann, aber es war mir unmöglich, ihn mir anders vorzustellen als in einem zweireihigen Gehrock, mit einem pseudoklerikalen Tropenhelm auf dem Kopf, einem großen, weißen Taschentuch, das ihm in den Nacken fiel, wie er dastand und mit seinem Schirm auf den wahrscheinlichen Lagerplatz irgendeines Nomadenstammes hinwies, an seine Frau gewendet – eine ältliche Dame mit Herzbeschwerden, die überallhin in einem Korbsessel, der auf einem Eselsrücken angebracht war, transportiert wurde – und seine zwei Töchter, die Zwirnhandschuhe und Sandalen trugen und leicht nach irgendeiner Antimoskitolösung rochen.

Während er seine Vorlesung hielt, saß ich da und baute ihm ein Haus und bevölkerte es – ich füllte es mit Amerikanern, mit Ebenholz und schweren Möbeln, mit Schränken, die wie kleine Dome aussahen, und Tischen mit Elefantenfüßen, alles Geschenke befreundeter, dankbarer Missionare . . . Ich kam nur einmal in unmittelbare Berührung mit ihm. Das war, als er eines Tages die jungen Damen im Hörsaal aufforderte, die Hand zu erheben, die einmal von einem wilden Stier verfolgt worden wären, und da niemand sonst es tat, erhob ich die Hand (obwohl ich natürlich nie von einem wilden Stier verfolgt worden war). »O«, sagte er, »ich fürchte, Sie können da nicht mitreden. Sie sind ja eine kleine Wilde aus Neuseeland« – was ein klein wenig überheblich war, denn es muß doch sehr selten vorkommen, daß man von einem wilden Stier die Harley Street, die Wimpole Street, Welbeck Street, Queen Anne auf und ab oder um den Cavendish Square herumgejagt wird.

Und warum habe ich bei Monsieur Huguenet nicht Französisch gelernt? Was habe ich da nicht verpaßt! Was hat es mich nicht gekostet! Er lehrte in einem großen, langen Raum, der allenthalben – an Türen, Wänden und Fensterrahmen – in einer grauen Schattierung von Resedagrün gestrichen war. Die Decke war weiß, und unmittelbar darunter verlief ein Fries von langen, verschlungenen Blütenketten. Auf jeder Seite des marmornen Kaminsimses wankte ein nackter, kleiner Junge unter der Bürde einer großen Platte mit Trauben, die er über seinen Kopf hielt. Unter den Fenstern, weit unten, befand sich ein mit Kopfsteinen bepflasterter Stallhof, und man konnte das gedämpfte Klappern von Wagen hören, die dort ein- und ausfuhren, das Plätschern des Wassers, das sich aus einer Pumpe in einen großen Eimer ergoß – und einen Jungen, der pfeifend umherstapfte. Das Zimmer war nie sehr hell, und im Sommer hatte Monsieur Huguenet es gern, daß die Jalousien halb heruntergelassen waren . . . Er war ein kleiner, dicker Mann.

Der alte Mann konnte es nicht fassen, daß er immer noch stark genug war, einen solchen Brocken von einem Jungen hochzuheben. Er wollte es immer wieder ausprobieren, und selbst als der kleine Junge schrecklich genug hatte von dem Spiel, streckte der alte Mann immer noch blöde lächelnd die Arme aus und versuchte, ihn immer noch höher hinaufzuheben. Er versuchte es sogar mit einem Arm . . .

Saunders Lane.

12. März. Unser Haus an der Tinakori-Road stand weit zurück von der Straße. Es war ein großes, weißgetünchtes, viereckiges Haus, mit einer schlanken Säulenveranda und einem sich um das ganze Haus herumziehenden Balkon. Auf der Frontseite zog sich der Garten von der Veranda aus in Terrassen und Treppenstufen hinab – bis zu einer mit Kapuzinerkresse bewachsenen Mauer, in die drei Pforten eingelassen waren – eine für die Besucher, eine für die Lieferanten und ein riesiges altes Eisentor, das nie geöffnet wurde und das rasselte und schepperte, wenn Bogey und ich daran zu schaukeln versuchten.

Die Tinakori-Road war keine sehr elegante Straße: es wohnten alle möglichen Leute dort. Natürlich gab es einige gute Häuser, alte Häuser, wie das unsrige zum Beispiel, Häuser, die in verwilderten Gärten versteckt lagen, und es bestand kein Zweifel, daß das Land in jener Gegend eines Tages sehr wertvoll werden würde, wenn man genug davon kaufte und ausharrte.

Das Haus war hoch gelegen, eine gesunde Wohnlage; die Sonne strömte den ganzen Tag durch die Fenster, und wenn es einmal eine anständige Tramverbindung mit der Stadt gäbe, wie Vater argumentierte ...

Aber es war etwas peinlich, Tür an Tür neben der eigenen Waschfrau zu wohnen, die beständig über den Zaun hinweg mit Mutter ein Gespräch anzuknüpfen versuchte. Und dann wohnte auch gerade hinter ihrer »Hütte«, wie Mutter es nannte, ein alter Mann, der in seinem Hinterhof Leder verbrannte, und das immer gerade dann, wenn der Wind in unserer Richtung wehte. Und ein Stück weiter wohnte eine zahllose Mischlingsfamilie, die ihren Garten mit leeren Konservenbüchsen, alten Pfannen und schwarzen, deckellosen Eisenkesseln bepflanzt zu haben schien. Und unserem Haus gerade gegenüber war ein Pfahlzaun, und darunter, in einer Vertiefung, fast angepreßt an einen riesigen, ginsterbewachsenen Hügel, lag Saunders Lane.

März. Jinnie Moore[1] war sehr gut im Rezitieren. War sie besser als ich? Ich konnte die Mädchen zum Weinen bringen, wenn ich in der Nähstunde aus Dickens vorlas, und das konnte sie nicht. Sie mochte Dickens nicht; sie zog Bücher über Pferde, Landstreicher, Schiffbrüche und Präriefeuer vor

---

[1] Eine Schulkameradin in Wellington.

– das war ihr Stil, ihr unbekümmerter, rothaariger, verwegener Stil.

Das Folgende ist ein nicht abgesandter Brief an Frederick Goodyear, einen guten Freund von J.M.M. und Katherine. Er tat zu jener Zeit Dienst in Frankreich, in der meteorologischen Abteilung der Royal Engineers. Einige Monate später bewarb er sich um ein Offizierspatent in einem Infanterieregiment, um so an die Front zu gelangen. Er fiel dort im Mai 1917. Es soll hier erwähnt werden, daß kein einziger von Katherines Freunden, die in den Krieg zogen, lebend zurückkam. Dies erklärt den unauslöschlichen Eindruck, den der Krieg auf sie machte und welcher in ihrem letzten Lebensjahr in ihrer Erzählung »The Fly« vollkommene Gestaltung fand.

Der Brief von Frederick Goodyear, auf welchen Katherine nachstehend antwortet, schloß mit den folgenden Worten:

»Tatsache ist, daß ich in einer chronisch griesgrämigen Stimmung bin. Und NICHTS soll mich davon befreien, wenn ich es irgendwie verhindern kann.

Wir brauchen eine Definition. Wenn man nur dann von Liebe sprechen kann, wenn diese unwiderstehlich ist, dann liebe ich Dich nicht. Ist sie aber ein relatives Gefühl, dann liebe ich Dich.

Persönlich bin ich der Meinung, daß alles auf der ganzen Welt Humbug ist. Fredk. Goodyear.«

Sonntag, Villa Pauline, Bandol (Var). Mr. F. G. Nie haben Gurken[1] so schwer auf eines Frauenzimmers Magen gelegen wie Dein grauenvoller Erguß, den ich zweimal gelesen habe, aber um keinen Preis ein drittes Mal lesen werde. Aber ich

---

[1] Gurken, englisch cucumbers; aber Katherine schreibt ›cowcumber‹ = Kuhcumber. K. liebte solche »Malapropismen« (lächerliche Wortverdrehungen).

frage mich immer wieder und kann es ums Leben nicht verstehen, was Dich an meinem Brief so mächtig beunruhigt haben könnte. (Henry James ist tot. Wußtest Du's?) Ich habe nicht, von unwiderstehlicher Leidenschaft getrieben, gesagt, daß ich Dich liebe. Trotzdem bin ich gern bereit, es noch einmal zu sagen, wenn ich das Pfund Zwiebeln betrachte, das in einem Schnürsack an einem Pfannennagel hängt. Aber warum schreibst Du mir, als ob ich in andern Umständen und bei Dir in einer zweirädrigen Droschke vorgefahren wäre, um Dich zu bitten, eine ehrbare Frau aus mir zu machen? Ja, Du bist griesgrämig, mißtrauisch und sauertöpfisch. Und wenn Du denkst, daß ich im obigen Sinn auch nur von fern an Dich gedacht habe, dann, mein Freund, bist du auf der falschen Fährte.
In der Tat, wenn ich über Deinen letzten Brief nachdenke, so glaube ich nicht, daß Du *mir* schreiben wolltest, und ich lasse mich eher hängen, als daß ich meine Pfeile in die Luft verschieße. Aber vielleicht ist das nun *meine* schlechte Laune; oder es ist der Magen. Ich bin so hungrig, einfach leer, und als ich vor meinem inneren Auge gerade ein schön gebräuntes Filetsteak mit viel Soße *und* Meerrettich und gebackenen Kartoffeln gesehen habe, bin ich beinahe in Tränen ausgebrochen. Hier gibt es nichts zu essen außer Omelettes und Orangen und Zwiebeln. Der Tag ist kalt, sonnig und windig – genau das Wetter für eine Riesenmahlzeit und einen Lehnstuhl vor dem Feuer, um nachher darin der Verdauung zu pflegen wie eine Riesenschlange, eine Boa constrictor. Ich werde jetzt ganz sentimental, wenn ich an England denke, an das englische Essen, *anständige* englische *Verschwendung!* Wieviel besser ist das als diese sparsamen Franzosen, deren Blumengärten nichts als potentielle Salatschüsseln sind. Kein Blatt in Frankreich,, mit dem man nicht könnte *»faire une infusion«*, kein Halm, der nicht *»bon pour la cuisine«* wäre. Bei Gott, ich möchte ein Pfund bester Butter kaufen, sie auf das Fensterbrett stellen und zuschauen, wie sie schmilzt – nur um die Nachbarn zu ärgern. Es ist eine geizige, ungemüt-

liche Bande, ihrem munteren Getue zum Trotz ... Zum Beispiel ihre Wohnungen – was für entsetzliche Möbel – und nie auch nur ein bequemer Sessel. Wenn man ein Gespräch führen möchte, geht man am besten gleich ins Bett. Man hat nur die Wahl, sich entweder die Füße in den Bauch zu treten oder behaglich unter einem aufgeplusterten Deckbett zu liegen. Ich verstehe jetzt den tieferen Grund für das, was man französische moralische Laxheit nennt. Man wird einfach ins Bett gezwungen – gleichgültig mit wem. Es gibt keinen anderen Platz. Nimm mal an, es kommt ein *junger* Mann, um nach dem elektrischen Licht zu sehen, und er spricht und spricht und deutet nach der Decke – oder es kommt ein Freund zum Tee und fragt, ob man an das absolute Böse glaube. Wie kann man sich auf diese Dinge konzentrieren, wenn man auf vier Stecken und einigen Quadratzentimetern Rohr sitzt? Wieviel besser ist es, bequem dazuliegen und *sich der Sache hinzugeben.*

Später.
Jetzt habe ich eines dieser Omelettes gegessen, und auch eine der Orangen. Die Sonne hat sich zurückgezogen; es beginnt zu donnern. Ein kleiner Vogel sitzt auf einem Baum vor meinem Fenster. Er schleift mehr einen Ton als daß er singt. Er hat ihn schon ziemlich zugespitzt; ich glaube, Du würdest seinen Namen kennen ... Schreibe mir wieder, wenn alles nicht mehr *so sehr* Humbug ist! Auf Wiedersehen für heute!

In meiner strikt relativen Liebe,

K. M.

Es folgen einige Notizen über zwei Bücher von Dostojewski, »Der Idiot« und »Die Verdammten«, die zeigen, mit welch angespannter Aufmerksamkeit Katherine las und dabei stets ihre eigenen Arbeiten im Auge behielt.

Der Idiot. Nastasya Filipowna Baraschkowa.

Seite 7. Sie wird zuerst von Rogoschin im Zug erwähnt, und sie wird sofort von einem Mann mit roter Nase und pickligem Gesicht »erkannt«, der »alles über sie weiß«.

»Armance und Coralie und Prinzessin Patsky *und* Nastasya Filipowna.«

»Wir wollen gehen und Nastasya Filipowna besuchen.« *Prophetische Worte!*

Seite 9. Warum akzeptierte sie die Ringe von einem Mann, den sie vorher nie gesehen hatte? Sie war nicht auf Juwelen erpicht, sie hatte selber genug, und sie war äußerst wählerisch im Umgang mit Männern. Ist das russische Sitte? Nahm sie die Ohrringe an als Tribut an ihre Schönheit?

Seiten 26, 27. Das Porträt: »Ihre Augen waren dunkel und tief . . . ihr Ausdruck leidenschaftlich und verächtlich.«

Seite 33. »Das Gesicht ist fröhlich, aber sie ist durch schreckliche Leiden hindurchgegangen, nicht wahr? . . . Es ist ein stolzes, ausnehmend schönes Gesicht, aber ich weiß nicht, ob sie ein mitfühlendes Herz hat. Ah! wenn dies der Fall wäre, es würde alles wiedergutmachen.«

Seite 37. Die Geschichte Nastasyas. Jene Veränderung in ihr, wenn sie in Petersburg erscheint – ihr beinahe »technisches« Wissen, wie die Dinge in der Welt gemacht werden, ist keineswegs unmöglich. Bei Frauen, wie ihr, scheint es eine Art von Instinkt zu sein. (Maata[1] war genauso. Sie wußte diese Dinge einfach irgendwoher.) Was sie tut und sagt, sie tut es »aus Trotz«, es soll ihre Macht beweisen, und das, als Totsky die Waffe gezogen hat, mit welcher er sie verwundete, und sie den beißenden Schmerz fühlt.

Seite 366. Myschkin an Rogoschin: »Weißt du, daß sie dich jetzt vielleicht mehr liebt als irgend jemand sonst, und auf solche Weise, daß sie dich um so mehr liebt, je mehr sie dich quält? Sie will es dir nicht eingestehen, aber du mußt wissen, wie du es zu verstehen hast. Denn würde sie dich sonst heira-

---

[1] Eine Maori-Jugendfreundin.

ten wollen? Eines Tages wird sie es dir selber sagen. Es gibt Frauen, die auf diese Weise geliebt werden wollen, und das ist genau ihre Art. Und deine Liebe und dein Charakter müssen sie beeindrucken. Weißt du, daß es Frauen gibt, die fähig sind, einen Mann mit ihrer Grausamkeit und ihrem Spott zu quälen, ohne die geringsten Gewissensbisse, weil sie jedesmal, wenn sie dich ansehen, denken: ›Ich quäle ihn jetzt zu Tode, aber später werde ich es mit meiner Liebe wiedergutmachen.‹ «

Nachdem ich das Buch nochmals sorgfältig durchgelesen habe, bin ich noch ein wenig mehr verwirrt als zuvor, was den Charakter von Nastasya betrifft. Sie ist wirklich nicht gut gemacht. Sie ist schlecht gestaltet. Und wenn man weiterliest, ärgert man sich allmählich immer mehr, und eine Art von *gehemmter* Bezauberung ergreift einen, was endlich fast dazu führt, daß die ersten und wirklich wunderbaren »Eindrücke« von ihr verwischt werden. Was hatte Dostojewski wohl wirklich im Sinn?

Die Verdammten. Schatow und seine Frau.
Es liegt etwas schrecklich Behutsames in der Haltung Schatows seiner Frau gegenüber, und es ist höchst erstaunlich, daß wir, nachdem Dostojewski endlich ein mildes, durchdringendes Licht auf ihn wirft, erkennen, wieviel wir aus früheren unbestimmten Andeutungen und schattenhaften Eindrücken über seinen Charakter erfahren haben. Er ist genau so, wie wir ihn uns vorgestellt haben; er benimmt sich genau so, wie wir es von ihm erwarten. All die Roheit und was man als »Dickköpfigkeit« bezeichnen könnte, liegt in seiner Natur – und es ist wundervoll tragisch, daß gerade er, der so bald selber vernichtet werden wird, plötzlich erkennt – und dies durch eine dritte Person – durch ein schreiendes Baby –, welches Wunder es ist, einfach am Leben zu sein.
»Da waren zwei, und jetzt ist ein drittes menschliches Wesen

da, ein neuer, vollendeter und vollkommener Geist, so ganz anders als alles Werk aus Menschenhand; ein neuer Gedanke und eine neue Liebe ... Und es gibt nichts Gewaltigeres auf der Welt.«

Jedesmal wenn ich die Kapitel über sein neugeborenes Glück lese, habe ich die leise Hoffnung, daß er diesmal entkommen wird, daß man ihn warnen wird, daß er nicht stirbt.

Seite 237. Schatow zu Stawrogin. »Du hast aus Leidenschaft für das Märtyrertum geheiratet, aus Verlangen nach Reue, aus moralischer Sinnlichkeit.« Moralische Sinnlichkeit!

Seite 554. Kirillow zu Schatow. »Es gibt Sekunden – fünf oder sechs jeweils – wo man plötzlich die Gegenwart ewiger Harmonie verspürt. Das ist etwas Überirdisches – ich meine nicht im Sinne von himmlisch – sondern in dem Sinne, daß ein Mensch in seinem irdischen Aspekt es nicht ertragen kann. Er muß sich körperlich verändern oder untergehen. Das Gefühl ist klar und unmißverständlich; es ist, als ob man die Natur ganz erfaßt hätte und plötzlich sagte, ›Ja, das ist richtig‹. Als Gott die Welt erschuf, sagte er am Ende eines jeden Schöpfungstages: ›Ja, es ist richtig, es ist gut‹. Es – es ist nicht so, als ob man tief gerührt wäre, es ist einfach Freude. Man vergibt nichts, denn es gibt nichts mehr zu vergeben. Es ist nicht so, als ob man liebte – o, es ist etwas dabei, was viel höher ist als Liebe – was schrecklich ist – das Furchtbarste ist, daß es schrecklich klar ist und eine so große Freude. Wenn es mehr als fünf Sekunden dauerte, könnte die Seele es nicht ertragen und müßte zugrunde gehen. In diesen fünf Sekunden lebe ich ein ganzes Leben, und ich würde mein Leben dafür hingeben, denn sie sind es wert. Um zehn Sekunden zu ertragen, müßte man körperlich verändert werden.«

Ich kenne das.

Seite 545. »Du siehst doch, daß ich in Geburtswehen bin«, sagte sie, indem sie sich aufsetzte und ihn mit schrecklicher, hysterischer Rachsucht anblickte, die ihr ganzes Gesicht verzerrte. »Ich verfluche dieses Kind, noch bevor es geboren ist.«

Diese Rachsucht ist von *tiefer* Wahrheit.

Wie konnte Dostojewski dieses außerordentliche Gefühl kennen – das Frauen im Schmerz ergreift? Es ist etwas sehr Geheimnisvolles, aber es ist tief, sehr tief. Sie wollen den Mann, den sie lieben, nicht schonen. Wenn dieser sie mit einer Art blinder Hingabe liebt, so wie Schatow Marie liebte, so sehnen sie sich danach, ihn zu quälen, und durch dieses Quälen verschaffen sie sich wirkliche Erleichterung. Ist es dem Quälen zu vergleichen, das man so oft bei Dostojewski findet, wenn Frauen leidenschaftlich lieben? Sind seine Frauen glücklich, wenn sie ihre Geliebten derart quälen? Nein, auch sie erleiden Geburtswehen. Sie gebären ihr neues Selbst. Und sie glauben nicht an ihre Entbindung.

Seite 343. »›Ha! Ha!‹ Karmazinow erhob sich vom Sofa, wischte sich mit der Serviette den Mund und kam mit freudestrahlendem Gesicht auf ihn zu, um ihn zu küssen – in der charakteristischen Manier berühmter Russen.«

Nicht nur der Russen!

Zeilen aus Shakespeare.[1]

... da ich zu Hause war, war ich an einem bessern Ort, aber Reisende müssen sich schon begnügen.

[Wie es euch gefällt, II. Akt, 4. Szene]

... ich liebe diesen Ort
Und brächte willig hier mein Leben hin.

[ebd., II. Akt, 4. Szene]

... das so trocken ist
Wie Überrest von Zwieback nach der Reise.

[ebd., II. Akt, 7. Szene]

---

[1] Die folgenden und alle übrigen Shakespeare-Zitate werden in der Übersetzung von A. W. Schlegel, L. Tieck, hrsg. u. rev. von Hans Matter (Basel 1943), wiedergegeben.

... aus der Nessel Gefahr pflücken wir die Blume Sicherheit.
[König Heinrich der Vierte, Erster Teil, II. Akt, 3. Szene]

Wenn die verworrne, unruhvolle Zeit ...
[König Heinrich der Fünfte, I. Akt, 1. Szene]

... daß, wenn er spricht
Die Luft, der ungebundne Wüstling, schweigt.
[ebd., I. Akt, 1. Szene]

... wollt Ihr davongehn, so möchte ich Euch ein bißchen in die Gedärme prickeln, wie ich nach guter Sitte tun darf, und das ist der Humor davon. [ebd., II. Akt, 1. Szene]

... was Teufel sollen wir Messer führen, einander die Gurgeln abzuschneiden? [ebd., II. Akt, 1. Szene]

Ich kann nicht küssen, und das ist der Humor davon, aber lebt wohl! [ebd., II. Akt, 3. Szene]

März. Ich muß aufhören, so zu denken. Ich denke nur noch an Chaddie[1] – an unsere Begegnung am Montag, daran, was wir sagen und wie wir aussehen werden. Ich frage mich immer wieder, was ich tun soll, wenn das Schiff mitten in der Nacht ankommt, oder was ich tun soll, wenn jemand mich ausraubt, solange ich dort bin. Tausend verschiedene Gedanken. Und was sie sagen wird, und ob sie mich erwartet. Alle diese Gedanken stürmen wie toll durch meinen Kopf. Sie kommen nie zum Ende, und dann ist da auch immer der Gedanke, daß ich sie eines schrecklichen Irrtums wegen verfehlen könnte – etwas ganz Unmögliches – und was wir tun werden, *wenn* wir uns wiedersehen. Es ist eine Sünde,

[1] K. M.'s Schwester, die, in Indien verheiratet, nach Neuseeland unterwegs war und mit ihr in Marseille zusammentraf.

denn ich sollte an meinem Buch schreiben, und statt dessen suche ich Ausflüchte.

Aber gegen alle diese verschiedenen Dinge anzukämpfen, ist wirklich sehr schwierig. Und das Verlangen nach der Mittagszeit und einer Omelette ist furchtbar. Ich bin schrecklich hungrig. Eine Omelette – heißer Kaffee – Brot und Butter und Konfitüre – ich könnte weinen, wenn ich daran denke. Aber du mußt verstehen, Narr, der du dies liest, daß ich sehr früh aufgestanden bin. Vor acht Uhr war ich schon drunten im Dorf, mit meinem *filet* in der Hand, um für das Mittagessen und das Abendessen einzukaufen. Und obschon es wie mit Kübeln goß, wanderte ich über Land und kam als eine Art hartgesottener Sünder nach Hause.

For the *petit pois*, I really must confess,
Were sinfully expensive and I couldn't have bought less.
I *had* to buy a *demi-livre*, and that's by no means ample.
By the time that they've been shelled and cooked, *il ne reste*
[*plus qu'un* sample.

Twenty to twelve, says our old clock.
It seems to talk and slyly mock
My hunger and my real distress
At giving way to wickedness.
Oh, say a quarter! Say ten to!
Whirr in the wheezy way you do
Before you strike! But no!
As I have frequently observed,
All clocks are deaf – this hasn't heard.
And, as it is, *grâce à* my guiding,
The Brute is fast beyond all hiding.
It is really only seven
Minutes past a bare eleven!
Now Jack's got up and made a move . . .
But only to the shelves above.

He's settled down. Oh, what a blow!
I've still a good fifteen to go.
Before the brute has chimèd well,
I may be dead and gone to hell.

Später: Aber es war am Ende *gar nicht* so schlimm. Ich begann zu arbeiten, und wir speisten ausgiebig und gut, und jetzt ist es zwei (nach unserer Uhr), deshalb will ich aufhören mit diesem Quatsch und mich wirklich an die Arbeit machen.

Ein unabgesandter Brief.
Liebe Frieda [Lawrence]: Das neue Haus [Higher Tregerthen] scheint sehr nett zu sein, und ich freue mich, wenn ich daran denke, daß wir im Frühling dort alle zusammensein werden. Vielen Dank für Deinen Brief, Liebe, aber es war wirklich nicht recht von Dir, daß Du geglaubt hast, wir seien solche Verräter. J. würde *nie* auch nur ein Wort gegen Lawrence mitanhören.

»Der Frühling kommt in England mit heftiger Anstrengung.«
A. B. B. [Anne Burnell Beauchamp, Katherines Mutter.]

Nähklasse.
Warum darf ich am Mittwochnachmittag mein Haarband nicht wechseln? Alle anderen Mädchen dürfen es; und es kann nicht sein, weil Mutter wirklich befürchtet, ich würde mein bestes Haarband verlieren. Ich weiß, wie man ein Haarband so bindet, daß es sich auf keinen Fall lösen kann, und sie weiß es auch, denn sie hat es mich gelehrt.
Aber Mutter sagte: »Nein. Du kannst dein gestricktes Schürzchen tragen, aber das blaue Seidenhaarband bleibt zu Hause. Dein gewöhnliches braunes Samtband ist sehr nett, passend und unauffällig. (Mutter liebt solche Sprüche.) Es ist nicht meine Sache, was *all die andern Mädchen* tun. Hast du deinen Fingerhut?«

»Ja, Mutter, in meiner Tasche.«
»Zeig ihn mir, Liebes.«
»Mutter, ich sagte, er sei in meiner Tasche.«
»Nun, so zeig ihn mir, damit ich ganz sicher bin.«
»O Mutter, *warum* behandelst du mich wie ein Baby? Du vergißt immer, daß ich schon ein großes Mädchen bin. Keine der andern Mütter ...«
Na gut, dann stecke ich eben das blaue Seidenband in die Tasche und wechsle es aus, wenn ich in der Schule bin. Es geschieht Mutter recht. Nicht daß ich sie täuschen will, aber sie zwingt mich dazu, und es ist ihr eigentlich auch ganz egal – sie will nur ihre Macht zeigen.
Es war Mittwochnachmittag. Ich liebe diese Mittwochnachmittage. Ich finde sie einfach entzückend. Wir haben keinen eigentlichen Unterricht, nur Nähklasse, und dazu Vortragskunst im Salon für die Mädchen, die Privatstunden bekommen. Am Mittwoch ist alles ganz anders. Einige der größeren Mädchen tragen sogar japanische Seidenblusen, und wir haben Hausschuhe an, und wir alle waschen die Hände im Waschbecken im Korridor. Die Tintenfässer werden von den Schulhelferinnen weggeräumt, die Pulte an die Wand gerückt. Ein langer Tisch erstreckt sich in der Mitte des Schulzimmers. Die Stühle werden in kleinen Gruppen zusammengestellt. Die Fenster werden weit aufgesperrt. Sogar der Schulgarten mit seinen gebahnten Wegen und blühenden Sträuchern – abgeknickt und mit Erde beschmutzt, weil die Kleinen darunter nach ihren Bällen wühlen – scheint sich mittwochs zu verwandeln, wirklicher zu werden. Wenn wir die Köpfe heben, um unsere Nadeln einzufädeln, erheben sich die Fuchsien, und die Kamelien sind weiß und rot im hellen Sonnenschein.
Wir nähen billige Hemden aus Flanell für die Maori-Mission. Sie sind so lang wie Nachthemden, sehr weit, mit riesigen Armlöchern und einem einfachen Band um den Hals – nicht einmal eine Spitzenborte. Die armen Maoris! sie können nicht alle so groß sein wie diese Hemden. Aber Mrs. Wallis,

die Frau des Bischofs, sagte, als sie der Schulvorsteherin das Zeitungsmuster brachte: »Es ist besser, davon auszugehen, daß sie dick sind.« Die Vorsteherin lachte laut und erzählte es Miss Burton, unserer Klassenlehrerin, aber die ist selber sehr korpulent und wurde dunkelrot – es war natürlich pure Bosheit seitens der Vorsteherin. Mageres kleines Wesen! Ich weiß, sie glaubt, sie hätte eine schöne, schlanke Figur. Ihr solltet sehen, wie sie ihre dünnen, grauen Alpakahüften zusammenpreßt, wenn sie mit dem Hilfspfarrer spricht.

Aber sogar sie ist mittwochnachmittags anders. Ihr graues Alpakakleid ist mit einer schwarzen Tüllschleife geschmückt. Sie trägt einen hohen Kamm im Haar, und wenn sie nicht gerade eine Näharbeit überprüft, so sitzt sie am Ende des langen Tisches, die goldgeränderte Brille auf der langen, spitzen Nase mit den kleinen roten Äderchen, und liest aus Dickens vor.

Unser Klassenzimmer ist sehr groß. Die Wände sind bloß wie auch die Fensterrahmen und die Türen; und alle die Mädchen sitzen auf ihren kleinen Rohrstühlen, ihre Gesichter über den wertlosen cremefarbenen Flanell gebeugt; auf ihren Köpfen sitzen und wippen ihre besten Haarbänder. Ihre Hände bewegen sich beim Nähen der Maori-Missionshemden auf und ab. Manchmal seufzen sie, oder May Swainson niest. Seitdem sie eine Nasenoperation hatte, niest sie beständig. Oder Madge Rothschild, die einen seidenen Glacé-Unterrock trägt, steht auf und rauscht zum Tisch, um die Schere oder einen neuen Faden zu holen oder um zu fragen, ob sie eine Borte annähen soll.

Aber trotzdem ist es ruhig, sehr ruhig im Saal; und wenn die Vorsteherin aus Dickens vorliest, liegt etwas so Bezauberndes in ihrer Stimme, daß ich ihr jahrelang zuhören könnte. Sie liest aus *David Copperfield*. Wenn sie bei einer seitengroßen Illustration angekommen ist, reicht sie das Buch herum, damit wir sie anschauen können. Eine nach der andern legen wir unsere Näharbeit zur Seite. »Ein bißchen rasch, Mädchen, nicht trödeln!«

Wie komisch! Die Vorsteherin sieht selber aus wie eine dieser

Illustrationen – so klein, so flink. Während sie auf das Buch wartet, sitzt sie da und putzt die Brillengläser mit einem Taschentuch, das sie zwischen zwei Haken ihres grauen Alpaka-Mieders gesteckt hat. An was erinnert sie mich? Sie erinnert mich an eine Mischung von einem Vogel und einem Esel . . .
»Katherine, komm und zeig mir, was du gemacht hast – bitte.«

(März 1916)

Rose Eagle.

Es war erstaunlich, wie schnell Rose Eagle die ersten vierzehn Jahre ihres Lebens vergaß. Sie waren nichts als ein Traum, aus dem sie erwachte, um sich auf ihrem gelben Blechköfferchen in der Küche ihrer ersten Stelle wiederzufinden, mit einem merkwürdigen Zittern in Händen und Knien, während das Blut in ihren Wangen brannte und sie straffte. Sie und der kleine gelbe Blechkoffer hätten ebensogut mit der letzten Welle eines Meeressturms durch die Hintertür in Mrs. Taylors Küche hineingeschwemmt werden können – so hilflos und verloren sahen sie aus, und sie drehte den Kopf hin und her, als ob sie zum ersten Mal Ruhe und Stille empfände . . .
Es war am späten Nachmittag eines heißen Dezembertages. Die Sonne schien durch die heruntergelassene Jalousie und warf lange, feine Strahlenbündel über den Boden, den Küchentisch und über ein Kalenderbild, das einen träumerischen jungen Jesus mit einem Armvoll Lämmer darstellte. Rose gegenüber saß Mrs. Taylor, die das auf ihrem Schoß liegende, mit den Händchen winkende und Speichelblasen machende Baby trockenlegte. Sie sprach ununterbrochen auf Rose ein, mit unbestimmter, eintöniger Stimme. Die Uhr auf dem Kaminsims tickte laut, und ein Tropfen aus dem Hahn des Spülbeckens tropf-tropf-tropfte wie ein verstohlener Schritt.
»Ja, M'm«[1] und »Nein, M'm« sagte Rose zu allem, was Mrs. Taylor vorbrachte.

---

[1] Abkürzung von »Madam«, von Dienstboten gebraucht.

»Du wirst das Zimmer mit Reggie teilen, Rose. Reggie ist mein Ältester. Er ist vier Jahre alt und geht in den Kindergarten. Und da du jetzt hier bist, werde ich das Baby nachts nicht mehr bei mir behalten – es weckt mich beständig. Kannst du mit Kindern umgehen?«
»O ja, M'm.«
»Ich fühle mich wirklich nicht wohl genug, um dir heute noch alles zu erklären, was du zu tun hast«, sagte Mrs. Taylor, indem sie mit matter Hand Sicherheitsnadeln in das glucksende Baby steckte.
Rose Eagle erhob sich und beugte sich über Mrs. Taylor. »Hier«, sagte sie, »geben Sie's mir.« Und wie sie sich mit dem dicken warmen Bündel im Arm aufrichtete, hatte sie plötzlich keine Angst mehr. Baby Taylor war für Rose Eagle wie eine Schale Milch für eine verlaufene Katze. »O du meine Güte! was für Haare es hat!« sagte Rose Eagle und herzte das Baby. »Wie schwarze Federn.«
Mrs. Taylor stand auf und griff nach ihrem Kopf. Groß und dünn in ihrem lila Baumwollkleid, strich sie sich das volle schwarze Haar aus der Stirn, mit halbgeschlossenen Augen und zitternden Lippen.
»Meine Güte, Sie sehen aber schlecht aus!« sagte Rose, die diese Szene genoß. »Gehen Sie nur, und legen Sie sich hin. Ziehen Sie die Schuhe aus!« Mrs. Taylor fügte sich seufzend, und Rose Eagle ging auf Zehenspitzen zurück in die Küche.
Ich habe das Gefühl, daß es dieser Geschichte an Zusammenhang und an Schärfe fehlt. Das ist das eine: sie ist gar nicht scharf. Es ist, als ob man eine Weintraube äße anstatt Kaviar . . . Ich habe die ziemlich schlechte Gewohnheit, mich manchmal zu sehr auszubreiten – zu viel zu schreiben und gleichzeitig zu untertreiben. Es ist nur Nachlässigkeit.

Der neugeborene Sohn.
So that mysterious mother, faint with sleep,
Had given into her arms her new-born son,

And felt upon her bosom the cherished one
Breathe and stiffen his tiny limbs and weep.
Her arms became as wings, folding him over
Into that lovely pleasance, and her heart
Beat like a tiny bell: »He is my lover,
He is my son, and we shall never part.
Never, never, never – but why?«
And she suddenly bowed her head and began to cry.

»Als er mit dem Album fertig war, nahm von Koren einen Revolver aus dem Etui und zielte bedächtig auf das Porträt des Prinzen Worontsow, indem er das linke Auge zusammenkniff, oder er stellte sich vor den Spiegel und starrte lange auf sein gebräuntes Gesicht, seine hohe Stirne und seine schwarzen Haare, die sich kräuselten wie die eines Negers . . .«

(Tschechow: *Das Duell.)*

Nach ihrer Rückkehr aus Bandol im April 1916 verbrachten Katherine und J.M.M. den Sommer in Higher Tregerthen, Cornwall, in nächster Nähe von D.H. und Frieda Lawrence. Da sich die beiden Paare nicht besonders gut verstanden, siedelten Katherine und J.M.M. nach einigen Wochen über nach Mylor, im Süden von Cornwall. Im September kehrten sie nach London zurück.

[November, 3 Gower Street, London.]
Seltsam! Auf einmal bin ich wieder da, betrete das Zimmer und möchte schreiben. Da klopft es, und Mrs. Chapman ist an der Tür. Ein Mann sei gekommen, um die Fenster zu putzen. Ich hätte es wissen sollen!
Und so ruft uns der Tod. Ich bin sicher, daß gerade in jenem letzten Moment jemand anklopfen wird, und jemand anders wird »die Fenster putzen wollen«.
Johnnie[1] hat mir seine Füllfeder geliehen. Das Zimmer ist

---

[1] John M. Murry, ihr Mann. Johnnie und Jack sind Koseformen des Namens John.

heute abend voll Rauch, das Gas gurgelt, als ob die Röhren voll Wasser wären. Es ist sehr still. Ich bin erkältet, fühle mich aber sehr lebendig nach dem Erlebnis von heute nachmittag.

8. Dezember. Ich habe heute morgen nachgedacht und nachgedacht, aber ohne viel Erfolg. Ich weiß nicht, wie es kommt, aber mein Verstand läßt mich fast ganz im Stich, wenn ich auf die Erde herunter will. Es geht mir gut – himmelhoch jauchzend. Und in meinem Kopf, in meinem Gehirn kann ich denken und handeln und wunderbare Dinge aufschreiben; aber sobald ich wirklich versuche, sie niederzuschreiben, versage ich elendiglich.

1917

Im Frühling dieses Jahres mietete Katherine ein Studio für sich an der Church Street Nr. 141 a in Chelsea, während J.M.M. in einem Zimmer in der Nähe wohnte, in der Redcliffe Road Nr. 47.

Mai, Notizen, 1917.

In these notes – so help me, Lord,
I shall be open and above board.

Alors, je pars.
Erstaunlich, wie heftig ein großer Zweig erschüttert wird, wenn ein dummer, kleiner Vogel von ihm auffliegt. Ich nehme an, der Vogel weiß das und fühlt sich ungeheuer überlegen. Wie er sich benahm, mein Lieber, als ich ihm mitteilte, daß ich ihn verlassen wollte. Er war ganz verzweifelt. Aber jetzt hat sich der Zweig wieder beruhigt. Keine einzige Knospe ist abgefallen, kein Zweiglein gebrochen. Er reckt

sich in die klare Luft, standhaft und fest, und dankt Gott, daß er die Abende wieder ganz für sich hat.

Ein Schilling geht zum Teufel.

Es klopfte an der Tür. Zwei Schwestern von Nazareth – die eine, ziemlich hübsch und bescheiden, hielt sich im Hintergrund; die andere, sehr redegewandt und zungenfertig, hatte die Hände in den Ärmeln. Als sie lächelte und ihr blasses Zahnfleisch und die großen verfärbten Zähne zeigte, wußte ich, daß ich meine sentimentalen Anwandlungen, Nonnen gegenüber, überwunden hatte. Sie sammelte für ihr Säuglingsheim. Alle Arten von Säuglingen wurden aufgenommen, außer solchen, die ansteckende Krankheiten hatten oder an Anfällen litten. Ich fragte mich, was geschehen würde, wenn eines dieser Kinder *nach* der Aufnahme einen Anfall bekäme, und ich kam zu dem Schluß, daß ich einen sehr realistischen Anfall haben würde, sobald sich die Tür der Nazarener hinter mir geschlossen haben würde ...

Ich kann mich sehr gut an Sie erinnern, vom letzten Jahr, sagte die Nonne.

Aber letztes Jahr war ich gar nicht hier.

Ach, die Leute wechseln so oft, sagte sie.

Ja, aber ihre Gesichter vielleicht nicht, sagte ich ernsthaft und gab ihr den Schilling, den ich eben in den Gasmesser legen wollte. Ich wollte, ich hätte ihn fünf Minuten früher in den Gasmesser getan.

Allein leben.

Selbst wenn ich durch irgendeinen schrecklichen Zufall ein Haar auf meinem Honigbrot finden sollte – so wäre es doch wenigstens mein eigenes Haar.

Nimm dich in acht vor dem Regen!

Spät abends, wenn man das Geschirr vom Abendessen abgewaschen, die Krumen aus dem Buch geblasen, in dem man gelesen hat, die Lampe angezündet und sich vor dem Feuer niedergelassen hat – das ist der Augenblick, da man sich vor dem Regen in acht nehmen muß.

E. M. Forster.
Als ich gestern Abend meine schwächsten Bücher an die Wand stellte, fand ich ein Exemplar von E. M. Forsters *Howard's End* und blätterte darin. Aber es ist nicht gut genug. E. M. Forster kommt nie über das Wärmen der Teekanne hinaus. Darin ist er großartig. Fasse die Teekanne an. Ist sie nicht schön warm? Ja, schon, aber Tee wird es nicht geben.
Und man ist nie ganz sicher, ob Helene nun von Leonard geschwängert worden ist oder von seinem vergessenen Regenschirm. Wenn man alles genau überlegt, ist es wahrscheinlich der Regenschirm gewesen.

Liebe und Pilze.
Wenn man nur die wahre von der falschen Liebe unterscheiden könnte, so wie man eßbare von giftigen Pilzen unterscheidet! Mit Pilzen ist es so einfach – man salzt sie gut ein, legt sie zur Seite und wartet geduldig. Aber bei der Liebe – sobald man auf etwas gestoßen ist, das auch nur die entfernteste Ähnlichkeit damit aufweist, ist man vollkommen sicher, daß es nicht nur ein echtes Exemplar ist, sondern vielleicht der einzige noch nicht gepflückte echte Pilz. Es braucht eine schreckliche Menge giftiger Pilze, bis man einsieht, daß das Leben nicht ein großer, eßbarer Pilz ist.

Babies und die liebe alte Königin.
Jedesmal, wenn ich auf dem Arm getragene Babies sehe, überrascht mich ihre Ähnlichkeit mit der lieben alten Königin[1]. Sie haben genau dieselbe Miene falscher Ergebenheit, dieselbe kummervolle königliche Beleibtheit. Hätte sich Ihre

---

[1] Königin Viktoria.

Majestät herabgelassen, sich mit einer weißen Wollhaube und Halskrause photographieren zu lassen, so sähe man überhaupt keinen Unterschied. Ganz besonders dann nicht, wenn man sie hätte überreden können, sich bei dieser Gelegenheit auf Grandpa Gladstones Knie zu setzen.

Träume und Rhabarber.

Die Rhabarberstengel waren in die Nummer des *Star* eingewickelt gewesen, welche Lloyd Georges letzte, *mehr* als beredte Rede enthielt. Als ich die Stengel schnipselte, blieb mein Blick auf jenem Satz haften, in welchem er uns mitteilt, daß wir unseren Niblick[1] ergriffen und nun den Ball ins offene Gelände gespielt hätten. Möge der Himmel es geben, daß sich stets eine treue Seele findet, welche diese zarten Redeblüten in einen Korb sammelt. Ach Gott, es ist ein furchtbarer Gedanke, daß diese unsterblichen Worte nicht liebevoll bewahrt, sondern zu traumlosem Staub werden sollten. Es war mir angenehm zu denken, als ich den Rhabarber in den Topf gab, daß Jahre später – viele, *viele* Jahre später –, wenn es nach der Fülle der Zeit dem Allmächtigen gefallen wird, ihn voller Reife und Weisheit an seinen Busen zu nehmen, vielleicht irgendein frommer Steinmetz, der sein friedliches Leben in dem kleinen Dorf verbringt, das den großen David als Kind schon kannte, ein Stück schönen, weißen Marmors nimmt, um darauf zwei gekreuzte Niblicks einzumeißeln, und darunter die Worte:

In der Stunde der größten Gefahr für England ergriff er seinen Niblick und schlug den Ball ins offene Feld.

Was mir aber *wirkliche* Sorge bereitet, dachte ich, das Gas herunterdrehend, da der Rhabarber zu sieden begann, ist, wie diese mächtigen Worte übersetzt werden sollen, damit unsere Verbündeten ihr ganzes Aroma voll auskosten können. Jene Scharen geduldiger Russen, die vielleicht irgend-

[1] Eiserner Golfschläger.

wo im Schnee darauf warten, daß ihnen die Rede vorgelesen wird – welch furchtbare Waffe wird sie ihrer Phantasie vorgaukeln? Es sei denn, daß die *Daily News* Herrn Ransome[1] empfiehlt, er solle den Newskij-Prospekt hinuntergehen mit einem Niblick in der Hand anstelle eines Regenschirms, damit die ganze Welt es sehen kann. Und die Franzosen – welchen *espèce de Niblickisme* werden sie daraus machen? Werden wir nächste Woche in den französischen Zeitungen zu lesen bekommen, daß jemand *a manqué de Niblick*? oder daß »*au milieu des ces événements si graves, ce qu'il nous faut c'est du courage, de l'espoir et du niblick le plus ferme*...« So fragte ich mich, als ich den Rhabarber vom Feuer nahm.

Eine Viktorianische Idylle.

Yesterday Matilda Mason
  In the Parlour by herself
Broke a *Handsome* China basin
  Placed upon the Mantelshelf.

Man stellt sich Matilda vor in einem karierten Kleidchen mit braunroten Schulterschleifen, Musselin-Pantaletten, schwarzen Sandalen und einem Pfund prächtiger, glänzender Locken, die aussehen wie ein Pfund guter altmodischer Bratwürste und die von einem Samtband zusammengehalten werden. Sie geht auf Zehenspitzen im Salon auf und ab, inmitten von Nippsachen und Stickrahmen und Spitzendeckchen und Mammas Nähkörbchen mit den Elfenbeinsächelchen und Papas Notenständer mit der darauf liegenden perlenbesetzten Silberflöte . . . Wie kommt es, daß sie ganz allein im Salon ist? Das unbesonnene, törichte Kind! Warum sitzt sie nicht auf dem mit Glasperlen bestickten Kniekissen im Kinderzimmer und lernt eine jener liebenswerten Melodien für

[1] Damals britischer Botschafter in Petrograd.

Kinder von anderthalb bis drei Jahren auswendig? (Karl: Sag mir, Papa, was ist das Sonnensystem? Papa: Putz dir die Nase, Karl, dann sag ich's dir.) Oder warum stickt sie nicht »Gott ist die Liebe« in Rot auf eine Nachthemdtasche für ihre liebe Mamma?

Sie war an Papas blitzende Brust gedrückt worden, bevor dieser sich eilends an jenen geheimnisvollen Ort, City genannt, begab, den Damen nie betraten; Mamma hatte ihr zweitbestes Paar schwarzer Gagatohrringe angelegt, als sie sah, daß des Doktors Gig[1] vor Nummer zwölf vorfuhr, hatte sich in ihren zweitbesten Kaschmirschal gehüllt und ein Fläschchen Eau de Cologne an sich genommen ...

30. Mai. Am Leben zu sein, und »Schriftstellerin« zu sein ist genug. Als ich vorhin an meinem Tisch saß, sah ich, wie eine Person sich lächelnd an eine andere wandte, ihre Hand darbot – und sprach. Und plötzlich ballte ich die Faust, schlug damit auf den Tisch und rief aus: *Nichts* kommt dem gleich!

Die Tochter des Musikers.

Küsse in der Eingangshalle. Was sollte er tun? Sollte er die Bücher hinlegen, oder sollte er sie in der Hand behalten – oder – oder? Sie spielt die Begleitung mit ernster Miene. Sie steht am Klavier, schlägt mit einem Finger das A an, den Kopf ein wenig zur Seite geneigt – und sie kleidet sich wie ein Kind in Röckchen, die auf dem Rücken zugeknöpft werden, und sie trägt Schuhe ohne Absätze. Der alte Mann *brummt.*

21. August, 141 A Church St., Chelsea.

Ich kam heute nachmittag nach Hause in dem Augenblick, als Fergusson hereinkam. Ich stand im Studio und hörte jemanden unten auf dem Fußpfad pfeifen. Es war Fergusson.

---

[1] Zweirädriger Einspänner.

Ich kaufte Milch und Honig und Veda-Brot ein. Später setzten wir uns hin, tranken Tee und plauderten. Dieser Mensch ist mir in manchem sehr ähnlich. Ich mag ihn so gern, ich fühle mich so offen und *ehrlich* in seiner Gegenwart, daß es eine wahre Freude ist, eine der wirklichen Freuden meines Lebens, wenn er kommt, um zu plaudern und bei mir zu sein. Bevor er da war und wir zusammen aßen, war ich mir nicht bewußt, wir gern ich ihn habe – und wie sehr zuhause ich mit ihm bin. Ein wirkliches Einvernehmen. Wir hätten jeder eine andere Sprache sprechen – aus einem fernen Land zurückgekehrt sein können, und doch hätten wir uns verstanden, und alles hätte gestimmt. Zwischen uns herrschte Ruhe und Behaglichkeit. Es gibt da eine bestimmte Grenzlinie: Menschen, die zu mir gehören, und Menschen, die nicht zu mir gehören. Er gehört zu mir. Als Unterpfand schenkte ich ihm meinen kleinen Puddock[1].

Als wir hinausgingen, sah ich nach der Blindheit des Tages den Himmel wieder – kleine Wolken und große Wolken. Bei Vinden's sagten wir uns auf Wiedersehen. Das ist alles. Aber ich wollte es notieren.

I. Sie treffen sich, kommen in Berührung.
II. Sie kommen zusammen und trennen sich.
III. Sie sind getrennt und treffen sich wieder.
IV. Sie merken, daß sie miteinander verbunden sind.

Sommer.

Et pourtant, il faut s'habituer à vivre,
Même seul, même triste, indifférent et las,
Car, ô ma vision troublante, n'est-tu pas
Un mirage incessant trop difficile à suivre?

---

[1] Ein Frosch aus Blech, ein von Katherine hochgeschätztes Besitztum.

Die in der nächsten Notiz erwähnten Geschichten wurden nie beendigt. Nur ein paar Seiten von »Geneva« sind erhalten geblieben. Die Bemerkung des kleinen Jungen über die Teekanne und das Kätzchen taucht in der Erzählung »Mr. Reginald Peacock's Day« wieder auf.

Tschechow gibt mir das Gefühl, daß dieses Verlangen, Geschichten von so unterschiedlicher Länge zu schreiben, ganz berechtigt ist. »Geneva« ist eine lange Geschichte, und »Hamilton« ist sehr kurz und sollte für meinen Bruder geschrieben werden, und eine andere über das Leben in Neuseeland. Und dann ist da Bayern. »Ich liebe Dich, ich liebe Dich«[1] in der Luft schwebend ... Und dann ist da Paris. Gott! Wann werde ich alle diese Dinge schreiben, und wie?

Ist das alles? Kann das alles sein? Das habe ich gar nicht gemeint.

Tschechow hat recht, was die Frauen betrifft; ja, er hat ganz recht. Diese Feen in Schwarz und Silber – »und dann kam sie in rasender Eile die Straße herunter gerannt; ihr langer brauner Pelz wehte hinter ihr her, ihr nachschleppendes Kleid fegte die Blätter am Weg mit sich. Sie weinte ...« Natürlich bedauerte er, daß sie keine Genugtuung erhalten hatte, genau so wie er es schrecklich bedauert hätte, wenn sie Erdbeeren mit Rahm nicht gemocht hätte.

Freitag – Freitag – er konnte sich das Wort nicht aus dem Sinn schlagen ... und vor ihm stand der kleine Mann mit dem schön gescheitelten Haar, der sagte: »Bitte, essen Sie etwas!« Aber ich kann nicht glauben, daß in diesem Stadium der Handlung nicht etwas ganz Außerordentliches geschah ...

T.F.; M.F. Ich kenne diese Frau sehr gut – eitel, lebhaft, schön, *désenchantée*, eine »Schauspielerin«.

»Ich kann ein Kinderbett in die Ecke stellen.«

---

[1] Deutsch im Original.

»Was hast du am liebsten, Daddy – Katzen oder Hunde?«
»Nun, ich glaube, ich habe Hunde am liebsten, alter Freund.«
»Ich nicht: ich möchte am liebsten ein Kätzchen, ungefähr so groß wie eine kleine Teekanne.«
Eine der Figuren, ein Mann, verwirrt mich. Ich brauche einen sehr ruhigen, von seiner Arbeit ganz in Anspruch genommenen Mann, der, nachdem er einmal begriffen hätte – wirklich begriffen hätte –, daß seine Frau ihn nur für ihre Zwecke geheiratet hatte, nichts mehr mit ihr zu tun haben wollte, sie jedoch immer noch lieben und das Kind anbeten würde. Das ist alles etwas schwer zu schreiben, aber furchtbar faszinierend, und es sollte nicht allzulang werden.

Schreibt diese Feder? O, ich hoffe es. Eine Feder zu haben, mit der man nicht schreiben kann, ist wirklich ekelhaft. Und dann geht ein Pfarrer zu ihm hin und sagt, er habe die Schwänze seiner Schafe verloren. Nun, das ist ein Scherz. Verstehst du?

Das Leben ist nicht lustig.
... Aber endlich wurde sie sich bewußt, daß eine Wahl getroffen werden mußte, daß noch vor der Morgendämmerung die Schatten weniger wirklich erscheinen und etwas ganz anderem weichen würden. Es gab kein Zaudern mehr. Sie wußte nun, daß sie ihn in ihrer Nähe haben wollte, daß er für sie der Sinn der Liebe und der andern war – daß ohne ihn die Welt nur eine kleine, sich an einem dunklen Himmel drehende Kugel war.
Langsam graute der Tag. Sie lag auf dem Rücken im Bett, einen Arm unter dem Kopf, eine Hand auf der Bettdecke – das Fenster wurde langsam blau, dann von goldenem Licht durchströmt, aber als sie auf die Uhr schaute, stellte sie entsetzt fest, daß es erst halb sechs war. Noch mußten Stunden irgendwie herumgebracht werden – Stunden um Stunden –,

und man darf nicht vergessen, daß man sich letztlich nicht darauf verlassen kann, daß die Zeit zu einem hält. Sie benahm sich jetzt, wie es ihr paßte – sie besaß unendliche Fähigkeiten, sich auszudehnen, sich festzuklammern, wie das weiße Band einer Straße unter müden Füßen. O, es hinter sich zu haben! Wie ein kleines Kind über den großen Platz zu rennen, dort zu sein, in seinen Armen!

Sie ging zum Spiegel hinüber, nahm ihre Haube ab, schüttelte die Haare – und einmal, als sie sah, daß seine Augen bewundernd auf ihr ruhten, blickte sie über ihre Schulter und lächelte – puderte lachend das Gesicht, legte Rot auf die Lippen und zeichnete mit den Fingerspitzen die Augenbrauen nach. Es war dies nicht Kezia, dieses Wesen mit ...

»Die Eitelkeit eines Autors ist unversöhnlich, rachsüchtig, unfähig zu verzeihen; und seine Schwester war der erste Mensch, der dieses beängstigende Gefühl aufgedeckt und aufgerührt hatte, ein Gefühl, das wie eine große Kiste voll Geschirr ist, die leicht ausgepackt, aber nie wieder so eingepackt werden kann wie zuvor.« (Tschechow: *Feine Leute.*)

Eine Version von Heine.

Countess Julia rowed over the Rhine
In a light boat by clear moonshine.
The waiting-maid rowed, the Countess said:
»Do you not see the seven young dead
That behind us follow
In the waters shallow?«
(And the dead swim so sadly!)

»They were warriors young and gay
And on my bosom they softly lay

And swore to be true. To plight our troth,
That they should never be false to their oath,
I had them bound
Straightway and drowned.«
(And the dead swim so sadly!)

The waiting-maid rowed, but loud laughed she;
It rang through the night so dreadfully:
Till at the side the corpses dip
And dive and waggle a finger-tip;
As though swearing, they bow
With ice-glistening brow.
(And the dead swim so sadly!)

1918

Im November 1917 holte sich Katherine eine Erkältung. Es entwickelte sich eine Brustfellentzündung, die sie wochenlang ans Bett fesselte. Als es ihr etwas besser ging, empfahl ihr der Arzt, in Südfrankreich Heilung zu suchen.
Katherine war hocherfreut über die Aussicht, dem rauhen Klima Londons zu entfliehen. Weder sie noch ihre Freunde dachten daran, daß sich in den zwei Jahren seit ihrem letzten Aufenthalt die Zustände in Frankreich völlig verändert hatten. Der Krieg mit seinen wirtschaftlichen und sozialen Folgen näherte sich seinem Höhepunkt. Das Reisen mit der Eisenbahn wurde immer schwieriger, die Lebensmittelversorgung war äußerst prekär. Am schlimmsten aber war die Tatsache, daß Katherine schon damals schwer krank war und es nicht wußte oder nicht wahrhaben wollte. Mit ihrem Mut und ihrer Zuversicht täuschte sie sich selbst und auch J.M.M. und ihre Freunde. Ob der Arzt ihren wahren Zustand kannte, ist fraglich. Sie versicherte J.M.M. und ihren Freunden, daß

sie die Beneidenswerteste war, da man sie in den Süden an die Sonne schickte.
Nach einer entsetzlichen Reise kam Katherine am 10. Januar 1918 in Bandol an. Sie mußte bald feststellen, daß die ehemals so schöne kleine Stadt am Mittelmeer schmutzig und verwahrlost geworden war. Vom ersten Tag ihres Aufenthalts an war sie sehr krank und ganz allein, bis dann im Februar ihre treue Freundin Ida Baker (L. M.) allen Schwierigkeiten zum Trotz zu ihr kam.

Januar [Bandol]. »Lieber unvorsichtig und beweglich sein als vorsichtig und unbeweglich.« (Keats an Fanny Brawne.)
Eine Frau, die *un peu âgée* ist und in Frankreich einen noch jungen Mann hat, zeigt sehr deutlich ihre Eifersucht und ihren Wunsch, seine Augen am Umherschweifen zu hindern. Selbst wenn er schlafen möchte, hält sie ihn am Arm.
Ich fühle mich nie so wohl oder gelöst, wie wenn ich einen Bleistift in der Hand halte. *Notiere das,* und wenn du einen schlechten Augenblick hast . . .

12. Januar. »Reizend!« dachte Frances lächelnd, als sie durch die Glastür das Friseurgeschäft betrat. Was sie »reizend« fand, war ihre kleine Hand in einem weißen Glacéhandschuh mit dicker schwarzer Stickerei, die sie für einen Augenblick flach an die Scheibe der Drehtür gepreßt hatte . . . Madame hinter dem Ladentisch lächelte ihr zu, und »reizend, reizend« sagte auch ihr Lächeln und ihr schneller, bewundernder Blick, der Frances von Kopf zu Fuß überflog.
»Georg steht zu Ihrer Verfügung«, rief sie. »Bitte einen Moment Platz zu nehmen, ich werde ihn rufen.« Während sie sprach, vertiefte sich ihr Lächeln, bis sogar ihr schwarzes Seidenkleid, ihre Ringe, ihr Medaillon, ihre perlbesetzten Kämme einen Schimmer dieses Lächelns aufzufangen schienen und zu funkeln begannen. Sogar die Gläser und Fläschchen

und die glänzenden Spiegel des Friseurladens gaben es zurück.
In ein oder zwei Tagen werde ich sicherlich anfangen können zu schreiben, wenn das so weitergeht. Ich fühle mich heute abend weniger elend.

Wenn ich auf den Felsen über dem Meer sitze, habe ich immer das Gefühl, als ob ich durch das Plätschern des Wassers hindurch die Stimme zweier Menschen hörte, die irgendwo über irgend etwas sprechen. Und das Sprechen wird stets unterbrochen von etwas, das weder ein Lachen noch ein Schluchzen ist, sondern ein leiser und doch durchdringender Ton, der beides sein könnte und Teil von beidem ist.

Aber Gott! Gott! wie ich diese Franzosen hasse!
Mademoiselle beklagt sich, daß sie *des pieds glacés* hat.
»Warum tragen Sie dann so dünne Schuhe und Strümpfe, Mademoiselle?« grinst Monsieur.
»Eh – o, la – c'est la mode!«
Und der Narr lacht und gibt sich zufrieden mit der idiotischen Antwort.

(Februar.) Es kommt vor, daß ich ganz erschöpft nach Hause komme, mich hinlege, mich wieder aufsetze und in einer Art von betäubter Müdigkeit dasitze – ein schrecklicher Zustand – bis sieben Uhr. Ich kann kaum gehen – kaum denken, wage nicht zu schlafen, denn wenn ich das tue, bleibe ich nachher die ganze Nacht wach, und das ist fürchterlich. O, hätte ich bloß ein *Sofa* oder einen sehr bequemen Lehnstuhl – das ist es, woran ich beständig denke; und abgesehen davon und abgesehen von einem Gefühl der Verzweiflung, bin ich leer. Die Schmerzen in der linken Schulter halten an, und sie sind –. Sie werden schließlich unerträglich und zwingen mich, auf dem Bett zu liegen und mich zuzudecken, damit ich es aushalten kann. Aber dies sind *Hard Lines.*

Verse, geschrieben in einem fremden Bett.
Almighty Father of All and Most Celestial Giver,
Who has granted to us thy children a heart and lungs and a liver;
If upon me should descend thy beautiful gift of tongues
Incline not thine Omnipotent ear to my remarks on lungs.

»Toujours fatiguée, Madame?«
»Oui, toujours fatiguée.«
»Je ne me lève pas, Victorine; et le courier?«
Victorine lächelt bedeutungsvoll: *»Pas encore passé.«*

7. Februar. Wie sehr viel leichter ist es, ein Insekt anzugreifen, das davonrennt, als eines, das auf einen zurennt. Das wuselige Volk! Spinnen so groß wie ein Half-crown-Stück, mit langen Stachelbeerhaaren!

18. Februar. Las das Manuskript von *Love lies bleeding* noch einmal. Muß völlig neu geschrieben werden. Weiß im Augenblick nicht, was daraus werden soll.

19. Februar. Erwachte früh, und als ich die Fensterläden öffnete, war die volle runde Sonne gerade aufgegangen. Ich begann die Shakespeare-Zeile aufzusagen: »Lo, here the gentle lark weary of rest«, und sprang ins Bett zurück. Der Sprung machte mich husten – ich spuckte aus – es hatte einen seltsamen Geschmack – es war hellrotes Blut. Seitdem spucke ich jedesmal, wenn ich huste, ein wenig mehr. O ja, natürlich habe ich Angst. Aber bloß aus zwei Gründen. Ich möchte nicht krank sein, ich meine ernstlich krank, so weit entfernt von Jack. Jack ist mein erster Gedanke. Zweitens möchte ich nicht feststellen müssen, daß es wirklich Schwindsucht ist, vielleicht geht es ganz schnell – wer weiß? – und dann bleibt mein Werk ungeschrieben. *Darauf kommt es an.* Wie un-

erträglich wäre es, zu sterben – und nur »Bruchstücke«, »Fetzen« zu hinterlassen . . . nichts wirklich Fertiges.
Aber vor allem muß ich zu Jack zurückkehren. Ja, die rechte Lunge schmerzt stark, aber das tut sie immer mehr oder weniger. Aber *Jack und meine Arbeit* – nur daran denke ich (vermischt mit einer merkwürdigen, visionären Sehnsucht nach blühenden Gärten). L. M. hat den Arzt geholt.
Ich *wußte,* daß dies geschehen würde. Ich will nun sagen, warum. Auf dem Weg hierher, im Zug von Paris nach Marseille, saß ich in einem Abteil mit zwei anderen Frauen. Beide waren schwarz gekleidet. Die eine war groß, die andere klein. Die Kleine, Flinke hatte ein süßes Lächeln und helle Augen. Sie war sehr bleich, war krank gewesen – war gekommen, um sich auszuruhen. Die Große hüllte sich in einen schwarzen Schal, als es dunkel wurde – und ihre Freundin auch. Sie verdeckten die Lampe, und dann fingen sie an (es war zu erwarten), von Krankheiten zu reden. Ich saß in der Ecke und fühlte mich selber verdammt krank.
Und wie wir so in dem schwankenden Zug dahinrollten, sagte die Große, was für ein *fataler Ort* diese Mittelmeerküste sei für jemanden, bei dem auch nur ein Verdacht auf Lungenkrankheit vorliege. Sie leierte die entsetzlichsten Beispiele herunter, speziell eines, das mich schließlich erstarren ließ, von einer Amerikanerin, »belle et forte, avec une simple bronchite«, die hier herunter kam, um geheilt zu werden, und die nach drei Wochen an einem Blutsturz *starb.* »Adieu mon mari, adieu mes beaux enfants.«
Diese Geschichte, wie sie von jener großen, dicken, in Schwarz gehüllten Frau in dem dunklen, dahinrollenden Zug erzählt wurde, übte auf mich eine Wirkung aus, die ich nicht wahrhaben wollte und nie erwähnt habe. Ich wußte wohl, daß die Frau eine morbide, hysterische Närrin war, *aber ich glaubte ihr;* und seither hallt das Echo ihrer Stimme ununterbrochen irgendwo in mir nach . . .

Juliette[1] ist gekommen und hat die Fenster aufgemacht; die See ist so voll kleiner lachender Wellen, und im Fensterrahmen tanzen ein paar winzige Fliegen einen wirbelnden, verschlungenen Tanz.

Endlich, nach vielen zermürbenden Verzögerungen, erhielt Katherine die Erlaubnis, nach England zurückzukehren. Als sie jedoch am 22. März 1918 in Paris ankam, begann die Fernbeschießung der französischen Hauptstadt, und der Zivilverkehr zwischen Paris und London wurde sofort eingestellt. Katherine war gezwungen, fast drei Wochen lang in Paris zu warten. Sie war völlig erschöpft von ihrer Krankheit, mußte sich in Paris jedoch Tag für Tag um eine Aufenthalts- oder eine Ausreisegenehmigung bemühen. Sie erreichte London endlich am 11. April, nur noch ein Schatten ihrer selbst.

2. April, Paris. Ich tue nicht, was ich in Bandol zu tun geschworen habe. Wieder muß ich das Wort

DISZIPLIN

schreiben, und darunter

WAS IST DIR LIEBER?

Tag für Tag muß ich mir strenge Rechenschaft darüber ablegen, wo ich versage. In diesen letzten Tagen habe ich völlig versagt, und dieser Abend war ein *comble*. Für den Uneingeweihten wäre *dies* barer Unsinn. Er würde mich Gott weiß welcher Fehler verdächtigen. Wenn er bloß die kindische Wahrheit wüßte! Aber er wird sie nicht erfahren. Nun, Katherine, dies für morgen – Nur so weiter, my girl. Es ist eine solche Chance, nun da L. M. nicht spioniert.

---

[1] Juliette war das Zimmermädchen im Hotel Beau Rivage in Bandol, das sich Katherines annahm. In den Briefen aus jener Zeit hat ihr K. ein Denkmal gesetzt.

3. April. Ein *guter* Tag.
Er erwachte, bewegte sich jedoch nicht. Er lag da, warm und behaglich, aber mit weit offenen, unruhigen Augen, etwas schmollend, einen langen Augenblick fast finster blickend. In diesem langen Augenblick sprang er aus dem Bett, badete, kleidete sich an, erreichte den Landungsplatz, ging an Bord der Fähre, überquerte den Hafen und winkte – winkte Isabel und Maisie zu, die am Pier standen und auf ihn warteten. Ein großer junger Matrose in seiner Nähe warf ein eingerolltes geteertes Tau, und es fiel in einer langen Schlinge über den Landepfosten. Gut gemacht! ... Und dieser ganze Augenblick (Vision) war so klar und hell und winzig, daß er mit seinem Schmollen und den ernsten Augen hätte ein Baby sein können, das eine Seifenblase betrachtet.
»Ich bin dort – ich bin dort. Warum muß ich das alles nun noch einmal und so langsam tun?« Aber als er das dachte, bewegte er sich, und die Seifenblase verschwand und war vergessen. Lächelnd setzte er sich auf und zog die Ärmel seines Pyjamas herunter.

»Je me repose.«
25. April. »Nun setz dich, Mansfield, und *reposez-vous«*, sagte Fergusson, »und ich werde mich vollends ankleiden.«
Damit ging er in sein Schlafzimmer und schloß die Zwischentür, und ich setzte mich auf den Sofarand. Die Sonne schien voll durch die beiden Fenster und teilte das Studio in vier Teile, zwei Viertel Licht und zwei Viertel Schatten, aber alle die vom Licht berührten Gegenstände schienen darin zu schwimmen, darin zu baden und zu funkeln, als ob sie nicht zum Land, sondern zum Wasser gehörten; sie schienen sich sogar auf seltsame Weise zu bewegen.
Wenn man sich über den Rand des Felsens beugt und auf dem Meeresgrund etwas Schönes, Schimmerndes glänzen sieht, so ist es nur das klare, zitternde Wasser, das tanzt – aber kannst du ganz sicher sein? . . . Nein, nicht ganz sicher, und jene

kleine chinesische Gruppe auf dem Schreibtisch ist vielleicht, vielleicht auch nicht, für eine Hundertstelsekunde aus ihrem jahrhundertealten Schlaf erwacht.
Sehr schön, o Gott! ist eine blaue Teekanne mit den dazu gehörenden zwei weißen Tassen; ein roter Apfel zwischen Orangen fügt der Flamme ein Feuer hinzu – auf den weißen Bücherregalen fliegen die Bücher in Farbskalen auf und ab, Rosa- und Lilatöne kommen immer wieder vor, bis nur sie zurückbleiben und wieder und wieder ertönen.
Da sind auch einige Bilderrahmen, einige gestrichen, andere roh, an die Wand gelehnt, und das Bild einer nackten Frau mit erhobenen Armen, schlaff, als ob ihre schwere, blühende Schönheit fast zu schwer zu ertragen wäre. Zwei Stöcke und ein Schirm stehen in einer Ecke, und im Kamin ein Kessel, merkwürdig aussehend, wie ein Vogel.
Weiße Netzgardinen verhüllen die Fenster. Trotz allem Sonnenschein regnet es draußen. Die Lampe in der Zimmermitte hat einen blaßgelben Pergamentschirm, und während Fergusson sich anzieht, pfeift er in einem fort.
Reposez-vous.
Oui, je me repose ...

26. April. Wenn es nach mir ginge, würde ich bis nach dem Krieg in der Redcliffe Road bleiben. Es gefällt mir hier. Mit all ihren Mängeln ist sie gar nicht bourgeois. Die Leute, die hier leben, sind alle etwas »sonderbar«; sie sind alle mehr oder weniger »übergeschnappt«. Sie gehen hutlos, sie holen und tragen ihre Nahrungsmittel selbst, sogar die Kohlen. An jeder Tür sind mehrere Klingeln, und die Vorhänge sind seltsam und schäbig. Die Putzfrauen, alte ausgediente Weiber, schwatzen im Untergeschoß ... »Nr. 50 gab eine Party, gestern abend. Sie hätten sehen sollen, wie sein Zimmer aussah, heute morgen...« »...Es wäre höchste Zeit, daß er heiratete, sag ich. Seine Verlobte schläft ja schon bei ihm. Er sagt, sie schlafe in seinem Bett, und er schlafe auf dem Tisch. Erzäh-

len Sie mir bloß nicht, ein langer Kerl wie er schlafe auf dem Tisch.«
Frage: Aber mögen Sie solchen Klatsch? Diese Art von Tratsch? Wie steht's denn mit den Poeten und – den Blumen und Bäumen?
Antwort: Da ich das vollkommene »andere« nicht haben kann, mag ich *das.* Ich fühle mich irgendwie frei hier. Es hat keinen ständigen Platz – und ich habe auch keinen. Und, und – O, ich komme mir – so zynisch vor.

Da ein Verbleiben Katherines in den zwei dunklen Zimmern, die Murry im Erdgeschoß eines Hauses an der Redcliffe Road bewohnte, bei ihrem Gesundheitszustand nicht länger möglich war, übersiedelte sie am 17. Mai 1918 nach Looe in Cornwall. J. M. M. sah sich inzwischen nach einem Haus in Hampstead um.

21. Mai, Looe, Cornwall. Ich habe wirklich das Gefühl, daß ich die Verbindung mit meinem Geist nicht herzustellen vermag. Ich stehe keuchend in einer dieser ekelhaften Telefonzellen und »komme nicht durch«.
»Tut mir leid, es meldet sich niemand«, ertönt die kleine Stimme.
»Wollen Sie es bitte nochmals versuchen – Zentrale?« Langes Rufzeichen. »Jemand muß dort sein.«
»Es nimmt niemand ab.«
So muß ich denn annehmen, daß niemand im Haus ist – gar niemand. Nicht einmal ein alter, dummer Wächter. Nein, es ist dunkel und leer und still . . . vor allem – leer.
Anmerkung: Merkwürdig ist, daß ich es vor mir sehe – dieses leere Haus – es ist meines Vaters Bürohaus. Ich erkenne es am Geruch. Ich sehe den Schacht des schwerfälligen hölzernen Warenaufzugs und die herunterhängenden, geteerten Stricke.

22. Mai. Das Meer hier ist ein wirkliches Meer. Es hebt und

senkt sich mit lautem Getöse, es flutet lang und seidig, und es ist, als ob es schnurrte, manchmal steigt es halb in den Himmel hinauf, und man sieht die Segelboote wie auf Wolken sitzen – wie fliegende Engel.
Hallo! Da kommt ein Liebespaar. Sie hat eine schlanke Taille, einen Hut wie eine umgekehrte Untertasse – er trägt einen falschen Panama, Hutschnur, Stock, usw.; sein Arm umfängt sie. Sie spazieren zwischen Himmel und Meer. Seine Stimme schwebt zu mir herauf: »Natürlich schadet das Essen, das gelegentliche Essen von Konservenfleisch nicht, aber ständiger Genuß von Konservenfleisch wäre zweifellos ...«
Ich bin sicher, der liebe Gott liebt sie, und ihre Nachkommenschaft wird sich vermehren und gedeihen immer und ewiglich.

Ein Gedanke.
Bist du wirklich nur dann glücklich, wenn ich nicht da bin? Kannst du dir vorstellen, daß du rote Rosen kaufen und der Blumenfrau zulächeln würdest, wenn ich fünfzig Meilen von dir entfernt wäre? Ist es nicht wahr, daß dann deine Zeit selbst wenn du im Gefängnis wärst – ganz dir gehört? ... Und daß du, wenn du auch einsam bist, doch nicht »wahnsinnig« wirst? Weißt du noch, wie du das Taschentuch an die Lippen preßtest und dich von mir abwandtest? – In jenem Augenblick warst du völlig, völlig getrennt von mir – und seither ist mein Gefühl für dich nie mehr das alte gewesen. Und dann – da war auch der Abend, als du mich fragtest, ob ich noch immer an den Heron glaubte.[1] Ist es nicht vielleicht so, daß, wenn ich »blühen und gedeihen« würde, auch du gedeihen würdest, und viel leichter und üppiger, ohne die Be-

---

[1] »The Heron Farm« sollte der Name eines Traumhauses sein, in das Katherine und J. M. M. sich nach dem Krieg zurückziehen wollten. Heron oder Herron war ein in der Familie Beauchamp häufig wiederkehrender Name.

lastung und die Spannungen meiner Gegenwart? Und wir würden einander wunderschöne Briefe und wunderschöne »Arbeiten« senden – und du würdest ganz vergessen, daß ich neunundzwanzig Jahre alt und braunäugig bin. Die Leute würden fragen: »Ist sie blond oder dunkel?« und du würdest in einer Art Benommenheit sagen: »O, ich glaube, sie hat hellblonde Haare.« Nun – nun, das ist kein vollkommener Plan. Denn ich müßte von *meinem* elterlichen Stamm einen Ast abhauen – o, einen so großen Ast, der sich über dir ausbreitet und sich freut, dich zu beschatten, dich in seinem flimmernden Licht- und Schattenspiel zu sehen und dich zu erfrischen und süße (obwohl ganz unerkannte) Düfte zu dir zu tragen.
Aber für dich ist es *anders* – du bist immer bleich, erschöpft und quälst dich mit *beständiger* Angst, sobald ich in der Nähe bin. Und nun spüre ich aus deinen Briefen, daß diese Angst von dir gewichen ist und du wieder atmen kannst. Wie traurig das ist! Ja, ich habe einen *scharfsinnigen* Verdacht ...
Natürlich wird L. M. versuchen, uns voneinander fernzuhalten; möchtest du sie behalten? Denn, wie du weißt, hätte ich ihr nach der Gwynne-Nacht endlich den Laufpaß gegeben, wenn du nicht so beflissen gewesen wärst. (22. Mai, Looe.)

Die folgenden, mit K. M. gezeichneten Sentenzen stammen von ihr; einige der andern mögen Zitate sein.

... Beim Anhalten des Triumphwagens der erhabenen Gegenwart zu begegnen.
Das in ein Stück alter Seide gewickelte, eines Tages auf dem Markt des Elends verkäufliche Kleinod.
Üppig wuchernde Verwicklungen, die die Luft tropisch erscheinen lassen.
Das Gefühl von geschlossenen Blumen ... als ob die Nacht die Hand auf ihre Herzen gelegt hätte und sie nun geschlossen und ruhig und friedlich wären, wie geschlossene Blumen. (K. M.)

... pflückte ihre Gefühle im Vorübergehen, gleichgültig, nervös, die kleinen, wilden Blüten ihres dunklen Waldes.
Der hohe Luxus, nicht erklären zu müssen.
Der seinen Kopf in den Sand steckende Vogel Strauß erweckt auf jeden Fall den Eindruck, daß der Kopf sein wichtigster Teil ist. (K. M. Gut.)
Obwohl sie sich mir auf eine Art einfach darbot, war sie so reich, so kalt, so glänzend, daß ich einfach keinen Löffel finden konnte, der silbern genug gewesen wäre, daß ich mich seiner hätte bedienen können.... (K. M.)
Wenn es große Freiheiten geben sollte, war sie entschlossen, sie auch zu genießen. Sie wollte nicht wie ein kleiner Affe, der von einem Baum auf den Kopf eines Elefanten gefallen ist und sich jetzt an ein großes Ohr klammert, hoch droben sitzen und in dem sich wandelnden Dschungel gefährlich hin und her schwanken. (K. M.)

Juni, Looe. Ein kalter Tag – der Kuckuck ruft, und das Meer ist wie flüssiges Metall. Alles scheint losgelöst – entwurzelt –, fliegt durch die klirrende Luft oder ist im Begriff zu fliegen. Man hat fast das Gefühl, diesen unnatürlichen, planlos umherflatternden Vögeln ausweichen zu müssen. Um ein einfaches Bild zu gebrauchen: es ist, als wäre die Welt ein immenser Trockenplatz und alles flöge von den Wäscheleinen... Nervlich sehr anstrengend.
Und der Tag gab sich aus ... Die müßigen Stunden bliesen darauf, und er entleerte sich wie Samen ...
Sie war die gleiche durch und durch. Man hätte Scheibe um Scheibe abschneiden können und man wäre nie auf eine Rosine oder eine Kirsche gestoßen – nie auf ein Stück Schale.
Unsere Freunde sind nur die mehr oder weniger vollkommene Verkörperung unserer Ideen.
Etwas *Außerordentliches:* Schuhe, die vorher nie gequietscht haben, fangen plötzlich zu quietschen an.

Die in der folgenden Eintragung erwähnte Mrs. Honey war

die Zimmerfrau in Katherines Hotel in Looe. Sie war ihr, wie die meisten ihrer Dienstboten, sehr ergeben.

Später.

Mrs. Honey erklärt. Sie hat geweint. Madame hat »schrecklich grausam« mit ihr gesprochen, wegen einem zerbrochenen Trinkglas. Log. Tyrannisierte. Und das arme alte Wesen, das in letzter Zeit jeden Tag fünfzehn Zimmer zu machen und drei Treppen zu schrubben hat (achtundsechzig Jahre alt), »mußte einfach weinen« ...

Ich wünschte, Madame bekäme ein Geschwür in der Nacht, müßte sich am Morgen operieren lassen und wäre vor Sonntagmittag tot und begraben. Sie ist genau wie eine große Kuh in einem schwarzen Seidenkleid – und sie wird *nie, nie, nie* sterben.

»Wenn das Feuer gut brennt, ist Ihr Mann bei guter Laune.« (Mrs. Honey.)

Später.

Eben bin ich in Johns Zimmer gegangen, um ein Buch hinzulegen – und habe die rosarote Bettdecke aufgeschlagen, um nachzusehen, ob er genug Wolldecken hat. Und dabei war John für mich ein etwa siebzehnjähriger Junge. Ich hatte eine Art *prophetischer Vision,* genau das gleiche für meinen eigenen Sohn zu tun ... in späteren Jahren. Der Augenblick hatte überhaupt keinen Gefühlswert – besonders weil er in dem Duft von Hammelbraten unterging. Da ertönt der Gong: es klingt wie ein schüchterner Feueralarm. Aber ich warte bis nach dem ersten Gang. Ich warte, bis die Schimpansen den Suppentümpel aufgeschlappt haben, bevor ich anfange, mit ihnen Nüsse zu knacken.

Später.

Der Tisch war für zwei Personen gedeckt. Ich speiste einer weißen Serviette gegenüber – geformt wie eine Hand mit gespreizten Fingern. Jetzt habe ich mich angezogen und warte auf das Auto. Eben habe ich ein wenig *genêt fleuri* auf meinen Kragen gerieben: ich sehe *anders* aus – als ob bald auf mir gespielt würde und ich nicht einfach in einer Ecke stehengelassen würde, der Bogen in der mit zwei Knöpfen schließbaren Kerbe. Nein! Jetzt hängt der Bogen doch *wenigstens* am Wirbel.

Juni, Looe. Zu lesen, nachdem ES geschehen ist. Paralyse als Idee. Eine angenehme Idee. Rückenmarkskrankheit. Ein Schlag. Herzversagen. Irgendein »obskures« Grauen. Tot vor Freitag. Ein Krüppel – unfähig, zu sprechen. Das Gesicht ganz *verzerrt.* Aber die obere und untere Seite dieses »Sangwidgs« ist ein paralytischer Schlag – und der wichtige, mittlere Teil – Herzversagen. Nun, ich habe es für mich gemacht und Tag für Tag gegessen – Tag für Tag. Es ist ein *endloser* Laib . . . Und ich möchte hier in aller Ruhe bemerken, daß der körperliche Schmerz gerade noch erträglich ist – gerade noch.

Heute um vier Uhr dreißig hat es mich überwältigt, und ich begann, wie die Tschechow-Studenten »von einer Ecke des Zimmers zur andern zu wandern« – dann auf und ab, auf und ab, und der Schmerz folterte mich wie ein Fluch, und ich konnte kaum atmen. Dann setzte ich mich wieder und versuchte, es ruhig hinzunehmen. Aber obwohl ich einen Armsessel habe und ein Kaminfeuer und einen kleinen Tisch bequem davor, bin ich zu krank, um zu schreiben. Trop malade.

Dazuhin habe ich den ganzen Nachmittag auf Anne gewartet[1]. Ich dachte, sie würde dem Sturm zum Trotz »vorüberwehen«. »Hallo!« Und ungefähr hundert Annes sind schnellen, abgewogenen Schrittes diesen Ziegelsteinpfad her-

---

[1] Anne Estelle Rice, eine Malerin und eine gute Freundin Katherines.

auf marschiert, sind aber nicht weiter gekommen. Und ich habe nichts zu lesen. Hurra!!!
Musik könnte »die Rettung« sein. Wieder ein Cello zu haben. Ich muß es versuchen . . .

Donnerstag, 20. Juni. Der zwanzigste Juni 1918.
C'est de la misère.
Non, pas ça exactement. Il y a quelque chose – un profonde malaise me suive comme un ombre.
O, warum schlechtes Französisch schreiben? Warum überhaupt schreiben? 11 500 Meilen sind so viele Meilen – 11 449$\frac{3}{4}$ Meilen zu weit für mich. [Das ist die Entfernung zwischen Neuseeland und England.]

Freitag, 21. Juni. Was ist mit dem heutigen Tag los? Er ist dünn, weiß, vom Weiß weißer Spitzenvorhänge, voll häßlicher Geräusche (zum Beispiel, wie wenn jemand die Schubladen einer billigen Kommode öffnet und wieder zu schließen versucht). Alles was ich esse, scheint breiig und unverdaulich – kein Getränk ist warm genug. Man sieht schauderhaft aus, schauderhaft im Spiegel – kahl wie ein Ei – mit geschwollenen Füßen – und alle Kleider sind zu eng. Und alles ist staubig, kiesig – die Zigarettenasche zerkrümelt und fällt – die Ringelblumen verstreuen ihre Blüten über den Toilettentisch. In einem Nachbarhaus versucht jemand, ein ganz billiges Klavier zu stimmen.
Hätte ich ein »Heim« und könnte ich die Vorhänge zuziehen und die Türe schließen – etwas Süßduftendes verbrennen, schnell in meinem eigenen, vollkommenen Zimmer umhergehen, geräuschlos, Licht und Schatten beobachten – dann könnte es *erträglich* sein, aber so zu leben wie ich, in einem Hotel – das ist *très difficile.*
Hier einige seiner Ungeheuerlichkeiten.
1. Ich beschloß, *de faire les ongles de mes pieds avant mon petit déjeuner* – und habe es nicht getan – aus Faulheit.

2. Der Kaffee war halb kalt, der Speck versalzen, und die Platte zeigte, daß er in einer schmutzigen Pfanne gebraten worden war.
3. Ich wußte nicht, worüber ich mit Mrs. Honey reden sollte, die schweigsam und zerstreut schien – und nur mit schwachem Docht brannte.
4. Johns Brief, in dem er von seinen enormen Schwierigkeiten schreibt – all den unmöglichen Dingen, die er tun *muß*, bevor er in die Ferien gehen kann, konnte mich nicht erwärmen. Irgendwie hatte er einen *faden* Geschmack – und ich fühlte, daß ich ihn merkwürdigerweise nur bruchstückhaft und nicht im Zusammenhang gelesen hatte.
5. Unbestimmte Magenschmerzen im Bad.
6. Nichts zu lesen und zu regnerisch, um auszugehen.
7. Anne kam – und hat nicht geläutet. Ich hatte das Gefühl, sie hätte zunächst einmal genug von unserer Freundschaft.
8. Ein sehr schlechtes Mittagessen. Eine kleine, zähe Frikadelle, die den Hunger nicht stillte und ziemlich wässerige Stachelbeeren. Ich verachte die englische Küche zutiefst.
9. Ging spazieren und wurde von Regen und Wind überrascht. Schrecklich kalt und elend.
10. Der Tee war nur lauwarm. Ich hatte mir vorgenommen, den Kuchen *nicht* zu essen, und aß ihn doch. *Rauchte zuviel.*

Hotels.

Es kommt mir vor, als ob ich mein halbes Leben damit zugebracht hätte, in unbekannten Hotels anzukommen. Und zu fragen, ob ich sofort zu Bett gehen könnte.

»Und würden Sie bitte die Wärmflasche füllen? Danke sehr; das ist wunderbar. Nein, sonst brauche ich nichts mehr.«

Die fremde Tür schließt sich hinter dem Fremdling, und dann schlüpfe ich unter die Decke. Und warte, daß die Schatten aus den Ecken kriechen und langsam ihr Gespinst über die häßlichste aller Tapeten spinnen.

Lungentuberkulose.
Der Mann im Zimmer neben mir hat die gleiche Krankheit wie ich. Wenn ich in der Nacht erwache, höre ich, wie er sich umdreht. Und dann hustet er. Und ich huste. Und nach einer Pause huste ich. Und er hustet wieder. So geht es eine Zeitlang fort. Bis ich glaube, wir seien zwei Hähne, die einander in einer falschen Dämmerung zukrähen. Von fernen, verlorenen Gutshöfen her.

Jour maigre.
Jeden Mittwochmorgen kommt Mrs. Honey wie gewohnt in mein Zimmer, zieht die Jalousien hoch und öffnet die großen französischen Fenster. Sie läßt das tanzende Licht herein und das Rauschen des Meeres und das Knarren der Boote, die draußen auf der Reede vor Anker liegen, und das Geräusch des Rasenmähers und den Duft gemähten Grases, Fliederduft und das kecke Pfeifen der immer gleichen Amsel.
Dann kommt sie zu meinem Bett zurück und steht über mir, die eine Hand in die Hüfte gestützt, ihr altes Gesicht in sorgenvolle Falten gelegt, als hätte sie eine wichtige Nachricht für mich und wüßte nicht, wie sie sie mir schonend beibringen könnte.
»Fleischloser Tag heute«, sagt sie dann.

Picknick.
Als die beiden Frauen zu dem einsamen Strand hinunterkamen – warf *sie* ihren Malkasten weg – und *sie* warf ihr Notizbuch weg. Sie setzten sich in den Sand. Es war gerade Ebbe. Die mit Seetang bedeckten Felsen vor ihnen sahen aus wie eine Herde zottiger Tiere, die sich an dem seichten Wasser zusammengedrängt hatten, um zu trinken, und dort in einer Art Erstarrung verharrten.
Dann ging *sie* davon und planschte mit den Beinen im Wasser und dachte über die Farbe von Fleisch unter Wasser nach. Und *sie* verkroch sich in eine dunkle Höhle und saß dort

und dachte an ihre Kindheit. Dann kamen sie beide zum Strand zurück, warfen sich auf den Bauch und legten den Kopf in die Arme. Sie sahen aus wie zwei Schwäne.

Erwachsensein.
Vier Uhr. Ist es jetzt um vier Uhr schon hell? Ich springe aus dem Bett und renne zum Fenster hinüber. Es ist dämmrig, weder ganz schwarz noch blau. Die wie ein Flügel ausgebreitete Küste ist violett; in dem lilafarbenen Himmel sind dunkle Fahnen, und kleine, mit schwarzen Schatten bemannte Boote laufen aus im purpurnen Wasser.
O! wie oft habe ich als Mädchen um diese Zeit schon gewacht! Aber damals – ich verweilte am Fenster, bis mir kalt wurde – bis mir eiskalt war – erregt – ich weiß nicht wovon. Jetzt aber flüchte ich mich zurück ins Bett und ziehe die Decke fest um mich, bis zum Hals hinauf. Und dann finden meine Füße die Wärmflasche. Du lieber Himmel! Sie ist noch immer schön warm! Wirklich sensationell.

Dame seule.
Sie ist klein und grau, trägt ein schwarzes Samtband um die Haare, hat falsche Zähne und magere kleine Hände, die unter Rüschen hervorkommen wie Koteletts aus Manschetten.
Als ich eines Morgens an ihrem Zimmer vorbeikam, sah ich ihren handgearbeiteten Kamm- und Bürstenbeutel und ihr Gebetbuch.
Und aus irgendeinem dunklen Grund trägt sie einen kleinen Schal, wenn sie zu der mit »Ladies« bezeichneten Tür hineingeht ...
Am Mittagstisch, indem sie freundlich lächelt: »Es ist dies das erste Mal, daß ich allein gereist oder in einem fremden Hotel abgestiegen bin. Mein Mann macht sich nichts daraus. Da es ja so ruhig ist. Natürlich, wenn es ein – Vergnügungsort wäre . . . .« Und sie zieht das Kinn ein, und die Glasperlenkette hebt und senkt sich auf ihrem entschwundenen Busen.

Erinnerung.

Jedesmal, wenn ich Fingerhut sehe, muß ich an die Lawrences denken.

Wieder gehe ich an ihrem Häuschen vorbei, und im Fenster – zwischen den narzissengelben Gardinen mit den grünen Tupfen – da sind die großen, prächtigen Blüten.

»Und wie schön sie aussehen vor der getünchten Wand!« rufen die Lawrences.

Wie üblich, wenn ihnen etwas gefällt, machen sie daraus eine Art von Fiesta. Mit Fingerhut überall. Und dann sitzen sie mittendrin, wie glückselige Gefangene, die in einem Indianerzelt zu Mittag essen.

Erdbeeren und ein Segelschiff.

Wir saßen hoch oben auf dem Kliff, über dem offenen Meer, und kehrten der kleinen Stadt den Rücken zu. Jeder von uns hatte einen Korb voll Erdbeeren. Wir hatten sie soeben von einer dunkelhaarigen Frau mit scharfen Augen – beerenfindigen Augen – gekauft.

»Frisch gepflückt im eigenen Garten«, sagte sie.

Ihre Fingerspitzen waren hellrot. Aber was für Erdbeeren! Eine jede einzelne Beere war die feinste – die vollkommene Beere – die absolute Erdbeere – die Frucht unserer Kindheit! Selbst die Luft fächelte wie mit Erdbeerflügeln. Und unten in dem seichten Wasser badeten Kinder mit Erdbeergesichtern ...

Über das blauschaukelnde Wasser kam ein Dreimaster geschwommen – mit neun, zehn, elf Segeln. Wunderbar schön! Er zog vorüber, als ob jedes Segel voller Licht und Sonne wäre.

Und: »O, wie gerne wäre ich an Bord!« sagte Anne.

(Der Kapitän war unter Deck, aber die Mannschaft lag oben auf Deck, müßig und hübsch anzusehen. »Hättet ihr gern Erdbeeren?« riefen wir hinüber, und schon glitten und rutschten wir auf dem wankenden Deck und boten unsere Erdbeeren an. Die Matrosen aßen sie wie in einem Traum ...) Und das Schiff segelte weiter. Und ließ auch uns beide in einer Art von Traum zurück. Mit den leeren Körben ...

Anfang Juli kehrte Katherine nach London zurück. Am 26. August zogen sie und J. M. M. nach Portland Villas Nr. 2, East Heath Road, Hampstead, um.

5. Juli [47 Redcliffe Road]. Heute, heute abend, nachdem ich heimgekommen bin (denn ich mußte ausgehen, um Früchte zu kaufen) *commence encore une vie nouvelle.* Dreh dich um, und du wirst sehen, wie gut ich geworden bin – ein anderes Kind.

Später. Ich habe zwei Bücher von Octave Mirbeau gelesen – das heißt, ich habe mich dazu verleiten lassen –, und nachdem ich sie nun gelesen habe, sehe ich ein, stelle ich fest (1.), daß die Franzosen ein schmutziges Volk sind, (2.) daß ihre Verderbheit so *puante* ist, daß ich sie nicht mehr anrühren werde. Nein, die Engländer könnten sich nicht so entwürdigen. Sie sind unmenschlich; auf gut englisch gesagt – *Affen.*

Ich muß wieder zu schreiben anfangen. Sie bestimmen mich. Dagegen muß etwas getan werden.

Ach, Tschechow! Warum bist du tot? Warum kann ich mich nicht mit dir unterhalten, in einem großen, verdunkelten Zimmer, am späten Abend – wenn das Licht grün ist von den wehenden Bäumen draußen. Ich möchte eine Reihe von »Himmeln« schreiben: das wäre einer davon.

Ich darf jedoch meine *Schüchternheit* vor geschlossenen Türen nicht vergessen. Meine Bedenken, daß ich nicht laut genug oder zu laut läuten werde ... Es sitzt tief, tief, tief: tatsächlich ist das die Erklärung dafür, daß K. M. als Schriftstellerin bis heute versagt hat, und o! was für ein guter *Anfang zu einer Geschichte!*[1]

---

[1] Deutsch im Text.

Die ewige Frage.

Ich stelle mir wieder einmal *meine* Ewige Frage: Was macht den Augenblick der Entbindung so schwer für mich? Würde ich mich jetzt – in diesem Moment – hinsetzen und einige der Geschichten, die in meinem Kopf fix und fertig sind, einfach hinschreiben, so würde ich dafür nicht mehr als ein paar Tage brauchen. Es sind deren so viele. Ich sitze und *denke* sie aus, und wenn ich meine Schlaffheit überwinden und die Feder ergreifen würde, sollten sie sich eigentlich (da sie wortperfekt sind) von selber schreiben. Aber eben – es müßte getan werden. Entweder habe ich keinen Platz, wo ich schreiben könnte – oder der Sessel ist unbequem, oder es ist sonst etwas. Aber während ich mich beklage, scheint gerade *das* der Ort und *das* der Sessel zu sein. Und *will* ich sie nicht schreiben? Gott! Gott! es ist mein einziger Wunsch, mein *einzig glücklicher Ausweg.* Und noch gestern habe ich gedacht – daß sogar mein gegenwärtiger Gesundheitszustand ein großer Gewinn ist. Er macht alles so reich, so wichtig, läßt mich so vieles ersehnen ... er ändert meinen Standpunkt.

... Wenn man klein ist und krank und weit weg in einem fernen Schlafzimmer, dann ist alles, was *woanders* geschieht, wunderbar ... *Alors,* ich bin immer in jenem fernen Schlafzimmer. Ist dies der Grund, warum ich diesmal in London nichts sehen kann, was nicht wunderbar – wunderbar ist, und unglaublich schön?

C'est très ennuyeux, maintenant, parce que cette femme arriverait chez moi et je ne ...
Elle n'est pas arrivée!

Es ist Flutzeit an der Redcliffe Road. Die Türen haben sich, eine nach der andern, geöffnet und wurden wieder zugeschlagen. Und nun sind die Häuser gefüttert. Eine armselige

Geige quiekt irgendwo – eine seltsame, blendendweiße Wolke schwebt über den Häusern in einer blauen Lache.

Abendprimel.
»Alle meine Tugenden – meine ganze reiche Natur – vergangen«, sagte sie, »überwachsen, ineinander verschlungen, vergessen, verlassen, wie ein Garten, der einmal war«. Sie lächelte und rückte ihren Hut zurecht und zog den Mantel um sich, als machte sie sich fertig, hinauszutreten in diesen Garten und sich darin zu verlaufen. »Ein dunkler Ort«, sagte sie und erhob sich unschlüssig. Und dann lächelte sie wieder. »Vielleicht ist mir tatsächlich nur meine Neugier mir selbst gegenüber geblieben. Abendprimel ...« Sie blinzelte, beugte sich neugierig vornüber, als ob die Blume zu ihren Füßen eben erst erblüht wäre. »Ich konnte diese Art von Primeln nie leiden. Sie *scheinen* so lieblich, aber wenn man sie näher betrachtet, sind sie nur eine Art Unkraut, schäbiges Zeug, wie Blumen auf einem Grab ohne Grabstein. Ich meine das nicht etwa symbolisch, Gott behüte«, fügte sie hinzu, und war verschwunden.

Der volle Ton.
Jedesmal, wenn ich an einem Gespräch über Kunst teilnehme, ergreift mich das Verlangen, alles zu zerstören, was ich bis jetzt geschrieben habe, und neu anzufangen; ich habe das Gefühl, daß alle Anfänge falsch sind. Um einen Ausdruck aus der Musik zu gebrauchen: es ist nicht »der volle Ton« – wissen Sie, was ich meine? Wenn man an einem kalten Morgen zu spielen angefangen hat, und es klingt soweit ganz gut –, bis man sich plötzlich bewußt ist, daß man warm geworden ist – daß man erst jetzt wirklich zu spielen begonnen hat. O wie schlecht ich mich ausdrücke! Wie verworren und sogar ungrammatisch!
Der Tag war göttlich – warmer, linder Sonnenschein lag auf ihren Armen und auf ihrer Brust, wie Samt. Winzige Wol-

ken, silbrige, schienen im blendenden Blau. Die Bäume im Garten waren voll goldenen Lichts, und eine seltsame Helle floß aus den Häusern, aus den offenen Fenstern mit den zauberhaften Vorhängen und den Blumentöpfen ... den weißen Stufen und den schmalen, spitzen Geländern.

Maisie – der Student – die Mieter – sie wagt irgend etwas.
Das kleine Blatt, das hereinweht – ihre Erinnerung an den Park und das Krokodil, und dann muß da ihre Katze, Millie, sein. Jenes schnelle *»Hak dich ein, liebes Mädchen«* – und der Schmerz, der so groß ist, daß sie fast schluchzt. Aber es geschieht nichts –

Nay, though my heart should break,
I would not bind you.

Miss Ruddick, die ihre Musikseiten immer auf den Handtuchständer stellt und so spielt, und wenn sie ihr Taschentuch herauszieht, kommt ein Stück Bogenharz mit heraus ...

Die Redcliffe Road.
An diesen Sommerabenden ist der Klang der Schritte auf der Straße ganz anders als sonst. Sie kla-kla-klappern vorbei, aber leicht und mühelos, als ob sie zu Menschen gehörten, die ruhig nach Hause gehen – nach einer Prozession oder einem Picknick oder einem Tag am Strand.
Der Himmel ist klar und blaß: das dumme Klavier ist außer Rand und Band geraten und leiert Walzer herunter, alte Walzer, wirbelnd, gefühlstrunken – erinnerungsschwer.
Zu dieser Stunde kommt der arme, halbverhungerte Hund angerannt und schnuppert im Rinnstein. Er ist so mager, daß sein Körper einem Käfig auf vier hölzernen Pflöcken gleicht. Das dürre Dreieck seines Kopfes hängt herunter, seine lange Rute steht geradeheraus, und er läuft auf und ab, still und gierig. Die Bewohner der Straße beobachten ihn von den weinlaubbedeckten Balkonen aus, von den offenen Fen-

stern – aber die dicke Frau im Erdgeschoß die gutmütig genug ist, kommt die Stufen zum Gartentor herunter, mit einem Knochen. Während der Hund darauf wartet, daß sie ihm den Knochen gibt, trommelt seine Rute auf dem Torpfosten wie ein Besenstiel – und die Straße sagt, die Frau sei eine Närrin, daß sie fremde Hunde füttere. Sie werde ihn nun nie mehr loswerden.
(Was ich sagen wollte, ist, daß der Hund, zu dieser Stunde, in diesem Dämmerlicht mit den Klavieren und den offenen, hohltönenden Häusern, den Geist der Straße darstellt – wie er auf und ab rennt, der arme Hund, wo er doch schon vor Jahren hätte beseitigt werden sollen.)

Inkonsequenz.
»Hat M. einen grauen Schlafrock mit dunkelroten Litzen getragen?«, fragte sie.
»Nein, er war angezogen.«
»O! Dann nehme ich an, daß er *sehr* angezogen war; so wie immer.«
Das ließ sie plötzlich an einen andern seiner Freunde denken – einen jungen, dicklichen Mann, der eine Brille trug, sehr ernst und von einer etwas sonderbaren Beleibtheit war, die, wie sie bemerkt hatte, genau zu seiner Ernsthaftigkeit paßte. Sie sah ihn an einem Toilettentisch stehen, wie er den Hals trocknete – und sie sah seine Hosenträger, eng angezogen, und seinen Hemdkragen. Seine Haare waren wie gewöhnlich zu lang.
»Wie scheußlich S. ohne Kragen aussehen muß!«
»Ohne Kragen?« Er schaute sie an; er schnappte nach Luft.
»Ja, in Hemd und Hosen.«
»In Hemd und Hosen!« rief er aus. »Ich habe ihn nie so gesehen –.«
»Nein – aber – O –«
Daraufhin starrte er sie geradezu an.
»Wie *außerordentlich* inkonsequent du bist!«

Und in dieser Minute fing sie zu lachen an.
»Nun«, sagte sie, »Männer sind ...«
Und sie schaute zum Fenster hinaus nach der hohen Pappel mit ihren flüsternden Blättern, ihrem schönen Wipfel, golden im letzten Licht.
Auf der Küchenwand lag ein Schatten, der wie eine kleine Maske aussah, mit zwei goldenen Schlitzen als Augen. Er tanzte auf und ab.

20. September. Meine Launen sind wirklich furchtbar. Am Sonntagmorgen hatte ich so einen Anfall und zerriß eine Seite des Buches, in dem ich eben las, und verlor völlig den Kopf. Sehr bedeutsam. Als es vorbei war, kam J. hinein und starrte mich an. »Was ist los? Was hast du getan?«
»Warum?«
»Du siehst *ganz düster* aus.« Er zog die Vorhänge zurück und sagte, es müsse ein Lichteffekt sein, aber als ich in mein Studio kam, um mich anzukleiden, sah ich, daß es nicht daran lag. Ich sah erdfarben aus, *mit zugekniffenen Augen.* Ich war *grün.* Merkwürdigerweise sind diese Anfälle genau wie bei Lawrence und Frieda. Ich gleiche Lawrence mehr als sonst jemandem. Wir gleichen einander tatsächlich auf *unvorstellbare* Art und Weise.
Es ist ein dunkler, widerstrebender Tag. Das Feuer flattert wie eine Fahne – und von unten kommt das vertraute Geräusch, das entsteht, wenn jemand einen Eimer füllt. Ich bin sehr steif und gar nicht mehr daran gewöhnt zu schreiben, und doch ist mir, während ich hier sitze, als ob mein Lieber, mein EINZIGER käme und sich mir gegenüber niedersetzte und mich über den Tisch anschaute. Und plötzlich denke ich an die Verse, die mir in meiner Mädchenzeit so ungeheuer gut erschienen.

> Others leave me – all things leave me,
> You remain.

L. M. in ihrem Turban, mit ihrem großen Auge und ihrem kleinen Auge. Liebe ich sie? Nicht wirklich. Und eben bin ich in J.s Zimmer hinaufgegangen und habe die Tür geöffnet. Er saß am Tisch und arbeitete. Alles war in unbeschreiblicher Unordnung und die Luft voller Rauch. Er streckte mir die Hand entgegen, aber das war nicht der Ort für mich. O, nein! Ich ging hinaus.

Ich ging in mein Zimmer zurück, das mir wie von einem Zauberstab berührt schien. Gibt es etwas Besseres als mein Zimmer? Irgend etwas draußen? Das Kätzchen sagt nein – aber es ist auch ein wunderbares Jagdrevier für ein Kätzchen; die Sonne wirft die Form des Fensters auf den Teppich, und in diesen vier kleinen viereckigen Feldern wandern die dummen Fliegen umher, und der kleine Löwe unter dem Wandpfeiler beäugt sie mit großer Aufmerksamkeit ...

O Himmel, *wo* sind meine Leute? Mit wem bin ich am glücklichsten gewesen? Mit niemandem besonders. Es war alles *»mush of a mushness«*.[1]

Später. Das Kätzchen ist erkrankt, wurde fortgetragen, lebte noch vierzehn Tage unter großer Qual, und in den letzten zwei Tagen verlor es den Lebenswillen. Es wurde zu einer bloßen Garnrolle aus Pelz mit zwei großen, tränenvollen Augen: »Warum ist mir das passiert?« Und so tötete es der Tierarzt. Es hatte Darmbeschwerden, akute Verstopfung mit einem aufgedunsenen Bauch, Geschwüre in beiden Ohren. Die zwei Tage, bevor es wegging, litt es schrecklich. Ich kaufte ihm einen Ball, und es versuchte ein wenig damit zu spielen – aber nein! Es konnte sich nicht einmal mehr waschen. Es kam zu mir, stellte sich auf die Hinterbeine, öffnete sein kleines Maul und *versuchte* zu miauen. Kein Ton kam heraus; nie habe ich etwas Erbarmungswürdigeres gesehen.

---

[1] Es war stets dasselbe.

30. September. Ich hoffe, daß diese Feder geht. Ja, sie geht. Der letzte Septembertag – *schrecklich* kalt, eine Art solider Kälte vor den Fenstern. Mein Kaminfeuer hat mich fast den ganzen Tag im Stich gelassen, und ich bekam, nach guter alter Art, eine Gänsehaut.

Lesen Sie das *nicht*. Hören Sie den Zug pfeifen, und jetzt die Blätter – die trockenen Blätter – und nun das Feuer – flattern und rascheln?

Warum bringt sie die Lampen nicht?

Es soll also gebackenen Fleischpudding geben, mit ein paar Kapern drin, und dann Zwieback, gekocht in Milch, mit Brombeersauce. Die Unterhaltung darüber machte uns ganz freundlich, nach dem Streit wegen den Lampen.

Oktober. Es ist bemerkenswert, wieviel vom gewöhnlichen Menschen in Jack steckt. So zum Beispiel heute abend, als er keine Handtücher in seinem Zimmer fand, seine Empörung, das Gefühl, es geschehe ihm Unrecht, die Lust, die Türe so zuzuknallen, daß das Haus fast einfiel – die Wut, daß er selbst nach den verdammten Dingern schauen mußte – alles genau so, wie man es von seinem Vater erwartet hätte . . . Es läßt mich wiederum an die Kluft zwischen dem *Künstler* und dem *Menschen* denken.

Es ist wie sein »*Warum ist das Mittagessen noch nicht fertig?*« Als ob ich nur eine Handbewegung zu machen hätte, um das Bankett herzuzaubern. Aber beweist es nicht auch, wie glücklich er geworden wäre – mit einer wirklichen *Ehefrau?*

»'Tis thus:
Who tells me true, though in his tale lay death,
I hear him he flattered.«

»Wenn ich alle deine Lehren und Ratschläge befolgte, so würde ich im Leben überhaupt kein Vergnügen mehr finden.«

Warum machen die Leute immer ein solches Getue, wenn sie

Abschied nehmen? Sie scheinen so außerordentlich froh darüber zu sein, daß sie zurückbleiben. Sind sie's? Oder ist es der Neid?
Dies ist J.s Füllfeder, und ich halte nicht viel davon. Sie ist ganz einseitig!

The trees will toss their little leaves
To mourn the loss of the new goldfinch.

»Die Anmaßung des Reichtums ist eine elende Sache, während Eitelkeit über geistige Fähigkeiten in gewisser Weise begründet ist.« (Dr. Johnson.)

»Ein Gelegenheitsgedicht ist stets unterhaltend.«

Dr. Johnson: »Gleichermaßen unterhaltend ist auch der Bericht über die gestern gehängten Verbrecher.«

Kritik.
»Niemand hat das Recht, einen andern vor das Dilemma zu stellen, einen Menschen zu verletzen, indem er die Wahrheit sagt, oder sich selber zu schaden, indem er eine Unwahrheit sagt . . . Aus diesem Grunde wird jemand, der von einem Autor gefragt wird, was er von seinem Werk halte, auf die Folter gespannt und ist deshalb nicht verpflichtet, die Wahrheit zu sagen; das, was er sagt, ist also nicht als seine Meinung zu betrachten, und doch hat er sie geäußert und kann sie nicht zurücknehmen.« (Dr. Johnson.)

Selbstherabwürdigung.
Dr. Johnson: »Jegliche Selbstkritik ist mittelbares Lob. Sie soll zeigen, wieviel man erübrigen kann. Es liegt in ihr das ganze Ärgernis des Selbstlobs und der ganze Vorwurf der Falschheit.«
Boswell: »Sie mag manchmal aus eines Menschen Überzeugung hervorgehen, daß seine Fehler offenkundig sind. Er

weiß, daß andere ihn umwerfen könnten, und deshalb zieht er es vor, sich aus eigenem Antrieb niederzulegen.«

Dr. Johnson: »Auf solche Weise erhält uns die gegenseitige Feigheit den Frieden. Wäre die eine Hälfte der Menschheit tapfer und die andere feige, so würden die Tapferen stets die Feigen unterkriegen. Wären sie alle tapfer, würden sie ein sehr unruhiges Leben führen; sie würden sich beständig bekämpfen; da aber alle Feiglinge sind, kommen wir ganz gut miteinander aus.«

Wein.

S: Wein, mein Herr, ist ein Schlüssel, der eine Schachtel öffnet, und diese Schachtel ist entweder voll oder leer.

J: Nein, mein Herr, Konversation ist der Schlüssel. Wein ist der Dietrich, der das Schloß gewaltsam öffnet und es beschädigt. Der Mensch sollte sich bilden, so daß er auch ohne Wein das Selbstvertrauen und die Geistesgegenwart gewinnt, die der Wein verleiht.

21. Oktober. Dies ist wirklich der *göttlichste Ort.* So abgelegen, so friedlich; voll Farbe, voll Herbst; der Sonnenuntergang ist echt, und das Geräusch, wie jemand Kleinholz spaltet, ist ebenso echt. Wenn man nur wirklich lange Zeit hier oben leben könnte und niemanden zu sehen brauchte ... Es könnte ganz gut Frankreich sein, es gleicht viel eher Frankreich als England.

The place – remote – the dresses and scarves old;
The year, – fruitful – their talk and laughter gay.

24. Oktober Ida geht in die Stadt. Ich muß einiges von meinem lieben Geld von der Bank abheben und ihr geben. Ich bin im Bett; ich fühle mich sehr krank. Ganz sonderbar – als ob ich mich zersetzte. Ein blasser, stiller Tag. Ich möchte in einem Wald spazierengehen, weit weg.

Gesundheit scheint mir jetzt weiter entrückt als alles andere – unerreichbar. Am besten ist es, im Bett zu bleiben und von da aus widerwärtig zu sein. Dieser Himmel in blauen, cremefarbenen und grauen Wellen ist wie der Himmel über einer völlig bewegungslosen See, wenn man jemanden in der Ferne rudern hört; und dann sind die Stimmen vom Boot her und das Rasseln der Kette und das Gebell des Hundes sehr laut. Wie gewohnt hängt ein Geruch von Zwiebeln und Kotelettknochen in der Luft. Vielleicht ist L. M. dabei, etwas zu braten, während sie abwäscht, »des schönen, würzigen Geruchs wegen«.

Was soll sie für mich kaufen? Wenn es wirklich darauf ankommt – möchte ich *nichts* – Geldverschwendung – ich bin darin wie Mlle. Séguin, die die Bilder in ihrer neuen Wohnung nicht aufhängen wollte, weil *»das Leben ist wie ein Hauch, kleine Dolly«*.

Oktober, Hampstead. Ich sollte etwas Kurzes schreiben für die *Nation* heute, und etwas mehr Geld verdienen, ein »Kleiner Lunch im Klub« zum Beispiel. Es ist nicht schwer; tatsächlich fast zu leicht für mich, denn wenn ich einen Fehler habe, so ist es, daß ich zu geläufig bin.

Die Aussicht von diesem Fenster ist einfach prachtvoll – der blasse Himmel und die halb entlaubten Bäume. Es ist so schön, daß es auf dem Land sein könnte – eine *russische* Landschaft, wie *ich* es sehe.

Nein, Lawrence und Murry werden sich *nie* vertragen. Sie sind beide zu stolz, und M. ist zu eifersüchtig. Er ist wie ein Habicht über seinem Besitz.

Ich habe bis heute nie *sang froid* mit kaltem Blut verbunden. Es ist ein Wort, wie eines der sonderbaren, neuseeländischen . . .

(Es erstaunt mich sehr, daß I. C. B. am ersten Tag des neuen Regimes zu spät kommt.)

Caution.

Said the snail,
In delicate armour of silver mail:
»Before too late
I must know my fate,
I must crawl
Along the wall
Succeed or fall.«
Timid, cautious, one fine morn
She put forth one quivering horn.
Something bit her –
No – hit her.
She expired –
No – retired.
Two ants
Carrying a grain of chaff
Stopped to laugh.
»Come out! Come out!
That hit on the snout
Was only a seed
Blown by some weed.
You haven't begun
To have any fun.«
»But I've had my fright,
That's Life enough – quite!«
Said the snail.

(November 1918.)

The Butterfly.

»What a day to be born!
And what a place!«
Cried the flowers.
»Mais tu as de la chance, ma chère!«
Said the wild geranium

Who was very travelled.
The campions, the blue-bells,
The daisies and buttercups,
The bright little eyebright and the white nettle-flower,
And a thousand others –
Alle were there to greet her;
And growing so high, so high,
Right up to the sky, thought the butterfly,
On either side of a little lane.
»Only, my dear«, breathed an old snail
Who was hugging the underside of a dock-leaf,
»Don't attempt to cross over.
Keep to this side.
The other side is just the same as this –
Believe me – just the same flowers, just the same
[greenness,
Stay where you are, and have your little flutter in
[peace!«
That was enough for the butterfly.
»What an idea! Never go out in the open?
Never to venture forth?
To live, creeping up and down this side!«
Her wings quivered with scorn.
»Really«, said she, »I'm not a snail!«
And away she flew.
But just at that moment a dirty-looking dog,
Its mean tail between its legs,
Came loping down the lane.
It just glanced aside at the butterfly – did not bite –
Just gave a feeble snap and ran further.
But she was dead.
Little fleck of cerise and black,
She lay in the dust.
Everybody was sorry except the bracken,
Which never cares about anything, one way or the other.
(November 1918.)

Der Frauenklub in Kriegszeiten.
Frauen in der Mitte: Eine runde Halle, sehr düster, von oben her beleuchtet. Eine geräuschvolle, widerspenstige Glaspendeltür, die Leute, die sich hineinzudrängen versuchen, nicht ausstehen kann, und Leute, die versuchen, sich hinauszudrängen, verabscheut. Neben dieser Tür die Portiersloge, mit Schubfächern, einem Pult, Telephon, und gewöhnlich mit einer großen, mit ihrer Untertasse gekrönten Teetasse voller Teeflecken. Davor ein knarrender Drehstuhl mit einem zerrissenen Imitationsleder-Sitz.

Gute Nacht.
Und wieder öffnete sich die Tür, und sie ging hindurch, als wäre es in eine andere Welt – die Welt der Nacht, kalt, zeitlos, unergründlich.
Und wieder sah sie vor sich den schönen Fall der Stufen, den dunklen, mit zitterndem Efeu gesäumten Garten, auf der andern Straßenseite die riesigen, kahlen Weiden, und darüber den hohen sternenschimmernden Himmel.
Und wieder kam das Schweigen, das eine Frage war – aber diesmal zögerte sie nicht. Leisen Schrittes trat sie hervor, als befürchtete sie, die grenzenlose Stille zu stören. Sie legte den Arm um ihren Freund. Er ist erstaunt, murmelt: »Es war so nett.« Und sie – »Gute Nacht, *lieber Freund.*« Und dann ein langer, zärtlicher Kuß. Ja, das war's – natürlich, das war's, was gefehlt hatte.

Der Schlag.
»Ich« – wie ein Schlag auf ihr Herz – »Ich bin gekommen – um –« Sie lehnte sich an die Tür, ganz verzagt.
»Ja?« sagte sie.
»Das –«, fest und schnell nahm er sie in seine Arme.

28. November 1918. L. M. und ich sind wirklich die bittersten Feinde, die man sich vorstellen kann. Ich stehe für alles, was sie haßt im Leben, und sie steht für alles, was ich *verabscheue*. Wenn ich sie diesmal verlasse, muß es für immer sein.

Die Fliege.
31. Dezember. Vier Uhr fünfundvierzig nachmittags. O, die Zeiten, da die Fliege an der Decke entlangspaziert war, an schimmernden Fensterscheiben hinaufgeklettert, in einem See von Licht geschwommen, in einem funkelnden Sonnenstrahl aufgeblitzt war.
Und Gott betrachtete die in einen Milchtopf gefallene Fliege und sah, daß es gut war. Und die kleinsten der Cherubim und Seraphim, die sich am Unglück erfreuen, schlugen ihre Silberharfen und schrillten: »Wie ist die Fliege gefallen, gefallen!«

1919

1. Januar. J. kam zehn Minuten vor zwölf ins Bett. Er sagte: »Schlaf nicht vor Neujahr ein.« Ich lag da mit der Uhr in der Hand. Ich glaube, daß ich für einen Augenblick eingeschlafen war. Das Fenster stand weit offen, und ich schaute hinaus, über eine große, sanfte Vertiefung hinweg, mit einigen verstreuten Lichtern dazwischen. Und dann schlug die Uhr: die Glocken begannen zu läuten – Hupen, Sirenen, Hörner, Trompeten ertönten. Die Kirchenorgel dröhnte (und erinnerte mich an Hans Andersen), und ein Australier rief *Coo-ee*. (Ich hätte gern geantwortet.) Ich wünschte, daß L. M. das alles hätte hören und sehen können. Ich rief viele Male nach ihr, so laut ich konnte, aber sie hatte »vorgezogen«, ein Bad zu nehmen ... J. war betrübt, daß ich an sie dachte und nicht nur an ihn. Und das verdarb seinen Neujahrstag ein wenig. Wir hätten uns umarmen sollen ...

19. Mai, sechs Uhr nachmittags. Ich möchte gerne wissen, wie alt dieses Notizbuch ist. Die Schrift ist sehr undeutlich und weit entfernt. Jetzt ist es Mai 1919. Sechs Uhr. Ich sitze in meinem Zimmer und denke an Mutter: ich möchte weinen. Aber meine Gedanken sind gut und voller Fröhlichkeit. Ich denke an *unser* Haus, *unseren* Garten, *an uns* Kinder – den Rasen, das Gartentor und an Mutter, wie sie hereinkommt. »Kinder! Kinder!« Ich bitte ja nur um Zeit, das alles schreiben zu können – Zeit, meine Bücher zu schreiben. Dann macht es mir nichts aus, sterben zu müssen. Ich lebe, um zu schreiben. Die schöne Welt (Gott, wie schön ist die sichtbare Welt!) ist da, und ich bade in ihr und fühle mich erfrischt. Aber es ist mir, als hätte ich eine PFLICHT, als hätte man mir eine Aufgabe zugewiesen, die ich beendigen muß. Laß sie mich beendigen: laß sie mich beendigen, ohne Eile, damit alles so schön wird, wie ich es nur machen kann ...

Meine kleine Mutter, mein Stern, mein Mut, mein *eigen!* Ich scheine nur in ihr zu leben. Wir leben in *der gleichen Welt.* Nicht ganz in dieser, nicht ganz in einer andern. Ich mache mir nichts aus Menschen: und der Gedanke an Ruhm, an Erfolg – das ist nichts, weniger als nichts. Ich liebe meine Familie und einige andre zärtlich, und ich liebe meinen Mann auf die alte – auf die altehrwürdige Weise, durch und durch.

Keine Seele weiß, wo sie ist. Sie geht langsam voran, alles überdenkend, sich fragend, wie sie es ausdrücken kann, *so wie sie es will* – sie bittet um Zeit und innere Ruhe.

21. Mai. Dienstagabend. Temperatur 101,2 F.[1] Starke Schmerzen in der Lunge. Hatte einen langen Hustenanfall und spuckte Blut. Schlief sehr wenig, wegen dem Husten; der Auswurf war mit Blut vermischt.

22. Mai. Mittwochmorgen. Temperatur 102,2 F. Quälender

[1] F = Fahrenheit. 101,2 °F = 38,7 °C.

Husten: Spuren von Blut bis Mittag. Starke Schmerzen in der Lunge und fühle mich sehr kalt, und es ist mir übel. Fröstelte den ganzen Nachmittag, aber Temperatur 101. Die Lunge schmerzt noch immer sehr bei jedem Atemzug.

Entrinnen.

Sie war sicher, daß ich frieren würde, und versuchte, wie gewohnt, aus meinem Fortgehen une petite affaire sérieuse zu machen. Ich versuche stets, mich fortzustehlen. Am liebsten würde ich mich von einem Fenster herunterlassen oder mich entziehen wie ein Lichtstrahl.

»Willst du deinen Mantel wirklich nicht anziehen . . . usw., usw., usw.?«

Ihr Verhalten gab mir Sicherheit. Ich ging aus. An der Ecke stürzte sich der fliegende, lustige, eifrige Wind auf mich. Es war zuviel. Ich ging noch einen oder zwei Meter weiter, fröstelte – und kehrte nach Hause zurück. Ich steckte den Schlüssel ins Schlüsselloch wie ein Dieb – schloß die Tür ganz leise. Oben auf der Treppe erschien die unvermeidliche L. M.

»Also ist es *doch* zu kalt gewesen!«

Ich konnte nicht antworten, ja, ich konnte sie nicht einmal ansehen. Ich mußte ihr den Rücken kehren und streifte mir die Handschuhe ab. Sagte sie:

»Ich habe ein Blusenmuster, das ich dir zeigen möchte.«

Worauf ich nach oben schlich, in mein Zimmer trat und die Tür hinter mir schloß. Ein Wunder, daß sie mir nicht folgte . . .

Was ist in alledem, das mich so HASSEN macht? Was kann man daraus ersehen? Sie weiß, und sie hat es dutzendmal gesehen, daß ich versuche, ein und aus zu gehen, ohne daß jemand es bemerkt – das ist wahr. Ich habe ihr sogar mein Herz ausgeschüttet und ihr gesagt, wie es mich schmerzt, daß meine letzten kleinen Abwehrversuche unterhöhlt werden – wie ich für einen Augenblick das Gefühl habe, daß ich ein unabhängiger Mensch bin, wenn ich ungefragt gehen und

kommen kann. Aber das ist eben Katies »Seltsamkeit«. Sie meint es natürlich nicht so ...
Beim Mittagessen sprachen wir kaum miteinander. Danach fragte sie mich nochmals, ob sie mir das Muster zeigen dürfte. Ich fühlte mich so krank, mir schien, daß selbst ein Huhn mit einem kurzen, flüchtigen Seitenblick seines bleiernen Auges hätte sehen können, wie krank ich war. Ich weiß nicht mehr, was ich sagte. Aber sie kam herein und legte es vor mich hin – ein Etwas. Ich weiß wirklich kaum, was es war. »Die kleine Schneiderin soll dir helfen«, sagte ich. Aber es war überhaupt nichts dazu zu sagen ...
Sie murmelte: »Roter Chiffon, Vorderseite, Hals, Ärmel« – Ich weiß nicht was. Schließlich bat ich sie, das Zeug wegzunehmen.
»Was hast du, Katie? Habe ich dich bei der Arbeit gestört?«
»Ja, man kann's so nennen.«

Allein sein.
Samstag. Diese Freude, allein zu sein. Was ist das? Ich fühle mich so fröhlich, ruhig und friedlich – das ganze Haus scheint aufzuatmen. Das Mittagessen ist fertig. Ich habe ein gebratenes Ei, Aprikosen und Sahne, Käsesticks und schwarzen Kaffee. Wie köstlich! Eine Kindermahlzeit! Mutter teilt sie mit mir. Athenäum [der Kater] schläft und erwacht auf dem Studiosofa. Er bekommt einen Löffel Rahm – dann versteckt er sich unter den Sofafransen und streckt ein Pfötchen aus nach meinem Finger. Ich sammle die welken Blätter, die von der Pflanze in der großen weißen Schale gefallen sind, und da ich auch mit etwas spielen *muß*, nehme ich eine Orange mit in mein Zimmer, werfe und fange sie wieder, während ich hin und her gehe ...

Diese Notiz erscheint nochmals in der folgenden Form:

Samstag. Friedlich und fröhlich. Das ganze Haus atmet auf. Athenäum schläft auf dem Studiosofa; dann erwacht er und bekommt einen Silberlöffel voll Rahm zum Mittagessen – dann versteckt er sich unter den Sofafransen und spielt das »Spiel der Pfötchen«. Ich sammle die welken Blätter von der Pflanze in der großen weißen Schale; sie sind silberbestäubt. Es ist niemand im Haus – und doch – woher kommt das Flüstern? Winzige Goldflecken auf den Treppenstufen – winzige Fußspuren ...

Geranien.
Die roten Geranien haben sich das Haus hinter meinem Rükken angeeignet. Da sind sie und haben sich in dem alten Haus festgesetzt, jedes Blatt und jede Blüte an ihrem angestammten Platz – und fest entschlossen, daß keine Macht auf Erden sie je wieder vertreiben soll. Nun, *das* ist es nicht, was mich bekümmert. Aber warum sollten sie mich fühlen lassen, daß ich ein Fremdling bin? Warum sollten sie mich jedesmal, wenn ich in ihre Nähe komme, fragen: »Und was tun *Sie* in einem Londoner Garten?« Sie glühen vor Anmaßung und Stolz. Ich bin die arme Kleine aus den Kolonien, die durch einen Londoner Garten wandert – und die sich vielleicht umsehen, aber nicht zu lange bleiben darf. Wenn ich mich ins Gras lege, schreien sie mich an: »Schaut mal an, wie sie da in *unserem* Gras liegt und so tut, als ob sie hier wohne und als ob dies ihr Garten sei und das Haus mit den offenen Fenstern und den wehenden, bunten Vorhängen ihr Haus. Sie ist eine Fremde – eine Ausländerin. Sie ist nur ein kleines Mädchen, das auf den Tinakori-Hügeln sitzt und träumt: ›Ich ging nach England und heiratete einen Engländer, und wir wohnten in einem hohen, ernsten Haus mit roten Geranien und weißen Margeriten im Garten hinter dem Haus.‹ Frechheit!«

Diese Eintragung erscheint noch einmal, in folgender Form:

Die roten Geranien haben sich das Haus hinter meinem Rükken angeeignet und haben davon Besitz genommen. Sie haben sich häuslich niedergelassen, jedes Blatt, jede Blüte an ihrem Platz, und nie mehr werden sie wegziehen. Nun – *das* könnte ich ertragen. Aber warum wollen sie mich hinauswerfen, mich, die sie hereingelassen hat? Sie wollen mich nicht einmal im Gras liegen lassen, ohne zu schreien: *»Frechheit!«*

Ein Traum.

Manchmal schaue ich nach der Uhr. Dann weiß ich, daß ich Chummie erwarte. Es klingelt. Ich laufe hinaus auf den Treppenabsatz. Ich höre, wie er Hut und Stock auf den Dielentisch legt. Er rennt die Treppe herauf, drei Stufen auf einmal: »Hallo, Liebling!« Aber ich kann mich nicht bewegen – kann mich nicht bewegen. Er legt seine Arme um mich, preßt mich fest an sich, und wir küssen uns – ein langer, fester Familienkuß. Und dieser Kuß will sagen: Wir sind vom selben Blut, wir haben unbedingtes Vertrauen zueinander, wir lieben uns, alles ist gut; nichts kann uns jemals trennen.

Wir gehen in mein Zimmer. Er geht hinüber zum Spiegel. »Gott, wie heiß es mir ist!« Ja, es ist ihm sehr warm. Seine Wangen sind rot wie die eines Kindes, seine Augen leuchten, seine Lippen brennen, er streicht sich mit der flachen Hand das Haar aus der Stirn. Ich ziehe die Vorhänge zu, und das Zimmer liegt im Schatten. Er wirft sich auf den Diwan und zündet sich eine Zigarette an, schaut dem Rauch nach, wie er langsam emporsteigt.

»Ist es so besser?« frage ich.

»Perfekt, Liebling, einfach perfekt. Das Licht erinnert mich an ...« Und dann ist der Traum verflogen, und ich arbeite wieder weiter.

England.

Die beiden Brüder saßen auf der einen Seite des Zimmers, ich auf der anderen. R.[1] saß am Boden, J. zugekehrt, dieser auf dem »Stichling« [ein kleines Bergère-Sofa], sehr lässig.

[1] Richard Murry. J. M. M.'s Bruder, Maler.

»Wenn du es dir aussuchen könntest, wo möchtest du am liebsten sein?«

J. dachte zuerst an ein Café in einer fremden Stadt ... in Spanien ... nein, vielleicht in Grenoble ... wo er der Musik lauscht und die Leute beobachtet. Wir sind nur vorübergehend dort ... Ein See ist in der Nähe und ein Fluß ... Aber eigentlich, NEIN. Ein Bauernhaus in Sussex – einige gute alte Möbel – dort treibt er sich im Garten herum – rollt vielleicht den Rasen – ja, er rollt den Rasen. Ein kleines Kind – zwei gute Dienstboten. Und dann, wenn es dunkelt, geht man hinein, trinkt Milch, dann gehe ich in mein Arbeitszimmer und du in deines, und wir arbeiten eine Stunde oder so, und dann trudeln wir ins Bett. Ich möchte meinen Lebensunterhalt verdienen, aber *nicht* mit Schreiben. Ich weiß, mein Talent als Schriftsteller ist nicht groß – ich werde sorgfältig damit umgehen müssen ... Ja, das würde mir gefallen. Keine neuen Orte – keine neuen Sachen. Ich *möchte sie* nicht. Würde dir das auch gefallen?

Ich spürte, daß sein Bruder mit ihm einig war, der Bruder war ihm ähnlich und verstand und teilte mit ihm den Wunsch nach einem solchen Leben – die Idylle auf den Downs[1] – sein englisches Land – die nüchterne Ruhe ... »Würde dir das gefallen?«

Nein, nichts für mich. Nein, ich mag England nicht. England hilft mir nicht. Was ich damit meine? Ich meine, daß ich keine Beziehung dazu habe, niemals gehabt habe – *niemals* haben werde. Das ist die unerklärliche Tatsache, daß ich meinen typisch englischen Mann trotz aller zwischen uns bestehenden Fremdheit liebe. Ich beklage es, gewiß, daß er nicht warm, feurig, lebhaft, sorglos, verschwenderisch mit sich selber, voller Leben, stolz ist. Aber für meine Liebe hat das keine Bedeutung. Aber das Fehlen all dieser Eigenschaften in seinem Land HASSE ich – dieser Eigenschaften und

[1] Kreidehügel in Südengland.

anderer – den Mangel an *Anziehungskraft* – das hasse ich hauptsächlich. Es wäre mir einerlei, wenn ich das englische Land nie wieder sehen würde. Selbst wenn das ganze Land blüht, ist es mir widerwärtig, und das wird sich nie ändern. Ich glaube, daß R. in seiner Feinfühligkeit und in seiner Liebe zu J. dies fühlte. Sie gehörten zu einer Nation, ich zu einer anderen, als wir so dasaßen und plauderten. Ich hatte das Gefühl, daß R. sich seinem Bruder anbot, an meiner Stelle.

»Tom schwamm buchstäblich in Reichtümern. Abgesehen von den Dingen, die ich schon genannt habe, besaß er zwölf Murmeln, einen Teil von einer Maultrommel, ein Stück blaues Fensterglas, durch das man hindurchschauen konnte, eine Garnspule, einen Schlüssel, der zu keinem Schloß paßte, ein Stück Kreide, den Stöpsel einer Karaffe, einen Zinnsoldaten, ein paar Kaulquappen, *ein einäugiges Kätzchen . . .«* (Mark Twain: *The Adventures of Tom Sawyer.)*
Nicht wahr!

Sunset.

A beam of light was shaken out of the sky
On to the brimming tide, and there it lay,
Palely tossing a creature condemned to die
Who had loved the bright day.
»Ah, who are these that wing through the shadowy air?«
She cries, in agony. »Are they coming for me?«
The big waves croon to her: »Hush now! There-now-
There is nothing to see.« [there!
But her white arms lift to cover her shining head,
And she presses close to the waves to make herself
[small . . .
On their listless knees the beam of light lies dead
And the birds of shadow fall.

Ein guter Anfang.

30. Mai. Zuerst kommt L. M. Ich gebe ihr Aufträge. Bitte

sie, das Dienstmädchen bis Montag zu beaufsichtigen. »Sei lieb mit ihr: Hilf ihr, die Betten zu machen, und sage ihr, wie alles gemacht wird.« Dann bespreche ich mit ihr in allen Einzelheiten, was das Dienstmädchen zu tun hat. »Schick mir bitte Ralph.« Ralph kommt. Ich arrangiere die Mahlzeiten. Dann erledige ich alles, was getan werden muß, halte die Ralph streng an und setze ihr den Kopf zurecht und versuche, sie dazu zu veranlassen, die Dinge von der heiteren Seite zu sehen, schicke sie (hoffentlich) glücklich und zufrieden auf den Weg.

Ich gehe dann die Treppe hinauf, um mit Maud zu sprechen, Guten Morgen zu sagen und die Hoffnung auszusprechen, daß sie »sich wohl fühlen wird«. »Nehmen Sie sich Zeit, ich kann sehr wohl begreifen, daß Sie sich an unsere Verhältnisse gewöhnen müssen. Fragen Sie Fräulein B. und die Köchin, wenn Sie etwas brauchen. Wenn Sie sich jedoch an mich wenden wollen, dann kommen Sie ruhig. Ich war so froh, daß Sie früh gekommen sind.« Sie war beruhigt. Ihre Augen strahlten (sie ist noch ein kleines Mädchen). Sie sagte, es sei wie auf dem Land. Als sie von der Straßenbahn zu uns heraufgekommen sei, hätten die Vögel gesungen, wunderschön. Das anstatt »War das ein langer Weg den Berg herauf« war erfreulich. Ich verließ sie in bester Stimmung, ich weiß es.

Wieder unten, um Frau Moody schnell Guten Tag zu sagen und ihr mitzuteilen, es seien ein paar Blumen für sie da, die sie heimnehmen könne. Die gute Frau war auf den Knien, um den Boden zu wichsen, und sagte, was für ein schöner Tag heute sei. Gott segne ihre sechzig Jahre! Wir machten ein paar Späßchen miteinander, und dann verließ ich sie.

Dann wieder Ida – nur für einen Augenblick, um zu sagen: »Da du eine Nähmaschine hast, brauchst du die Staubtücher nicht von Hand zu säumen. Spare deine Kräfte für etwas *Wichtiges!*«

Darauf mache ich mich an meine Arbeit, und vom Schiff kommt ein stetiges, angenehmes Summen. Für den Augenblick geht alles gut. Wenn ich diese vier Frauen nur immer so steuern könnte! Ich muß es versuchen.

Der Engel der Barmherzigkeit.
Mai. Am Tag, als das Zimmermädchen uns verlassen mußte, weil ihr Mann nicht wollte, daß sie arbeitete und ihr, um seine Autorität zu bekräftigen, einen Schlag an den Hals versetzt hatte, so daß sie unter dem Ohr eine große, rote Schwellung bekam – von diesem Tag an wurde die Köchin zu einer Art von unfehlbarem Wesen – zum Engel der Barmherzigkeit. Nichts war ihr zuviel. Die Treppen wurden zu Lichtstrahlen, auf denen sie aufwärts schwebte. Sie trug ihr Häubchen anders: es verlieh ihr das Aussehen einer Krankenschwester. Ihre Stimme veränderte sich. Sie empfahl einen Pudding, als ob es eine Kompresse wäre, Weißfisch, weil er »so zart und leichtverdaulich« sei. Vertraut mir! Lehnt euch an mich! Es gibt nichts, was ich nicht tun könnte! war ihre Haltung. Jedesmal, wenn sie mich verließ, war es aus geheimnisvollen Gründen – um den Patienten anders zu betten – einen Verband zu wechseln – um die Papierkrause über den verhängnisvollen Flecken zu ziehen.

31. Mai. Arbeit. Werde ich eines Tages meinen Arbeitseifer ausdrücken können – mein Verlangen, eine bessere Schriftstellerin zu werden – meine Sehnsucht, mir noch größere Mühe zu geben? Und die Leidenschaft, die ich fühle. Sie ersetzt die Religion für mich – sie *ist* meine Religion – die Menschen – ich erschaffe mir meine Menschen: das »Leben« – sie ist das Leben. Es besteht die Versuchung, vor ihr niederzuknien, anzubeten, mich niederzuwerfen, allzulange in einem Zustand der Ekstase vor dieser *Idee* zu verweilen. Ich muß mich mehr bemühen um das, was meines Meisters ist.[1]
O Gott! Der Himmel ist sonnenerfüllt, und die Sonne ist

---

[1] Anspielung auf Lukas 2,49.

Musik. Der Himmel ist erfüllt von Musik. Musik strömt herunter aus ihren Strahlen. Der Wind berührt die harfengleichen Bäume, schüttelt kleine Melodien, kleine Triller und Koloraturen aus den Blumen. Die Form einer jeden Blume ist wie ein Klang. Meine Hände öffnen sich wie fünf Blumenblätter. Preist ihn! Preist ihn! Nein, ich bin überwältigt; ich bin geblendet; es ist fast unerträglich.
Eine kleine Fliege ist aus Versehen in den süßen Riesenkelch einer Magnolie gefallen. Jesaja (oder war es Elias?) fuhr *einmal* in einem Feuerwagen gen Himmel. Aber wenn das Wetter so göttlich ist und ich arbeiten kann, ist eine solche Reise eine Kleinigkeit.

Die Köchin.

Die Köchin ist schlecht. Nach dem Mittagessen zitterte ich derart, daß ich mich hinlegen mußte – und ich dachte über sie nach. Ich hatte die Absicht – wenn sie heraufkommen würde, um mit mir zu sprechen –, ihr zu sagen, daß sie gehen müsse. Ich wartete auf sie, während ich mit dem wilden Kätzchen spielte. Als sie kam, sagte ich alles und mehr, und sie sagte, wie leid es ihr täte, und sie stimmte mir zu, entschuldigte sich und verstand völlig. Sie blieb an der Türe stehen und zerrte an ihrer Schürze. »Es soll nicht mehr vorkommen, ich verstehe *sehr wohl*, was Sie meinen.«
Und so schlief die Schlange noch immer zwischen uns. O! warum sagt sie nicht, was sie denkt? Dieser Vorwand, sie hätte mich gern! Ich habe den Eindruck, daß sie selbst daran glaubt. Vielleicht hat Ida recht, wenn sie sagt, sie sei sich ihrer Schlechtigkeit nicht bewußt. Sie ist eine Närrin, das ist es. Ich muß alles selber machen und erklären. Ich muß alles selber kochen, bevor sie es kocht. Ich glaube, sie hält sich für eine Perle ... nein, will es glauben. Im Grunde weiß sie, daß sie unredlich ist. In gewissen Augenblicken kommt es zum Vorschein, wie ein Flecken im Gesicht. Dann sind ihre Augen wie die einer Gefangenen – einer armen Kreatur, die, wenn

man in ihre Zelle tritt, aufblickt und sagt: »Wenn Sie wüßten, was für ein schweres Leben ich gehabt habe, dann wären Sie nicht überrascht, mich hier zu sehen.«

Dies erscheint nochmals in der folgenden Form.

Die Köchin möchte mich sehen.
Als ich die Tür aufmachte, sah ich sie mitten im Zimmer sitzen, gebeugt und still ... Sie erhob sich, gehorsam, wie ein Gefangener, wenn man in seine Zelle tritt. Und ihre Augen sagten, wie die einer Gefangenen: »Wenn ich an mein vergangenes Leben denke, bin ich gar nicht überrascht, daß ich jetzt hier bin.«

Die Geschichte der Köchin.
Ihr erster Mann war ein Pfandleiher. Er hatte sein Gewerbe von ihrem Onkel gelernt, bei welchem sie wohnte, und er war seit ihrem dreizehnten Lebensjahr wie ihr großer Bruder. Nachdem er sie geheiratet hatte, blühte das Geschäft. Er verhätschelte sie, hieß es. Seine Schwestern sagten, er sei ganz närrisch ihretwegen. Als ihre Kinder fünfzehn und neun Jahre alt waren, drang er in seinen Arbeitgeber, einen guten Freund von ihm ins Geschäft aufzunehmen; er bürgte sogar für ihn. Als sie den Mann sah, überlief es sie kalt. Sie sagte zu ihrem Mann: »Paß auf! du hast einen Fehler gemacht: das wird nicht gut ausgehen.« Aber er tat ihre Einwände lachend ab. Die Zeit verging: der Mann erwies sich als ein Schuft. Als das Inventar aufgenommen werden sollte, stellte sich heraus, daß die Lagerzahlen gefälscht waren: er hatte alles verkauft. Diese Sache lag schwer auf dem Gemüt ihres Mannes, sie zehrte an ihm, ließ ihn nicht schlafen und machte einen ganz anderen Menschen aus ihm, er wurde fast verrückt über den Zahlen. Eines Abends – er saß in seinem Lehnstuhl – es war spät – *starb* er an einem Hirnschlag.
Sie blieb zurück. Ihr älterer Junge war groß genug, um zu

arbeiten, aber der jüngere war noch ein kleines Kind: Er war so nervös und zart. Die Ärzte hatten ihn auf keinen Fall in die Schule gehen lassen wollen.

Eines Tages kam ihr Schwager zu Besuch und riet ihr, das Haus zu verkaufen und Arbeit zu suchen. Alles, was dich daran hindert, sagte er, ist der kleine Bert. Ich würde dir raten, eine gewisse Summe bei deinem Anwalt für ihn zu hinterlegen und ihn in Pflege zu geben – auf dem Land. Er sagte, er würde ihn zu sich nehmen. Ich befolgte seinen Rat. Aber merkwürdig! Ich hörte nie mehr etwas von dem Kind, nachdem er fort war. Ich fragte oft, warum er nicht schriebe, und sie sagten, sobald er einen anständigen Brief schreiben könne, würde ich einen bekommen – nicht vorher. So ging das zwölf Monate, und dann entdeckte ich, daß er die ganze Zeit geschrieben hatte, daß er sich grämte, weil man ihn fortgeschickt hatte, und daß sie seine Briefe nie abgesandt hatten. Dann schrieb auf einmal sein Onkel, der Junge könne nicht bleiben. Er hätte die schrecklichsten Dinge getan – Dinge, die ich nicht beim Namen nennen kann – er sei *lasterhaft* geworden – er sei ein kleiner Verbrecher! Der Onkel sagte, ich hätte das Kind verdorben, und er werde einen Mann aus ihm machen, und er hatte ihn geschlagen und halb verhungern lassen, und wenn er sich fürchtete in der Nacht und weinte, jagte er ihn davon, in den Wald und ließ ihn dort unter den Bäumen schlafen. Mein großer Junge ging hin, um ihn zu besuchen. Mutter, sagte er, du würdest den kleinen Bert nicht wiedererkennen. Er kann nicht sprechen. Er läßt niemanden an sich heran. Er rennt davon, wenn man ihn anrührt; er ist wie ein kleines Tier. Und, o du meine Güte, die Dinge, die er getan hatte! Nun ja, man hört von Kindern, die solche Dinge tun, bevor man sie in die Erziehungsanstalt bringt. Aber als ich das vernahm und daran dachte, daß er das gleiche Kind war, das, schön gebadet und angezogen, mit seinem Vater sonntagmorgens im Regent's Park spazierenging – nun, da fühlte ich, daß mein Glaube mich zu verlassen begann.

Ich hatte schreckliche Mühe, ihn in einem Waisenhaus unterzubringen. Drei Monate lang bat und bettelte ich, bevor sie ihn aufnahmen. Dann wurde er nach Bisley geschickt. Aber als ich ihn dort besuchte und ihn in seinen merkwürdigen Anstaltskleidern sah und so – da verstand ich erst, wie elend er war. Ich hatte damals eine gute Stelle als Köchin bei einem Großmetzger in Kensington, aber die Augen des armen Kindes – sie verfolgten mich – und eine Art von Fieberschauer kam über ihn, wenn Leute sich ihm näherten.

Nun gut, ich hatte eine Freundin, die in Kensington eine Pension führte. Ich besuchte sie öfter, und einer ihrer Freunde, ein großer, stattlicher Bursche, ein Gentleman von Kopf bis Fuß, ein Techniker, der in einer Garage arbeitete, kam auch sehr oft dorthin. Meine Freundin neckte mich und sagte, ihr Freund wolle mit mir ausgehen. Ich lachte darüber, bis sie mich eines Tages zu schelten anfing. Sie sagte, ich sei ein dummes Frauenzimmer. Er verdient gut; du hättest ein Heim, und dein Junge könnte bei dir sein. Nun, er sollte sich am nächsten Tag erklären, und ich beschloß, ihn anzuhören. Er machte mir dann einen Antrag, und er hätte es nicht netter tun können. Ich kann Ihnen nicht gleich ein Haus anbieten, aber drei schöne Zimmer. Sie können das Kind zu sich nehmen, ich verdiene gut und werde im Laufe der Zeit noch mehr verdienen.

Eine Woche später kommt er zu mir und sagt, ich kann dir diese Woche kein Geld geben, es sind da noch Sachen zu bezahlen aus der Zeit, als ich noch ledig war. Aber ich denke doch, daß du etwas Erspartes hast. Und ich dumme Gans fand das nicht sonderbar. Ja, ja, sagte ich, ich werde schon auskommen. Und so ging es weiter, drei Wochen lang. Wir waren übereingekommen, einen Monat lang ohne den kleinen Bert zu sein, weil, wie er sagte, er mich ganz für sich haben wollte. Der große Kerl schien an mir zu hängen wie ein Kind, und er nannte mich Mutter.

Nach drei Wochen hatte ich keinen Pfennig mehr. Meinen Schmuck und meine besten Kleider hatte ich verpfändet, um seine Schulden zu bezahlen. Aber eines Abends sagte ich, wo ist mein Geld? Da steht er auf und gibt mir einen solchen Schlag ins Gesicht, daß ich glaubte, der Kopf würde mir zerspringen. Das war der Anfang. Jedesmal, wenn ich Geld verlangte, schlug er mich. Wie ich gesagt habe, war ich damals sehr religiös, pflegte um den Hals ein Kreuzlein zu tragen und konnte nicht schlafen gehen, ohne vorher niederzuknien und zu beten – nicht einmal in der ersten Woche nach der Heirat. Nun denn, ich ging zu einem Pfarrer und erzählte ihm alles, und er sagte, mein Kind, sagte er, es tut mir sehr leid, aber mit Gottes Hilfe, sagte er, ist es Eure Pflicht, ihn zu bessern. Ihr sagt, Euer erster Mann sei so gut gewesen. Nun, vielleicht hat Gott diese Prüfung bis jetzt für Euch aufgespart. Ich ging nach Hause – und in derselben Nacht riß er mir das Kreuzlein vom Halse und gab mir einen Schlag auf den Kopf, als ich niederkniete. Er sagte, er wolle nicht, daß ich bete, es mache ihn verrückt. Ich besaß damals einen kleinen Hund, den ich sehr gern hatte, und manchmal ergriff er ihn und schrie, ich will ihn beten lehren, und er schlug ihn vor meinen Augen – bis – nun, so ein Mann war das.

Und dann eines Abends kam er betrunken nach Hause und näßte das Bett. Ich hielt es nicht aus. Ich begann zu weinen. Er gab mir einen Schlag aufs Ohr, und ich fiel zu Boden und prallte mit dem Kopf an das Kamingitter. Als ich wieder zu mir kam, war er verschwunden. Ich rannte auf die Straße, so wie ich war – ich rannte, so schnell ich konnte, und wußte nicht, wohin ich ging – einfach betäubt – meine Nerven hatten versagt. Und eine Dame fand mich und nahm mich in ihr Haus, und dort blieb ich drei Wochen lang. Und nachher kehrte ich nie mehr nach Hause zurück. Ich sagte es nicht

einmal meiner Familie. Ich fand Arbeit, und erst Monate später suchte ich meine Schwester auf. Du meine Güte! sagte sie, wir glaubten, du seist ermordet worden! Und ich habe ihn seither nicht mehr gesehen ...
Es waren schreckliche Zeiten. Ich war so krank, daß ich kaum arbeiten konnte, und natürlich konnte ich meinen Jungen nicht herausbekommen. Er mußte dort bleiben. Und so mußte ich wieder von vorn anfangen. Ich hatte nichts von ihm, nichts von mir. Ich hatte alles verloren, außer meinem Trauschein. Irgendwie dachte ich daran, gerade als ich in jener Nacht davonrannte, und ich steckte ihn in mein Mieder – gewissermaßen aus Instinkt, könnte man sagen.

Juni. Ich mache mir oft Vorwürfe wegen meinem »Privatleben« – das, sollte ich sterben, sogar diejenigen überraschen würde, die mir am nächsten stehen. Dann (wie gestern zum Beispiel) bin ich mir bewußt, wie wenig Jack mich an seinem Leben teilnehmen läßt. Letzte Woche hatte ich keine Ahnung, was in seiner Zeitschrift[1] stehen würde, ich bekam kein Exemplar zu sehen, und J. zeigte sich nicht im mindesten daran interessiert, ob ich sie gesehen oder nicht gesehen hatte. Er fragte mich nicht einmal. Es hätte ebensogut ein Bericht des Innenministeriums sein können. Milner[2] hat mir gesagt, daß er noch immer ins Somerset House geht. Von Milne habe ich heute erfahren, daß er zweihundertfünfzig Pfund im Jahr für seine Arbeit erhält.
Obwohl er weiß, wie sehr ich mich ängstige, wenn jemand zu *spät* kommt – was er schon dutzendmal erfahren hat, und obwohl er die Schwierigkeiten unserer häuslichen Regelungen kennt, ist er gestern fünfundzwanzig Minuten zu spät gekommen, und als er bemerkte, wie er mich gequält hatte,

---

[1] *The Athenaeum,* wo J. M. Murry Chefredakteur war.
[2] A. A. Milne, damals Redakteur der Zeitschrift *Punch.* – Murry arbeitete während des Krieges eine Weile im Presseministerium im Somerset House.

schmollte er, weil er nicht tun kann, wie er will – er werde stets gehetzt, sein *ganzes* Vergnügen sei ihm verdorben, selbst in St. Albans, da er auf meinen »Zeitkomplex« Rücksicht nehmen müsse.

Er war gestern in St. Albans und blieb dort bis vier Uhr, erzählte mir jedoch nichts von der Reise – hatte nichts zu sagen.

Heute ist er bei seinem Bruder. Wir trafen uns zum Mittagessen, und nachher fand er (als ich danach fragte) einige neue Bücher für mich, die er nach Hause gebracht, mir jedoch nie gezeigt hatte – er hatte sie einfach weggelegt. Er weiß, daß ich nur selten ausgehen kann – er weiß, daß ich nie bis zu einer Buchhandlung gelange; er weiß, wie sehr ich Bücher *liebe* – wie gern ich darin blättere – wie gern ich einen Augenblick darüber spreche, aber trotz alledem hat er nie daran gedacht, diese Funde mit mir zu teilen – nicht für einen Augenblick.

All dies schmerzt mich schrecklich, aber ich will es annehmen und von allen Seiten betrachten.

Er hätte nicht heiraten sollen. Es gibt keinen Menschen, der von Natur aus weniger geeignet wäre, mit einer *Frau* zusammenzuleben.

Und die seltsame Wahrheit ist, daß ich nicht WILL, daß er sich ändert; ich will ihn bei mir haben, mich anpassen und arbeiten.

Ein Leben ohne *Arbeit* – ich würde mich umbringen. Deshalb ist die Arbeit wichtiger als das Leben.

J. gräbt den Garten um, als ob er einen verhaßten Körper ausgrübe, oder ein Grab für einen geliebten schaufle.

Die inbrünstige Kreatur verbrachte mehr als die Hälfte ihrer Zeit in der Kirche und betete, daß man sie erlöse von der Versuchung. Schließlich wurde Gott ungeduldig und veranlaßte, daß man das Kirchentor vor ihr verschloß. »Um

Himmels willen«, rief er aus, »gib der Versuchung eine Chance!«

Es regnet, aber die Luft ist mild, rauchig, warm. Große Tropfen fallen auf die müden Blätter, die Tabakblüten neigen sich. Nun raschelt es im Efeu. Wingley[1] ist aus dem Nachbargarten gekommen; er springt von der Mauer herab. Vornehm hebt er die Pfoten, spitzt die Ohren, und voller Furcht, daß eine große Welle ihn überfluten könnte, durchwatet er die See aus grünem Gras.

Sie sagte: »Ich habe gar keine Angst. Ich fühle mich wie ein Felsen, den die steigende Flut überfluten wird. Du wirst mich nicht mehr sehen können . . . große Wellen . . . aber sie werden sich wieder legen. Ich werde da sein – hell leuchtend.«
O, was für ein sentimentaler Unsinn!

10. Juni. Ich habe die Entdeckung gemacht, daß ich die Kerze nicht am einen Ende anzünden und mit dem andern Ende ein Buch schreiben kann.

21. Juni. Bateson und seine Passion für Läuse um der Läuse willen. Läuse mit Stammbaum. Hundert Pfund im Jahr von Royal Institute; eine große Familie – verzweifelt arm: aber er merkt es nicht. Die Leben, die er auf dem Balkan durch Rasieren und Thymol rettete. Fälle reduziert von siebentausend auf siebenhundert. Keine Belohnung, nicht einmal ein O.B.E.[2] Er seziert sie, findet ihre *Drüsen* usw., bewahrt sie in winzigen Schachteln auf; sie ernähren sich an seinem Arm. Läuse und Wanzen.
Hydatiden. Der Australier, der sie entdeckte: Mengen von

[1] Wingley oder Wing war Katherines kleiner, schwarz-weißer Kater. Er war der Sohn von Athenaeum und wurde ursprünglich Wing Lee genannt, nach einem zeitgenössischen Schlager.
[2] Order of the British Empire.

unreifen Trauben. Sie greifen die Leber an. Im menschlichen Körper pflanzen sie sich *un*beschränkt fort. Wenn sie übertragen werden und Schafe infizieren, entwickeln sie Widerhaken und werden zu langen Würmern.

Ägyptische Krankheit. Ein Parasit, der Arterien und Venen angreift und Fluxionen verursacht – beständige Blutungen. Seine Eier gelangen beim Wassertrinken in den Menschen. In der Wasserschnecke als Wirt durchläuft der Parasit einen neuen Lebenszyklus, bis er wieder Menschen infizieren kann.

Dysenterie. Ein anderer Parasit.

Hydrophobia. Ein Virus, vom Hund genommen, wird auf ein Kaninchen übertragen. Dieses wird dazu gebraucht, um ein anderes Kaninchen zu infizieren, das zweite ein drittes und so weiter, bis man fast reine Viren erhält.

Das Rückenmark dieser Kaninchen wird dann vakuumgetrocknet und zu einer Emulsion verarbeitet. Der Patient erhält progressiv stärkere Einspritzungen, bis er schließlich eine Dosis erhält, die ihn töten würde, wenn er nicht darauf vorbereitet worden wäre. Die Krankheit entwickelt sich sehr langsam, die Behandlung ist teuer. Symptome sind: reichlicher Speichelfluß, Keuchen und Atemnot, wie bei Gasvergiftung. Kein Bellen, kein Auf-allen-vieren-Gehen.

Bei der Maulsperre schließt sich das Maul nicht.

Pasteur war ein Träumer unter Träumern. Menschliche Wesen sind eine *Seitenlinie* der Wissenschaft.

All dies besprach ich mit Dr. Sorapure am 21. Juni.[1] Sein Standpunkt, die Medizin betreffend, scheint mir *durchaus richtig.* Ich würde ihn bereitwillig meinen Kopf abnehmen, untersuchen und wieder aufsetzen lassen, wenn er glaubte, damit künftigen Generationen helfen zu können. Er ist der richtige Mann für das Sterbebett. Er würde mich auf jeden Fall so sehr für den Vorgang interessieren – den allmählichen Verlust der Empfindungsfähigkeit, Kältegefühl in den Gelen-

---

[1] Dr. Sorapure, Katherines Londoner Arzt.

ken, usw. – daß ich daliegen und denken würde: das ist wichtig zu wissen; das muß ich mir notieren.
Wie er an der Türe stand und sagte: »Nichts ist unheilbar; es ist alles eine Frage der *Zeit.* Was heute so nutzlos scheint, ist vielleicht gerade *das* Verbindungsglied, das einer späteren Generation die Erklärung liefern wird . . .«, hatte ich das Gefühl von einem größeren, *weiteren Horizont,* von einem geheimnisvollen Leben innerhalb des Lebens, und der ägyptische Parasit, der in einer Wasserschnecke einen neuen Lebenszyklus beginnt, hatte auf mich die Wirkung eines *großen* Kunstwerks. Nein, das wollte ich nicht sagen. Es ließ mich sehen, wie *vollkommen* die Welt ist mit ihren Viren, Würmern, Widerhaken, Eiern, Keimen . . . wie unglaublich vollkommen. Da ist der Himmel und das Meer und die Form einer Lilie, und da ist auch all das andere. Das *Gleichgewicht,* wie vollkommen! (*Salut,* Tschechow!) Ich möchte das eine nicht ohne das andere haben.
Die Uhren schlagen zehn. Hier in meinem Zimmer ist der Himmel lilafarben; im Badezimmer ist er wie die Haut eines Pfirsichs. Mädchen lachen. J. und Sullivan sind drunten in Somerset – glücklich, wie ich glaube, wenn es ihnen warm genug ist – und freuen sich aneinander.
Ich leide an Auszehrung. Es ist immer noch viel Feuchtigkeit (*und* Schmerz) in der ANGEGRIFFENEN Lunge. Aber es ist mir gleichgültig. Ich wünsche mir nichts, was ich nicht haben könnte. Friede, Einsamkeit, Zeit, meine Bücher zu schreiben, das Leben in seiner Schönheit zu betrachten und zu überdenken – nicht mehr. O, ich hätte auch gern ein Kind – einen kleinen Jungen; *mais je demande trop!*

Ein Teil dieser Aufzeichnung erscheint nochmals in der folgenden Form.

Als er an der Türe stand, sagte er ruhig: »Nichts ist unheilbar. Was heute so nutzlos erscheint, ist vielleicht das Bindeglied, das morgen alles erklären wird.« Wir hatten über Hydatiden, den ägyptischen Parasiten, dessen Lebenszyklus in einer Wasserschnecke beginnt, gesprochen, und die Auswirkungen der Hydrophobie. Er lächelte gütig. Es gebe keinen Grund, sich aufzuregen, schockiert oder überrascht zu sein. Es komme alles darauf an, ob man diese Dinge kenne, so wie man sie kennen müsse, und nicht anders. Aber davon sagte er nichts und ging zu seinem nächsten Fall . . .

Beim Frühstück wagten sich eine Mücke und eine Wespe bis an den Rand der Honigschale, um daran zu saugen. Die Mücke war eine reizende kleine, hochbeinige Gazelle, die Wespe ein wild brüllender Tiger. Trinkt, meine Lieblinge!

Wenn der Kaffee kalt ist, sagt L. M.: So was gibt's halt manchmal. Und sie macht dazu ein wichtiges und geheimnisvolles Gesicht, als hätte sie tatsächlich die ganze Zeit gewußt, daß dies ein »Kalter-Kaffee-Tag« war.

Was ich fühlte, sagte er, war, daß ich nicht ganz ich selber war. Irgendwie war ich in einem kleinen . . . Dachzimmer meines Geistes eingesperrt worden, und Fremde waren hineingeraten – Leute, die ich nie vorher gesehen hatte und die sich benahmen, als wären sie da zuhause. Ich hatte ein Gefühl schrecklicher Verwirrung, hauptsächlich das, und . . . unbestimmte Geräusche – als ob man Sachen herumschöbe – vertauschte – in meinem Kopf. Ich zündete die Kerze an und saß auf, und im Spiegel sah ich ein dunkles, nachdenkliches, seltsam verlängertes Gesicht.

»Das durch eine Sache erweckte Gefühl ist wichtiger als die Sache selbst . . .« So etwas sage ich gern zu mir selber, wenn ich den Zug besteige. Und dann, wenn man es sich in einer Ecke bequem macht – »Zum Beispiel« – oder »Nimm zum Beispiel an . . .« Ein guter Zeitvertreib, wenn man *allein* ist.

Aus »Second Violin«.

Sie legt einen weißen Schleier an und erkennt sich kaum wieder. Ist er kleidsam oder ist er nicht kleidsam? Ach, wer sollte es ihr sagen? Auf ihrer linken Wange sitzt ein Schmetterling und auf der rechten ein Blütenzweig. Zwei dunkle, kecke Augen treiben sie aus der Wohnung. Raus mit dir! Ach, wie Ihre Lippen beben; von Schwäche übermannt, sinkt sie auf das Bett. Und jetzt will sie nicht gehen. Muß sie? Die dreisten Augen treiben sie aus der Wohnung. Raus mit dir! Ach, wie grausam! *(Second Violin)*

Aber ihre Hand ist groß und kalt, mit starken Knöcheln und kurzen, vierkantigen Nägeln. Es ist keine samtene kleine Hand, die seufzt, die nachgibt – die ohnmächtig wird und wiederbelebt werden muß, nur um wieder hinzusinken.

(S. V.)

Was will ich eigentlich? dachte sie. Was wünsche ich mir mehr als alles in der Welt? Wenn ich einen Wunschring hätte oder Ali Babas Lampe – nein, es war nicht Ali Baba – es war – O, was macht es schon aus! Aber angenommen, es käme jemand . . . »Ich bin hier, um deinen liebsten Wunsch zu erfüllen.« Und undeutlich sah sie ein flaumiges kleines Wesen mit einem silbernen Papierstern an einem Zauberstab – eine Schulfee . . . Was würde ich sagen? Es war kalt in der Küche, kalt und trüb. Der Wasserhahn tropfte langsam, als ob das Wasser halb gefroren wäre . . . *(S. V.)*

Miss Todd und Miss Hopper waren zweite Violinen. Miss Bray eine Viola.

Es schlägt Mittag auf verschiedenen Glockentürmen – einige Glocken sind samtweich, einige matt, andere wie bedauernd und eine von ihnen ungeduldig – eine jugendliche Glocke, die schnell und hoch über den andern erschallt. Er dachte voll Freude: Das ist die Glocke für mich! . . .

Aschenbrödel.

O, meine Schwestern – meine schönen, pfauenstolzen Schwestern – habt Mitleid mit mir, wie ich mit meinem kleinen Besen neben der kalten Asche sitze, während ihr auf dem Ball des Prinzen tanzt. Aber schau – ist die Feenpatin, die Kutsche, die Federn und die Glasschuhe – ist das alles – nur ein Märchen – und der Rest der Geschichte tiefe, tiefe Wahrheit? Schicksal, denke ich – Schicksal. Es mußte so sein. Diese Dinge geschehen so. La réponse: Armes kleines Mädchen – natürlich hat sie viel Mitleid mit ihr, aber sie wird doch nachgerade etwas langweilig – oder nicht? Man kommt nicht davon los.

Als sie zusammen im Bett waren, stürzten sich ihre Füße auf die seinen, um sie zu begrüßen, wie kleine junge Hunde, die den ganzen Tag von ihren Brüdern getrennt waren. Und zuerst spielten sie miteinander, jagten und stießen einander sanft an. Und dann ließen sie sich nieder, rollten sich zusammen, umschlangen sich unter der Decke (wie junge Hunde auf einem Kaminvorleger) und schliefen ein.

Dark Bogey[1] neigt ein wenig dazu, in die Milchkanne zu springen, um die Fliege zu retten.

Feenhaft erhob sich das Feuer in zwei verzweigten Flammen, wie das goldene Geweih eines verzauberten Hirsches.

Anton Tschechows Briefe.
»Hier hatte ich, *wie gewöhnlich,* schlechtes Wetter.«
»Rein äußerliche Ursachen genügen, um einen ungerecht gegen sich selbst zu machen, um mißtrauisch und krankhaft empfindlich zu werden.«
»Es ist besser, einen Menschen ›mein Engel‹ zu nennen als ihn mit ›Narr‹ zu betiteln, obwohl die Menschen eher Narren als Engeln gleichen.«
»Es ist mir immer seltsam vorgekommen, wenn Menschen, die

[1] Kosename für J. M. Murry.

dem Tode nahe waren, in meiner Gegenwart sprachen, lächelten oder weinten; aber hier, wenn ich diese blinde Frau auf der Veranda sehe, wie sie lacht, scherzt oder sich meine Geschichten vorlesen läßt – was mir dann seltsam scheint, ist nicht, daß sie im Sterben liegt, sondern daß wir unseren eigenen Tod nicht kommen fühlen und Geschichten schreiben, als ob wir nie sterben würden.«

»Mein Geschäft ist einzig, Talent zu haben, das heißt, wichtige Aussagen über die Charaktere hervorzuheben und ihre Sprache zu sprechen.«

»Es ist besser, die Farben zu schwach aufzutragen, als zu stark.«

»Ein unerklärlicher Drang zur Herausforderung überwältigte mich, der gleiche Impuls, der mich dazu trieb, mitten im Schwarzen Meer von der Jacht aus ein Bad zu nehmen, und der mich zu nicht wenigen anderen Torheiten angetrieben hat.«

»Es gibt kein größeres Vergnügen im Leben, als zu schlafen, wenn man schläfrig ist.«

»Auf einer Reise sollte man unbedingt allein sein. In einer Postkutsche oder in einem Zimmer mit seinen Gedanken allein zu sein, ist viel interessanter, als mit Menschen zusammen zu sein.«

»Sie mögen also meine Geschichte? Gott sei's gedankt! Ich bin in der letzten Zeit verteufelt mißtrauisch und unruhig geworden. Ich habe beständig die Vorstellung, daß meine Hosen scheußlich seien und daß ich nicht so schreibe, wie ich möchte, und daß ich meinen Patienten die falschen Pulver gebe. Es muß eine spezielle Neurose sein.«

»Tolstoi verweigert der Menschheit die Unsterblichkeit, aber, mein Gott! wieviel Persönliches steckt darin! Vorgestern las ich sein ›Nachwort.‹ Gott straf mich! aber es ist dümmer und spießiger als die ›Briefe an die Frau des Gouverneurs‹, die ich verachte.«

»Noah hatte drei Söhne, Shem, Ham und Japhet. Ham bemerkte bloß, daß sein Vater ein Trunkenbold war, und vergaß, daß er auch ein Genie war, daß er eine Arche gebaut hatte und so die Welt rettete.

Schriftsteller sollten nicht Ham nachahmen, vergiß das nicht.«

»Ein öffentliches Geständnis: ›Ich bin ein Sünder, ein Sünder, ein Sünder‹ ist ein solcher Hochmut, daß es mir Unbehagen verursachte.«

»Tolstoi! Für uns heute ist er kein Mensch, sondern ein Super-Mensch, ein Jupiter.«

»Von hier aus, von fern, erscheinen die Menschen sehr gut, und das ist natürlich, denn wenn wir aufs Land gehen, verbergen wir uns nicht vor den Menschen, sondern vor unserer Eitelkeit, die unter den Menschen in der Stadt übermäßig stark ist. Wenn ich den Frühling betrachte, ergreift mich eine schreckliche Sehnsucht nach dem Paradies in einer andern Welt. Tatsächlich bin ich zu Zeiten so glücklich, daß ich mich abergläubisch zusammenreiße und mir meine Gläubiger in Erinnerung rufe, die mich eines Tages aus dem Australien vertreiben werden, das ich mir so glücklich errungen habe.«

»Wenn man traurige oder unglückliche Menschen darstellt und die Herzen der Leser rühren will, muß man versuchen, kälter zu werden – dies gibt ihrem Kummer sozusagen einen Hintergrund, von dem er sich um so schärfer abhebt.«

»Ich besitze keinen Pfennig, aber ich sehe die Sache so: nicht derjenige ist reich, der viel Geld hat, sondern derjenige, der die Möglichkeit hat, jetzt in der verschwenderischen Umgebung zu leben, die der Vorfrühling uns gewährt.«

»Man mag über seinen eigenen Geschichten seufzen und weinen, man mag mit seinen Helden zusammen leiden, aber ich glaube, daß man das so tun sollte, daß der Leser es nicht merkt. Je sachlicher, um so stärker die Wirkung.«

»Wenn man an Tolstois Anna Karenina denkt, verblassen all die jungen Damen von Turgenjew mit ihren verführerischen Schultern zu nichts.«

»Naturbeschreibungen sind gut, aber ich habe das Gefühl, daß wir über diese Beschreibungen hinausgelangt sind und daß wir etwas anderes brauchen.«

»Etwas in mir protestiert: Vernunft und Gerechtigkeit sagen mir, daß die Spannung und Hitze der Liebe etwas Größeres ist als Keuschheit und Abstinenz vom Fleisch.«

»Auch ich brauche ›etwas Bitteres‹, und das ist nicht bloß ein zufälliges Gefühl, denn ich beobachte dieselbe Stimmung auch bei anderen in meiner Umgebung. Es ist gerade so, als ob sie alle verliebt gewesen und aus diesem Zustand herausgefallen wären und nun nach einer neuen Zerstreuung Ausschau hielten.«

»Der Gedanke, daß ich schreiben muß, daß ich schreiben sollte, verläßt mich keinen Augenblick.«

»Ich glaube, daß Naturverbundenheit und Muße wesentliche Elemente des Glücks sind; ohne diese ist es unmöglich.«

»Ich würde gern einem Philosophen wie Nietzsche begegnen, irgendwo in einem Zug oder auf einem Dampfer, und im Gespräch mit ihm die Nacht verbringen.«

[K.M. bemerkt dazu:] »Ich auch, alter Junge!«

»Der Zweck des Romans [einer von Sienkiewicz] ist, die Bourgeoisie in goldene Träume einzulullen. Seid eurer Frau treu, betet mit ihr über dem Gebetbuch, spart Geld, liebt den Sport, und alles ist in Ordnung in dieser Welt und in der nächsten. Die Bourgeoisie schätzt sogenannte praktische Typen und Romane mit glücklichem Ausgang, da diese sie in dem Gedanken beruhigen, daß man Kapital erzeugen und dabei unschuldig bleiben, daß man ein Tier und dabei glücklich sein kann.«

»Ein Mann kann seine Verlobte oder seine Geliebte betrügen soviel er will, und in den Augen einer Frau, die er liebt, kann ein Esel als Philosoph gelten; aber eine Tochter – das ist etwas anderes.«

»Man sagt mir, ich solle sechsmal täglich essen, und ist ungehalten, weil ich angeblich sehr wenig esse.«

»Du beklagst dich darüber, daß meine Helden schwermütig sind – das ist aber nicht meine Schuld. Es geschieht ohne meinen Willen, und wenn ich schreibe, habe ich nicht den Eindruck, daß ich schwermütig schreibe.«

»Ich werde so bauen, daß ich ein Haus habe, in dem ich den Winter verbringen kann. Die Aussicht, beständig umherziehen zu müssen, mit Hotelzimmern, Hotelportiers, fragwürdigem Essen, beunruhigt meine Vorstellungskraft.«

»Das wichtigste Bindemittel im Eheleben ist die Liebe, sexuelle Anziehung, ein Fleisch; alles andere ist öde und zählt nicht viel, wie geschickt unsere Berechnungen auch seien.«

»Eine Ehe ist nur dann interessant, wenn sie aus Liebe zustande kommt. Wer ein Mädchen heiratet, nur weil sie nett ist, gleich einem Mann, der in einem Bazar etwas kauft, das er gar nicht haben will, nur weil es von guter Qualität ist.«

Vergleiche: »Ich habe einige billige Einkäufe gemacht: wenn etwas, das man *nicht braucht*, billig sein kann.« (Crabb Robinson, *26. Juni 1820.*)

»Du mußt ein für allemal aufgeben, dir über Erfolg oder Mißerfolg Gedanken zu machen. Kümmere dich nicht darum. Du hast die Pflicht, Tag für Tag ruhig weiterzuarbeiten, auf unvermeidliche Fehler gefaßt zu sein, auf Mißerfolge – und laß andere Leute die Vorhänge zählen.«

»Weitaus die meisten Menschen sind nervös, viele sind leidend, und einige haben heftige Schmerzen; aber wo – auf den Straßen und in den Häusern – sieht man Menschen umherrennen, in die Luft springen oder sich an den Kopf greifen? Das Leiden sollte so ausgedrückt werden, wie es im Leben ausgedrückt wird – das heißt, nicht mit Armen und Beinen, sondern durch Ton und Ausdrucksweise; nicht durch Bewegungen und Gebärden, sondern durch das Mienenspiel.«

Zweierlei Klima.

Ich möchte in jedem Fall lieber an einem Ort sein, wo es zu heiß ist, als an einem, wo es zu kalt ist. Und ich wäre lieber bei Menschen, die mich zu wenig, als bei solchen, die mich zu sehr lieben.

»Sie hat ihr Bett selber gemacht«, sagte Belle – »nun muß sie auch darauf liegen.« Ich überlegte mir voller Dankbarkeit, daß das in diesem Fall nicht beschwerlich sein würde – im Gegenteil. In der Tat hoffte ich, daß sich beide gerade danach sehnten . . .

Nordafrika. Das ganze Tal ist von kleinen weißen Lilien bedeckt. Der Anblick ist einzigartig! Die Lilien erfüllen mich mit Heimweh. Sie riechen genauso wie es bei Selfridge's riecht.

Souvent j'ai dit à mon mari: Nous en prenons un? Et il me dit: Ah, non, non, ma pauvre femme. Notre petit moment pour jouer est passé. Je ne peux rien faire que de rester dans une chaise en faisant des grimaces, et ça fait trembler plus que ça ne fait rire un petit enfant.

Wenn ich etwas von Dr. Johnson lese, bin ich wie ein kleines Mädchen, das mit ihm am selben Tisch sitzt. Meine Augen werden rund. Ich höre nicht nur zu; ich *verschlinge* ihn.

Da saß er nun und verbrannte die Briefe, und jedesmal, wenn er ein neues Bündel in die Flammen warf, sprang sein ungeheurer, riesiger Schatten aus der Wand ihm gegenüber. In seiner steifen und straffen Haltung sah er aus wie irgendein schrecklicher alter Gott, der die Knie am Feuer seines Opfers wärmt.

»Wäre es nicht wunderbar«, sagte sie, »nur einen Menschen im Leben zu haben, dem man alles sagen könnte?« Sie lehnte sich nach vorn, stellte ihre Tasse hin und blieb in dieser Haltung, indem sie die Untertasse mit dem Löffel berührte. Sie sah auf – »Oder ist es kindisch – einfach absurd, so etwas zu wünschen? . . . Aber gleichwohl«, sie lehnte sich lächelnd zurück, »kindisch oder nicht – wie wunderbar wäre das, wie wunderbar! zu wissen, daß man – vor diesem Menschen, diesem einen Menschen – wirklich nichts zu verstecken hat. Es wäre ein solch himmlisches Glück!« rief sie plötzlich aus, »es würde das Leben so . . .« Sie stand auf, ging zum Fenster, schaute zerstreut hinaus und drehte sich wieder um. Sie lachte. »Es ist sonderbar«, sagte sie, »ich habe immer an die Möglichkeit geglaubt – und doch – in Wirklichkeit . . . R. und ich, zum Beispiel«. Und dann warf sie sich in einen Sessel und lehnte sich zurück, immer noch lachend, aber sie saß im Sessel, als ob sie erschöpft wäre. »Ich sage ihm alles. Du weißt, wir sind . . . ziemlich verschieden von den meisten Leuten. Ich meine – lache nicht – wir lieben einander wirklich über alle Maßen – wir bedeuten einander alles. Tatsächlich ist er der einzige Mensch für mich auf Erden – und doch«, und sie schloß die Augen und biß sich auf die Lippen, als wollte sie sich am Lachen hindern: »So oft ich es auch versuche – es ist immer ein Geheimnis da – nur ein einziges – das nie ausgesprochen werden kann – das mich zum Narren hält.« Und dann lag sie für einen Augenblick ganz still da . . .

Hindu-Wetter: Ein Traum.

»Man könnte es Hinduwetter nennen«, sagte der kleine Mann.

»O, wirklich . . . Warum das?« sagte ich unsicher.

Er antwortete nicht. Die beiden glatten Knöpfe an seinem Hinterteil glänzten, als er sich vornüber beugte und die schwarzen Fugen des Bootes mit braunem Werg verstopfte.

Der Tag war windstill, dunstig; das Meer war schwarz, die hohen Wellen kamen dröhnend herangerollt. Die großen glänzenden Tautropfen fielen nicht auf den Seetang. Der Hammer des kleinen Mannes ging tap-tap.

L. M. schnaubte, warf den Kopf zurück, stampfte mit den

Füßen auf den nassen Sand, kletterte auf einen Felsblock, riß einige Seemohnblumen aus, steckte sie auf ihren Hut, hielt den Hut von sich, betrachtete ihn verächtlich, riß die Blumen wieder ab. Ich schaute zu und fühlte mich so unbestimmt wie ein König.

»Spaten und Kübel sind auf der anderen Seite der Landzunge, wo der Hummerzug ist.« Der Hammer klopfte. Er erklärte, daß alle Liebenden in Säcke verstaut und abtransportiert würden, wenn man sie nicht mit einem von diesen Instrumenten stechen würde. Es war ein gewöhnlicher graurоter Gartenspaten. L.M. machte sich auf, ihr Leben zu retten, aber ohne große Lust. Sie ging mit schweren Schritten, gebeugtem Kopf, der Spaten schlug an ihre Seite.

Wir waren allein. Der Wächter erschien. Wir sahen ihn immer nur im Profil, er hatte den Filzhut an der Seite aufwärts gedreht und trug eine Augenbinde auf dem uns zugewandten Auge. Seine krumme Pfeife hing von seinem Kiefer herunter.

»He, Fräuleinchen«, rief er mir zu. »Warum zeigst du uns nicht ein bißchen was da draußen?«

Der kleine Mann protestierte. Das Meer war wie eine halbfeste Gallertmasse. Am Horizont schienen Menschenalter zu fallen.

»Vorwärts, Fräuleinchen!« schrie der Wächter. Ich zog meine Kleider aus, trat an den Rand des Wassers und wurde hineingezogen. Ich versuchte die Stümpfe eines alten Piers zu ergreifen, aber Schlamm füllte meine Nägel, und ich wurde hinausgesogen. Sie schauten zu.

Plötzlich erschien, landwärts schwingend, ein riesiges, aufrechtstehendes Gerippe, das Skelett eines Hindus. Ein zerlumpter, weiß und blaßroter Mantel hing lose von seinen steifen, ausgestreckten Armen. Ein Tuch der gleichen Farbe mit einem Flitterbesatz bedeckte seinen Kopf. Er stand aufrecht mit Hilfe eines immensen hölzernen Besens, der ihm bis zu den Hüften reichte. »Hilfe!« »Hilfe!« schrie ich.

Das Klopfen des Hammers kam näher, und ich fühlte das Profil des Wächters mit der Augenbinde. Eine riesige Welle hob ihn empor, kippte ihn beinahe um. Sein Schatten lag platt an der Oberfläche des grauen Wassers – ein plattgedrückter Kopf und zwei riesenhafte Arme. Er verzog sich zu einem Lächeln.

Unbekannte.
Ich habe mir Santayana stets als einen kleinen blonden Mann vorgestellt, mit einem Walroßschnurrbart, einem viel zu kleinen steifen Hut und einem altmodischen Überrock, den er beständig auf- und zuknöpft. D. B.[1] stellte sich ihn als ernsten Gentleman mit großem schwarzem Backenbart vor. Wie dem auch sei, da war er jedenfalls, am Ende eines dunklen Tunnels, entweder auf uns zukommend oder sich entfernend ... Das war für uns der Anfang eines faszinierenden Gesprächsstoffs. Da sind die Menschen im Leben von D. B., die ich nie gesehen (sehr wenige), und die enorme Zahl von Menschen in meinem Leben, die er nur vom Hörensagen kennt. Wie stellten wir sie uns vor? Und bevor wir jemandem zum ersten Mal begegnen, fangen wir dann an, uns ein Bild von ihm zu machen, während er noch viel zu weit entfernt ist, um erkannt zu werden ... Wie wahr ist dieses Bild? Es ist merkwürdig, wie gut man diesen Unbekannten kennenlernt, wie oft man ihn beobachtet hat, bevor der andere seinen Platz einnimmt ... Ich kann mir sogar vorstellen, daß jemand seinen »ersten Eindruck« behält – *trotz* des andern.

Men and Women.

»I get on best with women«,
She laughed and crumbled her cake.
»Men are such unknown country.

---

[1] Dark Bogey, das ist J. M. Murry.

I never know how to take
What they say, nor how they mean it
And – oh, well they *are* so queer,
So – don't you know! – *so* – this and that.
You know what I mean, my dear!

With women it's so much simpler«,
She laughed and cuddled her muff.
»One doesn't have to keep smiling –
Now what have I said? – It's enough
To chat over nothing important.
That *is* such a rest, I find,
In these strenuous days, don't you know, dear?
They put *such* a strain on the mind.«

Friendship.

When we were charming *Backfisch*
With curls and velvet bows
We shared a charming kitten
With tiny velvet toes.

It was so gay and playful;
It flew like a woolly ball
From my lap to your shoulder –
And, oh, it was so small,

So warm – and so obedient
If we cried: »That's enough!«
It lay and slept between us,
A purring ball of fluff.

But now that I am thirty
And she is thirty-one,
I shudder to discover
How wild our cat has run.

It's bigger than a Tiger,
It's eyes are jets of flame,
Its claws are gleaming daggers,
Could it have once been tame?

Take it away; I'm frightened!
But she, with placid brow,
Cries: »This is our Kitty-witty!
Why don't you love her now?«

July.

TEDIOUS BRIEF ADVENTURE OF K. M.

A Doctor who came from Jamaica
Said: »This time I'll mend her or break her.
I'll plug her with serum;
And if she can't bear 'em
I'll call in the next undertaker.«

His *locum tenens*, Doctor Byam,
Said: »Right oh, old fellow, we'll try 'em,
For I'm an adept, O,
At pumping in strepto
Since I was a surgeon in Siam.«

The patient, who hailed from New Zealing,
Said: »Pray don't consider my feeling,
Provided you're certain,
›Twill not go on hurtin‹,
I'll lie here and smile at the ceiling.«

These two very bloodthirsty men
Injected five million, then ten,
But found that the strepto
Had suddenly crept to
Her feet – and the worst happened then!

Any day you may happen to meet
Her alone in the Hampstead High Street
In a box on four wheels
With a whistle that squeals;
And her hands to the job of her feet.

20. Juli. Nimm dich in acht!

1. August. Nimm dich in acht!!

Es ist angenehm, Setzlinge der Zukunft zu pflanzen, wenn auch nur einer von zehn Wurzel fassen wird.

Im September 1919 ging Katherine ihrer schwankenden Gesundheit wegen nach San Remo, wo sie nach einigen Wochen ein kleines möbliertes Haus mietete – La Casetta – in Ospedaletti, nicht weit von San Remo. J.M.M. verbrachte dort ein paar Tage mit ihr, mußte jedoch bald wieder zu seiner Arbeit an der Zeitschrift »The Athenaeum« zurückkehren. Katherines Freundin L. M. blieb bei ihr. Für eine Weile war sie sehr glücklich in dem kleinen Haus an der Sonne, aber dann begannen die Einsamkeit, die fortschreitende Krankheit, das eintönige Rauschen des Meeres sie zu bedrücken.

Ein Rezept: Wingley Pudding.
Fülle ein Glasschüsselchen mit Rahm. Stelle es auf den Boden und geh hinaus, schließ die Tür und laß mich drin.

Wing.

Mrs. Nightingale: Ein Traum.
November. Ich ging einen dunklen Hügel hinauf, die Straße war auf beiden Seiten von hohen eisernen Zäunen gesäumt, auf die riesige Bäume herabsahen. Ich suchte eine Hebamme, Mrs. Nightingale. Ein kleines barfüßiges Mädchen mit einem

Taschentuch auf dem Kopf kam dahergetrippelt und legte seine kalte Hand in meine; es würde mich führen.
Aus einem Laden schien ein Licht. Eine schöne, blonde junge Frau im Innern zeigte mir den Weg den Hügel hinauf und nach rechts.
»Du hättest *mir* glauben sollen«, sagte das Kind und grub seine Fingernägel in meine Hand.
Eine riesige Mauer erhob sich vor uns, auf die eine leere Anzeige geklebt war. Das war das Haus. In einem niedrigen Zimmer saß an einem Tisch eine alte Hexe, mit einer schmutzigen gelbschwarzen Decke auf den Knien. Um ihren Kopf hatte sie ein graues Tuch geschlungen. Neben ihr auf dem Tisch waren ein irdenes Gefäß mit Zwiebeln und eine Gabel. Ich sagte, was ich wollte. Sie sollte zu meiner Mutter kommen. Mutter war sehr zart: ihre älteste Tochter war einunddreißig, sie hatte eine Herzkrankheit. »Also kommen Sie bitte gleich.«
»Hat sie Adhäsionen?« murmelte die alte Hexe, und sie spießte eine Zwiebel auf, aß sie und rieb sich die Nase.
»O, ja –« ich legte die Hände auf meine Brust – »viele, viele mehrfache Adhäsionen«.
»Ah, das ist schlimm, sehr schlimm«, sagte die Alte, indem sie die Decke hochzog, so daß ich durch die Fransen ihre groben Pantoffeln sehen konnte. »Aber ich kann nicht kommen, ich habe um vier Uhr einen Patienten.«
In diesem Augenblick kam eine adrette, gesunde junge Frau herein, mit einem Bündel in den Händen. Sie setzte sich zu der Hebamme und sagte: »Jinnie hat ihres schon gehabt.« Sie öffnete das Paket zu hastig: ein neugeborenes Kind mit runden Augen fiel auf ihren Schoß. Ich konnte die Freude des kleinen Mädchens neben mir fühlen – eine Art von Zucken. Die junge Frau errötete und sagte leise: »Ich brachte sie dazu zu...« Und sie hielt inne, um einen sehr *privaten, medizinischen* Ausdruck zu finden, um das Waschen zu beschreiben...

»Um mit einer Flasche voll englischem Wasser zu *navigieren*«, sagte sie, »aber es ist noch nicht ganz weg.«
Mrs. Nightingale sagte mir, ich solle mich an ihre Freundin wenden, Madame Léger, die auf der Terrasse mit einem rosa Licht vor ihrem Hause wohnte. Ich ging dorthin. Die Terrasse war weiß und graublau im Mondschein, mit dunklen Tannen an der Straße. Ich sah das wunderbare rosa Licht. Aber gerade hinter mir war ein Geklirr und Gerassel, und da war das kleine Mädchen ganz atemlos und schleppte eine große schwarze Tasche. »Mrs. Nightingale sagt, du hättest das vergessen!«
Also war ich die Hebamme. Ich ging weiter und dachte: Ich werde mir das arme, kleine Ding mal ansehen, aber es wird noch lange dauern.

Die folgenden Verse waren einem Brief an J.M.M vom 4. Dezember 1919 beigelegt.

He wrote:

Darling Heart, if you would make me
Happy, you have found the way.
Write me letters. How they shake me,
Thrill me all the common day

With our love. I hear your laughter –
Little laughs! I see your look.
»They Lived Happy Ever After«
As you close the faery book.

Work's been nothing but a pleasure
Every silly little word
Dancing to some elfin measure
Piped by a small chuckling bird.

All this love – as though I've tasted
Wine too rare for human food –

I have dreamed away and wasted
Just because the news was good.

Where's the pain of counting money
When my little queen is there
In the parlour eating honey,
Beautiful beyond compare.

How I love you! You are better.
Does it matter, being apart?
Oh the love that's in this letter –
Feel it, beating like a heart.

Beating out: I do adore you,
Now and to Eternity.
See me as I stand before you,
Happy as you'd have me be.

Don't be sad, and don't be lonely.
Drive away those awful fears.
When they come, remember only
How I've suffered these two years.

Darling heart, if you must sorrow,
Think: »My pain must be his pain.«
Think: »He will be sad to-morrow.«
And then – make me smile again.

Et Après

When the last breath was taken
And the old miser death had shaken
The last glim from her eyes,
He retired,
And to the world's surprise
Wrote these inspired, passion-fired
Poems of Sacrifice.

The world said:
If she had not been dead
(And burièd)
He'd never have written these.
She was hard to please.
They're better apart.
Now, the stone
Has rolled away from his heart.
Now, he's come into his own,
Alone.

Der Tod.

15. Dezember 1919. Nachdem ich zu Bett gegangen war, wurde mir bewußt, warum ich zusammengebrochen war. Es war die Anstrengung, auf zu sein, mit einem Herzen, das nicht schlagen wollte. Gar nicht die Lungen. Meine Verzweiflung verschwand einfach – ja, *einfach.* Das Wetter war herrlich. Jeden Morgen schien die Sonne und warf kleine viereckige Felder goldenen Lichts an die Wand. Von meinem Bett aus blickte ich auf einen seidenblauen Himmel. Der Tag öffnete sich langsam, langsam wie eine Blume, und er hielt die Sonne lange fest, bevor er sich langsam, langsam zusammenfaltete. Dann verging mein Heimweh. Nicht nur wollte ich nicht mehr in England sein, nein, ich begann Italien zu lieben und den Gedanken daran – die Sonne – sogar als sie zu heiß war – immer die Sonne, und eine Art von *Ganzheit,* in der es gut war, sich zu sonnen.

Nach ein paar Tagen begannen J.'s Briefe, als Antwort auf *meine* niedergeschlagenen Briefe, anzukommen, eine ganze Reihe. Wenn ich bedrückt war, wurde *er* auch bedrückt, aber nicht wegen mir. Er begann zu schreiben 1.) über den Schmerz, den ich ihm zufügte: *seinen* Schmerz, *seine* Nerven, er sei nicht aus Peitschenschnur oder aus Stahl gemacht, die Frucht sei bitter für *ihn.* 2.) ein beständiges Lamentieren über Geld. Er hätte keines, er sähe keinen Weg, sich welches zu beschaffen – »schwere Schulden« – »wie du weißt, bin ich bankrott.« »Ich weiß, es klingt gefühllos.« »Ich kann mich nicht damit abfinden.« Diese Briefe, besonders die über Geld, schnitten wie mit einem Messer durch etwas, das zwischen uns gewachsen war. Sie änderten die Situation, für mich wenigstens, für immer. Seit zwei Jahren hatten wir uns in ein Verhältnis treiben lassen, das anders war als alles, was ich je erlebt hatte. Wir waren wie *Kinder* zueinander gewesen, offen eingestandene Kinder, die einander alles sagten, die gleichermaßen eins vom anderen abhängig waren. Vorher war ich der Mann gewesen und er die Frau, und er hatte sich nie wirklich anstrengen müssen. Er hatte mich nie wirklich »ernährt«. Tatsache ist, daß ich ihn ernährte, als wir uns kennenlernten, und später hatten wir uns immer, mehr oder weniger, wie männliche Freunde verhalten. Dann kam diese Krankheit – die immer schlimmer wurde – und machte mich zu einer Frau und verlangte von ihm, sich hintanzustellen und die Dinge für mich zu *tragen*. Er ertrug es wunderbar. Was sehr viel dazu beitrug, war, daß meine Krankheit eine »romantische Krankheit« war (seine Vorliebe für »romantische Erscheinungen« ist *enorm* stark), und auch, daß wir wie »Kinder« zueinander waren, was uns die praktisch unbegrenzte Möglichkeit gab, »Leben zu spielen«, nicht zu leben. Es war eine Kinderliebe. Ja, ich glaube, es war die wundervollste, die strahlendste Liebe, die die Welt kennt: schrecklich selten. Wir haben sie erlebt. Aber wir waren nicht *rein*. Wären wir's gewesen, hätte er es auf sich genommen, mit mir zu gehen. Und das konnte er nicht. Er hätte nicht gesagt, er sei zu müde, um genug zu verdienen, so daß wir beide hier leben könnten. Er hat sich stets geweigert, die Schwierigkeiten auf sich zu nehmen, die damit verbunden gewesen wären, zwei Jahre lang mit wenig Geld miteinander auszukommen. Er sagte, und drei Viertel von ihm glaubten es: »Ich könnte es nicht aushalten, dich krank zu sehen.« Aber das war eine Lüge und ein Geständnis, daß zwischen uns nicht alles so war, wie es hätte sein sollen. Und ich habe es stets gewußt. Trotzdem spielte ich mich auf, und wirklich, selbst im Oktober klammerte ich mich noch an ihn – immer noch das Kind – und sah ein Haus auf dem Lande in England als unsere Rettung an, *nicht später als im nächsten Mai*, um danach niemals mehr getrennt zu sein. Die Briefe – haben all dem ein Ende gemacht. *Waren* es die Briefe? Ich darf etwas anderes nicht vergessen.

Während dieser ganzen zwei Jahre war ich von Todesfurcht besessen. Sie wuchs und wuchs und wurde *riesengroß*, und deshalb, glaube ich, habe ich mich so an ihn geklammert. Vor zehn Tagen hat sie mich verlassen, ich mache mir keine Sorgen mehr. Der Gedanke an den Tod läßt mich vollkommen kalt. Das war es also *und* die Briefe, vielleicht. Dahin ist meine kindliche Liebe, dahin mein Wunsch, in England zu leben. Ich sehne mich nicht besonders danach, bei ihm zu leben. Ich würde es gerne tun, wenn es möglich wäre – aber *keine Opfer, bitte*. Und mich anzulehnen – »ein reizender, kleiner Liebling« zu sein – das ist undenkbar. Ich will *arbeiten* – hier – ein gutes Dienstmädchen finden anstelle von L. M., das ist alles. Ist das wirklich alles? Ja, alles. Ich bin wie Mutter geworden. Für Menschen gebe ich keinen *Pfifferling*. Jack werde ich immer liebbehalten und seine Frau sein, aber zu jener Qual – Freude –, jenem süßen Wahnsinn der früheren Jahre könnte ich nicht zurück. Eine solche Liebe gibt es für mich nicht mehr. Und das Leben bleibt entweder stehen oder vergeht. Ich muß an dieser Stelle einen Traum festhalten. Die erste Nacht hier im Bett, das heißt nach dem ersten Tag, den ich im Bett verbrachte, schlief ich ein, und plötzlich fühlte ich, wie mein ganzer Körper *sich auflöste*. Er zerbrach mit einem heftigen Stoß – wie ein Erdbeben –, und er zerbrach wie Glas. Ein langes, schreckliches Splittern, verstehen Sie – und die Wirbelsäule und die Knochen und jedes Teilchen und Stückchen erzitterten. Es war in meinen Ohren wie ein tiefes, verworrenes Getöse, verbunden mit der Empfindung eines blitzenden, grünlichen Glanzes, wie von zerbrochenem Glas. Als ich erwachte, dachte ich, ein heftiges Erdbeben hätte stattgefunden. Aber alles war ruhig. Allmählich kam es mir zum Bewußtsein – die Überzeugung, daß ich in diesem Traum gestorben war.[1] Ich werde jetzt weiterleben – vielleicht für Monate oder für Wochen oder Tage oder Stunden. Es gibt keine Zeit. In jenem Traum bin ich gestorben. Der *Geist*, der Feind des Todes, der so zittert und der so hartnäckig ist, wurde aus mir herausgerüttelt. Ich bin (am 15. Dezember 1919) eine tote Frau, und es ist mir *gleichgültig*. Es könnte andere trösten zu wissen, daß man aufhört, sich zu sorgen; aber sie würden es mir nicht glauben, wie auch ich es nicht glaubte, bis es geschah. Und, o, wieviel Macht hatte der Tod über mich! Wie *betete* ich das Leben an, und wie *fürchtete* ich den Tod!

Ich möchte meine Bücher schreiben und noch eine Zeitlang mit Jack glücklich sein (obwohl ich nicht so recht daran glaube) und Lawrence an einem sonnigen Ort besuchen und Veilchen pflücken – alle Arten von Blumen. O, ich möchte noch eine Menge Dinge tun, wirklich. Aber es macht mir nichts aus, wenn ich sie nicht tun kann.

Jene seltsame Einfachheit – jene tiefe, einfache Liebe *gibt* es nicht. Sie existierte nur, bis wir sie auf die Probe stellten. Als ich mich dann beklagte, Jack [unleserlich] mich – weil es ihn schmerzte, mich anzuhören – ich verdarb sein Spiel, das ganze Haus war durcheinander wegen mir . . . Wie klar das alles ist! Plötzlich überspielte ich ihn als tragische Figur oder drohte, ihn zu überspielen (ja, genau das ist die Wahrheit), und die Wahrheit kam an den Tag. Er wollte die *ganze* Tragödie für sich haben. Es muß ein schrecklicher Schlag für ihn gewesen sein, sie mit jemandem teilen zu müssen . . . Ich bin froh, daß es vorbei ist. Ich möchte nicht zurück.

---

[1] Später wurde an den Rand dieser Zeilen die folgende Bemerkung geschrieben: »Wichtig! Für die Beichte.«

Ehrlichkeit (warum?) ist das einzige, was höher steht als Leben, Liebe, Tod, als alles andere. Sie allein ist beständig. O, ihr, die ihr nach mir kommt, werdet ihr es glauben? Am Ende ist die *Wahrheit* das einzige, das wert ist, daß man es besitzt: sie ist aufwühlender als Liebe, freudvoller und leidenschaftlicher. Sie *kann* einfach nicht versagen. Alles andere versagt. Ich jedenfalls weihe den Rest meines Lebens der Wahrheit, und ihr allein.
Ich möchte darüber eine lange, lange Geschichte schreiben, mit dem Titel: »Letzte Worte an das Leben«. Man *müßte* sie schreiben. Und eine andere über den HASS.

Dezember. Es kommt jetzt oft vor, daß ich, wenn ich mich nachts zum Schlafen hinlege, erst richtig aufwache, anstatt schläfrig zu werden, und, hier im Bett liegend, beginne, entweder Szenen aus dem wirklichen Leben oder eingebildete Szenen zu *durchleben.* Es ist nicht zuviel gesagt, daß es beinahe Halluzinationen sind: sie sind wunderbar lebendig. Ich liege auf der rechten Seite und lege die linke Hand auf die Stirne, als ob ich betete. Diese Haltung scheint den Zustand *hervorzurufen.* Dann ist es, zum Beispiel, zehn Uhr dreißig abends auf einem großen Dampfer mitten im Ozean . . . Die Passagiere beginnen ihre Kabinen zu verlassen. Vater steckt seinen Kopf zur Türe herein und fragt, »ob eine der Damen Lust hätte, vor dem Schlafengehen einen Spaziergang zu machen. Es ist herrlich oben an Deck.« So fängt es an. Ich bin *dort.* Einzelheiten: Vater, wie er sich die Hände reibt, die kalte Luft – genau die *Nacht*luft –, die er zur Kabinentür hereinbringt, die genaue Vorstellung von allem, die Empfindung des messingenen Treppengeländers und der gummibelegten Treppen. Dann das Deck – die Pause, während welcher die Zigarre angezündet wird, wie alles im Mondenschein aussieht, das *stetige* Brummen des Dampfers, der Erste Offizier an Deck, hoch oben über den Glocken, der Steward, der mit einem Tablett in das Rauchzimmer geht und über die hohe messingbeschlagene Schwelle tritt ... All dies viel wirklicher, in allen Einzelheiten genauer, viel *reicher* als das Leben. Und ich glaube, ich könnte so fortfahren bis ... Es nimmt *kein Ende.*

Ich kann das mit allem tun. Nur sind keine Personen dabei. Und auch ich bin nicht persönlich dabei. Die Menschen sind nur ein Teil des Schweigens, *nicht* des Musters – sie sind ganz anders – Teil des *Ganzen.* Ich konnte dies bis zu einem gewissen Grade schon immer, aber erst seitdem ich wirklich krank bin, ist mir dieser – wie sollen wir's nennen? – »Trostpreis« geschenkt worden. Mein Gott! es ist etwas Wunderbares.

Ich kann gewisse Personen heraufbeschwören, so zum Beispiel Dr. S. Und dann erinnere ich mich, wie ich zu J. und zu R. sagte: »Er sah heute sehr schön aus.« Ich wußte nicht, was ich sagte. Aber wenn ich ihn auf diese Weise herbeirufe und ihn »im Verhältnis« sehe, dann *ist* er wunderschön. Er erscheint mir dann vollständig bis in alle Einzelheiten, ich sehe sogar die Form seines Daumens vor mir, wie er über die Brille hinwegblickt, wie seine Lippen sich bewegen, wenn er schreibt, und besonders bei allen Tätigkeiten, die mit der Einführung der Nadel in die Spritze zusammenhängen ... Ich kann all das nach Belieben *wiedererleben.*

Aber mein Leben mit Jack mag ich nicht wiedererleben. Das käme mir gar nicht in den Sinn. Da, wo dieses Leben war, ist jetzt nur ein leerer Raum. Die Zukunft – die Gegenwart – das Leben mit ihm existiert nicht. Es muß gelebt werden. Es ist nichts darin. Etwas hat aufgehört zu sein – eine Mauer hat sich erhoben, und sie ist zu neu, als daß ich dorthin gehen wollte. Warten wir, bis sie etwas weniger neu aussieht ... das ist das Gefühl. Auch bin ich gar nicht neugierig darauf, und habe auch nicht im mindesten vor, mich zu beklagen.

Wenn man nicht so große Angst hätte – warum sollte ich Angst haben? – das wird nicht von Bloomsbury *und Co.* gelesen werden[1] – würde ich sagen, wir hätten ein Kind gehabt – ein Kind der Liebe, und es sei gestorben. Möglich, daß wir andere Kinder haben werden, aber dieses Kind kann man nicht ins Leben zurückrufen. J. sagt: Vergiß den Brief! Wie kann ich? Der Brief tötete das Kind – *tötete* es *wirklich* und *wahrhaftig*, was mich angeht, für immer. O, ich zweifle nicht daran, daß andere Kinder kommen werden, sofern ich am Leben bleibe, aber dieses Kind gibt es nicht mehr.

»Kinder?« fragte er, als er sein Stethoskop hervorzog, während ich mich mit meinem Nachthemd abmühte.
»Nein – keine Kinder.«
Aber was hätte er gesagt, wenn ich ihm mitgeteilt hätte, daß ich bis vor ein paar Tagen ein kleines Kind hatte, fünfdreiviertel Jahre alt und unbestimmten Geschlechts? Manchmal war es ein Junge. Die letzten zwei Jahre war es sehr oft ein kleines Mädchen.

Hotspur. Heinrich IV., zweiter Akt, dritte Szene: »Aber ich sage Euch, Mylord Narr, von diesem Nesselbusch Gefahr pflücken wir die Blume Sicherheit.«

Im Bad.
Sie liebte es, im Bad zu liegen und mit leichter Hand das Wasser über ihren weißen, aufgeschwemmten alten Körper plätschern zu lassen. Wie sie dalag, die Arme an der Seite, mit ausgestreckten Beinen, dachte sie: »So werde ich aussehen, so werden sie mich in den Sarg legen.« Und es schien ihr, während sie sich betrachtete, auf schreckliche Weise wahr zu sein, daß die Menschen so gemacht werden, daß sie in Särge passen – in Form von Särgen gemacht werden. Gerade dann bemerkte sie ihre nassen, glänzenden, an das Ende der Bade-

[1] Stadtteil von London und Name einer dort ansässigen Literarischen Kolonie, die für ihre Klatschsucht bekannt war.

wanne gepreßten Zehen. Sie sahen so unschuldig aus, so fröhlich, ihres Schicksals so unbewußt. Sie schienen wirklich alle in einer Reihe zu lächeln – die kleinen, winzigen Zehen. »O!« Sie gab dem Schwamm einen tragischen Druck.

Secret Flowers.

Is love a light for me? A steady light,
A lamp within whose pallid pool I dream
Over old love-books? Or is it a gleam,
A lantern coming towards me from afar
Down a dark mountain? Is my love a star?
Ah me! so high above – so coldly bright!

The fire dances. Is my love a fire
Leaping down the twilight ruddy and bold?
Nay, I'd be frightened of him. I'm too cold
For quick and eager loving. There's a gold
Sheen on these flower petals as they fold
More truly mine, more like to my desire.

The flower petals fold. They are by the sun
Forgotten. In a shadowy wood they grow
Where the dark trees keep up a to-and-fro
Shadowy waving. Who will watch them shine
When I have dreamed my dream? Ah, darling mine,
Find them, gather them for me one by one.

Dezember. Sicherlich weiß ich mehr als andere Menschen: ich habe mehr gelitten und mehr erduldet. Ich weiß, wie sehr sie sich danach sehnen, glücklich zu sein, und wie köstlich eine liebevolle Atmosphäre ist, ein *Klima*, das nicht beängstigend ist. Warum versuche ich nicht, immer daran zu denken und meinen Garten zu pflegen? Ich gehe jetzt an einen fremden Ort zu fremden Menschen. Kann ich mich nicht als eine wirkliche, persönliche Kraft bemerkbar machen? (Warum sollte ich?) Ah, aber ich *sollte*. Ich habe Erfahrungen gemacht, die andere nicht kennen. Ich sollte inzwischen C.s obiter dictum begriffen haben – wie wahr es sein könnte. Es *muß* sein.

Die Kursive in der folgenden Eintragung stammen von Katherine: sie bringen zum Ausdruck, daß sie in der Casetta die gleiche Erfahrung gemacht hatte wie Tschechow.

»Mein Husten ist bedeutend besser, ich bin sonnverbrannt, man sagt, ich sei dicker geworden, aber vor ein paar Tagen bin ich beinahe umgefallen, und für einen Augenblick war mir, als ob ich stürbe. Ich ging mit dem Prinzen, unserem Nachbarn, die Straße entlang und sprach mit ihm, als plötzlich etwas in meiner Brust zu *brechen* schien, ich verspürte ein Gefühl von *Wärme* und *Ersticken*, es läutete in meinen Ohren. Ich erinnerte mich dann, daß ich schon seit längerer Zeit Herzklopfen verspürt hatte, und ich dachte: »Also hat es doch eine Bedeutung gehabt.« Ich ging schnell auf die Veranda zu, wo Gäste saßen, und ich hatte nur den einen Gedanken: wie ungeschickt es wäre, vor Fremden umzufallen und zu sterben; aber ich ging in mein Schlafzimmer, trank etwas Wasser und erholte mich.«

(Tschechows Briefe, *21. April 1894)*

»Es geht mir wie einem verpflanzten Baum, der nicht weiß, ob er Wurzel fassen oder verdorren soll.« (Tschechows Briefe, *10. Februar 1900.*) Mir geht es genauso.

»Ich kann die Butter hier nicht essen. Meine Verdauung ist offenbar völlig ruiniert. Sie könnte wahrscheinlich nur durch Fasten kuriert werden – das heißt, nichts zu essen – und das ist das Ende. Und das einzige Mittel gegen Asthma ist – sich nicht bewegen.«

(Tschechows Briefe, *28. Juni 1904.)* Wer liest hier zwischen den Zeilen? Ich zumindest. K. M.

Lahme Enten.

Lahme Enten sieht man selten zusammen. Sie scheinen einander in der Regel so wenig wahrzunehmen, daß man versucht ist zu glauben, eine lahme Ente bleibe für eine andere lahme Ente tatsächlich unsichtbar. Sie können jahrelang im gleichen Café verkehren, die gleichen Parties besuchen, in der gleichen Gaststätte essen, sogar in der gleichen Gruppe um einen Tisch sitzen, aber wenn die andern aufstehen, um zu gehen, geht die eine lahme Ente mit denen zur Rechten und die andere mit denen zur Linken.

Ich wünschte, er würde die Beine übereinanderschlagen und die Hände auf den Knien ruhen lassen. Aber nein, er lümmelt sich hin, mit krummem Rücken, hat die Hände in die Taschen gestopft und starrt auf seine Füße. Sie sehen wirklich sehr merkwürdig aus, wie sie so flach gegen den welligen Boden der Droschke gepreßt sind; die Zehen eingedreht, und die Schuhe sehen aus irgendeinem Grunde so aus, als ob sie nicht aus Leder gemacht seien – sondern aus Metall.

»I dream that dearest I ever knew
  Has died and been entombed.
I am sure it's a dream that cannot be true ...

Yet stays this nightmare too appalling,
  And like a web shakes me,
And piteously I keep on calling,
  And no-one wakes me.«

(Thomas Hardy.)

»Immer wenn in einer Familie jemand lange krank gewesen ist, hoffnungslos krank, kommen schmerzliche Augenblicke, da alle, zaghaft und heimlich, sich im Grunde ihrer Seele nach seinem Tode sehnen.« (Tschechow, *Die Bauern.)* Und sogar Gedichte schreiben ...

In der dritten Dezemberwoche besuchte Murry seine Frau in der Casetta und blieb zwei Wochen bei ihr. Anfang Januar kehrte er wieder nach London zurück.

29. Dezember. Katherine brachte ein Dienstmädchen. Jack kam ganz erschöpft von San Remo zurück. Badete seinen Kopf. Am Nachmittag spielten wir Demon[1]. Jack war erbost über meinen Mangel an Mitgefühl. Er wollte sterben, Ägypten, sterben[2]. Aber er konnte herzlich lachen über die Familie Smallwood. »Das ist erstklassig!«

30. Dezember. Ruhiger Tag. Im Garten. Las frühe Gedichte im Oxford Book [of English Verse]. Sprachen über unsere zukünftige Bibliothek. Las am Abend Dostojewski. Sprachen am Morgen über die Bedeutung des »ewigen Lebens«. Spielten unser berühmtes Steinspiel (Cape Sixpence und Cornwall).[3] Aber etwas stimmte nicht.

31. Dezember. Langes Gespräch betreffend das Haus. Foster[4] sagte, ich dürfe spazierengehen. Das Meer rauschte wie auf einer Insel. Glücklich. Schönes Feuer in meinem Schlafzimmer. Succès éclatant avec demon vor dem Nachtessen. Lauschte Wingleys Fiedel. Das hölzerne Bett.

---

[1] Ein Kartenspiel.

[2] Anspielung auf Shakespeares *Antony and Cleopatra* (IV., 15.).

[3] Das Steinspiel war einfach: Man stellte einen ziemlich großen Stein auf den äußersten Rand eines Felsens und warf aus einer Entfernung von ca. zehn Metern kleinere Steine nach ihm. Wer den Stein zuerst umkippte, erhielt Sixpence. Daher der Name »Cape Sixpence«, den sie einem Felsen bei Bandol gaben, wo sie das Spiel zuerst spielten.

[4] Dr. Foster, Katherines Arzt in Ospedaletti.

1920

1. Januar. Jack bereitet sich auf seine Abreise vor. Trocknete Feigen auf dem Ofen und weiße Socken auf dem Kaminsims. Eine Schale mit Orangen und regennasse Blätter – ein Pakken Karten auf dem Tisch. Es regnet, aber es ist warm. Die Narzissen blühen schon auf. Wir verweilen an der Tür. L. M. singt.

2. Januar. Jack ist wieder nach London abgereist. Das Haus sehr leer und still. Ich war den ganzen Tag krank – erschöpft. Am Nachmittag schlief ich über meiner Arbeit ein und versäumte die Post. Mein Herz will sich nicht beruhigen. Keine Briefe.

3. Januar. Eine Ladung Holz. Sandte Besprechung ab. Kalter Tag. Miss K. S. kam zu Besuch. Schrecklich langweilig. Gähnt und kommt wieder zu sich. Stürmischer Wind und Regen. Ich hatte einen Alptraum über Jack. Er und ich »trennten« uns. Miss K. S. sprach über Tulpen, aber alles, was sie sagt, klingt so wichtigtuerisch: die Fäden ihrer Seele sind ganz verwirrt.

4. Januar. Kalt, naß, windig, schreckliches Wetter. Kämpfte den ganzen Tag dagegen an. Schrecklich deprimiert. Dickinson kam zum Tee; aber es half nichts. Arbeitete. Zwei Telegramme von J., wie versprochen. Ich kann nicht schreiben. Die Narzissen sind erblüht, schwach und blaß. Schwarze Wolken ziehen vorüber.
Sobald die Sonne untergeht, überwältigt es mich – ergreift mich eine schwarze Laune. Ich *hasse* das Meer. Es gibt nur ein Mittel dagegen: ARBEIT. Aber wie kann ich arbeiten, wenn diese entsetzliche Schwäche selbst die Feder zu einem Spazierstock werden läßt?

5. Januar. Heinrich IV. Nuit blanche. Um drei Uhr morgens kam ich zu der Überzeugung, daß D. ein mörderischer Wahnsinniger ist. Bin *sicher*. Begann meine Erzählung, *Late Spring*. Ein bitterkalter Tag. Arbeitete den ganzen Tag an Tschechow und dann an meiner Geschichte bis elf Uhr nachts. Anna kam. Wir sprachen in ihrer Gegenwart auf Englisch über sie. Keine Briefe. Die Post streikt. Annas Schleife und Samtbluse.

6. Januar. Winter's Tale. Schwarzer Tag. Dunkel, bedeckter Himmel; fahle See, brodelndes, siedendes Geräusch in der Luft. Träumte, die Katzen seien an *Antipneumonie* eingegangen. Herzanfall um acht Uhr. Scheußlicher Tag. Keine Linderung auch nur für einen Augenblick. Konnte nicht arbeiten. In der Nacht stellte ich mein Bett anders, aber es half nicht. Ich konnte nicht schlafen. Um fünf Uhr dachte ich, ich würde im Meer hin und her geworfen für alle Ewigkeit. N.B.

7. Januar. Auf der Veranda. Ich brauche keinen Gott, den ich preisen oder anflehen kann, sondern einen, mit dem ich meine Vision *teilen* kann. Heute nachmittag, als ich nach dem Regen die Primel betrachtete. Ich verlange von niemandem, daß sie »tanzen und die Arme emporwerfen«. Ich möchte nur das *Gefühl* haben, daß auch sie sehen. Aber Jack will nicht. Wenn ich dort draußen an der Sonne sitze – wo ist da mein *Gefährte?* Er will weder äußeres Leben *noch* die Depression?!!!

8. Januar. SCHWARZ. Ein Tag in der Hölle. Unfähig, irgend etwas zu unternehmen. Trank Kognac. War entschlossen, nicht zu weinen – weinte. Gefühl der Vereinsamung furchtbar. Ich werde sterben, wenn ich nicht entkommen kann. Übelkeit, Schwäche, fror vor Elend. O, ich *muß* es irgendwie überstehen. Schrieb an Jinnie.[1]

---

[1] Eine in Mentone lebende Freundin der Familie Beauchamp.

9. Januar. SCHWARZ. Noch nie ein solcher Tag. Am Nachmittag kam Foster und war auch der Meinung, ich müsse fort von hier. Irgendwie gelang es mir, einen Artikel zu schreiben. Zerbrach mein Uhrglas. Am Abend waren L. M. und ich fast freundlich zueinander, freundlicher als seit Jahren. Ich konnte weder ruhen noch schlafen. Das Donnern des Meeres war unerträglich. Gab einen Brief an Jinnie auf.

10. Januar. Vaters Heirat: Nachricht von Marie[1]. Am Abend schrieb ich noch einen Artikel. Hilf mir, Gott! Und dann kam L. M., um mir zu sagen, meine Uhr gehe eine halbe Stunde nach. Wurde gerade fertig. Hatte ein Gespräch mit L. M. Unsere Freundschaft kehrt zurück – auf die alte Weise. Dachte mir *The Exile* aus[2]. Entsetzliche, elende Nacht, sicher, daß J. unsere Liebe nicht mehr nötig hat.

11. Januar. Arbeitete von neun Uhr dreißig bis ein Viertel nach Mitternacht, machte nur zum Essen eine kurze Pause. Beendigte die Erzählung. Dann lag ich wach bis halb sechs, zu aufgeregt, um zu schlafen. Ertrunkene Seelen klagten im Meer die ganze Nacht. Ich überdachte mein Leben, und es wurde alles so lebendig – alles ist verbunden mit dem Gefühl, daß J. und ich nicht mehr sind, wie wir einmal waren. Ich liebe ihn, aber er verschmäht meine *lebendige* Liebe. Das ist Seelenqual. Dies sind die schlimmsten Tage meines ganzen Lebens.

12. Januar. Brachte die Erzählung zur Post und sandte ein Telegramm. Sehr müde. Das Meer heulte, dröhnte und donnerte. Wann wird dieser Kelch von mir genommen werden? O Elend! Ich kann nicht schlafen. Ich liege da und überdenke

---

[1] Katherines Schwester.

[2] Veröffentlicht unter dem Titel »The Man Without a Temperament«.

rückschauend mein Leben – und durchlebe das alte vergangene Leben noch einmal ... Das Kind von Garnet Trowell.[1]

13. Januar. Ein schlechter Tag. Merkwürdige, rauchige Stimmung über der Küste. Am Nachmittag kroch ich im Garten umher. Ich bin schrecklich schwach und immer am Rand eines Zusammenbruchs. Versuchte zu arbeiten – unmöglich. Um sechs Uhr war ich wieder im Bett. Hatte einen gräßlichen Alptraum. Schrieb an Jack und Marie.

14. Januar. Foster kam und sagte, die Lunge sei bemerkenswert besser, aber ich müsse zwei Monate lang vollkommene Ruhe pflegen und nicht versuchen, spazierenzugehen. Ich habe eine »bessere Chance«. Glockengeläut in der Nacht. Mein Auge schmerzt. *Kann* mich nicht bewegen. Träumte von Banks. Sie gab mir ihr Baby in Pflege. Hatte Nachricht von Jinnie.

15. Januar. Saß in meinem Zimmer und schaute zu, wie sich der Tag in Abend verwandelte. Das Feuer wie ein goldener Hirsch. Denke beständig *an die Vergangenheit;* durchträume sie. Die Baumwollpflanze ist gelb geworden. Heute abend ist das Meer *douce.* Poststreik. Keine, keine Briefe.

»But I was called from the earth – yea, called
Before my rose-bush grew;
And would that now I knew
What feels he of the tree I planted,
And whether, after I was called
To be a ghost, he, as of old,
Gave me his heart anew.«

(Thomas Hardy.)

---

[1] Freund von K. M., von dem sie ein totgeborenes Kind gehabt hatte.

16. Januar. Schrieb und sandte Rezensionen ab. Blieb im Bett und arbeitete. Nahm ein Bad. Der Tag war sehr schön. Ich mußte hart arbeiten. Am Abend begann ich meine neue Erzählung *A Strange Mistake*[1]. Poststreik für Briefe *und* Telegramme. Konnte nicht schlafen. Mein Leben in London scheint unermeßlich fern und traumhaft. L. M. sprach von ihrer Kindheit.

17. Januar. Poststreik: keine Briefe, keine Telegramme. Zerriß und ordnete alte Briefe. Das *Gefühl*, das einen ergreift – der Schmerz – die Worte, die einem ins Herz schneiden: Mein *Liebling*, meine *Frau!* O, welcher Schmerz! O, wird es immer so sein? Lag wach in der Nacht und horchte auf die Stimmen. Zwei Männer, die zu singen schienen – ein Tenor und ein Bariton: dann begannen die Ertrunkenen . . .

18. Januar. Keine Briefe. Der Streik geht weiter. Ein schöner Tag. Aber was ist das für mich? Ich bin ein *Invalide*. Ich verbringe mein Leben im Bett. Am Morgen las ich Shakespeare. Ich kann das Schweigen nicht mehr aushalten und werde beständig von dem Gedanken an Jack verfolgt.

19. Januar. All's Well that Ends Well; The Comedy of Errors. Keine Briefe, keine Zeitungen. V. zu Besuch; und Mrs. V. und Miss K. S., in Weiß. »Der Ärger, den ich mit Ihnen hatte, Mrs. Murry, und die Auslagen, die er mir verursachte – mehr Aufregung, als wenn Sie dort gestorben wären.« Die Damen vor dem Hintergrund der Blumen waren so reizend – sogar Miss K. S. Ich hatte einen furchtbaren Weinkrampf wegen »Lärm und Reinlichkeit«. Es war scheußlich.

20. Januar. Twelfth Night. Wusch mir die Haare. L. M. war den ganzen Tag nicht da. Allein hier an einem vollkommenen

---

[1] Später »The Wrong House« genannt, nie vollendet.

Tag. Ich wanderte im Garten umher . . . und die Blumen entfalteten sich im Wind. Ein Schiff, weiß und festgebaut, auf dem Meer. Der Mantel ist verschwunden. Das Feuer in meinem Zimmer und das Zwielicht. Alles war auserlesen schön. »Good-bye.« Es glaubt nun, wir gingen, und es sei in Sicherheit.

21. Januar. Measure for Measure. Ein Tag wie ein Traum. Das Haar von V., sein Stock, Jacke, Zähne, Krawatte – denkwürdig. »Um einen *Vulgarismus* zu gebrauchen: Mir langt es.« Der Ausflug – die Blumen – und diese Damen hier. Jinnies schwarzes Seidenhalstuch und die Perlnadel. Diese auserlesene Reinlichkeit macht eine Katze aus mir. Träumte von Jeanne, Marie und Violet.

Am 21. Januar verließ Katherine endlich die Casetta. Sie verbrachte die nächsten Wochen in einer Privatklinik und dann im Haus von Jinnie Fullerton, in der Villa Flora in Mentone an der französischen Riviera.

22. Januar. Konsultierte den Arzt: ein Narr. Dachte an die verlassene Casetta: die leichte Brise, die geschlossenen Läden, die gelbgewordene Pflanze. Bekam Nachricht von J., Telegramm und Brief. Verbrachte einen Tag der Erholung. Mein Herz ermüdet mich. Die Mahlzeiten unten sind eine furchtbare Anstrengung. Aber die Menschen sind neu erstanden.

23. Januar. Konsultierte zwei Ärzte – einen Esel und einen anderen Esel. Verbrachte den Tag am Fenster. Es war lieblich und schön. Den ganzen Tag versuchte ich zu arbeiten und brachte es doch nicht fertig. Hatte einen schrecklichen Alptraum.

24. Januar. Kusine Connie brachte ihren kleinen Hund mit – ein bezauberndes Tier. Der gleiche, verzweifelte Wunsch, zu arbeiten, und konnte nicht. Ich glaube, ich habe die Tschechow-Rezension neun- oder zehnmal neu angefangen. Die Folge war große Müdigkeit.

25. Januar. Die Mahlzeiten hier sind entsetzlich. Connie und Jinnie besuchten mich. Sie ist wirklich ein wunderbarer Mensch: ihr Blick, ihre Hände, ihre Ruhe. Beide haben dieses ruhige, friedvolle [?] Wesen. L. M. kam. *très embarassée* – ich weiß nicht, warum . . . Ich mißgönne L. M. ihr Geld. Es ist furchtbar. Ich scheine Stunden um Stunden hier zu sitzen, und die Leute sind häßlich. Trotzdem, Gott sei Dank, daß ich hier *bin,* in Hörweite der Eisenbahn, in Reichweite der Post. Italienische Briefe erreichten mich heute.[1]

26. Januar. Krank, erschöpft, kalt – und die Lungen schmerzen. Es kommt davon, daß ich nicht arbeite. Aus diesem Grunde ist alles ein bißchen wie ein Alptraum. Meine Laune ist so schlecht! Ich weiß, ich bin unausstehlich, und kann es nicht ändern.

27. Januar. Die Masseuse taugt nicht viel. Mein Leben hier ist sonderbar. Ich mag mein großes luftiges Zimmer, aber es ist so schwer zu *arbeiten.* Tief innen fühle ich mich so elend. Aber die ganze Zeit denke ich an meine Philosophie – die Vernichtung des Persönlichen.

28. Januar. Ich werde mich nicht erinnern, was an diesem Tag geschehen ist. Er ist völlig leer. Am Ende meines Lebens sehne ich mich vielleicht danach, ihn zu haben. Es war Neumond – daran kann ich mich erinnern. Aber wer gekommen ist, oder was ich getan habe – keine Ahnung. Ein verlorener Tag. Ein Tag gegen den Strich.

---

[1] Ein Jahr später fügte Katherine hinzu: »Ein Jahr ist vergangen . . . und das ist alles . . .«

29. Januar. Ich habe einen ungewöhnlich selbstsüchtigen Brief von Jack erhalten – in dem er mich über Sussex informiert. Er schmerzte mich sehr. Die Antwort, die ich schrieb. Aber ich werde sie nicht absenden. Es muß ein Irrtum gewesen sein. »Trunken von der Pracht . . . reiner, unvermischter Frühling«.

30. Januar. Kein Brief von ihm heute – andere Briefe sind gekommen. Habe den ganzen Tag versucht zu arbeiten und bin *hundemüde.* Vielleicht ist es die Massage. Jinnie kam mich besuchen und brachte mir ein Geschenk von ihrem kleinen Hund.

31. Januar. Ein neues Zimmer. Es ist mir lieber als das alte. Es ist gemütlicher und hat nur ein Bett. Sandte Rezensionen ab und auch einen Brief an Jack. W. G. *[The Westminster Gazette?]* sandte eine Kleinigkeit. Schrieb an verschiedene Leute. Vater.

Januar. Frauen, die über die Felder zu ihren Männern gehen, sie verweilten in dem schwindenden Licht, die Sonne zitterte in den Zitronensträuchern.
In der Stille das Singen der Vögel. Warum hat der Herr keine *Brötchenbäume* gemacht?
Graue Häuser, rote Vorhänge, weiße Musselinstores und O! der Widerhall im Innern!
Als die Soldaten sich beugten, um sich zu entkleiden, wehten ihre Haare im Wind. Dies gab ihnen ein so wehrloses, *unschuldiges* Aussehen.
Ich wurde mir bewußt, daß ich schon einmal hier gewesen war. Ein Duft von Holz zog vorüber und von etwas Dunklem, Verbranntem, mit einem Rest von Glut.
Die Straße so glatt und gewölbt wie die Kurven von Gedanken, und dort oben gingen Matrosen mit ihren Bündeln, wie Fliegen, die ihre Eier an die Sonne tragen.

Die Bäume sehen zu dieser Stunde so aus, als ob sie viel Muße hätten, und sie beugen sich zur Erde, als wären sie verliebt in die Form ihres eigenen Schattens.

»How do you know, deep underground,
Hid in your bed from sight and sound,
Without a turn in temperature,
With weather life can scarce endure,
That light has won a fraction's strength,
And day put on some moment's length,
Whereof in merest rote will come,
Weeks hence, mild airs that do not numb;
O crocus root, how do you know,
How do you know?«

(Thomas Hardy.)

Winter Bird.

My darling, my darling,
Calling through the cold of afternoon
Those round, bright notes,
Each one so perfect,
Shaken from the other and yet
Hanging together in flashing clusters!
The small soft flowers and the ripe fruits –
All are gathered.
It is the season now of nuts and berries
And round, bright, flashing drops
In the frozen grass.

1. Februar. Mein Zimmer ist scheußlich. Sehr laut: ein beständiges Geklirr und Geklapper, als hätte es keine Türe. Den Franzosen scheint es gleichgültig zu sein, wieviel Lärm sie machen. Ich kann sie deshalb nicht leiden. Blieb im Bett, fühlte mich sehr krank, aber machte mir nichts daraus, aus diesem Grunde. Das Essen war entsetzlich, nichts, was man essen könnte. In der Nacht das *alte Casettagefühl,* wie Wahnsinn. Stimmen und Worte und Halluzinationen.

2. Februar. Connie und Jinnie kamen, und auch die Notiz in der *Times* über mein Buch [»Bliss«]. Jinnie brachte mir wieder Blumen. *Sah die schöne Palme.* Die Arbeit wird gewinnen, wenn ich bloß dabeibleiben kann. Sie wird gewinnen, trotz allem.

3. Februar. Kein Brief von J. Machte einen kleinen Spaziergang im Garten und sah die blassen Veilchen. Die Schönheit der Palmen. Sich in einen Baum zu verlieben [unleserlich]. Hörte die Damen im Harem sprechen. Die Japonica ist eine reizende Blume, aber man pflanzt nie genug davon.

4. Februar. Schrecklicher Tag. Ich lag den ganzen Tag auf diese neue Art wie im *Halb*schlaf – hörte Stimmen – ließ mich treiben. Eine Briefkarte [unleserlich] und später ein Telegramm und noch eine Karte [unleserlich].

5. Februar. Machte eine Ausfahrt. Fröhlich auf dem ganzen Weg. Das Haus und das Mädchen. Konnte nicht arbeiten: schlief wieder. Schreckliche Gelenkschmerzen. Jack spricht von Versicherung und [unleserlich]. Furchtbar *lautes* Haus! Sah einen Orangenbaum, eine wunderbare Form gegen den Himmel: wenn die Früchte reifen, werden die Blätter hellgelb.

6. Februar. Erhielt Lawrence' letzten Brief und die Antwort von J. Entschloß mich, heute zwei Bücher zu besprechen und mit *Second Helping* weiterzumachen. Sah den *Dummkopf* von einem Arzt. Bla bla bla! *Stockfisch* ist das einzig passende Wort! Bad–in–age! Flat–ter–ie! Gal–an–ter–ie! Franzosen!!! Vous pouvez vous promener. *Lügner.* Die Palme.

Habe die Besprechung nicht beendet; aber es ist egal, ich schicke sie ab.

7. Februar. Das ganze Haus war durcheinander. Furchtbar nervös. Die Schneiderin kam und das kleine Lehrmädchen, das mir die Blumen brachte. Nahm ein Bad – aber alles in rasender Eile und mit viel Lärm und Unruhe. Hatte einen seltsamen Traum. »Sie ist eins mit dem Mondschein.« George Sand – ma sœur.

8. Februar. In der Villa Flora. Im Garten mit der armen Frau, die auf der harten Bank lag. Sah sie alle beim Tee in ihrer ganzen Schönheit. Das spanische Brokat-Tischtuch – das Stück Heliotrop. Jinnies Plan, daß ich bei ihnen wohnen soll. Kam zurück und schrieb J. voll Freude. Dann eine *nuit blanche*, schrecklicher Alptraum. Ich denke zum erstenmal an die Möglichkeit, zur römisch-katholischen Kirche überzutreten. Etwas *muß* ich haben.

9. Februar. Hölle. Brief von Jack. Es war zuviel. Weinte den ganzen Vormittag. Am Nachmittag saß ich in der Sonne – o weh! o weh! Die Sonne ist so warm wie im Sommer. So ist also alles vorbei. Mein Traum hatte recht.

Einige Tage später verließ Katherine die Klinik, um in der Villa Flora bei ihrer Kusine, Miss Beauchamp (Connie), und deren Freundin, Miss Fullerton (Jinnie), zu wohnen. Die Ruhe und Stille, verbunden mit der Schönheit der Umgebung und der aufopfernden Pflege der beiden Frauen, hatte eine bedeutende Besserung in Katherines Gesundheitszustand zur Folge.

Seelenqual.

Die Post kam sehr spät. Sie läutete und stellte die ewig gleiche Frage: »Déjà passé?« und vernahm darauf das ewig gleiche:

»Pas encore, Madame.« Endlich erschien Armand mit einem Brief von ihm und mit den Zeitungen. Sie las den Brief bis zu der Stelle: »Gib mich nicht völlig auf.« Als sie diese Worte las, geschah es *nochmals*, nochmals schien eine schrecklich laute Erschütterung und ein Beben, sie zu ergreifen: ihr Herz setzte aus. Sie sank auf das Bett, begann zu weinen und konnte nicht mehr aufhören. Wie konnte er es über sich bringen, von »einander aufgeben« zu sprechen? Die grausame – die eiskalte, entsetzliche Grausamkeit. Sage nie mehr, du besäßest Phantasie – sage nie mehr, du besäßest Liebesfähigkeit oder du kenntest Mitleid. Du hast Dinge zu mir gesagt, die mich für immer verwundet haben. Ich muß es ertragen, aber du hast mich für alle Zeiten verletzt.
Die erste Glocke ertönte. Sie erhob sich und begann sich anzukleiden, weinend und frierend. Die zweite Glocke. Sie setzte sich und riß sich zusammen. Sie hatte Halsschmerzen. Sie puderte sich reichlich und ging hinunter. Im *ascenseur:* »Armand, cherchez-moi une voiture pour deux heures juste!« Und dann folgten eineinviertel Stunden in der blendenden, lärmerfüllten *salle,* wo sie Wein trank, um die Tränen zurückzudrängen, und den Tieren bei der Fütterung zuschaute. Die Serviertochter rückte beständig an ihrem Stuhl und bot ihr die Speisen an. Es half nichts. Sie verließ den Speisesaal und ging wieder hinauf. Aber das war verhängnisvoll. Habe ich ein Heim? Eine kleine Katze? Bin ich irgend eines Mannes *Frau?* Ist wirklich alles vorbei? Er sagt mir nie etwas, nie – er schreibt mir nur alle diese völlig selbstbezogenen Briefe, und jetzt nur noch diese Notizen. Was kommt als nächstes? Er *fragt,* ob ich glaube, daß er mich liebt, und sagt: »Gib mich nicht auf«, aber so, als wäre er *durchaus darauf vorbereitet.* Sie setzte das Telegramm auf. Er bringt mich um, er bringt mich um. Er will frei sein – das ist alles.
Sie kleidete sich an und ging hinunter in die scheußliche Halle, weil sie dort, wo die *monde* Kaffee trank und Zigaretten rauchte, nicht zu weinen wagte. Ein kleiner Brougham

mit einem alten, schwerfälligen Kutscher fuhr vor. Sie stieg ein: »A la poste!« O, diese kleinen Broughams, was ich darin schon durchgemacht habe! Das Innere, mit den blauen Knöpfen, den blauen Kordeln und den Elfenbeinquasten, alles, alles! Sie lehnte sich zurück, hob den Schleier und trocknete sich die Augen. Aber es hatte keinen Zweck. Das Postbüro war voll. Sie mußte am Telegrammschalter Schlange stehen, zwischen widerwärtigen Männern, die über ihre Schulter schrien – abscheuliche Kerle. Und jetzt wohin? In die Drogerie, um eine kleine Menge sal[e] volatile[1] zu kaufen. Während es zurechtgemacht wurde, ging sie händeringend im Laden auf und ab. Sie sah eine Schachtel Zigaretten, Marke Kolynos. Sie erinnerte sie an Jack – Jack in ihrem Zimmer, wie er über den Gischt sprach und sagte, er würde seinen Rauch zurücklassen. Vier Franken fünfundsiebzig.
Sie kaufte eine Schachtel und trank die Riechsalzmischung. Und nun, wohin? Sie stieg in den Wagen – der alte Kutscher stand an der Tür – sie konnte nicht sprechen. Plötzlich sah sie auf der andern Straßenseite Jinnie; sie sah sehr ernst aus. Sie überquerte die Straße, nahm ihre Hand und sagte: *»Deo gratias.«* Dann schwieg sie einen Augenblick. Und dann sagte sie plötzlich: »Komm mit mir zu Dr. Randall, jetzt, sofort! Wir wollen die Sache gleich abmachen.« Sie warteten in einem sehr ruhigen Zimmer, das reich mit Büchern und alten, nachgedunkelten Stichen und dunklen, polierten Möbeln ausgestattet war. Jinnie sprach zuerst allein mit dem Arzt, kam dann zurück, um sie zu holen, und zusammen betraten sie das Konsultationszimmer des Arztes. Dieser war eher klein, zurückhaltend, mit gestutztem Bart und schönen, klugen Augen. Ein Feuer brannte im Kamin. Bücher überall. Auch deutsche Bücher, was sie an Croft Hill erinnerte.[2] Jinnie blieb,

---

[1] Riechsalz.
[2] Dr. Croft Hill, Katherines Arzt in London, den sie und J. M. M. sehr verehrten.

während die langvertraute, sorgfältige Untersuchung vor sich ging. Der Arzt gab sich unendliche Mühe. Als er fertig war und sie sich wieder anzog, sagte Jinnie: »Herr Doktor, es ist mein Herzenswunsch, diese – meine kleine Freundin gesund zu machen. Sie müssen sie mir anvertrauen, Sie müssen mir Gelegenheit dazu geben.« Und nach einer Pause, die Jinnie als endgültig betrachtete, sagte er: »Ich glaube, es wäre ideal für sie, wenn sie bei Ihnen sein könnte. Sie sollte nicht dem Lärm und dem ständigen Anblick ihr widerwärtiger Menschen ausgesetzt sein. Sie ist sehr sensibel, und ihre Krankheit – die sie ja schon lange hat – hat diese Sensibilität tausendfach verstärkt.« Er war ruhig, ernst, liebenswürdig. O, wenn sie mein Herz hätten sehen oder erkennen können, das immer wieder durchbohrt worden war! Aber sie brachte es fertig, zu lächeln und sich bei dem Arzt zu bedanken, und dann geleitete Frances sie zum Wagen zurück, und es wurde verabredet, daß sie innerhalb einer Woche zu ihr ziehen würde.

Sie hatte den ganzen Nachmittag über Goldlack gesehen. Laß mich nie mehr auch nur einen Zweig Goldlack haben – falls ich jemals einen Garten haben sollte. O, Qual des Lebens! O, bitteres, bitteres Leben! Er warf sie einfach fort. »Gib mich nicht völlig auf.«

Das hatte sie an Goldlack erinnert, und an Shakespeare. Ja, wie Perdita in *A Winter's Tale* keinen Goldlack in ihrem Garten haben wollte. »Man nennt sie Bastarde der Natur.« Sie kam in ihr Zimmer zurück und legte sich hin. Es war wieder wie in Bayern, aber noch schlimmer, schlimmer – und jetzt durfte sie kein Schlafmittel nehmen, oder sonst etwas. Sie mußte es einfach *ertragen und weitermachen.*

11. Februar. Mrs. Dunn kam am Nachmittag und zwängte sich in den Sessel oder kauerte am Boden.

12. Februar. Eine Lüge ist die unehrenhafte Verleugnung der

Wahrheit. Sie stand hier. »Ja, vierundsechzig, Liebe«, sagte sie und hob die Hände. Kann ich ihr helfen? Ich möchte es so gern. Hier ist eine Frau, die ich *so gern* ein wenig glücklich machen möchte – eine große Frau![1]

»Etwas, das mit Flieder zu tun hat« – eine alte französische Melodie.

Le temps des lilas et le temps des roses
Ne reviendra plus ce printemps-ci,
Le temps des lilas et le temps des roses
Est passé – le temps des œillets aussi.

Le vent a changé – les cieux sont moroses
Et nous n'irons pas couper et cueillir
Les lilas en fleurs et les belles roses;
Le printemps est triste et ne peut fleurir.

O joyeux et doux printemps de l'année
Qui vint, l'an passé, nous ensoleiller;
Notre fleur d'amour est si bien fânée
Las! que ton baiser ne peut l'éveiller.

Et toi, que fais-tu? pas de fleurs écloses
Point de gai soleil ni d'ombrages frais;
Le temps des lilas et le temps des roses
Avec notre amour est mort à jamais.

Das Leben ist eine eigentümliche Sache. Ich las dies heute, und im Geist hörte ich es mit reiner Stimme zu Pianobegleitung gesungen, und es schien mir ein Teil des großen Schmerzes einer Jugendliebe zu sein.

Bosheit.
Ich küßte sie. Ihre Wange fühlte sich kalt an, weiß und irgendwie feucht. Es war, als ob man eine Kirchenkerze küßte.

---

[1] Diese Notiz bezieht sich auf Jinnie Fullerton und auf deren Geburtstag.

Ich sah ihr in die Augen: sie waren blaß, flackernd mit trüben, fernen Lichtern. Sie duftete schwach nach Weihrauch. Ihr Rock war abgescheuert und an den Knien gebauscht.
»Aber wie konntest du so etwas von der Heiligen Jungfrau sagen! Es muß Unsere liebe Frau sehr geschmerzt haben.«
Und ich sah, wie die B. V. ihr Exemplar von *Je ne Parle pas Français*[1] in die Ecke warf und sagte: »Die K. M. ist wirklich genau so, wie ihre Freunde sie mir beschrieben haben.«

Hähne und Hennen.
In der Nacht und am frühen Morgen höre ich gerne meinen lieben Hähnen zu, wie sie einander von einsamen Bauernhöfen her zukrähen. Jeder in einer anderen Tonlage. Ich habe nie zwei Hähne auf gleiche Weise krähen hören. Aber die Hennen, die, ihrem Gegacker nach zu schließen, den ganzen Tag Eier zu legen scheinen, gackern eine wie die andere wie, wie . . . Man kann sie wirklich nicht voneinander unterscheiden. L. M. sagt, nicht *alle* legten Eier. Einige gackerten vor Angst, vor Überraschung, Aufregung, oder einfach aus Spielfreude. Aber mir scheint, das mache die Angelegenheit noch... demütigender.

Augenblicke der Erkenntnis.
. . . Und doch hat man manchmal diese »Augenblicke der Erkenntnis«, vor denen alles, was man je geschrieben (was hat man schon geschrieben?) – alles (ja alles), was man je gelesen hat, verblaßt . . . Die Wellen, als ich heute nachmittag nach Hause fuhr, und die hohen Schaumkronen, wie sie in der Luft schwebten, bevor sie niederfielen . . . Was geschieht in jenem Augenblick des Schwebens? Er ist zeitlos. In jenem Augenblick (was *will* ich sagen?) ist das ganze Leben der Seele enthalten. Man wird emporgeworfen – aus dem Leben heraus – man wird »gehalten«, und dann – hinunter, schim-

[1] Eine von K. M.s Erzählungen.

mernd, gebrochen, glitzernd auf die Klippen, zurückgeschleudert, Teil von Ebbe und Flut.
Ich will nicht sentimental werden. Aber während man so in der Luft hängt, gehalten – während ich den Gischt betrachtete, wurde ich mir zum ersten Mal des weißen Himmels mit einem Schleier zerrissenen Graus darüber bewußt; der gleitenden, glatten, schlüpfrigen See; der dunklen, am Vorgebirge hingetupften Wälder; der Blüten an dem Baum, an dem ich vorbeikam; und mehr noch – einer riesigen Höhle, wo die vielen Formen meines Selbst (die wie uralte Seetangsammler waren) murmelten, gleichgültig und vertraut... und dieses andere Selbst, das im Wagen saß, das den kalten Griff des Schirms umklammerte und an ein Schiff dachte, an Taue, die steif waren von weißer Farbe, und an das nasse, flatternde Ölzeug der Matrosen... Wird man jemals mit sich selber eins sein? Jemals ruhig und ununterbrochen – ohne Schmerz – mit demjenigen, den man liebt, unter einem Dache leben? Ist das zuviel verlangt?

29. Februar. O, eine *Schriftstellerin* zu sein, eine wirkliche Schriftstellerin, die dem Schreiben hingegeben ist, dem Schreiben allein! O, ich habe heute versagt; ich wandte mich um, schaute über meine Schulter zurück, und im selben Augenblick war mir, als ob ich auch zu Boden geschlagen worden wäre. Und im gleichen Augenblick wurde der Tag kalt und dunkel. Es war wie eine sommerliche Abenddämmerung in London, ich vernahm das Klirren der Tore, wenn der Park geschlossen wird, sah, wie das sinkende Licht die hohen Häuser färbte, roch den Duft von Blättern und von Staub, ich erinnerte mich an das Licht der Laternen, an die Erregung der Sinne, an die Blässe des Zwielichts, seinen Atem auf meiner Wange, an all die Dinge, die (wie ich heute fühle) für mich vergangen sind, für immer... Ich weiß heute, daß ich bald und plötzlich sterben werde: aber nicht an meiner Lungenkrankheit.

Es gibt Momente, da Dickens von der Gewalt des Schreibens besessen ist: er wird fortgerissen. Das ist Seligkeit. Die Schriftsteller von heute erleben das sicherlich nicht. Zum Beispiel der Tod von Cheedle: Morgendämmerung am Rande der Nacht. Man spürt genau die Stimmung des Schreibenden und wie er sozusagen für sich selber schrieb, ohne seinen Willen. Er *war* die Morgendämmerung, und er *war* Arzt ...

4. April. Ostereier in den gefalteten Servietten. Fröhliche Ostern. Man gibt mir den Text der Ostermesse zu lesen. Wir trinken auf die Gesundheit abwesender Freunde, aber eher nachlässig, ohne zu wissen, ob wir uns verneigen sollten oder nicht.

9. April. Die Schiffs kommen zum Tee. Kalt und windig. Die wehenden, sich windenden Palmen vor dem Fenster – der Staub – die Frau im schwarzen Schleier. Frau D., die nichts von England weiß: »Ich bin eine Imperialistin.« Jinnie im Bett. »Ich möchte gerecht sein.« Connie liegt auf der Couch und liest. Ich aber möchte allein sein, allein, allein, allein – und nur mit *Künstlern* verkehren. Jeder Künstler schneidet sich ein Ohr ab und nagelt es außen an die Tür, so daß die andern hineinrufen können.

11. April. Ich kann mich nie erinnern, was geschehen ist. Es ist so ganz ohne Umriß. Das Gestern verblaßt zu einem allgemeinen Farbton. Aber man schaut beständig zurück, und da gibt es Wunder. Da ist zum Beispiel Miss Helen, die ihre Hände nach der großen, herausfordernden Stechmücke ausstreckt und mit einer Art stöhnendem Seufzer ausruft: »O, die *süßen Dinger*!« Sie errötete. An so etwas erinnert man sich ewig. Und dann darf auch der Hund nicht vergessen werden, dem die ganze Liebe der Kinder gehört [...]

12. April. Besuch im Fisch-Museum in Monaco. Ich muß an

die Luftblasen denken, die aufstiegen, als der Mann die Rute in den Wasserbehälter tauchte. Das junge Mädchen. *How naice!*[1] Bei jungen Mädchen komme ich mir vor wie vierzig. Nun, man will ja nicht wie einundzwanzig aussehen. Die Frau mit ihren drei kleinen Kindern in Monte . . .

Ende April kehrte Katherine nach London und in ihr Haus in Hampstead zurück.

Das Baby.

Rufe ihn einmal in der Woche!

»Nein!« sagte er, nahm seine erschlafften Beine vom Sofa und rieb sich die Kniegelenke, »ich warte noch ein bißchen, bis ich gerufen werde.«

Sie steckte ihren Hut vor dem Spiegel über dem Kaminsims fest, aber als er das sagte, drehte sie sich herum und starrte ihn an – eine lange Nadel in der Hand. »Ich verstehe nicht, was du meinst«, sagte sie hochmütig.

Er saugte seine Wangen ein und rieb sie blinzelnd. Gerade als er das dachte, erlitt er einen Zusammenbruch, er fiel seitwärts in die Kissen, und plötzlich begann er . . . mit einer Stimme, die er nie zuvor gehört hatte – einer hohen, merkwürdig krächzenden Stimme, die jeden Augenblick lauter, wütender und schriller wurde –, zu weinen.

Das Blühen des Selbst.

Als Poesiealben in Mode waren – prächtige, in weiches Leder gebundene Bände, mit so fein getönten Blättern, daß jedes zarte Gefühl auf seinem eigenen Sonnenuntergangshimmel dahinschmachten konnte – pflegte die Beliebtheit jenes listigen, zweideutigen, schwierigen Rates die Sammler zur Verzweiflung zu bringen: »Deinem eigenen Selbst bleibe treu!« Wie langweilig war es, wie stumpfsinnig, die gleichen Worte

---

[1] »naice«: affektierte Aussprache von »nice«.

sechsmal hintereinander hineingeschrieben zu bekommen! Und auch die Tatsache, daß er von Shakespeare war, konnte – *o, l'âge d'innocence!* – an der Banalität des Ratschlags nicht viel ändern. Natürlich war es so selbstverständlich wie der Wechsel von Tag und Nacht, daß, wenn man sich selber treu blieb ... Sich selber treu! Welchem Selbst? Welchem von den vielen Formen – ja, von den Hunderten von Formen meines Selbst? Denn bei all meinen Komplexen, Verdrängungen, Reaktionen, Schwankungen, Reflexionen gibt es Augenblicke, wo ich das Gefühl habe, nichts zu sein als der kleine Angestellte eines Hotels ohne Eigentümer, der alle Hände voll zu tun hat, die Namen der eigensinnigen Gäste zu notieren und ihnen den Zimmerschlüssel auszuhändigen.

Trotzdem gibt es gewisse Anzeichen, daß wir intensiv darauf bedacht sind, unser eigenes, besonderes Selbst herauszufinden und ihm entsprechend zu leben. *Der Mensch muß frei sein,*[1] unabhängig, frei, ein einzelner. Ist es nicht möglich, daß die Sucht nach Geständnissen, Autobiographien, besonders auch nach Erinnerungen an die früheste Kindheit ihre Ursache in unserem beharrlichen und doch geheimnisvollen Glauben an ein beständiges, fortdauerndes Selbst hat? Ein Selbst, das, unberührt von allem, was wir gewinnen und wieder verlieren, einen grünen Schößling durch die welken Blätter und die Gartenerde stößt, eine schuppige Knospe durch die Jahre der Dunkelheit treibt, bis sie eines Tages vom Licht entdeckt und die Blüte befreit wird und – wir leben und blühen, für den einen, unseren, Augenblick auf dieser Erde. Dies ist der Augenblick, für den wir schließlich leben – der Augenblick eines unmittelbaren Gefühls, in dem wir am meisten wir selbst und am wenigsten »Person« sind.

12. Juli. Vier Uhr nachmittags: Spritze in Harley Street.

---

[1] Deutsch im Text.

Wie schön sind kleine Kinder! Ich werde vor ihnen niederknien, und ...
»Neben dem alten Semyon sah er anmutig und kräftig aus, und doch war in seinem Gang etwas kaum Merkliches, etwas, das ein schon von Schwäche und Verfall berührtes Wesen verriet, auf dem Weg zum Ruin.«

(Tschechow: *Die Schullehrerin.*)

8. August. A. B. B. [Anne Burnell Beauchamp: Katherines Mutter], gestorben am 8. August 1918.

›How she would have loved
A party to-day! –
Bright-hatted and gloved,
With table and tray
And chairs on the lawn!
Her smiles would have shone
With welcomings ... But
She is shut, she is shut
From friendship's spell
In the jailing shell
Of her tiny cell.‹

(Thomas Hardy)

Ich hasse dieses Buch. Ganz furchtbar!!

9. August. »Und wenn ein Mensch das Leben in seiner Gesamtheit betrachtet und erkennt, wie reichlich es mit Schönem und Außerordentlichem und Großem ausgestattet ist, wird er bald wissen, wozu wir geboren sind.«

Ich hätte gern den Schlüssel zu einer Geheimschrift, um zu registrieren, was ich heute fühle. Möge meine rechte Hand verdorren, wenn ich es jemals vergesse ... den erhobenen Vorhang ... die Hand am Feuer mit dem Ring und ausgestreckten Fingern ... nein, es schneit ... das Telegramm mit der Nachricht, daß er nicht ... nur die Worte: *Komme 8.31 an.*

Aber wenn ich mehr sage, werde ich mich verraten.

[Später.] Ich habe dies geschrieben, weil die Gefahr besteht, daß man *diese Art* von Intensität vergißt, und das geht nicht.

8. Dezember 1920. Nein, es besteht *keine* Gefahr, daß ich es vergesse.

9. August. Ich muß Dr. Sorapure fragen, wie man einen Schädelbasisbruch behandelt, und welches die Symptome sind.

12. August. Sehr viel schöner als ein Frühlings- oder Sommermorgen ist der Nebel, die Bäume darin, kein Blatt bewegt, kein Hauch regt sich. Ein schwacher Geruch wie von etwas Verbranntem liegt in der Luft. Die Sonne kommt langsam – langsam erhellt sich das Zimmer. Plötzlich liegt auf dem Teppich ein Viereck von blaßrotem Licht. Ein Vogel im Garten macht »snip-snip-snip«, ein wenig pfeifend, wie das Geräusch eines Messerschleifers. Im Garten leuchtet die Kapuzinerkresse: ihre Blätter sind vergilbt. Auf dem Rasen sitzt die schwarzweiße Katze mit unter sich gezogenen Pfoten ...

Ich huste und huste, und bei jedem Atemzug hört man ein ziehendes, brodelndes, kochendes Geräusch. Ich habe das Gefühl, als ob mein ganzer Brustkorb koche. Ich schlürfe Wasser, spucke, schlürfe, spucke. Ich habe das Gefühl, mein Herz würde brechen. Und ich kann die Brust nicht dehnen; es ist, als ob der Brustkasten zusammengebrochen wäre. Das Leben ist – ein neuer Atemzug: nichts anderes ist von Bedeutung. Und J. schweigt, hängt den Kopf, vergräbt das Gesicht in den Händen, *als ob* es unerträglich wäre. »Daß sie mir so etwas antut! Jedes neue Geräusch zerrt an *meinen* Nerven.« Ich weiß, er kann nicht anders. Aber, o Gott! wie falsch ist das. Wenn er mir auch nur für eine Minute helfen, mir beistehen, sich *selbst* vergessen könnte. Ich kann mir so gut vorstellen, wie er von einem »Unglück« berichten würde: »Ich konnte den ganzen Tag nichts tun, *meine* Hände zitterten, ich hatte das Gefühl einer *durchdringenden* Kälte. Manchmal fühlte ich, wie die Spannung anstieg bis zur Unerträglichkeit, dann wieder kam eine *barmherzige Betäubung* . . .« und so weiter. Was für ein Schicksal, so selbstbezogen zu sein. Was für ein gräßliches Schicksal! In solchen Zeiten fühle ich, daß ich bei ihm nie gesund werden könnte. Es ist, als wäre einem eine Kanonenkugel an die Füße gekettet, während man versucht, nicht zu ertrinken. Genau so ist es.

Gekauft und bezahlt. Ein Blumenstrauß – alles auf ihre Kosten – manchmal nur Grünzeug, das weggebracht werden muß. Wahrsager und Kristallseher.

Der Versager. Dies geschieht in Gesellschaft. Wir kennen das. Dann ist Wyndham sein Freund, und in seiner Verlegenheit wendet er sich an ihn – vergeblich. Nicht zu vergessen sein so eleganter Schreibtisch und der anmutige Stil seiner Antwort. Einen Brief zu schreiben war ein kleines Ritual... Seine Wohnung liegt an der Baker Street – genauer, am Upper Gloucester Place.

»Kannst du mir nicht helfen? Bitte?« Aber selbst während sie dies fragte, lächelte sie noch, als ob es nicht so wichtig wäre, ob er ihr helfen könnte oder nicht.

Meine Natur ... meine Nerven ... die Frage ist, ob ich mich ändern kann oder nicht. Per-sönlich ... Kannst du ihn sehen? Und er hat einen Freund, einen Vertrauten, einen alten Schulkameraden, klein, schäbig, mit einem Holzbein, den er wiederentdeckt hat. Er ist verheiratet. Der Freund kommt in den neuen Haushalt. Nach und nach lernt er die Frau kennen. Kein Drama. Er kommt sich vor wie ein einbeiniger Sperling. Sie sprechen im Haus miteinander, bevor sie kommt. »Bist du es, Beaty? Könntest du uns Tee machen?«

Laß den Sperling – laß den Sperling – gestatte dem Sperling zu ...

Scharaden. Roger begeht natürlich Selbstmord, durchschneidet sich die Kehle mit einem Papiermesser und verblutet.

19. August. J. ließ heute morgen die Bemerkung fallen, daß er wirklich daran gedacht habe, für den Winter in D.'s Haus ein Zimmer zu mieten. Gut. Ist ihr Verhältnis rein freundschaftlich? O nein! Er küßte sie und nahm sie beim Arm, und sie waren sich sicherlich eines Anflugs von etwas weit Gefährlicherem bewußt als *l'amitié pure.* Und dann erwog er die Möglichkeit, bei ihr ein Zimmer zu mieten. Er sagte: »Wohnt nicht auch H. bei ihr?« Aber H. hatte nie auch nur entfernt ein solches Verhältnis mit D., wie J. weiß. Man denkt immer, der letzte Schlag, den man erlebt hat, sei der schlimmste gewesen. Aber dieser Schock ist ganz anders als alle, die ich bisher erlitten habe. Der Mangel an Feingefühl mir gegenüber – die Selbstsucht, die sich darin ausdrückt, verblüfft mich. Daran muß ich denken, wenn ich fort bin. J. hat nicht mehr für mich übrig als für irgendwen. Ich glaube, es ist bei mir genauso. Die Intensität seines Gefühls ist nicht die gleiche, aber es ist das gleiche Gefühl. Er ist einer meiner Freunde, nicht mehr, das darf ich nicht vergessen. Wer könnte auf einen solchen Mann zählen! All dies zu einem solchen Zeitpunkt zu planen, und dann bei meiner Rückkehr *die ersten Worte:* Ich müsse nett sein zu D. Wie ekelhaft unanständig! Es widert mich einfach zutiefst an.
Ich habe dies heute (8. Dezember 1920) wieder gelesen, und jetzt wäre es mir völlig gleichgültig, wenn er dorthin ginge und dort wohnen würde. Warum auch nicht? Ich liebe ihn deswegen nicht weniger, wenn auch auf eine andere Art. Ich verlange nicht nach einem *persönlichen* Leben; ich werde es nie kennenlernen. Ich muß ihn an Weihnachten daran erinnern, das zu tun, was er will.
Und noch einmal habe ich dies gelesen *(6. Juni 1921).* Es erschien mir sehr dumm und seltsam, daß wir uns voreinander

versteckt hielten. Mit »dumm« meine ich natürlich: dumm von mir, solches Zeug zu schreiben.
Und wiederum *(24. Juli 1921)*. Weder dumm noch seltsam. Wir haben *beide* versagt.

»Dann ratterte der Zug zwischen den Dachfirsten und den zerfetzten Hauswänden, die niedergerissen worden waren, um für ihn Platz zu machen, hindurch, und über die von Menschen wimmelnden Straßen und unter die fruchtbare Erde... Ein wenig weiter, und dann donnerte er über den Fluß wie eine große Rakete: die Biegungen und Windungen des Wassers mit unaussprechlicher Verachtung verschmähend und geradewegs seinem Ziel zueilend, wie Vater Zeit dem seinen. Dem es gleichgültig ist, ob die Ströme des lebendigen Wassers hoch oder niedrig sind, ob sie himmlisches Licht oder Dunkelheit widerspiegeln, einen bescheidenen Wuchs von Blumen und Unkraut hervorbringen, sich hierhin oder dorthin wenden, geräuschvoll oder still sind, ruhig oder unruhig, da ihr Lauf ja ein sicheres Ziel hat, wenn sie auch viele Quellen und Neigungen haben.
Dann folgte eine Wagenfahrt, den feierlichen Fluß entlang, sich nächtlich vorbeistehlend, wie alles sich vorbeistiehlt, bei Nacht und bei Tag, ruhig der Anziehung des magnetischen Felsens Ewigkeit nachgebend.«

(Charles Dickens: *Our Mutual Friend*).

Dickens über den Tod. Es ist immer die gleiche Gebärde. Was besagt sie?

Ein Ball bei ...
Wird das ganze Leben so sein? dachte Laura. Und sie legte sich auf das Bett und legte die Arme um das Kissen, und das Kissen flüsterte: »Ja, so wird das Leben sein – nur immer noch herrlicher und immer noch wunderbarer!«
»Gesetzt den Fall«, sagte Laura – sie sprach sehr schnell und mit größtem Ernst – »gesetzt den Fall, du wärst außer-

ordentlich erfolgreich und mit der Person verheiratet, die du anbetest, und du hättest alles, was du dir nur wünschen kannst – und dein erstes Kind wäre gerade geboren worden (das ist doch ein wunderbarer Augenblick, oder nicht?), wärst du dann glücklicher, als du es jetzt bist?«

Sie schauten einander einen Augenblick lang durchdringend an.

»Ich könnte einfach nicht glücklicher sein.«

Laura strahlte bei diesen Worten, seufzte tief auf und preßte den Arm ihres Bruders. »O, welche Erleichterung!« sagte sie. »Ich auch nicht – ganz unmöglich.«

»Laura, Laurie! Was *tut* ihr denn dort oben? Kommt sofort herunter. Die N.'s sind angekommen!«

Laura bückte sich und küßte ihre Großmutter. »Du bist bei weitem das schönste Mädchen hier, mein kleiner Liebling!« flüsterte sie.

Als Großmama vorbeiging, drehten sich der Major und Laura schnell um, um noch einen Blick von ihr zu erhaschen. Sie hob die Augenbrauen auf kindlich erstaunte Weise und zog ihre Wangen ein. Die alte Frau errötete tatsächlich.

Die Wordsworths.

»Alle Zeitungen bringen zahlreiche alltägliche Einzelheiten, die ›vom einfachen Leben und hochgemuten Denken‹ der Wordsworths Zeugnis ablegen – und diese Ausgabe enthält Beispiele dieser Einzelheiten –, aber es ist nicht nötig, alle die Fälle zu registrieren, in denen die Schwester schrieb: ›Heute habe ich Williams' Hemden geflickt‹ oder ›William hat Holz zusammengetragen‹, oder ›Ich habe nach Eiern gesucht‹ usw. usw. (W. Knight: Einleitung zu *Dorothy Wordsworth's Journal.*)

Im Gegenteil! Narr!

»Ich ging über Feld und saß eine Stunde lang auf einem Fleck, weil ich mich fürchtete, an einer Kuh vorbeizugehen.

Die Kuh schaute mich an und ich die Kuh, und wenn ich die geringste Bewegung machte, hörte die Kuh auf zu fressen.«

(Dorothy Wordsworth.)

»Ich habe Gedanken, die von der Sonne genährt werden«.

(Dorothy Wordsworth.)

Es war Southey, der die reizende Bemerkung machte, daß kein Haus vollständig sei, wenn in ihm nicht ein Kind von ungefähr sechs Jahren und ein Kätzchen von ungefähr sechs Monaten heranwachse.

Charles Lamb.

»Lieber Manning – Du hast gewiß nicht jede Stunde zwischen zwei und zehn Uhr bei uns vorgesprochen, denn wir sind diese Woche nur Montag und Dienstag abends außer Haus gewesen. Wenn du aber glaubst, es sei so, dann soll Dein Gedanke für die Tat stehen. Am Mittwochabend beteten wir für Dich: Die Austern waren ungewöhnlich saftig – Perlen von außerordentlicher Größe hatten sich in ihnen gebildet. Ich habe Armbänder daraus gemacht – habe sie den Damen büschelweise geschenkt.

Gestern abend sind wir trotzdem ausgegangen, da wir wußten, daß Du nicht zur gewohnten Stunde kommen würdest.

Heute abend sind wir beide zu Hause und sicher auch am Sonntag, Montag, Dienstag und Mittwoch. Wähle die Abende aus, an denen Du kommen kannst, ich sage ausdrücklich, nicht nur einen Abend, sondern überlege, an welchem Abend Du nicht kommen kannst, und komm an den andern vier Abenden. Die Türen werden um fünf geöffnet. Die Schalen werden gegen neun Uhr aufgebrochen. Die Herren rauchen nach Belieben. O! ich vergaß, bring die zehn Pfund mit, damit Du sie nicht verlierst. C. L.«

Ein »reizender« Brief!

»Er erwachte, und mit noch geschlossenen Augen drehte er sich um und küßte sie auf die Schulter.« Das ist ein guter Anfang.

Nach dem Gespräch mit Dunning *hat* sich etwas geändert. Ich glaube, daß D. das Geheimnis meiner Wiederherstellung und von J.s Erwachen kennt. Alles, was er gestern erwähnte... die Ausdrücke waren merkwürdig, aber was er *sagte*, war etwas, was sie schon lange gewußt hatte. Er machte die Casetta-Geschichte klarer. Ich sah, wie man sie »passend« machen konnte.

Aber diese kurze Skizze für Boulestin muß ganz einfach und doch maßgebend sein . . . Sie darf auch nicht im mindesten »dünn« sein. Wenn ich die glitzernden Schafe, den Teich, den . . . einbeziehen kann . . .[1]

Twelfth Night. Viola.

»Soll man zur Beute werden, wieviel besser,
Dem Löwen zuzufallen als dem Wolf!«
[Was ihr wollt, III. Akt, 1. Szene]

Einige sind dazu geboren . . . einige gelangen dazu . . . und einigen wird es aufgedrängt . . .

Um die Mittagszeit strömten die Mitglieder des Wanderklubs durch die schönen alten Tore und trampelten über das Kopfsteinpflaster des Wirtshaushofes. Sie störten dabei einen großen Kreis blauer und weißer Tauben auf, die zwischen den Steinen herumpickten: sie flogen mit einem leisen Klatschen davon. *(Second Helping.)*

»Etwas mit Flieder – ein altes Lied aus Frankreich.«

Le temps des lilas et le temps des roses
Ne viendra plus ce printemps-ci.

Er ist ein Schnatterer und Plapperer.

Ich glaube, das einzige, was wirklich schlecht und unheilbar ist an mir, ist mein Naturell.

---

[1] Die Skizze, an die Katherine damals dachte und die für Marcel Boulestines *Keepsake* bestimmt war, entwickelte sich zu »At the Bay«.

»Mut, Liebling!« Aber das liebevolle Wort war verhängnisvoll. Die Tränen flossen ihr herab.
»Es ist ein Morgen, Jupiter zu verlocken!«
Der unhörbare, geräuschlose Fuß der Zeit.
Das Wort, das mich verfolgt, ist *egozentrisch.*
Sich über jeglichen Schmerz und jegliche Schwäche – sich über alles erheben.
Die kleinen Köpfe waren wie rosarote Fondants in der seidengefütterten Süßigkeitenschachtel eines kleinen Mädchens.
»Man kann erfinden, was man will, aber die Psychologie kann man nicht erfinden.« (Tolstoi zu Tschechow.)

Bemerkungen zu Mary Rose.[1]
»Es ist etwas, das ich kenne. Ich *muß* es gehört haben.« Ihr Kopf war mit reifen purpurnen Trauben bekränzt.
Die einleitende Musik harkte den harten Boden unserer Herzen und präparierte ihn für Märchensamen.
Die Stimmen der Sänger waren wie himmlisches *Gurgeln,* sagte ich. Haushälterin in der schielenden Tradition. Der australische Soldat *rasselt* auf der Treppe. Seine ganze Art und die lauten Stimmen. Sie hätten ganz unbestimmt und entfernt sein müssen. Das Licht hätte matt sein müssen.

»Barrie ist sehr kompliziert, aber reizend – o, so reizend!«
»Modern – ganz modern. Der gleiche Autor. Heiratete mit sechzehn, heiratete zweimal. Knabe etwa acht. Sehr elegante – äußerst liebenswürdige schöne Frau. Robert Loraine glänzend – ungeheure Phantasie – köstlich.«
»Ich habe New York lieber. Mehr Bewegung. London so ruhig. Ich mag sehr viel Leben.«

1. Akt, 1. Szene. Der Geistliche ist etwas phantastisch. Der andere Mann übertreibt. Wir werden gut sein, nicht wahr?

---

[1] Schauspiel von Sir James Matthew Barrie, schottischer Romancier und Dramatiker (1860–1937).

Phantastisch. Die Szene auf der Insel ist einfach toll. Eine wunderbare Idee. Und gleich als sie vorbei war – der Tee, das junge Mädchen von den Bergen. Schnell, schnell, schnell! Und die Köpfe – die alten und die jungen.

»Wie er überhaupt daran denken konnte, geht über meinen Verstand!«

»50 Pfund für etwas, das vielleicht 2 Pennies wert ist. Ich kaufte Dinge für 1000 Pfund.«

»Aber sie machen keine Fortschritte, oder? Sie gehen nicht in die Welt hinaus. Ist das gut für ein Land? . . . O, ein wunderbares Leben! Ich wäre froh, wenn mein Mann ein Bauer wäre . . . Aber die Eingeborenen sind nett, nicht wahr, wenn sie jung sind?«

»Zuerst waren es die Hänflinge und dann das Meer.«

»Schützengraben Nr. 30. Der Tag des Angriffs. Ich erhielt die Befehle über das Telefon und stürmte damit zu meinem Offizier – ich schob eine Münze, ein 2-Francs-Stück, unter meinen Kragen, es sollte mir Glück bringen. Wir saßen alle beieinander. Ich wußte, mit mir war's aus. Und Austen wußte es auch. Mit uns war's aus. Das Gefühl der sinnlosen *Vergeudung*. Die Hand am Revolvergriff. Man kann ihn auch gegen sich selber wenden.«

»Immer wird der Mann getötet, der einem am nächsten steht. Ich habe mir eine sicherere Stellung gewählt. Sollte ich davonkommen, kann der kleine Kerl haben, was er will . . . Aber ich werde nicht davonkommen. Man rät mir eine leichte Wunde. Aber das ist nichts für mich.«

Vor einigen Tagen sah ich Mr. Barries immer noch sehr erfolgreiches Stück *Mary Rose*, und was mich hauptsächlich beeindruckte, war die außerordentliche Anstrengung, die man für nötig fand, um das Publikum auf etwas Merkwürdiges, Ungewöhnliches vorzubereiten, auf etwas, was nicht jeden

Tag im Wohnblock auf der anderen Straßenseite vorkommt. Als erstes und bei voller Beleuchtung schlug uns das Orchester die guten alten »Gondoliere« um die Ohren, mit so guter Wirkung, daß die vor mir sitzende Dame zögernd zu ihrer Freundin sagte: »Meine Liebe, das kommt mir bekannt vor – ist das nicht Carmen?« Nachher, und bevor sich der Vorhang hob, schwächten sich die Lichter ab, verdunkelten sich, verloschen, gaben den Geist auf und ließen uns im Dunkeln zurück, einer Art Gefühlsmassage mittels Violinen und Violen ausgesetzt, wodurch der steinige Boden unserer widerstrebenden Herzen aufgelockert und vorbereitet wurde für den magischen Samen, den der Hexenmeister säen würde. Stimmen ohne Worte verbanden sich mit den Instrumenten, hoben und senkten sich in einer Art himmlischem Gurgeln ...

September. Die Tochter des Uhrmachers. Ihr Klavierspiel. Ihr schwaches Herz, sonderbares Gesicht, sonderbare Stimme, *schreckliche Kleider.* Die Veilchen in ihrem Garten. Ihre kleine Mutter und ihr Vater. Die Szene in den Bädern: die vor Kälte blau aussehenden Kinder, ihre Gestalt in dem roten, mit weißen Borten verzierten Badeanzug. Die Stufen zum Wasser – das gespannte Seil.

Edie hat einen Bruder, Siegfried, siebzehn. Man weiß nie, ob er sich schon rasiert oder nicht. Edie und er gehen Arm in Arm . . . Ihr Sonntagshut ist *auf unaussprechliche Weise herausgeputzt.*

O, der Baum an der Ecke von May Street! Ich hatte ihn bis zu diesem Augenblick vergessen. Er war dunkel und hing über die Straße wie ein großer Schatten. Der Vater war blond und sah jung aus. Er war Uhrmacher.

Bücher, die ich mitnehmen muß: Robinson Crusoe; Pilgrim's Progress; Coleridge, Biographia Literaria und Vorlesungen über Shakespeare; ein oder zwei Bücher von Jane Austen; Shakespeare und das Oxford Book of English Verse; The

Sea and the Jungle; Chaucers Canterbury Tales; Spensers Faerie Queene.

Die folgenden Aufzeichnungen sind vom September 1920; sie wurden auf der Reise nach Mentone, in die Villa Isola Bella, an der französischen Riviera gemacht, wo Katherine den Winter dieses Jahres verbrachte.

Weibliche Psychologie.
»Es heißt, die Turteltaube trinke nie klares Wasser. Sie trübe es zuerst mit ihrem Fuß, damit es besser zu ihrem nachdenklichen Geist passen solle.«

Isola Bella: Wie kann ich sie erwerben?

Südwärts.
Ich lag dem Fenster zugekehrt und erwachte früh. Die Jalousien waren halb heruntergelassen. Ein tiefrosa Licht verbreitete sich am Himmel, von dem sich die Umrisse von Bäumen, alten Scheunen, Türmen, Mauern, schwarz abhoben. Die Teiche und Flüsse waren quecksilberfarben. In einem Obstgarten in der Nähe von Avignon leuchteten goldene Früchte in den ersten Sonnenstrahlen, Äpfel funkelten wie Sterne.
L. M. ließ ihre Beine baumeln. Sie sank zusammen, indem ihre langen, grauen Beine sich wellenartig bewegten, als ob etwas sie hinunterzöge – angezogen vielleicht von dem dichten Gewirr üppiger blauer Algen auf dem roten Bodenteppich.
»A-vig ... Avig ... Avig-non«, sagte sie.
»Einer der schönsten Namen der Welt zerstört«, sagte ich. »Ein Name, der die altehrwürdige Stadt überwölbt wie eine schöngeschwungene Brücke.«
Sie war sehr beeindruckt. Aber George Moore *mußte* sie ja beeindrucken.

Frau und Frau.
Ich habe das Gefühl, daß sie nie auch nur für den Bruchteil einer Sekunde nicht aufpaßt. Wenn ich seufze, weiß ich, daß sie den Kopf hebt. Ich weiß, daß die ernsten großen Augen sich feierlich auf mich richten und fragen: Warum hast du geseufzt? Wenn ich mich umdrehe, schlägt sie ein Kissen vor oder eine andere Decke. Drehe ich mich nochmals um, dann ist es mein Rücken. Soll sie ihn massieren? Es gibt kein Entkommen. Die ganze Nacht: ein leises Rascheln, ein unterdrücktes Husten, und ihre sanfte Stimme fragt: »Hast du etwas gesagt? Kann ich etwas für dich tun?« Und wenn ich mich ganz ruhig verhalte, entdeckt sie Spuren von Erschöpfung unter meinen Augen. Es liegt etwas Tiefes und Schreckliches in diesem steten Wunsch, einen Kontakt herzustellen.[1]

Mann und Frau.
Geheimnisvoll sind Mann und Frau. Sie saß auf der flachen Bank im Korridor, und er stand neben ihr, während der dicke dunkle Mann zwei Betten für sie aufschlug. Sie sah mürrisch, gelangweilt und eigensinnig aus. Aber es war klar zu sehen, daß sie ihm gefiel.
»Klopf an die Tür, wenn du fertig bist, *old girl*!«
Und die Tür schlug zu. Er saß auf dem Klappstuhl, glättete seine dünnen Haare, faltete seine knochigen Hände. Ein eleganter Fuß baumelte von einem adretten Knöchel. Das Licht funkelte in seinen Brillengläsern. Wenn man ihn so sah, konnte man sich niemanden vorstellen, der weniger anziehend für Frauen sein konnte. Aber ich bewunderte ihn enorm. Ich war stolz darauf, daß die beiden *»made in England«* waren.

Frühstückszeit.
Es wurde warm. Überall flimmerte grüngoldenes Licht. Die

[1] Dies betrifft ohne Zweifel Ida Baker, Katherines aufopfernde Freundin.

weiche weiße Straße entfaltete sich, und die Platanen warfen einen zitternden Schatten. Stöße von Kürbissen lagen vor dem Haus, Tomaten waren in der Sonne ausgebreitet. In den Hecken leuchteten blaue Blumen und rote Blumen und Büschel dunklen Purpurs. Ein Junge, der einen Ast trug, stapfte über ein gelbes Feld, gefolgt von einer braunen, tänzelnden Ziege. Wir kauften uns riesige dünnschalige Feigen zum Frühstück. Sie brachen in der Hand auf und schmeckten nach Wein und Honig. Warum ist die nördliche Feige eine so keusche blonde Jungfrau, ein solcher *Sopran?* Die schmelzenden Kontraaltstimmen klingen durch die Jahrhunderte.

England und Frankreich.
Der große Unterschied: England ist so fruchtbar, mit den grünen Hopfenpflanzungen und fröhlichen Frauen und Kindern, die mit erhobenen Armen innehalten, um den Zug vorbeifahren zu sehen. Eine Schar gelber Hühner, angeführt von einem roten Hahn, ergoß sich über den Feldrand. Dann Frankreich: ein alter Mann in einer weißen Bluse mäht ein Kleefeld mit einer altmodischen Sichel halb aus Holz. Die Blumenköpfe waren halb verbrannt; die Levkojen (waren es Levkojen?) sahen aus wie Häufchen halbverbrannten Tabaks.

En Voyage.
Vier kleine Buben, einer von ihnen winzig, die andern drei tollten herum. Wenn die drei bis an das Geleise rannten und so taten, als wollten sie sich unter den Zug werfen, erlitt der Kleine offensichtlich Qualen und tat alles, um sie wieder zurückzuziehen. Es wäre wohl genauso gegangen, wenn dort tiefes Wasser gewesen wäre.
Ein alter Mann, eine alte Frau und ein winziger Knabe in einem Mäntelchen. Als die alte Frau verschwand, nahm der Alte den kleinen Jungen mit so zärtlicher Fürsorge an sich. Er hatte eine kleine Pfeife in seinem Bart. Es sah aus, als ob sein Bart sich kräuselte.

Pappeln in grünem Wasser – rote Weiden.

Tee im Zug.

Ein Mann steckte seinen Kopf durch die Tür und sagte, der Tee sei serviert.

»Tee! Du meine Güte!« fing sie sofort ganz aufgeregt an. »Möchtest du gehen? ... Sollen wir, was meinst du? Andererseits habe ich etwas Tee hier, aber er ist wahrscheinlich nicht sehr gut. Tee, der nicht frisch ist ... und dann der merkwürdige Geschmack – ich weiß nicht, was es ist, aber ... Sollen wir ihn versuchen?«

»Ja, warum nicht?«

»In diesem Fall würdest du vielleicht so gut sein, Lieber, meinen Handkoffer herunterzuheben? Leider ist der Tee dort drin. Was für eine Schererei! Die Gepäcknetze sind viel zu hoch! Ich glaube, sie sind entschieden höher als die englischen. Achtung! Paß auf! O!«

Er: »Huh!«

Schließlich breitete sie ein Stück Papier aus, stellte darauf eine kleine Tasse und eine dazu nicht passende Untertasse, die Kappe der Thermosflasche, ein Medizinfläschchen mit Milch, und ein wenig Zucker in einer Bonbonschachtel. »Ich weiß nicht recht ...« sagte sie. »Soll ich ihn zuerst versuchen?«

Er schaute über seine Zeitung hinaus und sagte trocken: »Schenk ein!«

Sie schenkte ein und reichte ihm Tasse und Untertasse, natürlich, während sie sich mit einem höchst unbequemen Becherchen begnügte; sie nippte daran und beobachtete ihn ängstlich.

»Er ist so ...?«

»Könnte schlechter sein!«

Nun begann sie nervös in ihrer Tasche herumzukramen und zog zuerst eine Puderquaste heraus, dann ein schönes, festes Taschentuch und darauf eine Papiertüte, die ein sehr großes, keilförmiges Stück Kuchen enthielt – ein Stück Dundee-cake.

Diesen zerteilte sie mit einem Taschenmesser, während er interessiert zuschaute.

»Dies ist das letzte Stück von unserem köstlichen Dundee«, sagte sie kopfschüttelnd, und sie zerschnitt ihn so zärtlich, daß es fast nach Kannibalismus aussah.

»Das habe ich gelernt«, sagte er, »daß man nie ohne einen Dundee-cake von Buszard ins Ausland gehen sollte.«

O, wie sehr sie mit ihm einig war!

Und jeder nahm ein großes Stück von dem Kuchen, den sie feierlich mit runden, erstaunten Augen aßen, wie kleine Kinder in einer Konditorei, denen man erlaubt hat, auf dem Ladentisch zu sitzen.

»Möchtest du noch mehr Tee, Lieber?«

»Nein, danke!«

Sie: »?« Ein Blick. (Als Antwort werfe ich ihr einen verständnisvollen Blick zu.)

»Ich glaube, ich nehme noch eine Tasse«, sagte sie fröhlich und ganz erleichtert, nun doch eine Tasse zu haben. Ein weiterer Griff in die Tasche, und sie förderte Schokolade zutage.

Schokolade! Ich war mir bisher nicht bewußt gewesen, daß man Schokolade spielerisch anbietet. Schokolade ist keine feierliche Nahrung. Man betrachtet sie eher als etwas ein wenig Absurdes. Aber – wer weiß? Vielleicht . . .

»Was?« sagte er, und guckte über die Zeitung. »Nein, nein!« wehrte er die Schokolade ab.

Sie hatte es nicht anders erwartet.

Und nachdem sie das Papier in Fetzen zerrissen hatte und Tasse, Teller und Messer gereinigt waren, packte sie alles wieder sorgfältig ein. Da, beim nochmaligen Durchstöbern der Tasche entdeckte sie ein kleines, ovales Päckchen, in dem sich zu ihrem Erstaunen ein Ei verbarg. Der Anblick schien sie zu verblüffen, obgleich sie gewußt haben mußte, daß das Ei in der Tasche war. Aber es sah nicht so aus. Mit strahlenden Augen, den Kopf ein wenig zur Seite gelegt, starrte sie es an; und ich bildete mir ein, ich hörte ein fragendes Glucksen ...

Marie.[1]
Oktober. Sie ist klein und grau, mit immergrünen – ich bin geneigt, immergrün zu schreiben – blauen Augen und hurtigen, schwungvollen Bewegungen. Annette sagte von ihr, sie sei »une personne très supérieure, la veuve d'un cocher«, und »qu'elle a son appartement à Nice . . . Mais, que voulez-vous? La vie est si chère. On est forcé«. Aber Marie sieht nicht aus wie eine dieser beeindruckenden stattlichen Personen. Sie ist viel zu lustig, zu lachend, zu leichtherzig, als daß sie jemals mehr gewesen wäre als eine Feder in eines Kutschers Hut.[2] Was das *appartement* betrifft, so war es vermutlich nicht mehr als ein Stuhl an einem Fenster über dem Marktplatz . . .
Gewürgt, erdrosselt, eine hilflose, erschöpfte, kleine schwarzseidene Handtasche.
Aber man sagt kein Wort und gibt nach bestem Wissen und Gewissen keinen Wink. Ich ging hinaus in den leichten Regen und sah den Regenbogen. Er vertiefte sich; er leuchtete ins Meer hinab und verblaßte: er war gegangen. Der feine, leichte Regen fiel auf der andern Seite der Welt. Zerbrechlich, ganz zerbrechlich. Ich fühlte, daß das Leben nicht mehr war als das.

Marie und der Blumenkohl.
»*Mon pauvre mari* drehte sich um und sagte: ›*Tu as peur? Que tu es bête. Ce sont des rats. Dors encore.*‹« Nachdem sie mir das erzählt hatte, dachte ich – und ihre Worte beschäftigten mich noch lange –, daß etwas die lange schweigende, ver-

---

[1] Das Dienstmädchen in der Villa Isola Bella.
[2] »a feather in one's cap«, Redewendung, die bedeutet: etwas, auf das man stolz sein kann.

gessene Oberfläche erregt haben mußte. Wie viele seiner Worte blieben unvergessen? Würde jemals ein Mensch die lebendigen Worte, die er gesprochen hatte, erwähnen? »*Tu as peur? Que tu es bête!*« In der Nacht gesprochene Worte, im Dunkeln, seltsam intim, beruhigend. Er drehte sich um und erhob sich in seinem Grab, als Marie sprach. Traurig, kummervoll ...

»Wie wär's mit einem Blumenkohl?« sagte ich. »Blumenkohl mit weißer Sauce.«

»Aber die sind so teuer, Madame«, klagte Marie. »So teuer. Ein kleiner Blumenkohl für 2 Fr. 50. Es ist Wucher, es ist ...«

Plötzlich sah ich den Mond durch das Küchenfenster. Er war so wunderschön, daß ich zur Tür ging, durch den Garten, und mich an das Gartentor lehnte, bevor ich richtig wußte, was ich tat. Die kalten Gitterstäbe des Tors hielten mich auf. Der Mond war voll, durchsichtig, leuchtend. Er hing über dem seufzenden Meer. Ich betrachtete ihn lange. Dann drehte ich mich um, und das kleine Haus stand vor mir – ein kleines weißes Haus, schimmernd im Licht, ein Haus wie eine Kerze, die durch einen Mimosenstrauch scheint. All dies hatte ich völlig vergessen, als ich das Nachtessen bestellte. Ich ging zurück in die Küche.

»Wir müssen einen Blumenkohl haben, koste er, was er wolle«, sagte ich mit fester Stimme.

Und Marie, über eine Pfanne gebeugt, murmelte – *konnte* sie verstanden haben? – »*En effet*, die Zeiten sind gefährlich.«

Findlinge.

»Mag niemand dieses Butterbrot?« sagte L. M. Ihrem Ton nach könnte man denken, daß sie den kleinen Liebling vor dem Ertrinken oder Schlimmerem bewahrte, willens, ihn bei sich aufzunehmen und wie ihr eigenes Kind zu erziehen, damit er niemals erfahren sollte, daß er je unerwünscht gewesen war. Sie kann es nicht ertragen, einsame kleine Butterbrote zu sehen oder ein verlassenes kleines Stück Kuchen –

ja nicht einmal ein Stück Zucker, das jemand grausam und herzlos auf seinem Teller zurückgelassen hat. Und wenn man ihr ein großes Stück Kuchen anbietet, sagt sie voll Ergebung: »Ach, weißt Du, meine Liebe, ich will nur ein kleines Stückchen versuchen«, als ob sie wüßte, wie empfindlich und leicht verletzbar die Gefühle des armen alten Kerls wären, wenn er übergangen würde. Nun ja, es schadet ihr schließlich nicht.
L. M. mag auch Bananen außerordentlich gern. Aber sie ißt sie so langsam, so schrecklich langsam. Und sie wissen es – irgendwie; sie wissen, was sie erwartet, wenn sie ihre Hand ausstreckt. Ich habe Bananen auf ihrem Teller gesehen, die bleich waren vor Schrecken – oder aschgrau.

Der Kuß.
... Ich küßte sie. Ihr Fleisch fühlte sich kalt an, bleich, weich. Ich mußte an Nonnen denken, die die ganze Nacht in kalten Kirchen gebetet haben ... All ihre Wärme und Farbe und Leidenschaft hatte sie im Gebet hingegeben, in kalten, alten Kirchen ... Sie war eisig, streng, blaß. Das Licht flackerte in ihren erhobenen Augen wie das Licht von Kerzen; ihr Rock über den spitzen Knien war blankgerieben, sie duftete leicht nach Weihrauch. »Nein, Pater. Ja, Pater. Glauben Sie, Pater?« (Aber ich habe immer noch nicht gesagt, was ich sagen wollte.)

Die Puppe.
18. Oktober 1920. »Ja, schaut nur!« murmelte Miss Sparrow.[1] »Ich brauche mich nicht zu schämen. Schaut nur, soviel ihr wollt. Das ist mir gleich. Das habe ich mir ein Leben lang gewünscht«, rief sie mit gebrochener Stimme, »und jetzt hab' ich es. Ich verachte euch. Ich verachte die ganze Welt!« Und sie reckte sich vor dem Fenster hoch auf, stolz, sehr stolz; ihre Augen blitzten, ihre Lippen schimmerten. Sie preßte die

[1] Siehe Eintragung vom 24. Januar 1922.

Puppe an ihren flachen Busen. Sie war die »Unverheiratete Mutter«.

Natürlich *kann* ich das *nicht* schreiben. Es wundert mich, daß ich eine so grobe Notiz gemacht habe. Das ist, wie man sagt, bloß die rohe Idee. Ich sollte es jedoch *irgendwie* schreiben, und zwar sofort, auch wenn es zum Drucken nicht gut genug ist. Mein größter, mein überwältigender Fehler ist, daß ich meine Ideen nicht ausarbeite. Nun, da ich es weiß (und ich habe die Krankheit schon lange), warum fange ich nicht an, wenigstens einen bestimmten Behandlungsplan zu befolgen? Sobald ein »Übel« einmal erkannt ist, ist meiner Erfahrung nach *jede* Verzögerung bei dem Versuch, es auszurotten, verhängnisvoll. Und ich, die ich die Ordnung so liebe, ich mit meiner Manie, »reinen Tisch« zu machen und alles sauber und ordentlich zu halten – ich muß zugeben, daß mein Geist einen solch häßlichen Fleck hat. Das Unkraut wächst und gedeiht, weil ich mich nicht darum kümmere! Ich muß meinen Garten in Ordnung halten und das Licht hereinlassen. Ich muß um jeden Preis diese Blumenzwiebeln setzen und darf sie nicht (o Schande!) auf den Gartenwegen verfaulen lassen. Heute (18. Oktober 1920) ist Montag.

Ich habe meine rechte Hand erhoben und habe geschworen. Bin ich jemals glücklich, außer wenn ich Schwierigkeiten zu überwinden habe? Nie. Bin ich wenigstens frei von Schuldgefühlen? Nie. Nachdem ich die kleine Skizze *The Young Girl* beendigt hatte, gab es da nicht einen Augenblick, der alle andern Augenblicke übertrifft? O ja. Also – warum zögerst du dann? Wie kannst du zögern? Ich schwöre einen Eid. Kein Tag soll vergehen, ohne daß ich etwas schreibe, etwas Schöpferisches.

Coleridges Tischgespräche.

»Es ist unerträglich, wenn Menschen, die keine anderen Kenntnisse haben, nicht einmal ein angemessenes Verständnis für die Welt aufbringen, in der sie leben und auf die sie alles beziehen.«

Hört! Hört!

»Obwohl die gegenwärtigen Ereignisse im Leben eines Mannes die vergangenen überschatten, ragt, sobald er tot ist und sein Leben der Geschichte angehört, jede seiner Taten gleichermaßen hervor.«

Völlig falsch!

»Ein gründliches Studium der Bibel bewahrt jeden Schriftsteller davor, *vulgär* zu sein, was den Stil betrifft.«

Was die *Sprache* betrifft.

»Was mich anbelangt, so nenne ich nicht die Scholle unter meinen Füßen mein Land. Sprache, Religion, Gesetze, Regierungsform, Blut – Identität in diesen Bereichen macht die Menschen zu Menschen eines Landes.«

Die Scholle unter meinen Füßen ist *mein* Land.

»›Die meisten Frauen haben überhaupt keinen Charakter‹, sagte Pope und meinte es satirisch. Shakespeare, der Mann und Frau viel besser kannte, begriff, daß die Vollkommenheit der Frau darin bestand, charakterlos zu sein. Jeder wünscht sich eine Desdemona oder eine Ophelia zur Frau – Wesen, die, obschon sie einen nicht immer verstehen, einen doch immer fühlen, und mit einem fühlen.«

Das ist albern!

Coleridges Vorträge über Shakespeare.
Bühnenwirkung.

»Nicht nur gibt es keine absolute Täuschung oder etwas Ähnliches – der Versuch, bei vernünftigen Menschen die größtmögliche Täuschung zu bewirken, ist ein großer Fehler, den nur niedrige Geister machen, die, da sie eine bleibende Wirkung auf Herz oder Kopf nicht hervorbringen können, sich mit der Erzeugung momentaner Gefühle begnügen. Der Schmerz sollte nie größer sein, als mit dem Vergnügen vereinbar ist, und er sollte durch den Gedanken reichlich belohnt werden.«

Das ist prachtvoll. Tschechow vs. Barrie. Man denke hier an das Drama *Der Kirschgarten,* wo Garten, Bäume, Vögel usw. ganz unnötig sind. Die Wirkung der Morgendämmerung wird einzig dadurch hervorgerufen, daß *eine Kerze ausgeblasen wird.*

Ein Autor sollte »bei gewissen Gegenständen oder als Folge bestimmter Vorstellungen so tiefe Gefühle entwickeln, daß es für ihn fast *zur Notwendigkeit wird, sich mitzuteilen* – ohne Zweifel in dem rühmlichen Verlangen nach dauerhafter Wirkung, welches das Genie auszeichnet.«

»Es ist beklagenswert, daß wir Bücher nach Büchern beurteilen, anstatt das, was wir lesen, auf unsere eigene Erfahrung zu beziehen.«

»Die zweite ... eindeutige Ursache dieses krankhaften Geschmacks [das heißt, das Sonderbare in der Sprache des poetischen Dramas wahrzunehmen, wo wir frohlocken sollten] ist ... die Sicherheit, verhältnismäßige Gleichförmigkeit und *stets wachsende Eintönigkeit des menschlichen Lebens.«*

Nein! Nein! Nein!

»In seinen allerersten Werken projizierte Shakespeare seinen Geist aus seinem eigenen, besonderen Wesen heraus. Er fühlte sich in Gegenstände ein – und ließ auch andere daran teilnehmen –, die in keiner Weise mit ihm selber verbunden waren, außer durch die Kraft der Kontemplation und jene erhabene Fähigkeit, durch welche ein großer Geist zu dem wird, worein er sich versenkt.«

Du sagst es, Coleridge!

»Oder wiederum wirkt die Einbildungskraft, indem sie das Auge des Lesers so mit sich fortreißt, daß er sich der Worte fast nicht mehr bewußt ist –daß er alles aufleuchten sieht, wie Wordsworth so großartig und treffend gesagt hat –

> *Flashed* upon that inward eye
> Which is the bliss of solitude.

Und dies, ohne peinliche oder mühsame Aufmerksamkeit zu erregen, ohne jede *Anatomie der Beschreibung* (ein nicht ungewöhnlicher Fehler in der beschreibenden Dichtung) –, sondern mit der Sanftheit und leichten Bewegung der Natur«.

»Es gibt Menschen, die voll tiefster Leidenschaft und selbst Erhabenheit über persönliche, ihre Leidenschaft erregenden Dinge schreiben können; aber sie sind deswegen noch lange keine Dichter.«

O, Coleridge!

»Es ist mein ernster Wunsch – mein leidenschaftliches Bestreben –, immer wieder, mit verschiedenen Argumenten und Beispielen, die enge, wechselseitige Beziehung zwischen dem rechten Geschmack und der reinen Moral geltend zu machen. Ohne die Kenntnis des menschlichen Herzens oder jene Gelehrigkeit und kindliche Freude, es kennenzulernen, welche nur diejenigen haben, die es wagen, in ihr eigenes Herz zu schauen (– und dies mit einer Stetigkeit, die nur die Religion mit aufrichtiger Demut verbindet –), ohne diese Fähigkeiten und die dadurch erzeugte Bescheidenheit kann kein Mensch – wie gelehrt er auch sein und wie geduldig er in der Vergangenheit geforscht haben mag – Shakespeares Werke verstehen oder auch nur würdig sein, sie zu verstehen.«

Du, du bist der Mann, mit dem ich gerne sprechen würde. Ob wir unter Religion wohl das gleiche verstehen? Wir wollen uns nicht streiten. (*21. Oktober 1920.*)

»Hamlets Zügellosigkeit ist nur halb falsch; er gebraucht den listigen Trick, so zu tun, als ob er nur spiele, da, wo er das, was er spielt, beinahe tatsächlich ist.«

Tief.

Banquo:

»Die Erd hat Blasen, wie das Wasser hat,
So waren diese – wohin schwanden sie?«

Macbeth:
»In Luft; und was uns Körper schien, zerschmolz
Wie Hauch im Wind. O, wären sie noch da!«
[Macbeth, I. Akt, 3. Szene]

Ist es zu pedantisch, festzustellen, daß der Vergleich »wie Hauch« usw. in einem kalten Klima sehr passend ist?
Nein; es ist vollkommen richtig.

Coleridge über Hamlet.
Etwas Hervorragenderes als diese Konzeption und dieses Herausarbeiten eines großen Charakters ist einfach undenkbar. Shakespeare wollte uns die Wahrheit vor Augen halten, daß Tätigkeit der hauptsächliche Zweck des Lebens ist – daß keine Fähigkeit des Intellekts, wie glänzend sie auch sei, als wertvoll betrachtet werden könne, ja vielmehr als ein Unglück betrachtet werden müsse, wenn sie uns vom Handeln abhält oder uns das Handeln zuwider macht, wenn sie uns dazu führt, so lange über das Tun nachzudenken, bis die Zeit vergangen ist, da wir etwas Wirksames tun können. Indem er diese moralische Wahrheit hervorhob, hat Shakespeare die Fülle und die Kraft seiner Fähigkeiten entfaltet; alles, was die Natur an liebenswerten und ausgezeichneten Eigenschaften enthält, ist in Hamlet vereinigt, mit Ausnahme *einer* Eigenschaft. Hamlet ist ein Mensch, der in Meditation lebt, der aber aufgrund aller menschlichen und göttlichen Motive zum Handeln aufgerufen ist. Aber das große Ziel seines Lebens wird zunichte gemacht durch den beständigen Entschluß, zu handeln und doch nichts zu tun, als diesen Entschluß zu fassen.«
Wer konnte dies besser verstehen als du, Coleridge? Ich zweifle nicht daran, daß du dich hier selber anklagst. Und doch frage ich mich, ob nicht alle großen Männer, wie groß ihre Fähigkeit zum Handeln auch sein möge, immer so von sich denken. Sie sind besessen von dem Wunsch zum Handeln,

und die Ausführung einer Tat ist nur ein Schritt zur nächsten...

Dieses Buch [Coleridges *Essays and Lectures on Shakespeare*] ist gewiß ein großer Schatz. Aber ich möchte hier festhalten, daß vieles darin enthalten ist, was nur für die damalige Zeit Gültigkeit besaß. Ich glaube, daß wir seit den Tagen Coleridges sehr viel weitergekommen sind und daß er (weil er von seinem *Publikum* zurückgehalten und gehindert wurde) heute über Shakespeare noch weit erhellender schreiben würde.

Keats' Briefe.

»Als ich noch bei guter Gesundheit war oder zu sein glaubte...«

»Wie überraschend (und hier muß ich vorausschicken, daß die Krankheit, soweit ich es nach so kurzer Zeit beurteilen kann, meinen Geist von dem Ballast trügerischer Bilder und Gedanken befreit hat und mich alles in einem klareren Licht sehen läßt) – wie überraschend schärft die Möglichkeit, die Welt zu verlassen, unseren Sinn für ihre natürlichen Schönheiten! Wie der arme Falstaff (obwohl ich nicht »lalle«) denke ich an grünende Felder; ich denke mit tiefster Zärtlichkeit an alle Blumen, die ich seit meiner Kindheit kennengelernt habe – ihre Farben und Formen sind so neu für mich, als hätte ich sie in übermenschlicher Gestaltungskraft soeben selber erschaffen. Das kommt daher, daß sie mit den sorglosesten und glücklichsten Augenblicken unseres Lebens verbunden sind. Ich habe exotische Blumen in Treibhäusern gesehen, die schönsten, die man sich denken kann, aber sie sagen mir überhaupt nichts. Unsere einfachen Frühlingsblumen, die möchte ich wiedersehen!« *(16. Februar 1820.)*

»Nichts ist so traurig wie ein Mangel an Gesundheit – man beneidet dann jeden Straßenkehrer und Schlackensieber.«

(23. August 1820.)

»Du rufst vielleicht jetzt aus, wie selbstsüchtig von ihm, mich unglücklich sehen zu wollen. Aber Du mußt unglücklich sein, wenn Du mich liebst. Bei meiner Seele, ich kann mit nichts anderem zufrieden sein. Wenn Du Dich wirklich auf einer Gesellschaft ›vergnügen‹ würdest – wenn Du Menschen anlächeln kannst, wenn Du willst, daß sie Dich *jetzt* bewundern – dann hast Du mich nie geliebt und wirst mich auch nie lieben. Ich bitte Dich ernstlich, Dir meine freundlichen und weniger freundlichen Briefe anzusehen und zu überlegen, ob der Mensch, der sie geschrieben hat, wohl imstande ist, die Ungewißheiten und Ängste länger zu ertragen, die zu verursachen Du in so eigenartiger Weise geschaffen bist.« *(Mai 1820.)*
»Es ist die Rede davon, daß ich nach Italien gehen soll. Sicher ist, daß ich nie genesen werde, wenn ich so lange von Dir getrennt sein soll.« *(5. Juli 1820.)*
O, höre das!

8. Dezember. [Siehe auch 9. und 19. August 1920]

By all the laws of the M. & P.
This book is bound to belong to me.
Besides I am sure that you agree
I am the English Anton T.[1]

O, Tschechow, Gott vergebe mir meine Unverschämtheit. *(12. Dezember 1920.)*

14. Dezember. Sehnsucht. Madame Lavena. Er küßte die dunkle, süßduftende Hand mit dem silbernen Ring wieder und wieder. Pa-pa! Pa-pa!
Das Baby war voller Tintenflecken und diente tagelang als kleine Erinnerungsstütze für die Dinge, die sie zu sagen vergessen hatte oder die sie anders hätte sagen können.

[1] Diese Zeilen wurden vermutlich 1917 auf das Vorsatzblatt eines Bandes Erzählungen von Tschechow geschrieben, der J. M. M. gehörte.

16. Dezember. »Sobald man von männlich und weiblich zu sprechen beginnt – zum Beispiel von der Tatsache, daß die weibliche Spinne nach der Befruchtung das Männchen vertilgt –, dann glühen seine Augen vor Neugier, sein Gesicht erhellt sich, und er lebt richtig auf. Alle seine Gedanken, wie edel, erhaben oder neutral sie auch sein mögen, gleichen sich in einem Punkt. Man geht die Straße entlang und begegnet zum Beispiel einem Esel . . . ›Sagen Sie mir‹, fragt er, ›was würde herauskommen, wenn man einen Esel mit einem Kamel paaren würde?‹ Und seine Träume! Hat er Ihnen von seinen Träumen erzählt? Es ist großartig! Zuerst träumt er, er sei mit dem Mond verheiratet, dann, daß er vor die Polizei zitiert wird, wo man ihm befiehlt, mit einer Gitarre zusammenzuleben!« (Tschechow: *Das Duell.*)
O, liebster Tschechow! Ich war elend heute abend, krank, unglücklich, verzweifelt, und du hast mich zum Lachen gebracht... und mich vergessen lassen, teurer Freund!

Der Fremde.
»Du versuchst nur wieder einmal, wie schon so oft, mich zu ändern. Und ich will mich nicht ändern. Ich will nicht. Wenn ich diese Dinge nicht fühle, dann fühle ich sie eben nicht, und damit basta!«
Für einen Augenblick stand er da, kalt, eisig, die Türklinke in der Hand, und starrte nicht sie an, sondern einen Punkt über ihrem Kopf. Er sah aus wie ein Fremder, der zufällig ihre Tür geöffnet hatte und es aus irgendeinem Grunde für nötig hielt, das Versehen zu erklären, bevor er sie wieder schloß und für immer aus ihrem Leben schied.

Warum leiden?
»Ich will dich nicht anders als du bist...«
»Wenn ich aber ich selber bin, kann ich nicht tun, was du von mir verlangst... Ich glaube, es wäre ein Zwang. Das bin nicht *ich;* es ist nicht *mon geste.*«

Sie schauten einander an, aus irgendeinem Grunde lächelten sie, *lächelten* tatsächlich.
»Ich *weiß* wahrhaftig nicht, was ich tun will. Das Leben ist nicht so einfach, weißt du ...«
Und die Musik spielte weiter, fröhlich, besänftigend, beruhigend. Alles wird gut, sagte die Musik. Das Leben ist so leicht ... so leicht. Warum leiden?
Er erschauerte leicht und hielt inne ... aber er schien zu lächeln.
Aber wenn du wüßtest, ich schaue aus einem *dunklen, dunklen Netz.*
Es ist nur ein Zufall, daß ich es bin, die neben ihm sitzt.

Das ist die Musik, bei der die Elefanten hereinkommen, um aus Flaschen zu trinken. Dann kommt der Clown herein und nimmt die Flaschen weg und trinkt selber.

Aber der Sekt war gar nicht gut. Es hätte Wasser sein können. Ich mußte ihn trinken, weil er da war, aber es war etwas ausgesprochen Boshaftes in der Art, wie die kleinen Blasen zum Rand aufstiegen, tanzten und brachen. Sie schienen mich zu verspotten.

Ich dachte vor ein paar Minuten, daß ich einen ganzen Roman schreiben könnte über einen *Lügner*. Ein Mann, ein zärtlicher Gatte, aber ein Lügner. Aber ich könnte es nicht. Ich könnte überhaupt keinen Roman schreiben. Ich glaube, ich werde Geschichten darüber schreiben. Aber im Augenblick kann ich überhaupt nichts tun. Etwas wie eine Mauer aus Sand ist zwischen mir und meiner ganzen »Welt«. Ich habe das Gefühl, als ob ich *schmutzig* sei oder *angeekel*t oder beides. Alles, was ich denke, erscheint mir falsch.

Leiden.
Ich möchte, daß man dies als mein Bekenntnis versteht.
Menschliches Leiden ist grenzenlos. Wenn man denkt: »Jetzt bin ich auf dem tiefsten Grund des Meeres angelangt, tiefer

hinunter kann es nicht gehen«, sinkt man noch tiefer hinab. Und so ist es immerfort. Letztes Jahr in Italien dachte ich: »Ein Schatten mehr wäre der Tod.« Aber dieses Jahr ist so viel schrecklicher gewesen, daß ich voller Zärtlichkeit an die Casetta denke! Leiden ist grenzenlos, es ist die Ewigkeit. Angst ist ewige Qual. Körperliches Leiden ist – ein Kinderspiel. Wenn einem die Brust von einem großen Stein zermalmt würde – es wäre zum Lachen!

Ich möchte nicht sterben, ohne meiner Überzeugung Ausdruck gegeben zu haben, daß das Leiden überwunden werden kann. Denn das glaube ich. Was muß man tun? Es geht nicht darum, »darüber hinauszukommen«, wie Jack sagt. Das ist falsch.

Man muß *sich unterwerfen.* Widersetze dich nicht. Nimm es an. Laß dich überwältigen. Nimm es völlig an. Mache es zum *Bestandteil des Lebens.*

Alles im Leben, was wir wirklich annehmen, verwandelt sich. So muß Leiden zu Liebe werden. Das ist das Geheimnis. Das muß ich tun. Über die persönliche Liebe, die mich enttäuscht hat, muß ich zu größerer Liebe gelangen. Ich muß dem Leben als Ganzem geben, was ich ihm gegeben habe. Die gegenwärtige Qual wird vorübergehen – wenn sie nicht tötet.

Sie wird nicht ewig dauern. Ich bin jetzt wie ein Mensch, dem man das Herz herausgerissen hat, aber – erdulde es – erdulde es! Wie in der körperlichen Welt dauert auch in der geistigen Welt Schmerz nicht ewig. Nur jetzt ist er so schrecklich heftig. Es ist, als ob sich ein entsetzlicher Unfall ereignet hätte. Wenn ich einmal so weit bin, daß ich den Schock und den Schrecken nicht ständig aufs neue erlebe, dann werde ich stärker.

Hier taucht aus einem merkwürdigen Grunde die Gestalt von Dr. Sorapure vor mir auf. Er war ein guter Mensch. Er hat mir nicht nur geholfen, Schmerzen zu ertragen, sondern er gab mir zu verstehen, daß körperliche Krankheit

vielleicht notwendig ist, daß sie ein Prozeß der Wiederherstellung ist, und er sagte mir immer wieder, daß man nicht vergessen dürfe, daß der Mensch in der Weltgeschichte nur eine Rolle spielt unter anderen. Mein einfacher, gütiger Arzt war reinen Herzens, so wie Tschechow reinen Herzens gewesen ist. Aber für diese Übel ist man sein eigener Arzt. Wenn »leiden« nicht ein Genesungsprozeß ist, dann will ich es dazu machen. Ich will daraus lernen. Dies sind keine leeren Worte. Dies sind nicht die Tröstungen der Kranken.
Das Leben ist ein Geheimnis. Der furchtbare Schmerz, den mir diese Briefe verursacht haben, wird vergehen. Ich muß *arbeiten.* Ich muß meine Qual zu etwas gebrauchen, sie verwandeln. »Traurigkeit soll zu Freude werden.«
Man muß sich selbst noch gänzlicher verlieren, noch tiefer lieben, sich als ein Teil des Lebens fühlen – ungetrennt.
O Leben! nimm mich an – mach mich deiner würdig – lehre mich.
Ich schreibe das. Ich schaue auf. Die Blätter im Garten regen sich, der Himmel ist blaß, und ich ertappe mich beim Weinen. Es ist schwer – es ist schwer, einen guten Tod zu sterben ...
Aber *nein, nein!* Ich darf ihm keine Vorwürfe mehr machen, und ich darf nicht rückwärts gehen. So war es. Laß es sein.
Leben – leben – das ist alles. Und das irdische Leben verlassen, wie Tschechow und Tolstoi es verlassen haben.
Ich kann mich erinnern, daß ich nach einer schweren Operation jedesmal weinte, wenn ich an den Schmerz dachte, den mir das Ausstrecken verursachte. Jedesmal spürte ich ihn aufs neue, zuckte zusammen, und es war unerträglich.
Das ist es, worüber man Herr sein muß. Merkwürdig! Die zwei Menschen, die mir geblieben sind, sind Tschechow – tot – und der sorglose, unauffällige Dr. Sorapure. Sie sind die beiden guten Menschen, die ich gekannt habe.

19. Dezember 1920. KATHERINE MANSFIELD

Innerer Frieden.
Innerer Frieden. Was ist das? Habe ich ihn jemals gehabt? Es scheint so, aber vielleicht ist das nur Täuschung. Aber in Bandol zum Beispiel, oder selbst in Hampstead? Ah, wer weiß? Der andere will sein Geheimnis nicht verraten. Warum? Er weicht der Antwort aus. »Ich schwöre, Ehrenwort!« »Schau mal, ich bin völlig im Dunkeln.« Sie kann es nicht glauben, und doch muß sie es glauben. Die Briefe *verschwinden*. All die anderen Briefe bleiben auf dem Tisch, nur diese nicht. Warum? Ich soll alles vergessen, soll tun, als ob alles nicht gewesen wäre. Aber ich *kann nicht*. Denn ich weiß nicht, was gewesen ist. Ich weiß nur, daß er ein Unrecht (kein offensichtliches Unrecht) bestreitet. Aber ein Unrecht muß geschehen sein. Man schreibt keine solchen Briefe *pour rien – de l'amitié pure*. Und so steht dieses *Geheimnis* zwischen uns, jedesmal, wenn ich ihn anschaue oder mit ihm zusammen bin, und ich kann ihm nicht alles das geben, was ich ihm so gerne geben möchte, und ich kann aus diesem Grunde auch nicht in ihm *ruhen*. Ich habe kein Zuhause. Innerer Frieden. Ja, ich hatte ihn am Anfang, als ich hier war. Ja, ich hatte ihn voll und ganz, als ich *Miss Brill* schrieb.
Ich bin von diesen »Briefen« vergiftet worden. Wie *kann* er jemanden kennen, der mir, der uns so fremd ist? Sie nicht nur kennen, sondern schätzen und verehren?

In den weißen Spitzen, dem ausgebreiteten Schleier und den Perlen sah sie aus wie eine Möwe. Aber eine rasche, hungrige Möwe mit einem völlig unersättlichen Appetit auf Brot. »Komm, füttere mich! Füttere mich!« sagte jener wilde Blick.

Die Veränderung.
Lange Zeit hatte sie gesagt, daß sie nichts an ihm ändern wolle, und es war ihr voller Ernst. Doch waren ihr gewisse Dinge an ihm verhaßt, und sie sehnte sich danach, daß sie anders gewesen wären. Damals sagte sie, sie wolle nichts an

ihm ändern, und es war ihr Ernst. Und die dunklen Dinge, die sie an ihm gehaßt hatte, waren ihr nun gleichgültig. Dann sagte sie wieder, sie wolle ihn nicht ändern. Aber jetzt liebte sie ihn so sehr, daß ihr sogar die dunklen Dinge an ihm lieb waren. Sie wollte sie nicht anders, sie waren ihr nicht gleichgültig. Sie waren immer noch dunkel und sonderbar, aber sie liebte sie. Und darauf hatten sie gewartet. Sie veränderten sich. Das Dunkle in ihnen verlor sich, der Fluch war gebannt, und sie erstrahlten noch einmal wie Prinzen von königlichem Geblüt, wie Geschöpfe des Lichts.

An der Bucht.
Schließlich erglänzt der milchweiße Hafen, und die auf dem zitternden Wasser treibenden Möwen schimmern wie die Schatten in einer Perle.

Der Haushund kommt aus seiner Hütte, zieht die schwere Kette hinter sich her und schlabbert das kalte Wasser in dem eisernen Napf. Die Hauskatze taucht plötzlich von irgendwoher auf, springt auf den Küchenfenstersims und wartet auf ihr Schälchen warmer Morgenmilch.

Morgenkinder.
Kinder! Kinder!
O nein. Noch nicht. O, es kann noch nicht Zeit sein. Geh weg. Ich will nicht. O, warum muß ich?
Kinder! Kinder!
Sie werden von den unbarmherzigen Kindermädchen gerufen. Aber sie können einfach nicht aufstehen. Sie müssen einfach noch ein bißchen weiterschlafen – der allerbeste Schlaf, der warme, weiche Schlaf, der wie ein süßes kleines Kaninchen ist . . . Laß es mich nur noch eine Minute liebhaben, bevor es davonspringt.
Weiche, zusammengerollte kleine Mädchen, von denen gerade noch ein Lockenbüschel aus den Bettüchern herausschaut;

kleine aufgeschossene blasse Buben, die ihre schmalen Füße ausstrecken; andere kleine Buben, die auf dem Bauch liegend den Kopf in das Kissen pressen; winzige kleine Jungen, deren frischgeschnittenes Haar in einem Haarbüschel nach oben steht; kleine Mädchen, die mit geballten Fäusten auf dem Rükken liegen, in zerwühlten Bettüchern, und einen Fuß herabhängen; Mädchen mit Zöpfen oder mit Ringen von weißen Papierschnecken, statt Haaren... Und jetzt das Plätschern des Wassers, und alle die jungen, warmen Körper, die zarten, entblößten Knaben und die festen, kompakten kleinen Mädchen legen sich in die Badewannen, ziehen die Schultern hoch und schütteln die hellen Tropfen ab, wie Vögel, die das Gefieder sträuben...

Squeech! Squeech! Tchee! Quee! Kleine Buben mit zusammengeklebtem Haar, sauberen Kragen und nagelneuen Schuhen quietschen vom Kinderzimmer in den Korridor und zum Schrank unter der Treppe, wo die Schultaschen hängen. Zornige junge Stimmen schreien: »Wer hat meinen Radiergummi *gestohlen,* der in meiner Bleistiftschachtel war?«

Sie zischen die gleichgültigen Kindermädchen, die die Haferbreischüsseln herbeitragen, durch die Zähne an: »Ihr seid's gewesen! Diebe! Spione!!«

27. Dezember. Als ich die kleine Zeichnung in den Spiegelrahmen steckte, sah ich, daß das Siegel, das Kennzeichen – das *cachet rouge* – dem Zimmer aufgedrückt worden war. Es war damals zum Zimmer dieser beiden geworden, und nicht mehr nur ihr Zimmer. Nicht daß es vorher leblos gewesen wäre, aber jetzt hat es an Leben gewonnen! Woher ist das winzige Bukett Mandarinen, der Kleistertopf auf dem Schreibtisch, die Feder in Ribnis[1] Haar, die Hornbrille auf der chinesischen Stickereidecke gekommen? Die »Ordnung«, in der ich

[1] Ribni war Katherines japanische Puppe, genannt nach Kapitän Ribnikow in der gleichnamigen Erzählung von Alexander Kuprin.

lebe, ist nicht verändert, aber bereichert worden, sie ist auf merkwürdige Weise erweitert. Dies ist *en effet* genau die Wirkung, die Jacks Geist auf mich ausübt. Wir passen auf geheimnisvolle Weise zueinander! Und alles, was er meinem Geist bietet, beglückt mich so, daß es mir ganz *natürlich* erscheint. Es gehört zu jenem Gefühl, daß wir, obwohl wir grundverschieden sind, doch ein *organisches Ganzes* bilden. Wir sind, wie ich gestern sagte, die zwei Seiten der gleichen Medaille, getrennt, verschieden, und doch eins. Ich habe nicht das Gefühl, daß ich einen andern Menschen brauche, um mein Wesen zu erfüllen, und doch habe ich in Jack etwas, was mir ohne ihn fehlen würde. Wir sind – abgesehen von allem andern – ein jeder des andern *Kritiker;* darin, wie er mich »sieht«, sehe ich mich selber widergespiegelt, und in diesem Spiegel bin ich mehr, als ich scheine, und doch nicht mehr, als ich BIN. Das gleiche gilt, glaube ich, für ihn. Und so ist unser Zusammensein, abgesehen von allem andern, ein *Akt des Glaubens an uns selber.*

Ich bin eben in den Garten gegangen. Sterne stehen am Himmel, und es ist mild. Die Palmblätter sind wie niederfallende Federn; das Gras sieht weich aus, unwirklich, wie Moos. Das Meer rauschte, und eine kleine Glocke läutete, und man hätte meinen können – war es Wirklichkeit oder Einbildung? – man hörte einen ganzen Organismus von Geräuschen, die Vorbereitungen für die Nacht in den Häusern. Jemand trägt Vorräte herein aus dem dunklen, laternenbeschienenen Hof. Das Nachtessen ist bereit. Holzkohle wird zerkleinert, das Geschirr klappert auf den Treppen und Gängen, und an den Toren ist schwache Bewegung. In dämmrigen Zimmern mit geschlossenen Läden machen Frauen, ernst und ruhig, die Betten und sorgen dafür, daß Wasser in den Krügen ist. Kleine Kinder schlafen ...

Ist es immer so, daß man, wenn man einen Stern betrachtet, das Gefühl hat, daß die andern Sterne tanzen, flackern, die Plätze tauschen, fast ein Spiel treiben, wie um einen absicht-

lich zu verwirren? Seltsam, daß ich manchmal das Gefühl habe, die Sterne seien gar nicht *feierlich:* im geheimen sind sie fröhlich. Ich hatte dieses Gefühl heute abend. Ich saß auf dem Rohrsessel und lehnte mich an die Mauer. Ich dachte an Jack, der in dem kleinen Haus war, an dessen Mauer ich mich lehnte – in Reichweite – in Rufweite. Ich dachte daran, daß es eine Zeit gab, als dieser Gedanke für mich eine Ablenkung bedeutete. O, es konnte eine angenehme Ablenkung sein – aber sie war da! Sie verminderte meine Arbeitskraft . . . Ich machte ihn gewissermaßen zu meiner Kurzgeschichte. Aber das gehört der Vergangenheit an . . . Man ist darüber *hinaus.*
Ich habe auch an die Prinzessin gedacht. Ihre Unähnlichkeit mit den Gesichtern, die »wir« erkennen oder erkennen würden, ist etwas verwirrend. Sie hat einen raschen, raubgierigen Blick – ich mußte tatsächlich an eine *Möwe* denken, mit einem völlig unersättlichen Appetit auf Brot. Und ihre ganze Vitalität, ihre Schreie, ihre Bewegungen, ihre Drehungen, hängen von der Person auf der Brücke ab, die das Brot bei sich hat. Das würde natürlich *verborgen sein.* Aber so ist sie, wenn sie wirklich sie selber ist, und nicht »verzaubert«.

Schwacher Tee.
. . . Ich habe eben teilgehabt an dieser überaus traurigen Angelegenheit – einer Tasse *schwachem* Tee. O, warum muß er schwach sein! Traurig ist gar kein Wort, wenn eine Frau, während sie den Tee vor einen hinstellt, sagt: »Ich fürchte, er ist ziemlich schwach.« Man kommt sich so brutal vor, wenn man ihn trinkt, bevor er ein wenig stärker ist. Ich ergreife die Tasse; sie scheint zu zittern – zu hauchen: »Feigling!« Ich muß gestehen, daß ich bei einer Teegesellschaft nie jemand sagen hören kann (in jenem schüchternen Flüstern, als ob sie sich ihrer Schändlichkeit bewußt wären): »*Sehr* schwach für mich, bitte«, ohne daß ich zu Tränen gerührt bin. Nicht daß ich entsetzlich starken Tee mag – nein, lieber mittelstarken

Tee – Tee, der Erinnerungen erweckt. Sehr starker Tee schmeckt metallisch ...

Hin und wieder sprach Fred im Schlaf. Aber selbst dann konnte man sagen, er sei ruhig ... Sie wachte dann immer auf und hörte ihn plötzlich sagen: »Ein paar Schrauben fehlen«, oder: »Probier die andere Klinge«, aber nie mehr als das.

Die Flüsse von China.

Sie saß am Fußende der Ottomane und knüpfte ihre Stiefeletten zu. Ihre kurzen, feinen, widerspenstigen Haare standen ihr vom Kopf ab. Sie trug einen kurzen Unterrock aus Leinen und kurze, spitzenbesetzte Schlupfhosen.

»Hol der Kuckuck diese Knöpfe«, sagte sie und zerrte an ihnen. Und dann setzte sie sich plötzlich auf und bohrte den Griff des Stiefelknöpfers in die Ottomane.

»O Gott«, sagte sie, »wenn ich bloß nicht geheiratet hätte. Ich wünschte, ich wäre Forschungsreisende geworden.« Und träumerisch fügte sie hinzu: »Die Flüsse von China zum Beispiel.«

»Aber was weißt denn du von den Flüssen in China, Liebes«, sagte ich. Denn Mutter verstand überhaupt nichts von Geographie; sie wußte weniger als ein zehnjähriges Kind.

»Nichts«, stimmte sie bei. »Aber ich *weiß*, was für einen Hut ich tragen würde.« Sie schwieg einen Augenblick. Dann sagte sie: »Wenn Vater nicht gestorben wäre, hätte ich auf Reisen gehen können, und dann hätte ich, zehn zu eins, nicht geheiratet.« Und sie schaute mich träumerisch an – oder eher durch mich hindurch.

Schneeberge.

Ist Ihnen schon aufgefallen, wie *selbstzufrieden* jene Berge aussehen, die das ganze Jahr hindurch mit Schnee bedeckt sind? Sie scheinen von mir zu erwarten, daß ich voll bewundernder Ehrfurcht bin. Es scheint ihren dummen Gipfeln nicht in den Sinn zu kommen, sich einmal zu fragen, ob es nicht ziemlich stumpfsinnig ist, immer und ewig über allen Verdacht erhaben zu sein.

Kultivierte Geister.
So ein kultivierter Geist zieht mich eigentlich wenig an. Ich bewundere ihn, ich schätze alle die *»soins et peines«*, die erforderlich waren, um ihn zu erzeugen – aber er läßt mich kalt. Denn das Abenteuer ist schließlich zu Ende. Es gibt nichts mehr zu tun, als ihn zu stutzen und zu beschneiden – alles eher deprimierende Arbeiten. Nein, nein, der Geist, den ich liebe, muß noch verwilderte Stellen haben, einen verschlungenen Obstgarten, wo blaue Pflaumen ins hohe Gras fallen, ein überwuchertes kleines Gehölz, die Möglichkeit, daß es eine oder zwei Schlangen gibt (wirkliche Schlangen), einen Teich von unbekannter Tiefe – und Pfade mit den kleinen Blumen, die der Wind pflanzt. Auch muß er *wirkliche* Verstecke haben, nicht künstliche – keine Aussichtstürmchen und Irrgärtchen. Und noch nie bin ich einem kultivierten Geist begegnet, der nicht sein Gesträuch gehabt hätte. Ich verabscheue Gesträuch.

Laß mich daran denken, wenn ich über jene Geige schreibe, wie sie leichtfüßig hinaufläuft und kummervoll hinabsinkt; wie sie *sucht.*

The Voyage of »The Bugle«.
Nein, nein, sagte Miss P., das ist wirklich nicht gerecht. Ich liebe ernste Bücher. Ja, ich kann mich nicht erinnern, wann ich ein Buch so genossen habe wie – wie – Du meine Güte! Wie dumm von mir! Der Name liegt mir auf der Zunge – Darwins . . . Moment – es kommt – Darwins Decline and Fall . . . Nein, nein, das war's nicht. Das ist unrichtig. Ts! Ts! Ts! Sie wissen, wie's ist – es liegt mir auf der Zunge und doch . . . Jetzt hab ich's! Darwins Descent of Man! . . . War es das aber wirklich? Wissen Sie, daß ich *jetzt* nicht mehr sicher bin? Ich glaube, das war es, und doch kommt es mir un-

wahrscheinlich vor. Merkwürdig ... Und es hat mir doch so gut gefallen. Da war ein Schiff. Ah, *das* bringt mich darauf. Natürlich, natürlich! *Das* war's: Darwins Voyage of the Bugle.

»La mère de Lao-Tse a conçu son fils rien qu'en regardant filer une étoile.«

Die kleine Katze.

»Hier pflegt er zu sitzen, und manchmal saß unten auf dem Gartenweg eine kleine weißgelbe Katze mit einer winzigen abgeplatteten Schnauze. Sie saß sehr still, und ihr kleiner spitzer Schatten lag neben ihr.

Die kleine Katze rannte nie geradeaus. Sie wand ihren Weg den Pfad entlang, durch das Gras, strich jetzt am Zaun, dann am Abfallhaufen entlang, und ihre kleinen Pfoten schienen den Boden kaum zu berühren, als ob sie befürchtete, verfolgt – *aufgespürt* – zu werden.«

Ich werde es nicht so sagen. Es ist nur eine Notiz. Aber, ah, mein Liebling, wie oft habe ich deinen leichten, lautlosen Gang beobachtet! Ich werde nicht vergessen, mein Kätzchen, wie du auf dieser schwindelnden Erde deine Runde machtest.

Als man Jean-Paul entkleidete, sah seine Brust wie ein kleiner Käfig aus gebogenen Bambusstäben aus. Sie haßte den Anblick. »Deck dich zu!« Und hastig verbarg er seine dünnen Ärmchen unter dem wollenen Hemd.

1921

Der letzte Tag des alten Jahres war trüb und kalt. Das Licht war den ganzen Tag über kraftlos, blaß und rauchig wie das Licht einer Lampe, wenn das Öl fast ausgegangen ist und der

Docht zu brennen anfängt. Es sah alles schäbig aus, sogar die Bäume, ja selbst der Himmel mit seinen großen grauen Flekken. Die Kirchenglocken hörten nicht auf zu läuten. Die Straßenbahn ächzte und schleppte sich entlang, als ob sie erwartete, daß jede Fahrt die letzte sein könnte, und wenn sonst kein Geräusch zu hören war, fing irgendwo ein kleiner Hund zu kläffen an, wie es junge Hunde tun, wenn sie Angst haben.

Neujahr. Als sie nach Hause kam, war das Neue Jahr schon da, blaß, geheimnisvoll, sanft und so schüchtern. Es lag in den Vorhangfalten, in den Schatten der Treppe – es wartete auf sie am Treppenabsatz. Sie zog sich rasch aus, so leise wie möglich, und schnell flocht sie ihre Haare. Aber als sie die Bettücher zurückschlug, schien es ihr, als ob eine bestimmte Hand – die Hand des Neuen Jahres – sie ebenfalls aufschlug und, als sie im Bett lag, jene gütige Hand ihr half, sich zuzudecken.

Die Frage.

Januar. Weiß man es jemals? Man weiß es nie. Sie war sich bewußt, wie dumm es wäre, die Frage zu stellen: »Woran denkst du?«

Und doch – wenn sie die Frage nicht stellte, konnte sie nie sicher sein, daß er nicht an . . . dachte. Aber selbst wenn sie fragte, wie konnte sie sicher sein, daß er nicht eine Ausrede erfand?

Ein unabgesandter Brief.

Deine Briefe kamen mir unaufrichtig vor; ich glaubte ihnen nicht. Man *schreibt* solche Dinge nicht; die Leute glauben das bloß oder lesen davon in Büchern. Aber das wirkliche Leben liegt auf einer ganz anderen Ebene. Wenn ich nicht krank wäre, hätte ich mich trotzdem von der »Welt« zurückgezogen, weil ich Unaufrichtigkeit hasse. Sie verursacht mir schreckliches Unbehagen und macht mich ganz unglücklich. Ich hätte

Deinen Brief im gleichen Ton beantworten und ihn »akzeptieren« können. Du hättest gewußt, in welchem Geiste ich ihn akzeptierte, und ich hätte gewußt, daß Du es weißt. Aber es hätte nicht lange gedauert. Es wäre ein weiteres *cul-de-sac*-Verhältnis gewesen. Was hätte es uns genützt?
Siehst du – für mich sind Leben und Arbeit untrennbar. Nur wenn ich dem Leben gegenüber wahrhaftig bin, kann ich in der Kunst wahrhaftig sein. Und dem Leben gegenüber wahrhaftig sein, heißt *gut, aufrichtig, einfach, ehrlich* sein. Ich glaube, andere Leute haben Dir ein falsches Bild von mir vermittelt, vielleicht. Ich möchte meine Freunde nur lieben. Ich habe keine Zeit für etwas weniger »Köstliches«. Freundschaft *ist* ein Abenteuer; aber sind wir der gleichen Meinung über den Sinn des Wortes »Abenteuer«? Das ist so wichtig! Ich glaube, darüber würden wir uns streiten. Wenn Du in *unser* Boot herüberkämst, würden wir uns wohl verstehen?
Du mußt nicht glauben, ich sei ungerecht und »voreingenommen«. Ich bin's nicht. Noch immer wünsche ich mir, daß es möglich wäre; aber ich kann nicht, und ich will nicht heucheln. Laß uns zuerst wirklich und wahrhaftig wissen, wo wir stehen. Laß uns offen und ehrlich sein miteinander und nichts verbergen.

Sonntag, 2. Januar. Dieser Nachmittag ist trüb und trostlos, es dunkelt, aber ich warte auf jemanden. Jemand wird kommen und nicht wieder gehen. Er wird zum Abendbrot dableiben, hier schlafen und hier sein, wenn ich am Morgen erwache.

8. Januar. Ich möchte J. sagen hören: »Morgen werden wir die Nordwiese mähen lassen«, und das an einem späten Sommerabend, wenn unsere Schatten wie eine Schere sind und wir gerade noch die Kaninchen in der Dunkelheit sehen können.

14. Januar. »Glücklich zu sein mit Dir scheint gänzlich unmöglich. Dazu braucht man einen glücklicheren Stern als den meinen ... Die Welt ist zu brutal für mich.«
(Keats an Fanny Brawne, *August 1820.)*

Keats' Briefe an Fanny Brawne.
Diese während einer tödlichen Krankheit geschriebenen Briefe sind für jemanden in meiner Lage schrecklich. Es ist erschrekkend, zu wissen, daß auch Keats diese Seelenqual gekannt hat. Und seinen Brief an Fanny vom 5. Juli 1820 zu lesen, und, noch schlimmer, denjenigen, in welchem er sagt, sie hätte kein *Recht* auf Glück, wenn sie ihn wirklich liebe ... »Wenn Du Menschen anlächeln kannst, wenn Du willst, daß sie Dich *jetzt* bewundern ...« Mein Gott, kann eine andere Seele auf Erden diese Qual verstehen, so wie ich sie verstehe?
Aber was würde er gesagt und *gefühlt* haben bei Briefen von B.? Er würde gefühlt haben, was ich fühle. Laß keinen Menschen mehr so leiden! Denn zu dem allgemein bekannten Leid kommt die Qual der Verzweiflung darüber, *daß man krank ist.* Wie konnte mir jemand so etwas antun zu dieser Zeit? Oder ist es mein »Schicksal«, weil ich krank bin? Werde ich schon als posthum behandelt? O, die Qual des Lebens! Wie kann man sie ertragen? O, ich habe zu sehr gelitten. Nichts kann sie wegnehmen als eines, und das ist – ich fühle es im Innersten – mir versagt. *(Januar 1921.)*

30. Januar. J. beschuldigte mich, daß ich stets seine Bücher beschlagnahme, sobald er sie zu lesen anfängt. Ich sagte: »Es ist wie beim Fischen. Ich sehe, daß einer bei dir angebissen hat. Dann möchte ich die Angelschnur. Ich möchte ihn an Land ziehen.«

[Februar?] Le travail, même mauvais, vaut mieux que la rêverie.

»Aber ich verstehe nicht, was du eigentlich dagegen einzuwenden hast«, sagte sie zum hundertstenmal. »Ich verstehe nicht, gegen was du eigentlich bist. Die Leute nehmen von dir überhaupt keine Notiz. Du meine Güte! Ich komme beständig mit ihnen zusammen, seit . . . seit . . .« Sie brach ab. »Und es ist auch eine solche Verschwendung. Da steht es im Hausflur, umsonst. Es ist so undankbar, nachdem man es dir geliehen hat, daß du nicht wenigstens einen Versuch damit machst. Warum sagst du nicht etwas?«
Sie steckte ihren Hut vor dem Spiegel im Wohnzimmer fest. Ihre Ausgehjacke und ihre Handschuhe lagen auf einem Stuhl. Und als er immer noch nicht antwortete, zeigte sie dem Spiegel ein kleines, müdes, hoffnungsloses Gesicht, das ausdrückte: »Ach Gott, wieder mal eine von diesen Launen!«
»Falls du etwa an *mich* denken solltest«, sagte sie schnell, indem sie die Jacke an sich riß –
Da kommt Marie mit dem Abendessen. Und ich werde ihr Geschwätz ertragen müssen, bis es vorüber ist. Aber das ist nicht wichtig: was *zählt,* ist, daß ich heute nichts geschrieben habe, das auch nur einen Pfifferling wert wäre. Ich war den Tag über irgendwie müßig. Warum? Dauert es so lange, bis ich wieder anfangen kann? Ist es meine alte Willensschwäche?

Sophie Bean.
Was an dem kleinen Haus an der Ecke vermittelte einem das sichere Gefühl, daß dort eine Witwe wohnte? In dem winzigen abfallenden Garten wuchsen Doldenblumen, Reseden, Stiefmütterchen und Milchsterne. Ein enger Asphaltweg führte zur Türe. Aber es war da etwas an den Fenstern – sie waren ausdruckslos, wie ausgelöscht. Sie hatten nichts zu verbergen, nichts zu zeigen; und da war auch etwas mit der Klingel, wodurch man wußte, daß die Türe, wenn man klingelte, nicht sofort geöffnet würde. Es würde zuerst eine selt-

same, totenstille Ruhe eintreten, und dann erst würde ein schwaches Rascheln kommen.

Sophie Bean saß am Eßzimmerfenster in ihrem schwarzen Kleid und säumte Kissenbezüge. Sie war blaß, aber in dem dämmrigen Zimmer kam ein weißer Schein von den Kissenbezügen, wie das Weiß von Schnee, der sie noch bleicher aussehen ließ. Ihre Hände bewegten sich langsam – etwas bekümmerte sie –, aber die Arbeit mußte getan werden. Trotzdem legte sie sie sehr oft hin und schaute zum Fenster hinaus nach den welkenden Bäumen, der schwerfällig vorbeirattern- den Straßenbahn und den Menschen, die gebeugt und eilig vorbeigingen, als gäbe es einen geheimen Grund, warum sie nicht gesehen werden wollten.

Die Katze.

Als ich heute an der Küche vorbeiging, stand die Tür offen, Karl saß am Tisch und stopfte Strümpfe. Und dort neben dem Wollknäuel saß eine große schwarze Katze mit einem Halsband. Wenn er die Schere ergriff, kniff die Katze die Augen zusammen, als ob sie sagen wollte: »Gut gemacht!« und wenn er sie niederlegte, streckte die Katze eine Pfote aus, wie um sie gerade hinzulegen, aber dann zog sie die Pfote wieder zurück, da sie fand, es sei nicht der Mühe wert . . .

O, ich darf nicht nachgeben! Ich muß heute abend nach dem Essen unbedingt etwas fertigmachen. Es ist schließlich nicht so schrecklich schwierig. Und wie sollte ich mein *gutes Leben* führen, wenn ich auch nur einen einzigen Tag müßig bleibe? Es darf nicht sein. *Kontrolle* – aller Art! Wie leicht ist es, in kleinen Dingen die Kontrolle zu verlieren! Und wenn man sie einmal verloren hat, dann keimen die schlechten Gewohnheiten wie Unkraut und ersticken den Willen. Das ist meine Erfahrung.

Meine Laune ist schlecht, meine persönlichen Gewohnheiten sind nicht ohne Mängel; ich bin unfreundlich – geistig unordentlich. Dinge, die ich nicht verstehe, lasse ich hingehen (unverzeihlich!), und ich finde Entschuldigungen, um nicht arbeiten zu müssen. Ist aber mein Verlangen nach *rêverie* größer als mein Verlangen nach Arbeit? Ist meine Liebe zum Müßiggang größer als meine Liebe zur Tat? Verräterische Gewohnheit! Schlimmer als alles andere und alt eingefahren. Ich muß sie *unverzüglich* aufgeben, oder ich verliere meine Selbstachtung ... Nur wenn ich mich Jacks würdig erweise, werde ich auch unseres Verhältnisses, so wie ich es mir vorstelle, würdig sein. Wer in den kleinen Dingen versagt, wird auch in den großen keinen Erfolg haben. Selbst meine Handschrift. Von diesem Augenblick an muß auch *sie* geändert werden. Nach dem Nachtessen muß ich mein Tagebuch wieder aufnehmen und es jeden Tag führen. Aber *kann* ich ehrlich sein? Wenn ich lüge, hat alles keinen Zweck.

18. Februar. »Man sagt, daß Philosophen und wirkliche Weise gleichgültig sind. Das ist nicht richtig: Gleichgültigkeit ist Lähmung der Seele, vorzeitiger Tod.« (Tschechow: *Eine traurige Geschichte.)*
Wahrere Worte sind nie gesprochen worden! K. M.

Amiel. »La liberté intérieure serait donc la plus tenace de mes passions, et peut-être ma seule passion.« Armer kleiner Käfer! Was für ein Geständnis!
»L'univers n'est que le caléidoscope qui tourne dans l'esprit de l'être dit pensant, lequel est lui-même une curiosité sans cause, un hasard qui a conscience de tout le grand hasard et qui s'en amuse pendant que le phénomène de la vision dure encore.«
Das ist die Art des Schreibens, die *unsere* Generation *völlig* kalt läßt.

9. März. »Ich warf das Ding hinter den Kamin. Es war nicht einmal geistreich.«

Mr. Harold Beauchamp [Katherines Vater] über *Je ne parle pas Français.*

26. März. »Ein Gedicht sollte nicht etwas sein, das sein Schöpfer aus sich herausspinnt, sondern etwas Äußerliches, das er so genau wie möglich in Versen wiedergibt. Als Tennyson zum Beispiel schrieb: ›A million emeralds break from the ruby-budded lime‹, *machte nicht er den Vers. Die Linde machte ihn; er sah es nur.«* [Aus einer anonymen Besprechung.] Enorm!

Die folgenden Eintragungen sind Bruchstücke aus Katherines Konversation, die J. M. Murry in seinem Tagebuch notierte.

3. April. »Ihr Gesicht war wie eine Ringelblume, die um jeden Preis zu lange offen bleiben wollte.«

6. April. »Sie sah ungefähr so groß aus wie ein Bauernbrot in einer Kinderschürze.«

15. April. »Ich sagte zu Dr. Bouchage, als er meinen Unterleib untersuchen wollte: ›O, Herr Doktor, gibt es denn wirklich *gar nichts,* das ich für mich behalten kann?‹ Und er lächelte nicht einmal.«

17. April. »H. J. Massingham hat einen großen Vogel.«[1]

19. April. »Lache und Ertrage es: die Namen für zwei Komödianten.«

Es ist eine merkwürdige Tatsache, daß wir Engländer aufhören, uns mit einem Schriftsteller zu beschäftigen, wenn er

---

1 »H. J. Massingham has got a bird in his bonnet«: humorvolle Übertreibung der Wendung »He has a bee in his bonnet«.

es zu einem gewissen Ansehen gebracht hat. Da ist er nun, anerkannt, akzeptiert und etikettiert.

Schwach scheint das Licht in dem kleinen Fenster; es ist leicht auszulöschen.

Schnee. Er fiel so leise, so sanft, daß es ihm so schien, als falle er fast zärtlich. Er schwebte durch die Luft, als wäre er betrübt über etwas, als ob er ihn beruhigen, ihn trösten wollte. Vergiß! Vergiß! Alles ist ausgelöscht, alles ist begraben – schon lange, sagte der Schnee. Es kann durch nichts je wieder aufgerührt werden, nichts kann dich jemals wieder quälen. Keine Spur bleibt zurück. Alles ist, als ob es nie gewesen wäre. Deine Fußstapfen und die ihren sind schon lange zugedeckt. Wenn du sie suchen wolltest, würdest du sie niemals finden. Und käme sie, um dich zu suchen, es wäre umsonst. Du hast, was du wolltest, wisperte der Schnee. Du bist in Sicherheit, verborgen, du hast deinen Frieden – bist frei.
In jenem Augenblick, bei jenem Wort kam von der Turmuhr ein einziger lauter Schlag. Er war so laut und so voll Trauer, daß die flaumigen Schneeflocken zu erschauern, einen Augenblick zu zögern schienen, nur um dann schneller und dichter zu fallen als je zuvor, als ob etwas sie erschreckt hätte.

Das Café.
Das Café war fast leer. Drüben in der Ecke saß ein armes kleines Ding, mit zwei Samtschleifen am Hut, die ihr das Aussehen eines Kaninchens verliehen. Sie schrieb einen Brief. Zuerst schrieb sie ein bißchen, dann schaute sie auf, und die beiden Samtschleifen schienen zu schmollen, zu horchen. Dann beugte sie sich wieder und kritzelte noch eine Seite voll. Und wieder schaute sie auf. Der schlaue Kellner ließ sie nicht aus den Augen ...
In einer andern Ecke saß ein beleibter Mann, mit einer geschwollenen, schäbigen schwarzen Ledertasche zu seinen Füßen. Er gähnte über einem Fahrplan, aber gelegentlich hielt

er inne und gab der schwarzen Tasche einen kleinen Puff, einen Fußtritt, wie um sie zu mahnen, daß es keinen Sinn hatte, zu tief einzuschlafen. Sie würden bald gehen müssen.

Ah! Bah! Ah! Bah! wie Tausende von müden Schafen in den Schurhürden zur Abendzeit.
Und die Gummibaumblätter sträubten sich in der schwachen Brise wie Büschel von Hahnenfedern.

Ich nahm sie, gerade als du und Dent gegangen waren. Glaubst du, ich dürfte noch eine Dosis nehmen? Ich habe das Gefühl, ich müsse ersticken.[1]

Das letzte Wartezimmer.
Man müßte eine Geschichte schreiben über das Wartezimmer eines Arztes. Die Glastüren mit der durchscheinenden Sonne, die blassen herbstlichen Bäume; die wachsartigen Alpenveilchen. Nun rattert ein Wagen vorüber.
Man denke an die merkwürdigen Orte, an die einen die Krankheit führt; die sonderbaren Menschen, bei denen man von Hand zu Hand geht; die Reihe schwarzgekleideter Herren, denen sie 99, 44, 1-2-3 zugeflüstert, die Dienstboten, denen sie zugelächelt hatte.
Dies ist das letzte Wartezimmer. Alle früheren waren so freundlich gewesen.
»Also dann sind Sie nicht der Meinung, mein Fall sei hoffnungslos?«
»Die Krankheit ist langwierig, aber sicherlich *nicht* hoffnungslos.«
Dieser jedoch lehnte sich zurück und sagte:
»Wollen Sie es wirklich wissen?«
»Ja, gewiß ... O, Sie können ganz offen mit mir reden.«

---

[1] Eine offenbar an J. M. M. gerichtete Frage, in einem Augenblick, als Katherine nicht zu sprechen wagte, aus Angst, einen Hustenanfall zu provozieren.

»Also, dann BIN ich offen.«
Der Wagen kam und trug sie fort, den Kopf in ihrem Kragen vergraben.

Der Arzt.
»Ich nehme an, Herr Doktor«, sagen meine Patienten gern – denn Patienten schmeicheln ihren Ärzten genauso wie Ärzte ihren Patienten – »der Grund, warum Sie immer so ernst aussehen in Ihrem Wagen und nie nach rechts oder links schauen, ist – daß Sie so viele Menschen kennen. Ich meine – wenn Sie einmal anfingen, alle zu grüßen, dann würde die Fahrt zu einer Art von – von königlicher Prozession von Tür zu Tür. Das wäre ja schrecklich ermüdend!«
Ich lächle dann, werfe den Kopf zurück, kneife die Augen zusammen und lache mein berühmtes, lautloses kleines Lachen. Dann springe ich leichtfüßig, fast jungenhaft auf, beuge mich über den Patienten, nehme die zutrauliche Hand in die meine und sage, während ich sie beruhigend drücke: »Aber dazu gehört manchmal doch sehr viel Disziplin, wissen Sie ... Auf Wiedersehen!« Und ich bin weg, bevor der Patient mit seinen Gedanken zu Ende ist: »Dann hat er mich damals also doch gesehen – ich habe also doch recht gehabt!«
Aber der Patient hat natürlich nicht recht. Nicht daß es wichtig wäre. Aber was wirklich geschieht, ist dies: Ich trete aus dem Hotel, dem Schloß, der Villa oder was sonst heraus. Der graue Wagen steht am Trottoirrand, und Giovanni nimmt sofort Habachtstellung an. Ich gehe rasch hinüber, warte einen Augenblick, den Fuß schon auf dem Trittbrett, und gebe Giovanni die nächste Adresse, ohne ihn anzublicken. Dann springe ich in den Wagen, zünde eine ägyptische Zigarette an, stecke die Hände in die Taschen, um mich bei der allerersten Bewegung, der ersten gleitenden Bewegung des Wagens zurückzulehnen, mich zu entspannen, mich fallen zu lassen, mich tragen zu lassen, ohne einen Gedanken, ohne ein Gefühl, ohne eine Empfindung ...

Aber jener Stern, jener grüne Stern, der so hell leuchtet!

»Wie doch das Wissen, daß man für andere Menschen noch am Leben ist, einem hilft, sich selber lebendig zu fühlen!« »Dieses beständige Abschiednehmen, das meine Gedanken im geheimen verfolgt hat.« (R. O. Prowse: *A Gift of the Dusk.)*

Der Klinikgarten.
Kein Wagen darf bis zu den Eingangstoren der Klinik hinauffahren, wegen dem Lärm. Sie müssen alle an dem großen eisernen Tor anhalten. Dann folgt ein kleiner Spaziergang, ohne Steigung, das ist wahr, aber immerhin ein ziemlicher Weg, bevor man die gelbe Glasveranda erreicht. Dafür wird man jedoch entschädigt, wenn die Patienten es nur wahrnehmen würden: Zu beiden Seiten des Kieswegs sind Blumenbeete voll von dunkelroten und rosafarbenen Levkojen, Goldlack, Vergißmeinnicht und cremefarbenen Freesien mit ihren zartgrünen Halmen, wie das Grün junger Bambuspflanzen. Die Vorderfront der Klinik ist geschmückt mit Heliotrop, Kletterrosen und rosa Efeugeranien. Und dort ist ein solches Kommen und Gehen von braunen Bienen und weißen Schmetterlingen, es duftet so süß, und man spürt so viel zartes, pulsierendes Leben, daß man, wie krank man auch war, einfach aufgeheitert und abgelenkt wurde. »Sieh nur, sieh, wie schön!« sagte das einfache Mädchen, indem es seinem Begleiter die Blumen zeigte.
Aber der junge Mann in einem schwarzen Zweireiher legte die Hände an die Rippen und atmete *a-hu-a-hu*, als ob er Lokomotive spielen wollte.
»Wie reizend sie sind – wie allerliebst«, sagte die sentimentale alte Mutter, indem sie mit dem Kopf wackelte und der Tochter einen Blick zuwarf.
Aber die Tochter starrte sie boshaft an, sehr boshaft, und warf das Ende ihres Schals über die Schulter.

Und nun wird ein Rollstuhl vorbeigeschoben, in dem ein alter Mann sitzt. In seinem steifen, viel zu großen Mantel und seinem bis zu den Ohren hinabgezogenen Hut sieht er einem Guy Fawkes täuschend ähnlich.
Die Krankenschwester hält den Rollstuhl an und sagt: »Blumen!«, so wie man zu einem kleinen Kind »Blumen!« sagt. Aber sie erhält keine Antwort; sie wirft den Kopf zurück und rollt ihn weiter ...
Stupéfaction totale. Ich fühle mich unfähig, irgendetwas zu tun. Das ist ein Beweis für die abscheulich einschläfernde Wirkung der Kodein-Mischung.

Ein kleines Buch: *Knockings at the Door.* Als es ihr gelang, das Seidenpapier vom Titelblatt wegzublasen, lächelte sie der Autor mit seinen in der Mitte gescheitelten Haaren, der einen zugeknöpften Gehrock mit einem umgelegten Kragen trug, fast ein wenig zu vertraulich an.

Krieg und Frieden.[1]
»›Ho, ho, ho! Ha, ha, ha, ha! Huch! huch!‹ ertönte unter den Soldaten ein schallendes, gesundes und fröhliches Lachen, das sich über die Vorpostenkette hinaus auch auf die Reihen der Franzosen fortpflanzte, ein solches Lachen, daß man hätte meinen sollen, nun könne nichts anderes kommen, als daß die Gewehre entladen, die Ladungen gesprengt und alle nach Hause gehen würden, ein jeder in seine Heimat.
Doch die Gewehre blieben geladen, die Schießscharten in den Häusern und in den Befestigungen blickten noch ebenso drohend nach vorn, und auch die abgeprotzten Kanonen blieben wie bisher gegeneinander gerichtet.«

---

[1] Für die Übersetzung der folgenden Zitate wurde die deutsche Übertragung von Marianne Kegel, Winkler Verlag, München, benutzt.

Das ist *große Kunst* – dieses Buch. Das ist das Wahre. Es ist eine ganze geschaffene Welt.
Die kleine Fürstin in Geburtswehen.
»›Melde dem Fürsten, daß die Wehen begonnen haben‹, sagte Marja Bogdanowna und sah den Boten bedeutsam an. Tichon ging und meldete es dem Fürsten.
›Gut‹, sagte dieser und machte die Tür hinter sich zu. Und Tichon hörte aus seinem Zimmer nicht mehr den geringsten Laut.
Er wartete eine Weile und ging dann wieder in das Zimmer seines Herrn, wie wenn er nach den Kerzen sehen wollte. Als er den Fürsten auf dem Diwan liegen sah, betrachtete er dessen verstörtes Gesicht, schüttelte den Kopf, näherte sich ihm stumm, küßte ihn auf die Schulter und ging dann wieder hinaus, ohne nach den Kerzen gesehen oder gesagt zu haben, warum er gekommen sei.
Das feierliche Geheimnis der Natur ging indessen seiner Vollendung immer weiter entgegen. Der Abend kam, die Nacht sank hernieder. Und das Gefühl der Erwartung und Rührung vor dem Unbegreiflichen verminderte sich nicht, sondern wurde immer stärker und stärker. Niemand tat ein Auge zu.«
Man vergleiche diese schöne Feierlichkeit des Gefühls mit unseren modernen Beschreibungen des »Geburtsvorgangs«. Wichtig ist nicht, was *ich* leide – wichtig ist das »Geheimnis.«
Tauwetter. »Es sah aus, als ob der Himmel schmelzen wollte und als ob er ohne den leisesten Windhauch auf die Erde niedersänke. Die einzige Bewegung in der Luft war das leise Niedersinken feinster Tropfen von Feuchtigkeit oder Nebel. Von den kahlen Zweigen im Garten hingen durchsichtige Tropfen und fielen auf die frischgefallenen Blätter. *Die Erde im Gemüsegarten sah glänzend, naß und schwarz aus wie das Innere einer Mohnblume,* und etwas weiter weg verschmolz sie mit dem feuchten, trüben Nebelschleier.«
»Leben ist alles. Leben ist Gott. Alles wandelt sich, alles ist

in Bewegung, und diese Bewegung ist Gott. Und solang es Leben gibt, gibt es die Freude am Wissen um die Gottheit. Das Leben lieben heißt Gott lieben. Die schwerste und die gesegnetste Aufgabe ist, dieses Leben im Leiden, im unverdienten Leiden zu lieben.«

»Eine geistige Wunde, die aus einem Riß in der Seele entsteht, ist wie eine körperliche Wunde, und nachdem sie äußerlich verheilt ist und die zerrissenen Ränder vernarbt sind, wird sie doch seltsamerweise, wie eine schwere körperliche Verletzung, innerlich nur heilen durch die Lebenskraft, die aus dem Innern dringt.«

Das ist die Wahrheit, Meister.

»Und Pierre hatte des Italieners leidenschaftliche Ergebenheit nur gewonnen, indem er das Beste aus seiner Seele herausholte und es bewunderte.«

Das *ist* Liebe.

Pierre und Natascha. »Wenn er beim Abschiednehmen ihre schlanke, feine Hand nahm, hielt er sie unbewußt etwas länger in der seinen.«

Genau so verstehe ich es, und auch dies:

»Eine freudige, unerwartete Aufwallung, derer sich Pierre als unfähig betrachtet hatte, ergriff ihn. Der ganze Sinn des Lebens, nicht nur für ihn, sondern für die ganze Welt, schien ihm in seiner Liebe und in der Möglichkeit, daß auch sie ihn lieben könnte, verankert zu sein.«

»Sie sprach nur, weil sie ihre Lungen und ihre Zunge einüben mußte. Sie weinte wie ein Kind, weil sie die körperliche Erleichterung der Tränen brauchte, und so fort. Was für Menschen in voller Lebenskraft ein Motiv ist, war bei ihr offensichtlich ein Vorwand.«

Wie bei Polonius.

Petja.

»›Ach, Sie möchten wohl ein Messer?‹ wandte er sich an einen Offizier, der sich ein Stück Hammelbraten abschneiden wollte.

Er reichte ihm sein Taschenmesser. Der Offizier sprach sich lobend über das Messer aus.
›*Behalten Sie es doch, ich bitte Sie darum. Ich besitze viele solche* . . .‹, sagte Petja errötend.
›Aber vielleicht ist es meine eigene Musik. Da, schon wieder. Klinge nur, klinge nur zu . . .‹«
Meine Musik!
»›Ich bin so an Süßigkeiten gewöhnt. Wollen Sie welche? *Herrliche Rosinen, nehmt sie nur alle!*‹ «
Petjas Tod. »Und wieder rettete sich die Mutter nach ohnmächtigem Kampf mit der Wirklichkeit in die Welt des Wahnsinns, da sich alles in ihr gegen den Gedanken sträubte, daß sie leben könne, während ihr blühender, lebensfroher Sohn tot war.«
All dies gilt so sehr für Chummie . . ., daß . . .
»Für ihn ist nur wichtig, was er, Tolstoi, eben in Angriff genommen hat; alles, was außer und neben ihm geschieht, existiert für ihn überhaupt nicht. Das ist das große Vorrecht großer Männer. Und manchmal will mir scheinen – vielleicht nur, weil ich es so haben möchte –, als ob in diesem Vorrecht ein tiefer und verborgener Sinn liege.« (Leon Schestow.)

Am 4. Mai 1921 verließ Katherine Mentone und begab sich nach Baugy am Genfer See, während J. M. M. nach England zurückkehrte, um an der Universität in Oxford einige Vorträge zu halten. Ende Mai ging Katherine nach Siders, im Wallis, wohin J. M. M. ihr Anfang Juni folgte. Die Übersiedlung nach Montana geschah nicht ohne Sorge, da nicht abzusehen war, wie sich die Höhenlage auf Katherines Herz auswirken würde. In Montana verbrachte Katherine ein paar Wochen in einem Lungensanatorium, J. M. M. in einer Pension in ihrer Nähe. Später mieteten sie ein möbliertes Chalet, das »Chalet des Sapins« in Montana.

5. Mai. Genf. Wartesaal. Der Schnee lag wie Silberlicht auf den Berggipfeln.
In dem kühlen, grünlichen Licht sahen die breiten unbewegten Flüsse aus, als ob sie fest wären, und die bleiche gefurchte Erde mit weißblühenden Obstbäumen wie Korallenzweige sah aus wie Wasser.

Später. Die Stationsglocke.

Ein unabgesandter Brief.
Der *Tig Courier,* mein Herr, ein Wochenblatt, das Ihnen 950 Pfund im Jahr bezahlt, für einen möglichst persönlichen Artikel, je intimer, desto besser.
Seit drei Tagen wartet die Redaktion auf Ihr Manuskript. Heute abend erhielt sie eine im Zug geschriebene Postkarte; aber das war alles. Wollen Sie ihr bitte mitteilen
a) Ihre Gründe für die Verzögerung (so spitzfindig wie Sie wollen), oder
b) wann sie das Manuskript erwarten darf.
Adresse: Tig, Stillin, Bedfordshire.[1]

Ein unabgesandter Brief.
Liebe B., ich kann Dir kaum sagen, wie sehr ich mich freue, zu hören, daß Du wieder tanzen kannst, »wenn auch nur behutsam«, wie Du sagst.

Lo! how sweetly the Graces do it foot
  To the instrument!
They dauncen deftly and singen sooth
  In their merriment.

Das heißt also, daß es Dir wirklich besser geht. Werde mir nie mehr krank. Ist es nicht furchtbar – krank zu sein! Ich liege den ganzen Tag auf meinem vertrauten Balkon, verschlinge Eier und Rahm und Butter, und nur ein zahmer

---

[1] »Tig« oder »Tiger« wurden die beiden jungen Herausgeber der kurzlebigen literarischen Zeitschrift *Rhythm* der Jahre 1911–1912 von ihren Freunden genannt.

Goldfink leistet mir Gesellschaft. Er ist reizend, ganz zahm, und heute morgen kam er nach dem Regen, um seine Huntley & Palmer-Brosamen zu holen, mit einem schimmernden Regentropfen auf seinem Köpfchen. Ich habe noch nie jemand gesehen, der so dumm und zugleich so niedlich ausgesehen hätte. Die Schweiz ist voll von Vögeln, aber es sind meist schwerfällige, kleine deutsche Trotter, als ob sie Appenrodts Katalog enflohen wären ... Aber die ganze Schweiz hat eher etwas Schwerfälliges ...

Ein unabgesandter Brief.
Sieben Uhr dreißig. Hotel Beau Site. Ich gehe schon eine ganze Weile um diesen Brief herum, auf Zehenspitzen und mit dem Schwanz in der Luft; ich weiß nicht, wo ich mich niederlassen soll. Es gibt so viel zu sagen, und der Tag ist so schön. Also denn los, mein Liebling!
Die Reise nach Genf war im Nu vorbei. Meine Uhr schien mit dem Zug um die Wette zu laufen. Wir kamen etwas nach ein Uhr an, und ich setzte mich auf einen grünen Samtstuhl, während L. M. sich um die Sachen kümmerte. Ich glaube, wir mußten ziemlich lange warten: aber es kam mir gar nicht so vor. Vom frühen Morgen an waren diese Berge da, an die ich mich vom letzten Mal her erinnerte – riesig, schimmernd, mit Schnee wie Silberlicht auf den Gipfeln. Es war völlig windstill, und obwohl die Luft kühl war, war es doch die Kühle des Frühlings. Es war (vielleicht hast Du gemerkt, daß ich mir gewaltig die Zügel anlege) wirklich herrlich. Allein das Atmen war schon eine Wohltat. Dann bestiegen wir einen Lokalzug, der langsam um den See watschelte und an jeder kleinsten Station Halt machte. Es waren Deutsche im Abteil; tatsächlich war ich in Deutsche eingebettet, wahre Riesen – Vater und die Mama und [die] Hänse. Jedesmal, wenn wir an einem Fliederbusch vorbeifuhren, riefen sie alle: *»Schön!«* Das war ganz *»alte Welt«*. Auch war ein Anschlag im Abteil, der besagte, daß die Eisenbahn-

gesellschaft umsichtigerweise für ein *Cabinet* gesorgt habe. Dies lasen sie laut vor – zuerst Vater, dann die Mama und dann die kleinen Hänse.

Wir erreichten Clarens gerade in dem Augenblick, als die Bahnhofsuhr (es war eine Kuckucksuhr – furchtbar rührend, findest Du nicht auch?) sieben Uhr schlug, und dann fuhr ein Autobus wie eine Kaffeemühle mit uns rund um die Wiesen herum nach Baugy. Du liebe Güte, es ist Dir doch klar, daß ich nur Tatsachen berichte. Die *Ausschmückungen* muß ich einstweilen weglassen. Das Hotel ist soweit ganz einfach bewundernswert. Sehr sauber. Blitzblank ist gar kein Ausdruck dafür. Sogar die Sträuße weißen Flieders in meinem Zimmer kamen gerade frisch aus der Wäscherei. Ich habe zwei Zimmer und einen riesigen Balkon. Und so viele Berge, daß ich noch nicht einmal einen davon bestiegen habe. Sie sind wunderbar. Die Aussicht von den Fenstern, meine liebste Betsy, über Wiesen und Felder, kleine, pilzartige Chalets, See, Bäume und dann Berge, ist überwältigend. Und auch die Ausstattung des Salons in grünem Samt und fleischfarbenem Satin, mit Kupferkannen als Schmuck und einem Bild an der Wand mit dem Titel *Jugendidylle*. Davon mehr ein andermal.

Ich posiere hier als eine Dame mit schwachem Herzen und Lungen aus spanischem Leder. Für den Augenblick scheint man daran nicht zu zweifeln. Nun, das Nachtessen nahm ich in meinem Zimmer ein: Consommé, Fisch mit Rahmsauce, Truthahnbraten, neue Kartoffeln, laitue braisée und zwei winzige babas in Sahne. Den garnierten Truthahn mußte ich zurückschicken. Selbst dann …

Saint-Galmier ist von Montreux[1] verdrängt worden. Das letztere ist laut Etikett mit Kohlensäure gesättigt. Aber in meinem Physiologie-Buch steht, das sei ein tödliches Gift, das wir nur ausatmen, aber niemals einnehmen, es sei denn aus

---

[1] Saint-Galmier und Montreux sind Mineralwässer.

Verzweiflung. Die Herren Doktoren Ritter, Spingel und Knechtli jedoch behaupten, es sei wunderbar gegen Nierensteine, und es bringe den Urin zum Schäumen wie Champagner. Dies sind die niederen Mysterien . . .

Sierre. Das Zimmer mit den sieben Türen, jede Tür ist anders, und die siebente ist winzig klein. Sie führt zu einem weißbemalten Schrank mit gewölbter Decke, himmelblau, sternenbesät.
Die Möbel sind streng dunkel.

Unabgesandte Briefe.
Die Sache liegt so: Es hat keinen Sinn, hier [in Siders] noch länger zu bleiben. Es ist zu heiß, und das Essen ist nicht mehr so gut wie am Anfang. Auch muß ich meine Sache ernsthaft in die Hand nehmen. Also gehe ich nach Montana. Stephani[1] sagt, es wäre ihm viel lieber, wenn ich wenigstens für einen Monat zu ihm käme, damit er mein Herz im Auge – oder Ohr – behalten könne. Gut. Ich bin der gleichen Meinung. Aber da ist mein Bogey. Würde er für einen Monat in eine fünf Minuten entfernte Pension gehen und mich besuchen? Sobald ich herausgefunden habe, ob mir der Ort bekommt, könnten wir ein kleines Chalet mieten. Ich schicke Dir eine Ansichtskarte von der Pension. Stephanis Klinik ist kein wirkliches »tot-oder-lebendig-Sanatorium«. Er denkt natürlich, Du wärst gern bei mir. Warum nicht? Das ist ganz normal. Aber ich sage *Nein* dazu, und ich bin sicher, daß Du derselben Meinung bist. Du würdest es schrecklich finden. Und ich auch.
Siehst Du, Liebster, ich bin einem Chalet noch nicht ganz gewachsen. Das *Beste* wäre folgendes. Bist Du einverstanden? Wir gehen nach Montana. Ich bleibe mindestens einen Monat

---

[1] Chefarzt im gleichnamigen, damals sehr reputierten Lungensanatorium in Montana.

bei Stephani. Du nimmst ein Zimmer in der Pension du Lac. So kann Stephani mich in Aug und Ohr behalten, und ich kann einen Monat lang völliger Ruhe pflegen. *Dann,* in der Zwischenzeit, schauen wir uns um und mieten ein Chalet. Wäre das eine Möglichkeit für Dich?

19. Mai.

»Lone women like to empty houses perish.«
(Marlowe: *Hero and Leander.)*
»Far from the town (where all is *whist* and still,
Save that the sea playing on yellow sand,
Sends forth a *ratling* murmur to the land)
My turret stands.« (Marlowe: *Hero and Leander.)*
Reizend!

6. Juni. [siehe unter 19. August 1920]

8. Juni. Zum erstenmal seit dem Krieg habe ich mit einem Deutschen deutsch gesprochen. »Wollen Sie fragen, ob man warten kann?« Und so weiter. Es war einfach außerordentlich. Warum?

O, Bogey, ich kann das Lachen nicht verbeißen, wenn ich an die Kirchenlieder und Gebete denke, bei Deinen Vorträgen.[1] Hast *Du auch* gesungen? Ich möchte fast schwören, daß man Dich in einem der Gebete besonders erwähnt hat. Bist Du niedergekniet? Und konnte man das Muster auf Deinen Gummisohlen[2] sehen? *Signes cabbalistiques.* Ich habe oft daran gedacht, wie entsetzt Robinson Crusoe darüber gewesen wäre. Ums Himmels willen! Hattest Du ein eigenes Gebetbuch oder die Hälfte vom Gebetbuch des Pfarrers?

---

[1] J. M. Murry hatte an der Oxford-University Vorträge gehalten, bei denen zu seiner Überraschung Gebete gesprochen und Kirchenlieder gesungen wurden.

[2] K. M. schreibt »rubber *tikis*«.

Der Vagabund.

»Die Frau aus dem oberen Stockwerk war eben unten, um ihre Milchkanne hinauszustellen. Sie war wütend, als sie mich auf dem Vorplatz sah. Sie fuhr mich einfach an; es gibt kein anderes Wort dafür. Sagte, ich sollte mich schämen, daß ich wegen ihm aufblieb, daß es mir recht geschehe, wenn er immer später heimkomme, daß sie sich schämen würde, es in meinem Alter nicht besser zu wissen. Kleiner Drachen! Ich zittere noch immer! Und welches Recht hat sie, überhaupt etwas zu sagen? Keines. Sie kann es nicht verstehen. Die hartherzige Person! Die Art, wie sie gerade die Tür hinter der Milchkanne zuschlug, zeigt, daß sie kein Gefühl hat für andere.

Er geht jetzt schon seit langem jeden Abend aus. Ich kann ihn nicht davon abhalten. Ich habe alles versucht, umsonst. Er geht einfach. Und das Schreckliche daran ist, daß ich nicht weiß, wohin er geht, und mit wem. Es ist alles so geheimnisvoll. Das ist es, was so schwer zu ertragen ist. Wo warst Du? das habe ich ihn wieder und wieder gefragt. Aber nie ein Wort, nie ein Zeichen. Manchmal denke ich, daß es ihm Spaß macht, mich zu quälen.

Aber ich habe ja sonst niemanden. Das klingt vielleicht sonderbar. Aber ich kann so ehrlich wie ein verliebtes Mädchen sagen: ›Er ist die ganze Welt für mich.‹ «

Autobiographie.[1]

Meine literarische Laufbahn begann mit dem Schreiben von Kurzgeschichten in Neuseeland. Ich war neun Jahre alt, als mein erster Versuch veröffentlicht wurde. Seither fülle ich ein Notizbuch nach dem anderen. Als ich nach London kam, arbeitete ich für einige Zeit für *The New Age* und veröffentlichte 1912 *In A German Pension.* Es war kein gutes Buch,

[1] Wahrscheinlich auf Verlangen eines literarischen Magazins geschrieben, aber weder abgeschickt noch veröffentlicht.

aber die Kritik nahm es wohlwollend auf. Später arbeitete ich mit meinem Mann, John Middleton Murry, Redakteur von *The Athenaeum*, zu jener Zeit Redakteur und Herausgeber von *Rhythm* und *The Blue Review*. Während der letzten zwei Jahre habe ich Buchbesprechungen für *The Athenaeum* gemacht und noch mehr Kurzgeschichten geschrieben. Eine so anhaltende Übung hätte etwas viel Besseres hervorbringen sollen als *Bliss;* ich hoffe, daß das Buch, an dem ich jetzt arbeite, des Interesses des Publikums mehr wert sein wird. Es ist eine Sammlung von Erzählungen – eine davon hat einen Neuseelandhintergrund im Stil von *Prelude*. Mehrere der Erzählungen sind Charakterstudien von Frauen, etwa wie die der armen Miss Ada Moss in der Geschichte *Pictures*.

Station Climatérique.
»Man versucht immer noch, sich einzubilden, daß man nur eines Zufalls wegen während der Reise hier ist, um die Erfahrung mit dem nachklingenden Geschmack des Abenteuers zu würzen. Man versucht sich einzubilden, man sei ein wenig anders als die andern. *Sie* gehören zum Ort; sie sind ein Teil davon; sie sind ein wesentlicher Teil des starken Eindrucks, den er vermittelt; sie könnten gar nicht anderswo hingehören! Aber man selber . . .« (R. O. Prowse: *A Gift of the Dusk.*)

Das Folgende ist ein Bruchstück aus K. M.s Konversation, als sie bei ihrer Ankunft in Montana nicht zu sprechen wagte, aus Angst, einen Hustenanfall hervorzurufen, sondern, was sie zu sagen hatte, in ein Notizbuch schrieb. Die ersten Zeilen beziehen sich auf die Miete des Chalet des Sapins.

Frau M. kennt Ernestine gut. Sie war bei ihr, als ihr eigenes Dienstmädchen in den Ferien war. Ausgezeichnet! Sauber, zuverlässig und *sehr* freundlich. Allerdings nicht, was man eine gute Köchin nennt. Aber sehr willig und sorglich.

Über Kohle und Holz. Fr. 150,–, und sie verlangt Fr. 30,– für die dreißig Pfund Konfitüre.
Aber das, sagte ich, würde ich bezahlen, sobald ich von L. M. erfahren hätte, wieviel Konfitüre da sei. Sie war nicht sicher.
Massen von Holz vorhanden.
Im November bis zu sechs Fuß Schnee!!
Elizabeth[1] zeigt lebhaftes Interesse für deine Arbeiten. Sie liest sie alle. Hat nie jemanden gekannt, der sich so entwikkelt hat. Sie erscheinen ihr jede Woche etwas *freier*.
Sie sagt: »Glaubst du, daß er mich mag? Ich bin wie ein Hund und kann nicht leben, wenn man mir nicht pfeift und mir gelegentlich einen strikt geistigen kleinen Patsch gibt.«
Über Frau M.: »Ihr Gerede ist so billig, Katherine. Sie hat einen so großen Restekorb, und ich mag Reste nicht.«
Über Ida [L. M.]: »Welche Freude muß es sein, einen vollkommenen Freund loszuwerden! Aber gerade das ist so schwierig.«

Das Problem.
»Glaubst du, daß die Ehe für mich von Nutzen wäre?«
Sein Freund dachte aufmerksam nach. Er runzelte die Stirn, klopfte die Pfeife am Absatz aus und schob seine Unterlippe vor. »Es kommt vor allem auf die Frau an«, sagte er.
»O, ja natürlich«, sagte Archie lebhaft.
»Mit der richtigen Frau«, sagte Rupert großzügig, »kann ich mir vorstellen, daß dir die Ehe äußerst guttun könnte.«
Das Problem: zwei Freunde, und es kommt eine Frau dazu. Einer heiratet.[2]

Juli, Montana. Eines habe ich mir fest vorgenommen, und

---

[1] Elizabeth, Gräfin Russell, Katherines Kusine und Autorin von *Elizabeth and her German Garden.*

[2] Dies ist wahrscheinlich die erste »Idee« zu der unbeendeten Erzählung *Honesty;* Fragmente davon sind in der Sammlung *The Doves' Nest* veröffentlicht worden.

das ist, *kein Zeichen zu hinterlassen.* Es gab eine Zeit – es ist noch nicht so lange her –, da ich *alles* niedergeschrieben hätte, was geschehen ist, seitdem ich Frankreich verlassen habe. Aber nun ziehe ich es bewußt vor, keiner lebenden Seele etwas zu sagen. Ich schweige, wie Mutter geschwiegen hat. Und obwohl es Augenblicke gibt, da die alte Gewohnheit mich in »Versuchung führt« und ich vielleicht sogar so weit gehe, eine Seite zu schreiben, sind es nur Momente, die jeden Tag leichter zu beherrschen sind.

Chalet des Sapins, Montana. So wie ich jetzt auch kaum mehr ein Wort über mein verräterisches Herz verliere. Wenn es aufhört, hört es auf, und alles hat ein Ende. Aber ich bin nun schon fast zwei Tage in diesem kleinen Häuschen, und es hat sich nicht *einmal* beruhigt. In welcher Angst ich lebe! Aber was nützt es, irgend etwas zu sagen? Nein, meine Seele, sei still ...

10. Juli. Und jetzt, gerade als ich mich ein wenig besser fühlte und mir wegen meinem KOPF und wegen meinem Herzen nicht mehr soviel Sorgen machte, hat sich eine Drüse entzündet, und das ganze umliegende Gewebe auch. Es sieht aus, als ob sich ein Abszeß bilden würde. Ein neuer Schreck! Und gleichzeitig habe ich einen meiner sonderbaren Anfälle, bei denen mir die ganze Zeit übel ist und ich weder Licht noch Lärm noch Hitze oder Kälte ertragen kann. Werde ich auch das überstehen? Es ist nicht leicht, immer noch den Mut aufzubringen, um auch mit diesen Attacken fertigzuwerden ...

13. Juli. Ging zum Palace [der Klinik] und ließ die Drüse punktieren. Es ist ganz unwahrscheinlich, daß sie die Haut retten können. Ich habe das sichere Gefühl, daß sie es nicht können und daß diese Sache erst anfängt. Noch vor Ende der Woche werde ich wieder in der Klinik sein. Bis dahin bin ich erschöpft und kann kein *Wort* schreiben.

Nun, ich muß gestehen, daß ich einen müßigen Tag verbracht habe. Gott weiß warum. Alles hätte geschrieben werden sollen, aber ich schrieb es einfach nicht. Ich glaubte, ich könnte es, aber nach dem Tee war ich müde und ruhte mich statt dessen aus. Ist es gut oder schlecht, daß ich so handle? Ich habe ein Schuldgefühl, weiß aber zugleich, daß Ruhen das Allerbeste ist, was ich jetzt tun kann. Und aus irgendeinem Grunde spüre ich eine Art von Dröhnen im Kopf – scheußlich. Aber immer noch verfolgen mich Zeichen irdischer Schwäche. Ich bin nicht kristallklar. Und vor allem fehlt es mir noch immer an Fleiß. Es ist nicht recht. Es gäbe so viel zu tun, und ich tue so wenig. Das Leben hier wäre fast vollkommen, wenn ich nur wirklich immer arbeiten würde, wenn ich *vorgebe,* etwas zu tun. Das sollte doch wirklich nicht so schwer sein. Betrachte die Erzählungen, die an der Türschwelle auf dich warten. Warum lasse ich sie nicht herein? Und ihr Platz würde von andern eingenommen werden, die sich gleich dort draußen versteckt halten und auf ihre Gelegenheit warten.

Am nächsten Tag. Aber wie war es heute morgen wieder, zum Beispiel? Ich mag überhaupt nicht schreiben. Es ist grau; es ist drückend und langweilig. Und Kurzgeschichten scheinen unwirklich und nicht der Mühe wert. Ich will nicht schreiben; ich will *leben.* Was meint sie damit? Schwer zu sagen. Aber so ist es.

Merkwürdig, meine Gewohnheit zu schwatzen. Und ich will nicht, daß die Augen eines andern außer mir diese Zeilen lesen. Das ist – *wirklich privat.* Und ich muß sagen: nichts anderes verschafft mir die gleiche Entspannung. Gewöhnlich gelingt mir der *Durchbruch,* wenn ich lange genug weitermache. Ja, es ist ungefähr so, wie wenn man sehr große flache Steine in einen Fluß wirft. Die Frage ist nur, wie lange dieses Mittel vorhalten wird. Bis jetzt, das muß ich sagen, hat es noch nie versagt ...

Der Sinn für die Wichtigkeit von kleinen Ereignissen, den man hier hat, ist sehr *juste*. Sie sind gar nicht wichtig . . .!? Merkwürdig! Auf einmal befand ich mich vor der Bibliothek in Wörishofen: Frühling – Flieder – *Regen* – Bücher in schwarzen Einbänden.
Und doch liebe ich diesen ruhigen, bewölkten Tag. Eine Glocke ertönt aus der Ferne; die Vögel singen einer nach dem andern, als ob sie einander über die Baumwipfel zuriefen. Ich liebe diese tiefe Stille und das Gefühl, daß jeden Augenblick der Regen fallen könnte. Wo der Himmel nicht grau ist, da ist er silbrig-weiß, mit kleinen Wolkenstreifen durchsetzt. Das einzig Unangenehme an diesem Tag sind die Fliegen. Zum Tollwerden, und man kann eigentlich nichts dagegen tun: dieses Gefühl habe ich sonst kaum.

Das Barmädchen.
Sie hatte eine enorme Menge gekräuselten Haars auf ihrem Kopf aufgetürmt und trug mehrere sehr große Ringe, die, nach ihrem hellfunkelnden Aussehen zu schließen, Verlobungsringe sein mußten.

Von allen Küchengerüchen hasse ich den Geruch von Hammelkoteletts am meisten. Irgendwie ist es ein so unvornehmer Geruch; er erinnert mich an Handelsreisende und zweite Klasse, Neuseeland.

Ich werde vor dem Hause stehen und klopfen, und wenn die Tür sich öffnet, am Dienstmädchen vorbei hineinrennen, und wer gerade da ist, nach dem werde ich verlangen.

Sollte man sagen: verschwendet? Nein, nicht eigentlich. Etwas gewinnt man. Diese Ruhezeit bringt einen näher.

Juli. Gestern beendete ich *Mr. and Mrs. Dove.* Ich bin nicht ganz damit zufrieden. Es ist ein wenig zurechtgemacht. Es ist

nicht unvermeidlich. Ich wollte durchblicken lassen, daß diese beiden vielleicht nicht glücklich miteinander sein werden – daß dies eine der Arten von Gründen ist, warum ein junges Mädchen heiratet. Habe ich das getan? Ich glaube nicht. Aber abgesehen davon ist es nicht *stark* genug. Ich muß der Sache näherkommen – viel, viel näher. Ich muß meine ganze Kraft einsetzen, selbst da, wo ich eine subtile Methode anwende. Und ich habe den heimlichen Verdacht, daß ich die Doves am Ende *unverantwortlich* behandelt habe. *Tu sais ce que je veux dire.* Ich brauche sie, um etwas abzurunden – nicht wahr? Ist das meine Art? Nein. Es ist nicht ganz die Art von Wahrheit, die ich suche. Und jetzt kommt *Susannah.* Alles muß einem *tiefen Gefühl* entspringen.
Aber was soll man tun, bei diesem elenden Katz-und-Maus-Spiel? Da liegt meine Schwierigkeit! Ich muß statt dessen heute nachmittag versuchen zu schreiben. Kein Grund, warum ich nicht schreiben sollte! Kein Grund, abgesehen von den Nachwirkungen der Schmerzen in einem geschwächten Körper.

18. Juli. Der Lärm in diesem Haus heute morgen ist die reine Hölle! Er hat kurz nach sechs Uhr angefangen und seither nicht mehr aufgehört, und das Dienstmädchen scheint völlig den Kopf verloren zu haben. Jetzt ist es fast zehn Uhr, und sie hat noch nicht einmal das Frühstücksgeschirr abgeräumt. Ich muß um elf Uhr wieder in die Klinik, und so bin ich ohnehin schon ziemlich nervös. Und ich mußte die Blumen versorgen und hatte sonst noch verschiedenes zu tun, wie beispielsweise die – Wäsche. Ich kann es kaum ertragen. Jetzt kommt sie angestampft. Bum! In einem Augenblick wird sie an der Tür sein. Ich weiß wirklich nicht, wie ich es aushalten soll, wenn es so weitergeht. Jetzt ist sie da. Sie ist im Begriff, die Sachen in den Aufzug zu legen. Was denkt sie sich? Ich weiß es nicht, und es interessiert mich auch nicht. Aber ich sehne mich schmerzlich nach einem kleinen, still gelegenen

Zimmer, wo ich ungestört arbeiten kann. Der Balkon ist nicht gut genug; und der *Salon* auch nicht. J. hat mich wieder einmal ausgestochen. Und es ist nicht halb so wichtig für ihn...

23. Juli. Beendete gestern *An Ideal Family.* Die Geschichte scheint mir besser als *The Doves,* aber sie ist immer noch nicht gut genug. Gott weiß, wie hart ich daran gearbeitet habe, und doch habe ich der Idee nicht ein einziges Mal die tiefste Wahrheit abgewonnen. Woher kommt dieses Gefühl? Es wird mir wieder einmal bewußt, daß diese Art von Wissen zu leicht für mich ist; sie ist sogar eine Art von Trick. Ich weiß so viel mehr. Das sieht nach einer Geschichte aus, aber ich würde sie nicht kaufen. Ich möchte sie nicht haben – möchte nicht mit ihr leben. NEIN. Wenn ich noch zwei andere geschrieben habe, werde ich etwas anderes in Angriff nehmen – eine lange Geschichte: *At the Bay, mit schwierigeren Beziehungen. Das ist das ganze Problem.*

»Aus der Tasche des Regenmantels zog sie einen geräumigen Beutel, sie öffnete ihn, guckte hinein und schüttelte ihn. Sie hatte die Augenbrauen hochgezogen und die Lippen zusammengepreßt...«

»Und eine sehr lange, glänzende blauschwarze Haarnadel, die auf dem verblaßten Teppich schimmerte...«

»Sie schauderte. Und als sie nun seine Fotografie betrachtete, sah sogar die weiße Blume in seinem Knopfloch aus, als ob sie aus einer Rolle Schaffett gemacht wäre...«

»Und sie sah Mr. Bailey in einer blauen Schürze hinten in einem dieser scheußlichen Läden stehen. Er hatte eine Hand auf der Hüfte, die andere umfaßte den Griff eines langen Messers, das in einem riesigen Hackklotz stak. Hinter ihm hing eine Kette kleiner Kaninchen mit zusammengebundenen Pfoten; ein dunkler Tropfen Blut zitterte an ihren Nasen...«

Ein Willkomm.
Und weil, wenn du unerwartet ankommst, so oft ein kalter Schimmer im Auge der Hausfrau erscheint, der sagt: »Die Leintücher kann ich bereitstellen, aber mit den Decken wird es sicher ein Problem sein«, werde ich dich am Torweg von einem jungen Geschöpf in Empfang nehmen lassen, das eine nicht zu helle Lampe trägt, da es natürlich später Abend sein wird. Es singt, während du durch die jasminbewachsene Veranda eilst:

Be not afraid, the house is full of blankets,
Red ones and white ones, lovely beyond dreaming,
Key-pattern, tasselled, camel-hair and woolly,
Softer than sleep or the bosom of a swan.

24. Juli. [Siehe unter 19. August 1920.]

Das Folgende stand mitten in dem Manuskript von »Her First Ball«.

25. Juli. Alles! Alles, was ich schreibe – alles, was ich bin – ist am Saum des Meeres. Es ist eine Art von Spiel. Ich möchte meine *ganze* Kraft daransetzen, aber irgendwie *kann* ich nicht!

Ful gay was al the ground, and queynt,
And poudred as men had it peynt
With many a fresh and sondry flour
That casten up ful good savour.

Aus einem unabgesandten Brief.
Ein kühler, seltsamer Tag. Ich kann gerade noch herumgehen. Heute morgen habe ich mich entschlossen, an S. zu schreiben, wegen der schweizerischen Spahlinger-Therapie; ob sie für mich geeignet wäre usw. Und morgen werde ich Dir telegraphieren und Dich bitten, Spahlinger aufzusuchen und mit ihm zu sprechen. Sage, was Du willst. Aber sage ihm, daß ich so

gut wie hoffnungslos krank bin. Ich habe versucht, ihm die finanzielle Lage zu erklären; warum ich ihn nicht bezahlt habe, und ich habe versprochen zu bezahlen, sobald ich kann ...

»Mistress, I dug upon your grave
To bury a bone, in case
I should be hungry near this spot
When passing on my daily trot.
I am sorry, but I quite forgot
It was your resting place.«

(Thomas Hardy)

Wing würde das tun.

August. »Ich habe an einer Geschichte über einen alten Mann geschrieben.«
Sie sah mich unbestimmt an. »Ich glaube nicht, daß ich alte Männer mag – du etwa?« sagte sie. »Sie haben eine solche *Ausdünstung.*«
Das empörte mich. Es kam mir so höllisch kleinkariert vor, und mehr als das . . . es war die Redensart eines vulgären kleinen Geistes.
Später. Ich glaube, es war Scheu.

11. August. Ich weiß nicht, wie ich diese nächste Erzählung schreiben soll.[1] Es ist so schwierig. Aber ich glaube, ich werde es schaffen. Was mich stört, ist, daß es mir höllisch kalt ist.

Ein nicht abgesandter Brief.
Ich hätte schon früher eine Karte geschrieben, aber ich war und bin immer noch krank. Heute ist der erste Tag, an dem ich wieder eine Feder in die Hand genommen habe. Ich hatte einen Anfall von sogenannter akuter Enteritis. Ich glaube, es

1 »The Voyage«. Das fertige Manuskript trägt das Datum vom 14. August 1921.

war eine Vergiftung. Sehr hohes Fieber, Erbrechen und Durchfall und so weiter. *Scheußlich.* Gestern nahm ich mir vor, in die Klinik zu gehen, aber heute fühle ich mich etwas besser, und ich will versuchen, selber damit fertig zu werden. J. ist sehr lieb und macht die Krankenschwester, und ich konnte außer warmer Milch keine Nahrung zu mir nehmen. Und so kann Ernestine mir nicht so schlimm mitspielen. Das arme Ding scheint immer dümmer zu werden! Sie läßt alles anbrennen! Es sind keine Eier im Haus, und gestern hat sie ihren freien Nachmittag genommen und ist weggegangen, ohne ein Wort zu sagen. Wir wußten überhaupt nicht, daß sie fortgegangen war.

Liebe.
Ein plötzlicher Gedanke über die Beziehungen zwischen »Liebenden«.
Wir sind weder männlich noch weiblich. Wir sind eine Mischung von beidem. Ich wähle den Mann, der das männliche Prinzip in mir entwickelt und erweitert; er wählt mich, damit ich das weibliche Prinzip in ihm entwickle. Damit wir »ganz« werden. Ja, aber das ist ein Prozeß. In Liebe dienet einander . . . Und warum ich *einen* Mann dafür wähle, und nicht viele, geschieht der Sicherheit wegen. Wir binden uns mit einem Ring, und dieser Ring ist sozusagen eine Mauer gegen die Außenwelt. Er ist unsere Zuflucht, unser Schutz. Hier gibt es keine Tricks. Hier ist *Sicherheit*, damit wir *wachsen* können.
Was, ich rede wie ein Kind!

29. August. »Wenn ich nur meinen ganzen Garten den Hügel hinauf fegen könnte, bis zu eurer Tür!« Ihre vollendete kleine Gebärde, als sie das sagte.

Der Kerzenhalter. Ein imaginärer Brief.
Vielen Dank für Deinen muffigen Brief. Was den Kerzen-

halter anbelangt, so wirst Du Dich entsinnen, daß ich ihn Dir zu Deinem letzten Geburtstag schenkte. Kein Wunder also, daß er Dich an mich erinnert hat. Ich habe ihn im Papier gelassen und beabsichtige, ihn Dir an Deinem nächsten Geburtstag mit einer hübschen kleinen Karte zurückzusenden. Oder soll ich ihn Dir als frühes Weihnachtsgeschenk verehren, damit Du ihn mir als Neujahrspräsent zurückschicken kannst? Ostern werden wir auslassen. Für Ostern wäre es etwas übertrieben, findest Du nicht auch? Ich frage mich, wem von uns beiden er am Schluß gehören wird? Sollte ich es sein, werde ich ihn Dir testamentarisch vermachen, in aller Form, und es wäre nett von Dir, Camilla, anzuordnen, daß er mit Dir begraben werden soll. Außerdem wird einem schwindlig, wenn man sich vorstellt, daß er für immer und ewig durch Zeit und Raum wirbeln könnte – als *fliegender*[1] Kerzenhalter sozusagen!

Ich habe an einer Art Herzblähung gelitten. Ein lästiges Übel, aber nicht gefährlich. Wirklich, angesichts von etwas so Schmerzhaftem hätte ich es vorgezogen, wenn eine Spur von Gefahr dabei gewesen wäre. Der erste Anfall wurde durch einen Lachkrampf hervorgerufen.

September. Der September ist anders als alle anderen Monate; er ist magischer. Ich fühle die seltsame chemische Verwandlung in der Erde, die Pilze hervorbringt und die auch die Ursache jenes außergewöhnlichen »Lebens« in der Luft ist – einer Spannung, eines Glanzes. Seit Tagen ist das Wetter unverändert geblieben. Man erwacht und sieht die Bäume in grüngoldenes Licht getaucht. Es ist frisch und kühl – nicht kalt. Es ist klar. Der Himmel ist von hellem, reinem Blau. Im Laufe des Vormittags wird es wärmer. Ein Dunst liegt auf den Bergen. Gelegentlich erscheint ein Eichhörnchen, rennt

---

[1] Deutsch im Text.

am Stamm einer Tanne hinauf, ergreift einen Tannenzapfen, setzt sich in eine Astgabel und hält ihn in den Pfötchen wie eine Banane. Hin und wieder pickt ein Vöglein, das mit dem Kopf nach unten an einem Zweig hängt, den Samen. Von früh bis spät kommt Glockengeläut aus dem Tal herauf.
Mittag – mit langen Schatten. Heiß und still. Und immer liegt Beerengeschmack, nicht Blumenduft, in der Luft. Aber was soll man von den Nachmittagen sagen? Von den Abenden? Vom Rosa und Gold auf den Bergen, den rasch sinkenden Schatten? Aber es wird rasch kalt. Schön kalt.

August. »Willst du nach Hause gehen, nach Hause gehen, nach Hause gehen?« sagte sie. Warum sie das so oft fragte, wird nie jemand erfahren.
Im ersten Jahr mietete ihre Mutter eine Wohnung in London für die Saison. Betty und Susannah lernten innerhalb von vierzehn Tagen mehr Menschen kennen, die nicht mit ihnen verwandt waren, als in ihrem ganzen bisherigen Leben. Nicht daß sie sehr alt gewesen wären. Betty trug Strümpfe im Winter, badete selbst und schnitt das Fleisch selber mit einem kleinen Messer, aber Susannah war noch immer klein genug, um den Leuten auf den Knien zu sitzen, alles zu glauben, was sie sagten, und aus ihrem Taufbecher zu trinken.

»Der Duft von Thymian zerschmetterte die Stille wie der gellende Schrei eines Habichts« . . .
»Der heiße Geruch zwischen ihren Zähnen . . . als sie feucht und zitternd dalag!«[1]

Es ist unmöglich, alle diese Aspekte und Veränderungen des Lichts »aufzunehmen«.
Das unschuldige Mädchen, welches das Wort »obszön« kaum

[1] Offenbar Zitate aus einem Roman, den Katherine mit Abscheu gelesen hatte.

kannte, konnte nicht in dieser Art denken: »Waren ihre Gedanken von ihm nur als von einer Möglichkeit besessen?«

Emily Plack.

Das *Keuchen* der Säge.

»Ich war im ersten Stadium der Auszehrung und litt noch an etwas anderem, vielleicht noch Ernsterem ... Ich war jeden Tag besessener von einer quälenden, leidenschaftlichen Sehnsucht nach einem ganz gewöhnlichen Alltagsleben. Ich schmachtete nach geistiger Ruhe, Gesundheit, frischer Luft, gutem Essen. *Ich wurde zum Träumer,* und wie ein Träumer wußte ich nicht genau, was ich wollte.« (Tschechow, »Eine langweilige Geschichte«.)

Schweigen. Kleine Kinder rennen ein und aus in dieser Welt und wissen nichts von Gefahr; und kranke Menschen fühlen, wie die Gefahr sich langsam um sie herum auftürmt, wie sie versucht, sich an den Platz des anderen zu drängen. Das ist der Grund, warum sie ein solches Grauen davor haben, allein zu sein ... irgend etwas, um dem Schweigen zu entgehen; und einsame Menschen gehen in den Straßen herum, gaffen in den Shows, trinken – alles eher, als dem Schweigen die Stirn zu bieten.

September.
Das Folgende findet sich inmitten eines unfertigen Manuskripts mit dem Titel: »By Moonlight«. »Karori« war der »Roman«, von dem »Prelude« und »At the Bay« (zu einer bestimmten Zeit) hätten Teile sein sollen.
Ich stecke unbeschreiblich fest, und wieder habe ich den Eindruck, daß was ich schreibe keine *Form* hat. Ich sollte *zuerst* meine Sammlung von *Erzählungen* beenden und mich dann wirklich an den Roman »Karori« setzen.

Warum ich so leidenschaftlich entschlossen bin, dies zu verbergen, weiß ich nicht recht. Aber hier liege ich und tue so (der Himmel weiß, wie oft ich es schon so gemacht habe), als ob ich schriebe. Wenn ich die Täuschung aufgeben und es wirklich versuchen würde? Wenn ich täglich auch nur eine halbe Seite schreiben würde – dann wäre ich eine halbe Seite weiter; und ich würde mich wenigstens zu regelmäßigen Leistungen erziehen. So wie es jetzt steht, bin ich jeden Tag etwas weiter von meinem Ziel entfernt. *Und*, wenn ich dieses Buch einmal beendet hätte, wäre ich frei, das wirkliche Buch anzufangen. *Und* es ist eine Geldfrage.
Aber meine Ideen (selbst über die Kurzgeschichte) haben sich in letzter Zeit ziemlich verändert – das war ein Glück! Jack öffnete die Tür, und ich war offenbar wirklich beschäftigt ... Ach – nein, genug davon. Es hat seinen Zweck erfüllt. Es hat mich auf die richtige Bahn gelenkt.
Am Ende desselben unbeendeten Manuskripts steht diese Notiz:
Das ist nicht schlecht, aber auch nicht gut. Es ist zu glatt ... Ich wollte, ich könnte für ein Jahr nach Neuseeland zurückkehren. Aber gerade jetzt ist es unmöglich. Doch in zwei Jahren oder so sollte es möglich sein.

September. Es ist geradezu widerlich, in meinem Zustand zu sein. Vor zwei Wochen konnte ich noch etwas schreiben. Jeden Tag ging ich an meine Arbeit, und am Ende eines jeden Tages war so viel geschrieben. Und *jetzt* bringe ich kein Wort zustande.

Warum stellte sie seinen Stuhl immer an das Fenster? Ob die Sonne schien oder nicht, sie steckte ihn ans Fenster, als ob er ein Kanarienvogel gewesen wäre!

»›So ist es, altes Mädchen ... Kuzma Jonitsch ist nicht mehr ... Er nahm Abschied von mir ... Er ging und starb ohne

Grund ... Nun denke mal, du hättest ein kleines Füllen und wärst die Mutter dieses kleinen Füllens ... Und auf einmal geht dieses kleine Füllen hin und stirbt ... Da wärst du traurig, nicht wahr?‹ «

Die kleine Stute mahlt mit den Zähnen, lauscht und schnaubt auf die Hände ihres Meisters. Jona wird weggetragen und erzählt ihr alles.« (Tschechow: *Elend*).

Dafür würde ich jede französische Kurzgeschichte den Kamin hinaufjagen. Es ist eines der Meisterwerke der Welt.

N.Z. *Ehrlichkeit:* Der Doktor und seine Frau, Arnold Cullen, Lydia und Archie.

L. *Ein Kuß:* Arnold Alexander und sein Freund im Zug. *Nasser Flieder.*

N.Z. *Sechs Jahre später:* Mann und Frau auf dem Dampfer. Die kalten Knöpfe.

N.Z. *Tante Anna.* Ihr Leben mit der Tannhäuser-Ouvertüre.

L. *Leben wie Treibholz.*

N.Z. *Ein schwaches Herz:* Edie und Ronnie.

L. *Verwitwet:* Geraldine und Jimmie.

N.Z. *Unsere Maude:* »Was für ein Mädel!«

N.Z. *Die Kinder der Waschfrau.*

Das Obenstehende ist offenbar der erste Entwurf der Liste von Erzählungen, die Katherine schreiben wollte, und mit dem 27. Oktober datiert. L = London; N.Z. = Neuseeland.

Ein Kuß.

Und der Freund ihm gegenüber starrte ihn an und dachte, was für ein anziehender und rätselhafter Bursche er sei. Und der Zug raste weiter ...

Auffallend und gemein ...

Es troff von Regen. Und doch lag jene Vorahnung von Frühling in der Luft, die alles erträglich macht ...

Die großen Blumensträuße ...

Er streckte die Beine aus, warf die Arme hoch, reckte sich, setzte sich mit einem Ruck auf und tastete in seiner Tasche nach dem gelben Zigarettenpäckchen. Wie er danach tastete, spielte ein sonderbares kleines Lächeln um seine Lippen. Der Freund ihm gegenüber beobachtete ihn. Er kannte dieses Lächeln. Plötzlich hob er den Kopf; er schaute dem Freunde voll in die Augen.

»Was da geschehen ist, war sehr sonderbar«, sagte er leise und bedeutungsvoll.

»Was?« fragte der Freund neugierig.

Alexander ließ ihn auf die Antwort warten. Als geübter Lügner, der er war, ...

Es handelt sich bei dem Obenstehenden offensichtlich um Notizen für eine Geschichte. Auf einer andern Seite steht der Anfang.

Es geschah, daß Alexander und sein Freund den Sonntagszug verpaßten, mit dem die ganze Gesellschaft reiste. Der einzige Zug, den sie nehmen konnten, um rechtzeitig zu der Probe am Montagmorgen an ihrem Bestimmungsort zu sein, war ein Zug, der London um Mitternacht verließ. Eine gräßliche Zeit! Und auch ein gräßlicher Zug. Er hielt an jeder Station.

»Der bringt wohl die Milch aus London aufs Land«, meinte Alexander sarkastisch. Und sein Freund, der fand, daß es keinen wie ihn mehr gäbe, sagte: »Das ist wirklich gut. Sehr, sehr gut! Damit kannst du zur Bühne gehen, würde ich sagen.«

Sie verbrachten den Abend in der Küche ihrer Vermieterin. Sie mochte Alexander gut leiden; sie hielt ihn für einen richtigen Gentleman.[1]

---

[1] In der Erzählung *The Doves' Nest* befinden sich zwei völlig neue Anfänge dieser Erzählung.

Das Skerritt-Mädchen.

Auf dem Weg zurück in den Garten setzte sich Susannah eine Minute auf den Sessel in der Diele, um einen Kiesel aus ihrem Schuh zu entfernen. Und da hörte sie, wie ihre Mutter sagte: »Nein, das geht auf keinen Fall. Ich kann den lieben, guten Mr. Taylor unmöglich hinauswerfen, nur um für dieses Skerrit-Mädchen Platz zu machen.«

Es war nicht leicht, Herrn Pfarrer Taylor die Sachlage zu erklären, und Frau Downing tat es auch gar nicht gern. Es schien so unvernünftig, ihn zu bitten, das Gastzimmer für die Nacht einem unbekannten Mädchen zu überlassen, da er doch sozusagen für die Dauer der Synode ihr eigentlicher Gast war, und einer, der als armer, einsamer Landpfarrer das bequeme Doppelbett des Gastzimmers sehr zu schätzen wußte. Aber es gab keine andere Lösung. Mit der seltsamen Art, die Männer an sich haben, hatte Harry, Mrs. Downings Gatte, vom Büro aus angerufen, um seiner Frau mitzuteilen, daß eine Miss Netta Skerritt ihn am Vormittag auf der Durchreise aufgesucht habe. Obwohl keiner der Downings sie je zuvor auch nur gesehen hatte, hatte Harry sie sofort eingeladen, bei ihnen zu übernachten – nur weil ihr Vater und Harry Jugendfreunde gewesen waren.

In diesem Augenblick kam Susannah vom Garten herein. Sie stützte den Ellbogen auf den runden Nußbaumtisch, kreuzte die Beine und legte ihre glühende Wangen in die Hände.

»Und es macht Ihnen wirklich nichts aus, für eine Nacht in Susannahs Bett zu schlafen, Herr Pfarrer?« fragte Frau Downing mit besorgter Stimme, indem sie ihm eine zweite Tasse Tee einschenkte.

»Aber nicht im geringsten, liebe Mrs. Downing. Ich werde mich fühlen wie ein König«, antwortete der gute, fröhliche Mr. Taylor.

Susannah riß die Augen weit auf. Ihre Lippen öffneten sich, sie starrte erst ihre Mutter an und dann Mr. Taylors schwar-

zen Rock, den glänzenden Kragen und seine großen gelben Hände.
»Soll Mr. Taylor in meinem Bett schlafen, Mutter?« fragte sie verblüfft.
»Ja, Liebes, aber nur für eine Nacht«, sagte die Mutter geistesabwesend, während sie ein Butterbrot zusammenlegte.
Pfarrer Taylor lächelte sein breites Lächeln.
Susannah stellte sich vor, wie er mit zurückgelehntem Kopf in ihrem Bett lag und schnarchte, so wie er sonntagnachmittags zu schnarchen pflegte. Wie entsetzlich!
»Mit *mir?*« fragte sie verdutzt.
Mutter errötete leicht, und Mr. Taylor gab ein lautes Schnaufen von sich, das vielleicht ein Lachen war.
»Red' nicht so dummes Zeug, Susannah. Natürlich nicht. Du schläfst im Gastzimmer mit Miss Skerritt.«
Das war noch geheimnisvoller. O du meine Güte, warum waren die Erwachsenen so? Sie war bloß wegen einem Butterbrot hereingekommen, sie wollte in den Garten zurück. Und da saßen sie nun in diesem dunklen Zimmer. Es sah sehr dunkel aus nach der Helle draußen, und die weißen Tassen auf dem Nußbaumtisch glänzten wie Lilien auf einem See.

Einen Augenblick später, und von Netta Skerritt war nichts übriggeblieben als eine Vertiefung im Kissen und eine lange – viel zu lange – blauschwarze Haarnadel, die auf dem verblaßten Teppich glänzte.

Ein nicht abgesandter Brief.
Lieber *Freund.* Ich bin froh über Ihre Kritik. Es ist ganz richtig, daß Sie diese Dinge an mir ablehnen. Denn ich war wirklich nachlässig und falsch. Ich war nicht *wahrhaftig* in jenen Tagen. Aber ich versuche schon lange, »den Sklaven aus meiner Seele herauszupressen«. Das wollte ich Sie nur wissen lassen.

O, Koteliansky, ich stehe mitten in einer hübschen Geschichte.[1] Ich wünschte, daß sie Ihnen gefiele. Ich schreibe sie in dieses Notizbuch, und ich habe nur kurz aufgehört, um Ihnen zu schreiben.

Vielen Dank für die Adresse. Vor dem nächsten Frühjahr kann ich nicht nach Paris gehen, deshalb denke ich, es ist vielleicht besser, wenn ich bis dahin nicht schreibe. Die leichte Behandlung hier scheint das Richtige für mich zu sein. Nicht daß ich gegenwärtig krank wäre. Ich bin nicht im geringsten krank.

Es ist ein sonniger, windiger Tag – wunderschön. Ein leises Brausen geht durch die Bäume, und kleine Vögel fliegen hoch in die Luft, einfach aus Lust, herumgewirbelt zu werden.

Auf Wiedersehen. Ich drücke Ihnen die Hand. Ist Ihnen der Gedanke, daß wir uns von Zeit zu Zeit schreiben, unangenehm?

Katherine

Am Ende des Manuskripts von »The Garden-Party«, das sie am 4. Oktober 1921 beendet hatte, schrieb K.:

Dies ist eine einigermaßen erfolgreiche Geschichte, und nichts weiter. Irgendwie ist sie – in der Episode am Heckenweg – verpfuscht.

Das neue Baby.

Es ist spät in der Nacht, sehr dunkel, sehr still. Kein Stern am Himmel. Und nun fängt es an zu regnen. Wie beglückend es ist, nachts auf den Regen zu lauschen; freudige Erleichterung, Entspannung; Herumplätschern und Stillewerden und eine beschützende Zärtlichkeit, all das ist in dem Geräusch des schnell fallenden Regens miteinander vermischt. Gott, der auf die regenfeuchte Erde niederschaut, sieht, wie schwach diese Lichter in kleinen Fenstern scheinen – wie leicht sie auszulöschen sind . . .

---

[1] »The Garden-Party«.

Plötzlich kommen rasche, harte Schritte die Steintreppe herauf. Jemand hat es eilig. Es klopft an meine Tür, und im selben Augenblick erscheint ein rotes, strahlendes Gesicht, und Ernestine verkündet: »Er ist geboren.«
Geboren!
»Er ist geboren!«
O, Ernestine, geh' nicht fort. Hab' keine Angst. Laß mich auch weinen.

16. Oktober. Wieder ein strahlender Tag. J. tippt meine letzte Geschichte, *The Garden-Party,* die ich an meinem Geburtstag beendete. Ich brauchte fast einen Monat, um mich von *At the Bay* zu »erholen«. Ich fing mindestens dreimal falsch an. Aber ich konnte mich nicht von dem Geräusch des Meeres trennen, und von Beryl, wie sie am Fenster stand und ihre Haare im Wind wehen ließ. All das wollte nicht *vergehen.* Aber jetzt bin ich gar nicht mehr so sicher, was diese Erzählung betrifft. Sie kommt mir ein wenig »seicht« vor – sie ist nicht, was sie hätte sein können. Die *G.P.* ist besser. Aber sie ist auch nicht *gut genug ...*
Was einem in den letzten Tagen am meisten auffällt, ist das Blau. Blauer Himmel, blaue Berge, alles ist von himmlischer Bläue! Und Wolken aller Arten – Flügel, weiche, weiße Wolken, goldene Inseln, große Wolkenberge. Das Gold vertieft sich an den Hängen. Es ist eine Tatsache, eine nüchterne Tatsache: Es ist vollkommen.
Aber der späte Abend ist die Zeit – der Zeiten. Mit dieser unirdischen Schönheit vor Augen ist es nicht schwer zu erkennen, wie weit man kommen muß. Etwas zu schreiben, das jenes aufgehenden Mondes, jenes blassen Lichts würdig wäre. »Einfach« genug zu sein, wie man einfach wäre vor Gott ...

27. Oktober. Erzählungen für mein Buch.
N. Z. *Honesty:* Der Doktor, Arnold Cullen und seine Frau Lydia und Archie, der Freund.

L. *Second Violin:* Alexander und sein Freund im Zug. Frühling. Strömender Regen. Nasser Flieder.

N. Z. *Six Years After:* Eine Ehefrau und ihr Mann auf einem Dampfer. Die kalten Knöpfe. Sie sehen jemanden, der sie an etwas erinnert.

L. *Lives like Logs of Driftwood:* Dies müßte eine lange, sehr gut geschriebene Geschichte sein. Die Männer sind wichtig, besonders der weniger bedeutende. Wird viel Arbeit kosten ... Zeitungsredaktion.

N. Z. *A Weak Hart:* Ronnie auf seinem Fahrrad, am Abend, die Hände in den Taschen, wie er Wunder tut, bei dem dunklen Baum an der Ecke von May Street. Edie und Ronnie.

L. *Widowed:* Geraldine und Jimmie: ein Haus, das Sloane Street und den Sloane Square überblickt. Sie trägte jene Knospen an der Brust. »Verheiratet oder nicht verheiratet ...« Vom Herbst bis zum Frühling.

N. Z. *Our Maude:* Mann und Frau spielen Duette und *eins* und *zwei* und *drei* und *eins* und *zwei drei eins!* Seine weißen Westen. Weibchen und Mahub! Was für ein Mädel du bist!

N. Z. *At Karori:* »Die kleine Lampe. Ich sah sie.« Und dann schwiegen sie. (*Finito:* 30. Oktober 1921.)

Bruchstücke von fünf dieser Erzählungen sind in der Erstausgabe von »The Doves' Nest and Other Stories« enthalten. Nur eine davon ist später beendet worden, nämlich »The Doll's House«. Es ist bemerkenswert, daß diese Erzählung auf der früheren Liste als »The Washerwoman's Children« erscheint und in diesem Verzeichnis als »At Karori«. Drei Tage nach Erstellung dieser Liste war das kleine Meisterwerk vollendet. Das Manuskript läßt erkennen, daß die Erzählung in großer Eile geschrieben wurde, aber anscheinend nicht in einem Zug. Das würde bedeuten, daß Katherine Mansfields Eingebungen unmittelbarer und unerwarteter waren, als sie selber wußte, und daß sie die im voraus geplanten Geschichten in den meisten Fällen nicht vollenden konnte. Auf jeden Fall ist bedeutsam, daß von allen ihren vollendeten

Erzählungen nichts als diese Erzählungen selbst erhalten geblieben sind. In der Regel liegen dazu keine Notizen vor, keine Varianten, keine »falschen Anfänge«, sondern nur ein einziges Manuskript, das gegen Ende immer schneller geschrieben wurde, so daß die Schrift schließlich kaum mehr zu entziffern ist. In einigen Fällen existiert eine gute Abschrift mit kaum einer Änderung. Die Notiz über »The Doll's House« ist keine Ausnahme, denn sie ist der tatsächliche Schluß der Geschichte. Dieser Bericht über ihre Schreibweise wird bestätigt durch eine Notiz vom 17. Januar 1922: »Es ist stets eine Art von Rennen, soviel einzubringen, wie man kann, bevor es verschwindet.« Es ergibt sich die Schlußfolgerung, daß Katherine offenbar »The Doll's House« vor sich »sah«, als sie die obenstehende Liste erstellte, und daß sie dann die Geschichte schrieb, bevor die Vision sich verflüchtigte.

Oktober. Ich frage mich, warum es so schwer ist, demütig zu sein. Ich glaube nicht, daß ich eine gute Schriftstellerin bin; ich kenne meine Fehler besser als irgend jemand sonst. Ich weiß genau, wo ich versage. Und doch, wenn ich eine Geschichte beendet und bevor ich eine andere angefangen habe, ertappe ich mich dabei, wie ich mich *brüste.* Es ist entmutigend. Ein böser alter Stolz scheint in meinem Herzen zu sein, eine Wurzel davon, die beim geringsten Anlaß einen fetten Schößling treibt... Das wirkt sich sehr störend auf die Arbeit aus. Während dieses Zustandes kann man nicht ruhig, klar und gut sein, wie man sein sollte. Ich betrachte die Berge, ich versuche zu beten und ich denke an etwas *Geistreiches!* Es ist eine Art von Erregung in einem, die nicht da sein sollte. Beruhige dich. Läutere dich. Und alles, was ich in diesem Zustand schreibe, ist nichts wert, es ist voll von *Sediment.* Wenn ich gesund wäre, würde ich ganz allein irgendwohin gehen und mich hinter einen Baum setzen. Man muß lernen, man muß üben, sich selber zu *vergessen.* Ich kann die

Wahrheit über Tante Anna nicht sagen, wenn ich mich nicht ohne Befangenheit in ihr Leben versetzen kann. O Gott! Ich bin noch immer entzweit. Ich bin nicht gut. Ich versage in meinem persönlichen Leben. Ich verfalle in Ungeduld, Launen, Eitelkeit, und ich versage als Deine Priesterin. Vielleicht hilft mir die Dichtung.

Gerade habe ich meine Füllfeder gründlich gereinigt. Wenn sie jetzt noch rinnt, dann ist sie *kein* Gentleman!

Oktober. Der tiefe Groll, den L. M. mir gegenüber zeigt, ist wirklich faszinierend. Sie unterdrückt ihn lange Zeit, aber, O! – wie stark er da ist! Heute abend im Salon zum Beispiel, haßten wir uns, haßten einander wirklich auf seltsame Weise. Ich fühlte, daß ich sie nicht mehr sehen konnte; und sie fühlte, daß sie mich beleidigen mußte, bevor sie ging. Es war seltsam. Und es war abscheulich. Als sie sagte: »Nun bist du hoffentlich zufrieden«, hatte ich einen wahren Abscheu gegen sie – etwas, was ich sonst nie empfinde. Was bedeutet das? Ich kann auch nicht verstehen, warum ihre Nachlässigkeit und Unbesonnenheit mich so abstoßen. Wenn sie den Kopf zurückwirft und mit einer sonderbaren Stimme ganz ungezwungen sagt: »O, das ist mir alles ganz egal!« dann ist mir schon ihr bloßer Anblick zuwider.

11. November. Wäre doch *mein* Schweigen bloß zwei Minuten lang![1]

13. November. Es ist an der Zeit, daß ich ein neues Tagebuch anfange. Komm, laß uns miteinander sprechen! Ja, in den letzten zwei Wochen habe ich fast nichts geschrieben, ich

[1] Die Notiz bezieht sich auf die zwei Schweigeminuten am 11. November um 11 Uhr morgens, dem Jahrestag des Waffenstillstands am 11. November 1918.

bin müßig gewesen; ich habe *versagt.* Warum? Aus vielen Gründen. Eine Art von Verwirrung herrschte in meinem Bewußtsein. Es schien keine Zeit zum Schreiben da zu sein. Die sonnigen Vormittage sind durch die Liegekur in Anspruch genommen, der Nachmittag wird von der Post aufgesogen. Und am Abend bin ich müde.

»Aber das liegt alles tiefer.« Ja, du hast recht. Es war mir unmöglich, mich so zu versenken, wie es notwendig wäre. Ich war nicht reinen Herzens, nicht demütig, nicht gut. Sediment ist aufgerührt worden. Ich betrachte die Berge und sehe nur Berge. Sei ehrlich! Ich lese Schund. Ich vernachlässige meine Korrespondenz. Ich komme meinen Verpflichtungen nicht nach, und das schadet mir auf jede Weise. Auch habe ich mein Versprechen gebrochen, für *The Nation* Buchbesprechungen zu schreiben. Ein weiterer *dunkler Punkt.* Undiszipliniert? Ja, das umschreibt den Zustand – zerstreut, unbestimmt, nicht *positiv,* und vor allem – ich arbeite nicht so, wie ich sollte, ich verschwende die Zeit.

Zeitverschwendung – die alte Klage – die erste und die letzte. Warum *zauderst* du? Ah ja, warum? Mein größter Wunsch: eine Schriftstellerin zu sein, ein Werk zu schaffen. Und das Werk ist da, die Erzählungen warten auf mich, *werden müde,* verwelken, verblassen, weil ich nicht kommen will. Und ich höre sie, und ich *anerkenne* sie, und doch bleibe ich am Fenster sitzen und spiele mit dem Wollknäuel. Was soll man tun?

Ich muß eine neue Anstrengung machen – sofort. Ich muß von neuem beginnen. Ich muß versuchen, ganz einfach zu schreiben, frei, voll, aus dem Herzen. *Ruhig,* ohne mich um Erfolg oder Mißerfolg zu kümmern, ich muß einfach weitermachen.

Ich muß dieses Notizbuch führen, damit schriftlich festgehalten wird, was ich jede Woche getan habe. (Hier noch ein Wort: Als ich *At the Bay* bei den Korrekturen wieder las, erschien mir die Geschichte platt, langweilig, ein Mißerfolg.

Ich schämte mich ihrer. Ich schäme mich noch immer.) Aber jetzt der Entschluß! Und besonders: mit dem Leben in Berührung bleiben – mit dem Himmel und diesem Mond, diesen Sternen, diesen kalten, klaren Gipfeln.

16. November. Nach Siders zu gehen, wenn das so weiter geht . . . oder nach – oder nach –

21. November. Seit damals [das heißt seit der Eintragung vom 16. Oktober 1921] habe ich nur *The Doll's House* geschrieben. Ich stehe unter einem bösen Zauber. Ich habe zwei Erzählungen angefangen,[1] aber dann habe ich sie ihnen erzählt, und sie fühlten sich verraten. Es ist wirklich verhängnisvoll, dieser Versuchung nachzugeben . . . Heute begann ich ernsthaft an *The Weak Heart* zu schreiben – eine Geschichte, die mich *sehr* fasziniert. Was bei dieser Geschichte meiner Ansicht nach so besonders wichtig ist, ist ein subtiler Wechsel der Zeitform von der Gegenwart zur Vergangenheit und umgekehrt – und Weichheit, Leichtigkeit und das Gefühl, daß alles im Entstehen ist, mit einer Spur von Humor im Charakter Ronnies. Und die Atmosphäre der Thornton-Bäder, die nassen, feuchten, triefenden . . . nein, ich weiß, wie es gemacht werden muß.

Möge ich für würdig befunden werden, es zu tun! Herr, mache mich kristallklar, damit Dein Licht durchscheinen kann!

24. November. Während der letzten Tage bin ich schrecklich rebellisch gewesen. Ich sehne mich nach irgend etwas. Ich fühle mich entwurzelt. Ich fühle ein Verlangen nach Dingen, die Jack so leicht entbehren kann, die er seiner Natur nach nicht braucht. Ich sehne mich danach. Aber stärker als alle diese Wünsche ist der andere: *mich zu rechtfertigen,* bevor

[1] *Widowed* und *Second Violin.*

ich etwas anderes unternehme. Je eher die Bücher geschrieben werden, um so schneller werde ich genesen, um so näher komme ich der Erfüllung meiner Wünsche. Das ist die nüchterne Wahrheit, natürlich. Es ist die reine Tatsache, daß ich den Zwangsaufenthalt hier als von Gott geschickt betrachte. Andererseits jedoch muß ich so schnell wie möglich das Beste daraus machen. Er hat, wie alles, seine Grenzen, O, warum – o, warum gibt es nichts Grenzenloses? Warum werde ich jeden Tag meines Lebens von dem Gedanken an die Nähe des Todes und seine Unvermeidlichkeit verfolgt? Das ist wirklich ein krankhafter Punkt bei mir. Und ich kann nicht darüber sprechen. Wenn ich J. etwas davon sage, macht es ihn unglücklich. Und wenn ich nichts sage, muß ich es allein durchkämpfen. Ich bin des Kampfes müde. Niemand weiß, wie müde.

Heute abend, als der Abendstern durch das Seitenfenster schien und die blassen Berge so bezaubernd aussahen, saß ich da und dachte an den Tod. An alles, was zu tun wäre – an das herrliche Leben – und an die Tatsache, daß mein Körper ein Gefängnis ist. Aber dieser Geisteszustand ist ein Übel. Nur wenn ich anerkenne, daß ich, so wie ich bin, *dies* erleiden mußte, um die Arbeit zu tun, für die ich geschaffen wurde – nur wenn ich das anerkenne und dankbar dafür bin, daß die Arbeit nicht von mir genommen wurde, nur dann werde ich gesund werden. Ich bin schwach, wo ich stark sein sollte.

Und heute – Samstag [26. November] – weniger denn je. Aber es tut nichts. Ich habe doch Fortschritte gemacht . . . ein wenig. Ich bin mir bewußt geworden, *was* getan werden muß – die seltsame Schranke zwischen Denken und Schreiben, die überschritten werden muß . . . Daphne.

[Auf der nächsten Seite des Notizbuches beginnt das unvollendete Manuskript von *Daphne*, welches in die Sammlung *The Doves' Nest* aufgenommen wurde.]

Vaihinger: *Die Philosophie des Als Ob.* Wie kommt es, daß wir mit merkwürdig falschen Ideen doch zu Schlüssen gelangen, die in Übereinstimmung sind mit der Natur und die wir als wahr empfinden?
Es geschieht dank und nicht trotz dieser logisch fehlerhaften Begriffe, daß wir logisch gültige Ergebnisse erzielen. Die Fiktion von *Kraft:* wenn zwei Prozesse die Tendenz haben, aufeinander zu folgen, und wir die Eigenschaft des ersten, vom andern gefolgt zu werden, seine »Kraft« nennen, und wir diese nach der Größe des Ergebnisses messen (zum Beispiel Charakterstärke). In Wirklichkeit haben wir bloß Folge und Koexistenz, und die »Kraft« ist etwas, das wir uns vorstellen.
Dogma: Absolute, unbestreitbare Wahrheit.
Hypothese: Mögliche Wahrheit (Darwins Abstammungslehre).
Fiktion: Ist unmöglich, befähigt uns jedoch, eine relative Wahrheit zu erreichen.
Platos Mythen sind durch diese drei Stadien gegangen, hin und zurück, das heißt, sie werden heute wieder als Fiktion betrachtet.
Warum müssen Denken und Sein sich immer auf zwei Ebenen abspielen? Warum will Hegels Versuch, subjektive Vorgänge in objektive Weltvorgänge zu verwandeln, nicht gelingen? »Es ist die besondere Kunst und das Ziel des Denkens, mittels ganz anderer Methoden Sein zu erlangen als denjenigen des Seins selber.« Das heißt, die Wirklichkeit kann nicht zum Traum, zum Ideal werden; und es ist nicht die Aufgabe des Künstlers, private Interessen zu vertreten und zu versuchen, der seienden Welt seine Weltanschauung aufzuzwängen. Die Kunst ist nicht ein Versuch des Künstlers, das Sein mit seiner Anschauung in Einklang zu bringen; sie ist vielmehr ein Versuch, *in* dieser Welt seine eigene Welt zu erschaffen. Das, was dem Künstler seinen Gegenstand ein-

gibt, ist die *Unähnlichkeit* mit dem, was wir als Realität anerkennen. Wir wählen – wir stellen ins Licht – wir erheben.

Ende gut, alles gut.
Der Erste Lord verdient Beachtung. Man hätte glauben können, daß seine Reden und diejenigen des Zweiten Lords austauschbar wären; er ist jedoch ein sehr bestimmter, scharf ausgeprägter Charakter. Nehmen wir zum Beispiel das Gespräch der beiden im 4. Akt, 3. Szene. Der Zweite Lord ersucht ihn, das, was er ihm sagen wird, geheimzuhalten.
Erster Edelmann: »Wenn Ihr's ausgesprochen habt, ist es tot, und es liegt in mir begraben.«

Und dann sein Kommentar:

»Wie wunderbar finden wir oft einen Trost in unserm Verlust!«

Und dies ist vorzüglich:

»Das Gewebe unsres Lebens besteht aus gemischtem Garn, gut und schlecht durcheinander. Unsre Tugenden würden stolz sein, wenn unsere Fehler sie nicht geißelten; und unsre Laster würden verzweifeln, wenn sie nicht von unsern Tugenden ermuntert würden.« [IV. Akt, 3. Szene]

Ich mag die Stimmung in diesen Worten sehr gern – und verrät sie nicht den Mann, der dahinter steht? Desillusioniert und doch – belustigt – weltklug, und doch hat er Gefühl. Ich sehe ihn so: rasch, voller Leben und wunderbar unbefangen in Gesellschaft, in seiner Umgebung, in seiner persönlichen Lage und der ganzen kleinen, festgegründeten Erde. Er ist wie ein Mann an Bord, der gern breitbeinig geht, nur um zu zeigen (aber nicht, um damit zu *prahlen*), wie gut er seine Seemannsbeine gebrauchen kann . . .
Der Narr – »ein Schelm und ein armer Teufel« – tritt auf, um

der Gräfin die Ankunft Bertrams und seiner Soldaten zu melden:

»Meiner Treu, draußen steht ein ganzes Dutzend von ihnen, mit allerliebsten feinen Hüten und überaus höflichen Federn, die sich verneigen und jedermann zunicken.«

[IV. Akt, 5. Szene]

In diesen Worten liegt der ganze Reiz, den Soldaten auf stolzierenden, klirrenden, tanzenden Pferden haben können. Es ist ein wahrhaftiger kleiner Festzug. Mit welcher Miene der hochmütige (und unerträgliche) Bertram das stattliche Samtpflaster auf der Wange trägt – mit welcher Verachtung seine Hand in dem französischen Spitzenhandschuh die straffen Zügel seines stolzen Schimmels hält. Wunderbar sonnig, mit einer leichten Brise. Und der Narr sieht natürlich das Komische an diesem Dünkel.

Parolles ist ein liebenswerter Kerl, ein tapferes kleines Sperlingsmännchen von einem Raufbold.

». . . aber nun, Herr, bin ich in Fortunens Morast muddig geworden und rieche etwas streng nach ihrer strengen Ungnade.« [V. Akt, 2. Szene]

Helena, das muß ich sagen, ist ein ganz schreckliches Weibsbild. Ihre Tugend, ihre Beharrlichkeit, die Art, wie sie dem widerwärtigen Bertram nachstellt (als Pilgerin verkleidet – so typisch!), und wie sie dann die ganze Geschichte der *guten* Witwe erzählt. Und dieser zahme Fisch Diana. Und in Dianas Bett zu liegen, um sich den Diana bestimmten Umarmungen hinzugeben – gibt es etwas Widerlicheres? Nur eine ehrbare Frau könnte so etwas tun. Das Schlimmste daran ist, daß ich mir so gut vorstellen kann . . . daß ich zum Beispiel genau dasselbe tun und Diana nachher beschenken könnte. *Wie* der Tee der Witwe und D. geschmeckt haben muß, während das vor sich ging, oder wollte D. vielleicht im letzten Augenblick den Handel absagen? Aber einer solchen

Frau zu verzeihen! Doch das sieht Bertram gleich. Es ist etwas von einem Muttersöhnchen in ihm, was ihn dumm genug macht für alles mögliche.

Der alte König ist ein komischer Kauz – er scheint eine wahre Manie zu haben, Ehemänner zu verleihen. Als ob der erste Reinfall nicht genug wäre, beginnt er, kaum nachdem Diana sich erklärt hat:

»Bist du noch Mädchenblume, wähl dir morgen
Den Gatten! für den Brautschatz will ich sorgen!«
[V. Akt, 3. Szene]

Ich glaube, daß Shakespeare das Komische daran erkannt hat. Es verleiht dem alten Narren im letzten Augenblick des Stücks lebendigen Atem.

Hamlet.

Coleridge über Hamlet: »Er verwendet den schlauen Kunstgriff, vorzugeben, er agiere bloß dann, wenn er das, was er spielt, beinahe *ist.*« . . . Wir beginnen alle damit zu agieren, und je näher wir dem kommen, was wir sein möchten, um so vollkommener ist unsere *Verstellung.* Endlich kommt der Augenblick, *da wir nicht länger schauspielern;* es kann sogar sein, daß er uns plötzlich überrascht. Wir betrachten mit Staunen die nicht länger geborgten Federn. Beides hat sich vermischt; was wir vorgegeben haben, hat sich mit dem verbunden, was war; das Spiel ist zur Tat geworden. Die Seele hat nach einer Zeit des Prüfens und Erprobens die Verkleidung als ihr zugehörig akzeptiert. Agieren . . . uns in einer bestimmten Rolle sehen – eine größere Gebärde machen, als sie uns im Leben zustehen würde – deklamieren, sich äußern, sogar übertreiben. Uns selber überzeugen? Oder andere? Uns ermutigen? Mehr tun, als notwendig wäre, damit wir vollenden können ce qu'il faut.

Und dann: Hamlet ist einsam. Der Einzelgänger agiert immer.

Aber ich könnte tausend Seiten schreiben über viele Hamlets.

Die Wahnsinnsszene. Wenn man sie kühl betrachtet, ist sie wirklich sehr dürftig. Ihre Wirkung hängt völlig von der ätherischen Ophelia ab. Der König und die Königin sind aus Pappe und natürlich nur Zuschauer. Es ist ihnen ganz einerlei. Ich glaube, die Königin ist im stillen ziemlich erstaunt über den einen oder anderen Vers ihrer Lieder ... Und wer könnte glauben, daß auch nur ein Veilchen welkte, als dieser alberne, wichtigtuerische, alte Prahler starb? Und wer könnte glauben, daß Ophelia ihn wirklich liebte und nicht dankbar daran dachte, wie friedlich das Frühstück ohne sein Predigen sein würde?

Die Rede der Königin nach Ophelias Tod verletzt das Gefühl für poetische Wahrheit. Wenn es niemand gesehen hat – wenn man sie nicht fand, bevor sie ertrunken war – wie kann die Königin dann wissen, wie es geschah? Der gute Shakespeare war auf der Royal Academy ... für dieses Bild.

Miranda und Julia.

Die Behauptung, daß Julia und Miranda sehr wohl eine Person sein könnten, zeigt meines Erachtens einen beklagenswerten Mangel an Wahrnehmungsvermögen. Die unschuldige, mit dem frühen Morgen der Welt vergleichbare Miranda, jene schöne, noch halb in goldenem Dunst träumende Insel – von kleinen, freudig dahineilenden Liebeswellen umspült ... Und die kleine, zarte, sich dem Dunkel zuneigende Julia – eine Blume, die dem Mond zugewandt ist und sich widerstrebend in der kühlen Morgendämmerung schließt. Es ist noch nicht einmal ihr Frühling. Es ist ihre Traumzeit: zu früh für die Liebe. Es gibt einen Frühling, der vor dem wahren Frühling kommt, und es gibt auch eine solche Liebe – eine falsche Liebe. Sie ist in Julia verkörpert.

Romeo und Julia.

Wenn die alte Kinderfrau davon schwatzt, wie sie sich an das Taubenhaus lehnt, ist es gerade so, als ob ein Sonnenstrahl durch die Vorhänge dränge und sie entdeckte, wie sie dort in der Wärme sitzt mit dem kleinen Knirps. Man kann tatsächlich die Wärme der sonnigen Mauer spüren.

Was ihr wollt.
Malvolios ». . . oder spiele mit einem kostbaren Ringe.« Da spricht das neidische Dienerherz, das nach seines Meisters Besitz gelüstet. Ich sehe, wie er seufzend das Tuch streichelt, während er des Meisters Mantel beiseite legt – wie er den Edelstein ans Licht oder an seine Finger hält, bevor er ihn in der Elfenbeinschachtel verschließt. Ich sehe, wie der Diener den Ausdruck seines Meisters nachahmt, wenn er in den Spiegel des Meisters blickt.
Und das ». . . komme soeben von einem Ruhebett, wo ich Olivien schlafend gelassen.« [II. Akt, 5. Szene] O, enthüllt das nicht die Gedanken all jener merkwürdigen Wesen, die andere bedienen?

Antonius und Cleopatra.
I. Akt, 1. Szene.
»Des Weltalls dritte Säule umgewandelt . . .«
»Der weite Bau
Des festen Reichs . . .«
»Zu Nacht durchwandern wir die Stadt und merken
  Des Volkes Launen.«
(Das ist ein so *wahres* Vergnügen von Liebenden.)

I. Akt, 2. Szene.
»Ergriff ihn ein Gedank' an Rom . . .«
»Nur Unkraut tragen wir,
  Wenn uns kein Wind durchschüttelt . . .«

Enobarbus erstaunt mich immer, zum Beispiel seine ersten Gespräche mit Antonius über Cleopatras schnelles Sterben.
»Aus Euerm alten Weiberhemd läßt sich ein neuer Unterrock machen.«

I. Akt, 3. Szene. Wie 2. Szene. 1. »Saht Ihr Anton?« 2. »Wo ist er?« »Was sagt die Ehgemahlin?« Das ist Eifersucht! Und dann ihre Wut, daß er nicht mehr bestürzt ist über Fulvias Tod!

»Nicht Fulvias Tod beweinen
Zeigt mir, wie leicht du einst erträgst den meinen.«

Dies sind schöne Worte von Antonius:
»Es flieht zugleich und weilet unsre Trennung,
Denn du, hier thronend, gehst doch fort mit mir,
Und ich, fortschiffend, bleibe doch mit dir.«

I. Akt, 4. Szene.
»Gleich einer Wasserschwertel in der Strömung,
Schwimmt hin und her, der Wechselflut gehorchend,
Und fault in der Bewegung.«

Wunderbare Worte! Ich kann sie verwenden. Stoff für eine kurze Geschichte. Und dann sieht es so aus, als ob das Unkraut hängenbliebe und dann hinuntersänke; dann wird es ins Meer hinausgeschwemmt und geht verloren. Es kommt jedoch ein Tag und gleiche Gezeiten, da erscheint es wieder, noch ekelhafter faulig! Soll er? Will er? Sind Briefe da? Keine Briefe? Die Post? Vermißt er mich? Nein. So schwemme es ins Meer hinaus! Kläre das Wasser für immer! Laß mich das eines Tages schreiben.
». . . daß die Wange
Nicht einmal schmäler wurde.« Sparsamkeit des Ausdrucks.

I. Akt, 5. Szene.
»Jetzt weid ich mich
Am allzu süßen Gift.«
»Und steigt gelassen auf sein hohes Streitroß.« O, ja; natürlich.

II. Akt, 1. Szene.
»Der üppigen Cleopatra ...«

II. Akt, 2. Szene.
Enobarbus: »Jegliche Zeit
Paßt wohl für das, was sie zutage bringt.«
Cäsar: »Ihr preist Euch selbst,
Indem Ihr schwach mein Urteil nennt; doch Ihr
flickt nur Entschuldigung so.«
Enobarbus: »Ich hätte bald vergessen, daß Wahrheit schweigen muß.«

II. Akt, 3. Szene. Die kurze Szene zwischen Antonius und dem Wahrsager ist sehr bemerkenswert. Sie erklärt den Ton von Cäsars Bemerkungen über Antonius ... Und Antonius' abschließende Worte zeigen, wie unbehaglich es ihm angesichts der Wahrheit dieser Worte wird. Er wird nach Ägypten segeln. Er wird dorthin gehen, wo seine Schwäche als Stärke gepriesen wird. Zwischen den Zeilen wird ein Verlangen nach Ägypten spürbar.

5. Szene. »Den goldbefloßten Fisch ... Die schleimigen Kiefer ...« Die Beiwörter scheinen ein Teil der Hauptwörter zu sein, so wie Shakespeare sie anwendet. Sie schmücken diese so schön, begleiten und verzieren sie so maßvoll und doch mit so viel Geschicklichkeit. Bei unbedeutenderen Schriftstellern kommt es so oft vor, daß uns die Diener mehr auffallen als die Herren, und daß wir ganz vergessen, daß es ihre Funktion ist zu dienen und die Kraft des Meisters zu vergrößern und zu erweitern.

»Stopf mir fruchtbare Zeitung in mein Ohr,
Das lange brachgelegen.«

Schöne Worte! Und ein weiteres Beispiel für die Wahl des richtigen Ortes für Wörter. Es muß instinktiv geschehen sein.

Aber »fruchtbar« steht offensichtlich genau dort, wo es hingehört, und wird von dem Wort »brach« aufgelöst (im musikalischen Sinne). Man liest »fruchtbar« und erwartet »brach« beinahe schon dem »Klangsinn« nach.

Cleopatra: »Solltst du als Furie kommen, schlangumkränzt,
Und nicht in Mannsgestalt.«

» ›Und doch‹ ist wie ein Scherg, dem hinterher
Ein arger Missetäter folgt.«

Das ist Stoff, wahrhaftig! Entsteht hier nicht die Pause, die stets auf diese verhaßten Wörter folgt? »Und doch« – und man wartet. Und beide blicken nach der sich langsam öffnenden Tür. Was erscheint? Und manchmal kommt danach ein Seufzer der Erleichterung. Nun, es war nichts so ganz Schreckliches. Die Kerkermaus kommt angeschlichen und putzt sich die Schnauze mit den Pfötchen.

»Ich erblasse, Charmion.«
Erinnert mich an Mary Shelley. »Byron hatte noch nie jemand gesehen, der so blaß war wie ich.« Auch an etwas von John. Ich weiß nicht mehr genau, was. »War er so blaß wie sie? Wahrscheinlich, denn er fühlte, wie das Blut in seine Wangen zurückschlich.« Ich weiß nicht, ob Bogey »schlich« tatsächlich *schrieb*, oder ob das eine Karikatur ist. Es bringt mich zum Lächeln. Es ist so typisch für ihn.

»Denn nur ich selbst
Gab Ursach meinem Zorn.«

Was heißt das genau? Daß sie Antonius wegschickte? Oder daß sie ihn gehen ließ?

»Antonius zu erheben, schalt ich Cäsarn . . .
Dafür lohnt er nun! –«

Ein Geschöpf wie Cleopatra erwartet immer, daß es belohnt wird.

1922

1. Januar. Ich träumte, daß ich mit Großmama nach Ägypten fuhr – ein sehr weißes Schiff.
Kalt, still. Der Sturm der letzten Nacht hat fast allen Schnee von den Bäumen gefegt; nur große, gefrorene Klumpen sind übriggeblieben. Im Wald, wo noch hoher Schnee liegt, waren Sonnenflecke wie blasses Feuer.
Ich habe das nicht getan, was ich hätte tun sollen, und habe getan, was ich nicht hätte tun sollen[1], das heißt heftige Ungeduld mit L. M.
Schrieb *The Doves' Nest* heute nachmittag. Ich war gar nicht zum Schreiben aufgelegt; es schien unmöglich. Als ich aber drei Seiten geschrieben hatte, waren sie ganz in Ordnung. Das ist ein Beweis (den man nicht oft genug prüfen kann) dafür, daß man, wenn man sich einmal eine Erzählung ausgedacht hat, sich nur noch die *Mühe* [des Schreibens] machen muß.
Wing-Lee war den ganzen Tag verschwunden. Las W. J. D.'s Gedichte. Ich fühle mich ihm geistig sehr verbunden.
Ich will nicht vergessen, wie das Licht in einem Zimmer verblaßt – und man verblaßt mit ihm, wird *ausgelöscht*, während man still dasitzt, mit zusammengepreßten Knien, die Hände in den Taschen ...

2. Januar. Kleine rundliche Vögel in der Tanne am Seitenfenster, die den Baum nach Futter absuchen. Ich verkrümelte ein Stück Brot, und obwohl die Krumen auf die Äste fielen, fanden sie nur zwei der Vögelchen. Eine seltsame Entrücktheit lag in der Luft, auf der Szene, in dem winterlichen Gezwitscher. Am Abend fühlte ich mich ausgeruht – zum erstenmal seit ... Ich setzte mich im Bett auf und entdeckte,

[1] Schuldbekenntnis aus dem anglikanischen Gebetsbuch.

daß es in mir sang. Sogar das Sausen des Windes ist anders. Es ist freudvoll, nicht unheilvoll. Und die schwarze Finsternis schaut zum Fenster herein und ist nur schwarz und dunkel. Am Nachmittag begann es in Strömen zu regnen, langgleitender, schrägfallender Regen.
Ich habe die Arbeit nicht getan, die ich hätte tun sollen. Ich drückte mich vor der Lunch Party [siehe *The Doves' Nest*]. Das ist sehr schlimm. Ich verabscheue mich tatsächlich selber. Das muß jetzt anders werden. Was ich an Jane Austen besonders bewundere, ist, daß sie hält, was sie verspricht: wenn zum Beispiel Sir T. ankommen soll, beschreibt sie die Ankunft in aller Ausführlichkeit und auf ausgezeichnete Weise, die unsere Erwartungen noch übertrifft.
Das kommt selten vor; es ist auch mein allerschwächster Punkt. Leicht einzusehen, weshalb ...

3. Januar. Ich träumte, ich sei im »Strand-Palace« gewesen – und W. L. G. heiratete M. D. – groß, blond, in viel weißem Atlas ... Heute morgen lag eine große Menge Neuschnee; er war sehr weich, »wie Wolle«. Wir kauften die Kokosnuß, sägten sie in der Mitte durch und hängten sie an Jacks Balkon auf. Die Milch tropfte in ganz hellen Tropfen heraus – keine weiße Milch. Das war eine große Überraschung. Das Fleisch der Kokosnuß ist sehr schön – reines Weiß. Aber das Wunderbarste war die tauige, süße Flüssigkeit. Woher kam sie? Sie versetzte einen auf die Insel.
Ich las den *Sturm*. Die Zeitungen kamen. Ich las zu lange darin. Sag die Wahrheit. Ich arbeitete nicht. Tatsächlich war ich fauler und hassenswerter denn je. Voll Sünde. Warum? »O Selbst, o Selbst, erwach aus deinem gemeinen Schlaf.« Und das Schlimmste ist, daß ich mich dabei gesundheitlich so viel besser fühle. Es ist schändlich! *Der Sturm* hat mich diesmal in Erstaunen versetzt. Wenn man das gleiche Stück wiederliest, ist es nie das gleiche Stück.

4. Januar. Träumte von Michael Sadleir. Ein wichtiger Traum; der Ton war wichtig. Jene Galerie über dem Meer und mein »Ist es nicht schön?« und sein müdes »Zweifellos«. Seine Definition der zwei Arten von Frauen . . .
A. M. diente als Entschuldigung, keine schöpferische Arbeit zu leisten. Aber heute war ich nicht so böse. Ich las ein gutes Stück in *Cosmic Anatomy* weiter und habe es viel besser verstanden. Ja, ein solches Buch fasziniert mich. Warum haßt Jack es so sehr?
Die Beziehungen der Dinge zueinander auch nur flüchtig zu erfassen – diese Beziehungen zu verfolgen und festzustellen, daß sie sich durch alle Zeiten erhalten, erweitert meinen kleinen Geist wie sonst nichts. Es ist nur eine größere Auffassung der Psychologie. Es hilft mir zum Beispiel beim Schreiben zu wissen, daß »hot + bun« Taurus, Pradhana, Substanz bedeuten können. Nein, das ist es nicht, was mich eigentlich fesselt; es ist die Tatsache, daß die Reaktionen auf gewisse Ursachen und Wirkungen immer die gleichen gewesen sind. Es war zum Beispiel kein Zufall, daß Constantia[1] den Mond und das Wasser wählte!
Las Shakespeare. Der Schnee ist tiefer, er haftet an den Ästen wie weiße, neugeborene Welpen.

5. Januar. Ein langer, typischer Dampfer-Traum. Wie gewohnt war ich auf der Fahrt nach Neuseeland. Aber zum erstenmal war meine Stiefmutter *sehr* freundlich und lieb. Ich liebte sie. Darauf folgte ein tragischer Traum über Ida. Sie verschwand, und es war schließlich zu spät, sie zu suchen oder ihr zu sagen, sie solle zurückkommen.
Las in *Cosmic Anatomy*. Ich brachte es fertig, ein wenig zu arbeiten. Fand den Durchbruch. Das ist eine große Erleichterung. Jack und ich streuten Futter für die Vögel. Als ich

---

[1] Eine der Schwestern in K. M.s Erzählung »The Daughters of the Late Colonel«.

wieder ans Fenster trat, war das Futter verschwunden, und auf dem Fensterbrett waren die winzigen Fußspuren der Vögel. J. brachte die halbe Kokosnuß herauf und streute auch Brosamen. Sehr bald kam, wenn auch ängstlich, ein Vogel angeflogen, dann ein zweiter und ein dritter, die sich auf der Kokosnuß schaukelten. Es sind köstliche kleine Wesen.
Es schneit noch immer. Ich fange an, den Schnee zu *hassen*, ihn ausgesprochen zu hassen. Es liegt etwas Betäubendes darin, etwas wie »es muß noch schlimmer kommen, bevor es besser wird«, und herunter wirbelt es. Ich liebe die fruchtbare Erde und sehne mich nach ihr. Wie habe ich mich nach Südfrankreich gesehnt dieses Jahr! Und auch jetzt.
Schalt Ida wegen dem Essen und den Kleidern. Sie hat einen »Essenskomplex«. J. und ich lasen *Mansfield Park* [von Jane Austen] mit großem Vergnügen. Ich frage mich, ob J. so zufrieden ist, wie es den Anschein hat. Es kommt mir zu schön vor, um wahr zu sein.

6. Januar. Erstes Mondviertel. *Jour de Fête.* Der [Weihnachts]Baum wir abgeräumt.
Ich hatte eine sehr schlechte Nacht und bin nicht tief genug eingeschlafen, um träumen zu können.
Am Morgen war alles weiß, alles trüb und kalt, und es fiel immer noch Schnee. Ich beobachtete die unheimlichen Anstrengungen eines kleinen Vögleins, durch das Eis zu picken und an das süße Kokosnußfutter zu gelangen. Es gelang ihm auch. Aber warum muß er sich so plagen?
Mein Herz machte mir den ganzen Tag zu schaffen. Es ist die Kälte. Blutandrang; ich fühle mich nicht wohl, das heißt, mein Körper fühlt sich nicht wohl. Ein widerwärtiges Gefühl. Ich huste.
Las Shakespeare, las *Cosmic Anatomy*, las im Oxford Dictionary. Schrieb. Aber lange nicht genug.
Am Nachmittag kam W. zum Tee. Ich vermute, er ist schüchtern, ängstlich und sehr lieb. Tief innen schlummert der *Sa-*

men. Das ist nicht sentimental. Zum Abschied wünschte er mir Sonne. Ich fühlte, daß sein Wunsch Kraft in sich trug und ein Segen war. Man irrt sich nicht in solchen Dingen. Er steht *fest* in seinen Strümpfen – erbsengrün und rot! J. kam nach dem Skifahren zu mir herauf, außerordentlich schön – ein herrliches Wesen, nichts weniger. Ich habe nie eine *glänzendere* Gestalt gesehen.
Ich trage meinen Ring am Mittelfinger, als Mahnung, nicht so kleinlich zu sein. Man wird sehen ... Keine Briefe. Bild von Anna Wong. Es rief nach einer Geschichte.

7. Januar. Es hat aufgehört zu schneien, und ein tiefblauer, fast enzianblauer Himmel bricht durch. Der Schnee lag aufgehäuft auf den Bäumen, große Klumpen von Schnee, wie geschlagene Sahne. Es ist sehr kalt, aber schön, glaube ich. Ich kann in diesem Schnee nichts anderes als etwas Hassenswertes sehen.
Meine Vögel haben eine Anzahl kleiner Angriffe auf die Kokosnuß gemacht, aber sie ist noch immer fest gefroren. Ich las *Cosmic Anatomy,* Shakespeare und in der Bibel: Jona. Sehr schön, das von der Kürbisflasche und auch über die Reise, für die er »das Fahrgeld bezahlt«.
Ich schrieb an meiner Geschichte, habe jedoch die Lunch Party nicht fertig geschrieben, wie ich hätte sollen. Das ist *sehr* schlecht! Hatte ein langes Gespräch mit Ida und sah sie plötzlich wieder als Figur in einer Geschichte. Sie verwandelt sich in so viele. Ich könnte *Bücher* schreiben über sie allein!
Ich hatte einen langen Traum. Chummie war wieder jung, und auch Jeanne[1]. Mutter lebte noch. Wir gingen durch viele fremde Zimmer, fuhren in Aufzügen hinauf und stiegen in Hotelhallen aus. Alles war auf unbestimmte Weise fremdartig.

---

[1] Schwester von K. M.

Der kleine Frosch.
»In der Stufenfolge der Organisationsformen stellen wir bald fest, daß eine höhere Kraft in Aktion tritt, welche die Tätigkeit einer großen Menge von Zellen koordiniert, indem sie die eine bewegt und die andere anhält, aus ›Gründen‹, die der Kenntnis der einzelnen Zellen entzogen sind. Eine solche höhere Kontrolle kann am Beispiel des Froschs auf ungewöhnliche Weise demonstriert werden. Wenn ein Teil des Gehirns des Frosches entfernt wird, lebt er weiter, wird jedoch zum Automaten. Auf ein flaches Brett gesetzt, bleibt er sitzen, bis er austrocknet. Wenn man aber das Brett allmählich hochhebt, so daß seine Lage nicht mehr fest ist, steigt er an dem Brett hinauf bis an die Spitze und klettert auf der anderen Seite wieder hinunter, falls das Brett von der Vertikalen aus wieder gesenkt wird.« *(Cosmic Anatomy).*
Armer kleiner Frosch! Er bricht mir das Herz.

8. Januar. Träumte die ganze Nacht von Besuchen in fremden Häusern, leeren Zimmern, Nr. 39, vom Hinauf- und Hinabfahren in Aufzügen usw.
Schwerer, immer schwerer fällt der Schnee. Es ist hypnotisierend. Man schaut, fragt sich, wieviel Schnee wohl gefallen ist und wieviel noch fallen wird – und schaut wieder hinaus.
Verband Jacks Finger. Der *Mercury*[1] kam, mit *At the Bay.* Ich bin *gar* nicht zufrieden damit.
Am Nachmittag spielten Jack und ich Cribbage[2], mit Nüssen als Spielmarken. Ich dachte daran, mit welch intensiven – Himmel mit welchen Gefühlen! – ich dieses Spiel so oft im Salon von Carlton Hill gespielt hatte, während Tommy Klavier spielte[3]. Aber es hatte *gar nichts* zu bedeuten. Worauf

[1] Englische Zeitschrift.
[2] Kartenspiel.
[3] Im Sommer 1908. Tommy ist Arnold Trowell (Cäsar), Katherines erste Liebe.

es wirklich ankam, war, daß Jack mir eine schlechte Nuß gab und daß ich sie ihm heimzahlte.
Nach dem Tee strickten wir und unterhielten uns und lasen. Wir waren müßig – schneegebunden. Man hat das Gefühl, daß man nichts tun kann, während es so weiterschneit.
Erhielt einen Brief vom *Sketch*[1], der Arbeiten von mir erbittet. Ich muß gehorchen. J. und ich sprachen gestern von Paris[2], und er verstand sehr gut, was ich meine. Das ist ein Beweis, daß man *ruhig sein* und *erklären* muß und daß man *wahrhaftig* sein muß. Denke daran!

9. Januar. Schnee. Der Zaun des Gemüsegartens ist fast versunken. H. kam und sagte, der Schnee liege zwischen sechs und sieben Fuß hoch. Er war sehr heiter und freundlich. Er nahm kein Blatt vor den Mund, als er von Miss S. sprach und erklärte: »Tatsache ist, sie ist nicht normal. Und jeden, der nicht normal ist, den nenne ich *verrückt*. Das heißt, sie ist unkonventionell, und solche Leute nutzen niemandem, außer sich selbst.« Als er »verrückt« sagte, trat ein Ausdruck in seine Augen – ein Aufflammen von *Macht* – und er schwang das Stethoskop, dann ergriff er meinen Fächer und öffnete ihn mit Geklapper.
Las und strickte und spielte Karten. Ein langer Brief von Sydney [Schiff]. Ich möchte gerne glauben, was er von meiner Erzählung sagt. Er *versteht*, was ich meinte. Er sieht darin nicht bloß eine Reihe zusammengewürfelter, trivialer Ereignisse. Das ist genug, um ihm tief dankbar zu sein – und es ist mehr, als andere darin sehen werden. Aber ich fühle die beständige Sehnsucht, etwas zu schreiben, das meine ganze Kraft enthält.

---

[1] Englische Zeitschrift.
[2] Erstmalige Erwähnung einer neuartigen Behandlung der Tuberkulose durch einen russischen Arzt in Paris.

10. Januar. Träumte, ich sei nach Neuseeland zurückgekehrt. Bin heute aufgestanden. Es war schön. Die Sonne schien und schmolz den letzten Rest Schnee auf den Bäumen. Den ganzen Vormittag fielen große Tropfen vom Dach und von den Bäumen. Die Tropfen waren nicht wie Regentropfen, sondern größer, weicher, *köstlicher*. Sie machten einem bewußt, wie sehr man die fruchtbare Erde liebt und dieses schneegebundene, kalte Surrogat verabscheut.

Auf der schneebedeckten Straße waren Arbeiter damit beschäftigt, eine Telegraphenstange aufzurichten. Bevor sie damit begannen, setzten sie sich rittlings auf die Stange und aßen ihre Mittagsmahlzeit aus dem Papier. Es ist sehr schön, zuzuschauen, wie Menschen sich ihr Essen teilen, wie sie Brot schneiden und den Laib weiterreichen, besonders, wenn sie es auf die althergebrachte Art mit einem Taschenmesser schneiden. Nachher kletterte einer der Arbeiter auf einen Baum und arbeitete von dort aus, während ein anderer die Stange emporhob. Der Mann auf dem Baum verwandelte sich in eine Art Vogel, wie alle Menschen, die auf Bäume steigen. Er kicherte, lachte laut, schaute zwischen den Ästen hervor, fröhlich, sorglos. *At-tend! Ar-rêt! Al-lez!*

11. Januar. Wieder im Bett. Erhielt Nachricht von Pinker.[1] *The Dial*[2] hat *The Doll's House* angenommen. Schrieb und beendete *A Cup of Tea*. Brauchte dafür vier oder fünf Stunden. Am Nachmittag kam Elizabeth. Sie sah bezaubernd aus in ihrem schwarzen Kostüm, so etwas wie ein Mittelding zwischen einem Bischof und einer Fliege. Sie sprach von meiner »hübschen kleinen Geschichte« im *Mercury*. Die ganze Zeit über, solange sie hier war, war ich mir einer gewissen Falschheit bewußt. Wir sagten dies und das und meinten es; wir waren aufrichtig, aber dahinter lag nichts als Falschheit.

---

[1] Literarische Agentur in London.
[2] Englische Zeitschrift.

Es war furchtbar. Ich möchte sie nie mehr sehen oder von ihr hören. Als sie sagte, sie könnte nicht oft kommen, hatte ich Lust, auszurufen: *»Finito!«* Nein, sie ist nicht meine Freundin.

Es gibt kein Gefühl, das sich mit der Freude, eine Erzählung geschrieben und beendet zu haben, vergleichen ließe. Ich konnte nicht einschlafen, aber es machte mir nichts aus. Da war sie, *neu* und komplett.

Träumte letzte Nacht von einer Reise nach Amerika.

12. Januar. Ein abscheulicher, kalter Tag. Erhielt ein Paket von Elizabeth. Aber wenn man es mit A.'s auserlesenem Mantel vergleicht...

J. und ich »tippten«. Ich diktiere sehr ungern; aber die Geschichte erscheint mir immer noch gut. Ist sie's?

Die ganze Zeit über regt sich in meinem Hinterkopf der Gedanke an Paris, und ich fange an zu planen, was ich tun werde, *wenn* – Kann es wahr sein? Was soll ich tun, um meinen Dank auszudrücken? Ich möchte dann ein russisches Baby adoptieren, möchte es Anton nennen und es wie mein eigenes Kind aufziehen, mit Kot[eliansky] als Pate und Mme. Tschechow als Patin. Das ist mein Traum.

Ich fühle mich nicht mehr so voll Sünde, heute, weil ich etwas geschrieben habe, und die Flut steht noch immer hoch. Die alten Grenzsteine sind überflutet. Aber ach! wenn ich nur besser schriebe! Laß mich besser schreiben, tiefer, *breiter*.

Unheilvolle Eiszapfen hängen in einer fransigen Reihe vor den Fensterscheiben.

13. Januar. Vollmond. Bekam Nachricht von Mimi. Ihr Brief machte mir fast Angst. Er brachte die unerklärliche Vergangenheit zurück. Und plötzlich fuhr es mir durch den Sinn, daß sie eine große Anzahl meiner Briefe haben muß, an die ich nicht zu denken wage. In gewisser Weise habe ich Angst vor ihr. Ich fürchtete sie, damals an der Chancery Lane. Es war eine sonderbare Unbekümmertheit in ihrem Wesen und in ihren Äußerungen, die mir das Gefühl gaben, daß sie keine Schranken kennen würde. Zugleich aber ist man natürlich *fasziniert*.

Schrieb Koteliansky. Fing eine neue Geschichte an, aber es ging zu langsam. M. tippte für mich. Ich werde wieder durch das Briefeschreiben aufgehalten. Briefe sind wirklich der *Fluch* meines Lebens. Ich hasse Briefeschreiben. Aber es muß sein, da sie mir sonst den Weg versperren, wie große, schuldbeladene Schranken.

H. kam; er meinte, meine Herzbeschwerden seien die Folge ungenügender Zwerchfellausdehnung. Warum sollte ich, wenn dies der Fall ist, nicht lernen, es auszudehnen?

14. Januar. Ich bin aufgestanden und fühle mich besser. Es ist sehr kalt.

Elizabeth kam am Nachmittag. Wir waren allein. Sie trug eine kleine blaue Kapuze, die unter dem Kinn von einer Diamantspange zusammengehalten wurde. Sie sah aus wie eine sehr alte Zeichnung. Sie deutete an, daß ich, wenn ich geheilt würde ... vielleicht nicht mehr schreiben würde.

Träumte letzte Nacht, ich wäre in einem Schiff, an dem sich die herrlichsten, unirdischsten (im himmlischen Sinne) Wellen brachen. Hohe, fast violettblaue Wogen mit hohen Schaumkronen, und dieser weiße Schaum floß in langgestreckten Wogen über die Bläue. Es war ein wunderbarer Anblick. Ich träumte von Chummie. Er hatte ohne die Zustimmung seiner Eltern geheiratet, und Vater und Mutter waren in Verzweiflung. Ich war mir bewußt, daß es so kommen würde, daß das geschehen wäre – hätte er nicht den Tod gefunden.

Wingley unternahm heute einen Sturmangriff auf das Vogelfenster.

15. Januar. Träumte, ich sei einkaufen gegangen, Unterwäsche bei Cook's und dann bei Warnock's[1]. Aber der Traum endete *schrecklich*.

Wieder ein frostiger, blutleerer Tag. Ich stand auf, aber es war alles schwierig. Am Nachmittag ging J. zum Chalet[2] und kam am Abend mit einem Brief von Elizabeth an mich zurück, einem so großmütigen, so lieben Brief, daß ich mich schäme über das, was ich vor einigen Tagen gedacht oder gesagt habe.

Heute habe ich gearbeitet, aber mit Unbehagen, und nicht halb soviel, wie ich hätte sollen. Ich hätte eine ganze Geschichte schreiben können. Sah zum ersten Mal einen außergewöhnlichen kleinen Vogel mit einem Krönchen auf dem Kopf. Sein Ruf ist ein wunderbar entzückender Triller. Er war jedoch sehr scheu und hatte nicht den Mut, zu verweilen und Futter aufzunehmen. Sah Leute in Schlitten und auf Rodeln. Der Schnee war sehr blau. Heute früh waren die Eiszapfen opalfarben und leuchtend blau. E. hat uns *Will Shakespeare* geliehen. Schrecklicher Mist.

16. Januar. Ein sehr angenehmer Traum von Paris. Alles lief wie am Schnürchen. Der Arzt und seine Freunde, alle in der gleichen Stimmung, gut, gütig, ruhig-glücklich. Ich kann mich nicht erinnern, wann ich einen schöneren Traum gehabt hätte.

Aber der Tag war weniger schön. Es schneite in dichten Flokken, es war bitter kalt, und der Blutandrang war schlimmer denn je. Ich hatte den ganzen Tag Schmerzen und fühlte mich unbehaglich. Und auch meine Körperfunktionen sind nicht normal. Die Lungen knarren. Ich habe nicht gearbeitet. Nach dem Tee bin ich aus lauter Trägheit eingeschlafen. Ich bin heute in einem Jammertal, und wie ein jeder an einem solchen Ort bin ich häßlich, fühle mich häßlich. Triumph der

---

[1] Warenhäuser in Wellington, N.S.
[2] Wohnung Elizabeths.

Materie über den Geist. Das darf nicht sein. Morgen muß ich um jeden Preis (das schwöre ich) eine Geschichte schreiben. Das ist mein erster Entschluß *pour une date fixée* in diesem Tagebuch. Dieser Schwur darf nicht gebrochen werden. H. M. Tomlinsons Brief an Murry kam gestern, ein schöner, unvergeßlicher Brief. Aber warum bin ich so *schlecht?*

17. Januar. Tschechow irrte sich, als er meinte, er hätte ausführlicher geschrieben, wenn er mehr Zeit gehabt hätte. Die Wahrheit ist, daß man nur gerade *soviel* in eine Geschichte aufnehmen kann; es geht nicht ohne Opfer. Man ist gezwungen, auszulassen, was man weiß und gern verwenden würde. Warum? Ich weiß nicht, aber es ist so. Es ist stets eine Art von Wettrennen, hineinzunehmen soviel man kann, bevor es *entschwindet.*

Aber es ist eigentlich nicht eine Frage der Zeit. Und doch. Ich verstehe es nicht einmal jetzt. Ich werde selber von der Zeit verfolgt. Das einzige Mal, daß ich wirklich in Muße schrieb, war die Niederschrift von *The Daughters of the Late Colonel.* Und dann am Ende war ich so schrecklich unglücklich, daß ich so schnell wie möglich schrieb, aus Angst, ich könnte sterben, bevor die Geschichte fertig war. Ich möchte das gern erproben, mit *wirklicher Muße* zu schreiben. Nur so kann es getan werden.

18. Januar. H. ist ein Mann, den man nicht vergißt. Beim Tee an jenem Tag. Frau M. vor dem riesigen Silberkessel und den Töpfen und den großen Tellern. Die *verzierte* Torte nicht zu vergessen. »Es ist so schade, wenn man sie anschneidet«, und die Art, wie die alte Hand so ruhig das Messer ergriff. H., wie er sich zurücklehnte und zwei Butterbrote zusammenklatschte. »Noch eine Tasse Tee, Tim?« »Nein, danke. Ja, eine halbe Tasse.« Das Eingießen aus dem Kessel in die Teetasse, der dicke Finger auf dem Deckel. »Und wie geht es ihm?« »Er blutet wie ein Schwein!« »O du meine

Güte«, sie rafft den Spitzenschal im Schoß zusammen, »das tut mir aber leid«.

H. sammelt stets etwas – und wird es immer tun. Porzellan, Silber, »alles, was ihm gerade in die Hände kommt«. Er ist musikalisch und sammelt Geigen. Er liebt seine Kinder so *zärtlich*, daß es schmerzlich ist. Er kann es nicht verstehen.

Man muß auch an seine außerordentliche Unsicherheit denken. Die Welt wankt unter ihm, und nur wenn er das Stethoskop in Händen hält, kann er selbstbewußt auftreten. *Dann* tut er das auch. »Ich sage: sie ist verrückt. Sie ist nicht normal. Und wer nicht normal ist, ist *verrückt, verdreht.*« Und Stolz ist aus seiner Stimme herauszuhören, man hört den unausgesprochenen Satz: »Wissen Sie, ich bin ein einfacher Mann ...«

Ich kann mir denken, daß er auch eine ungeheuer zynische Ader hat. Er hat manchmal das Gefühl, daß alles Asche ist. Er geht gern zur Kirche, um dabeizusein, um zu singen, wenn die anderen singen, um niederzuknien, um die Liturgie zu singen. Es beruhigt ihn. Aber wenn es vorbei ist, wenn er nach Hause kommt und der Geruch eines Bratens in der Luft liegt, dann kommt diese Unruhe über ihn. Ich kann mir vorstellen, daß er zu jener Art von Jungen gehörte, die den Fliegen die Flügel ausreißen. Und ich glaube immer noch, daß er am Ende Selbstmord begehen wird, in einer Art von Schwermut und mit dem Gedanken: »Niemand kümmert sich um mich« und »Ich werde es ihnen zeigen«.

20. Januar. Letztes Mondviertel. Schrieb an W. J. D. Es ist mir unbegreiflich, warum es so anstrengend ist, den Menschen zu schreiben, die man gern hat. Denen zu schreiben, die eigentlich nicht zählen, das geht ganz von selber. Aber seit Wochen habe ich an de la Mare gedacht, wollte, sehnte mich danach, ihm zu schreiben, aber etwas hielt meine Feder zurück. Was war es? Wenn man dann angefangen hat, wirklich angefangen hat, geht alles leicht vonstatten ... Ich sagte

ihm in diesem Brief, wie große Stücke ich auf ihn halte. Vielleicht hängt es mit meiner Einsamkeit zusammen, daß ich jeden Tag an de la Mare, Tschechow, Koteliansky, Tomlinson und Orage denke. Sie sind ein Teil meines Lebens.
Ich habe mich endlich mehr oder weniger an die Schmerzen gewöhnt. Manchmal frage ich mich, ob das schlimmer oder besser ist als vorher; aber ich erwarte nicht, daß ich ohne Schmerzen bin. Aber ich habe einen an Gewißheit grenzenden Verdacht, daß die eigentliche Ursache meiner Krankheit überhaupt nicht die Lunge ist, sondern etwas anderes. Und wenn diese gefunden und geheilt werden könnte, würde auch alles andere gesund werden.

21. Januar. Großmamas Geburtstag. Wo befindet sich wohl jene Photographie meiner geliebten Großmutter, auf der sie sich an die Schulter ihres Mannes lehnt, und auf dem sie das Haar so schlicht gescheitelt trägt und zu ihm aufblickt? Ich mag es so gern. Ich möchte es so gern besitzen. Einmal deswegen, weil meine Mutter es mir schenkte, zu einer Zeit, da sie mich liebhatte. Und noch aus einem andern, so viel wichtigeren Grunde – weil sie es ganz ist, meine Großmama, jung und reizend. Dieser Arm. Dieser kindliche Ärmel mit dem Samtband. Ich muß sie wiedersehen.
Und eines Tages muß ich ausführlich über Großmama schreiben, besonders über ihre Schönheit beim Baden – als sie etwa sechzig Jahre alt war. Wie sie sich mit dem Badetuch abtrocknete. Ich kann mich noch heute erinnern, wie reizend sie mir erschien. Und ihre feine Wäsche, ihr Hals, ihr Duft. Ich habe sie noch nie *wirklich* beschrieben. Geduld! Die Zeit dafür wird kommen.

22. Januar. Meine Gefühle Ernestine gegenüber sind schändlich. Aber ich kann es nicht ändern. Ihr Gang, ihr Aussehen, die Art, wie die Nase in ihrem Gesicht steht, ihre unglaubliche Dummheit, ihre Handgelenke – all das stößt mich ab.

Das ist *schlecht*. Denn sie fühlt es, dessen bin ich sicher. Wenn wir miteinander sprechen, errötet sie auf eine Weise, die mir unnatürlich vorkommt. Ich habe das Gefühl, daß ihre Selbstachtung durch meine Gedanken leidet.
Lumbago. Etwas sehr Sonderbares. So plötzlich, so schmerzhaft. Ich muß daran denken, wenn ich über einen alten Mann schreibe. Der Ruck beim Aufstehen – das Innehalten – der langsame, wütende Blick – und wie man, wenn man in der Nacht daliegt, wie *verriegelt* ist. Jede Bewegung ist eine Qual; bis man endlich eine Bewegung entdeckt, die möglich ist. Aber zuerst das hilflose Umhertasten mit den Beinen!

23. Januar. Paris? Sich an das Rauschen des Windes erinnern – die eigentümliche Traurigkeit, die einen bei seinem Wehen überkommt. Dann der warme, weiche Frühlingswind, der einem ins Herz eindringt. Dann der Wind, den ich den »Alten der Tage« nenne, der nachts hier weht. Der Wind, der den Garten in der Nacht schüttelt, wenn man hinausrennt.
Staub. Einem starken Wind den Rücken zukehren. Die Esplanade[1] entlang wandern, wenn der Wind die Brandung herüberträgt. Der Sommerwind, der sich so spielerisch hier in den Bäumen wiegte. Und Wind, der durch das Gras läuft und es erzittern läßt. Das ruft in mir ein Gefühl hervor, das ich nie verstehen kann. Ich sehe dann ein Feld, ein junges Pferd – und da ist auch ein sehr blondes dänisches Mädchen, das mir etwas von seinem Stiefvater erzählt. Der Name des Mädchens ist Elsa Bagge.

24. Januar. Schrieb und beendete *Taking the Veil*. Ich brauchte für die endgültige Niederschrift etwa drei Stunden. Aber ich hatte über das *décor* und so weiter vorher wochenlang – nein, monatelang, glaube ich, nachgedacht. Ich kann nicht

[1] In Wellington.

sagen, wie dankbar ich bin, daß ich in Neuseeland geboren bin, Wellington so kenne, wie ich es kenne, und dort herumstreifen konnte. Über das Kloster zu schreiben, schien mir so natürlich. Ich glaube nicht, daß ich mehr als zweimal auf dem Gelände gewesen bin. Aber es ist einer der Orte, die mir so gegenwärtig sind wie je. Ich darf die Namen *Miss Sparrow*[1] und *Palmer* nicht vergessen.

25. Januar. Spielte Cribbage mit Bogey. Ich freue mich, wenn er gewinnt. Wenn wir zusammen spielen, schneidet er manchmal Grimassen – die gleichen Grimassen, die Chummie auch machte. Ich glaube, ich habe ihn nie so lieb wie dann.
Wir sprachen von der Persönlichkeit der Katze und sagten, daß wir das aufschreiben sollten. Der Kater ist tatsächlich eine solche Persönlichkeit geworden, als könnte er sprechen. Ich glaube, er spricht tatsächlich, und wenn er schweigt, will er uns nur auf die Folter spannen, bevor er anfängt. Das Bezauberndste an ihm ist, wie er die Geige spielt, mit Wollfäden als Saiten, oder wenn er auf dem Klavier sitzt und »Nelly Bly«[2] spielt. Aber sein volles, komplettes kleines Leben Seite an Seite mit dem unsern und mit seiner Freundin Isabel – das sollte man erzählen können. Ich werde es aber nie tun.

26. Januar. Pinker schreibt mir, *The Nation* hätte *The Doll's House* angenommen.
Ein Brief von V. und J. Es war mir, als hätten diese zwei Briefe gar nichts zu tun mit mir. Es wäre mir völlig gleichgültig, wenn ich V. nie mehr sähe. Etwas in ihrer fingierten Heiterkeit ist mir unerträglich. Ich könnte nie mit ihr auskommen. Und J. – ist es Einbildung? – er kommt mir ein ganz klein wenig liederlich vor. Ich glaube, sie sind ganz und

---

[1] Siehe die Eintragung vom 18. Oktober 1920.
[2] Populäres Lied.

gar unaufrichtig. Was im Himmel sollte ich in Woodhay anfangen? Es ist nicht daran zu denken. Brett zum Beispiel stehe ich viel näher.
Ich bin sicher, daß Meditation das Heilmittel für meine kranke Seele, das heißt für ihren Mangel an Beherrschung ist. Ich habe einen schrecklich sensitiven Geist, der jeden Eindruck aufnimmt, und das ist der Grund, warum ich mich so hinreißen lasse *und* überwältigt werde.

27. Januar. Neumond. Elizabeth kam in ihrem wolligen Lammfell. Etwas Merkwürdiges widerfährt mir, wenn sie bei mir ist: Wir sprechen eigentlich stets nur von materiellen Dingen. Das langweilt mich und ekelt mich an, denn ich glaube, es ist Zeitverschwendung, aber immer wieder kehren wir zu diesen Dingen zurück. Sie lehnte sich in die Kissen zurück und plauderte. Sie sah abwesend aus. Sie sprach davon, wie edel die Frauen seien ..., und ich wäre um ein Haar indiskret geworden. Aber ich konnte an mich halten. Dem Himmel sei gedankt!
Ich hatte Schmerzen den ganzen Tag, starke Schmerzen. Es tat mir überall weh. Ich kann kaum stehen. Es scheint unmöglich, daß ich am Montag reisen kann.
»In jedem Regenschirm verbirgt sich eine warme Lebensknospe.«

28. Januar. Diese Vorbereitungen zur Flucht sind fast unglaublich. Wir spielen Cribbage, um ruhig zu bleiben. J. und ich sitzen einander gegenüber. Ich habe das Gefühl, daß wir miteinander verbunden sind. Und wir spielen und lachen, und das scheint uns zu verbinden. Solange das Spiel dauert, sind wir da. Ein seltsames Gefühl ...
The Nation und Athenaeum sind gekommen. Ich traue B. gar nicht. Er ist widerwärtig, und ich habe den Eindruck, daß er mich angreifen wird. Ein prophetisches Gefühl. Es stand da ein so absurder, häßlicher und lächerlicher Artikel über

Psychoanalyse, daß man nur schwer verstehen kann, wie irgendein Redakteur ihn durchgehen lassen konnte. J. las mir seine Besprechung über Orage vor; sie erschien mir glänzend. Er hat unglaubliche Fortschritte gemacht. Er ist sich, glaube ich, gar nicht bewußt, wie er sich in der letzten Zeit selbst gefunden hat. Es klingt alles so leicht und mühelos – es scheint ihm so aus der Feder zu fließen, und der harte, dogmatische Stil ist ganz verschwunden. Er ist ein echter *Kritiker*.

Denn jeder sieht und stellt die Sachen anders, eben nach seiner Weise.[1]

1. Dem Gefängnis des Fleisches – der Materie – entrinnen. Den Körper zu einem Instrument machen, zu einem Diener.
2. Handeln, nicht träumen. Es zu jeder Zeit und um jeden Preis *niederschreiben*.
Was ist der universale Geist?

OM. Kratu smara kritam smara kratu smara kritam smar. (Aus der Isha Upanishad.)[2]

29. Januar. H. ist gekommen. Er sagt, meine rechte Lunge sei praktisch geheilt. Kann man solchen Worten glauben? Die andere sei sehr viel besser. Er glaubt, daß mein Herz mir im Unterland weit weniger zu schaffen machen wird. Kann das wahr sein? Er war heute so voller Hoffnung, daß T.B. in Zukunft keine Geißel mehr sein würde. Es sieht so aus, als ob man sich davon öfter erhole als nicht. Ist das phantastisch? Ordnete alle meine Papiere. Zerriß und vernichtete schonungslos vieles. Das ist immer eine große Befriedigung. Jedesmal, wenn ich mich auf eine Reise vorbereite, ist es so, als ob ich mich auf den Tod vorbereiten würde. Wenn ich nie mehr zurückkommen sollte, ist alles in Ordnung. Das hat mich das Leben gelehrt.

---

[1] Deutsch im Originaltext.
[2] Zitiert nach *Cosmic Anatomy* (S. 106).

Am Abend schrieb ich Orage über sein Buch. Ich brauchte eine ganze Woche dazu. J. und ich scheinen den ganzen Tag Cribbage gespielt zu haben. Es ist viel Liebe zwischen uns, zärtliche Liebe. *Laß es so bleiben!*

30. Januar. Sonntagnacht fiel eine gewaltige Menge Schnee. Der Montag war der erste *wirklich* vollkommene Wintertag. Es war, als ob Bogeys und mein Glück an diesem Tag seinen Höhepunkt erreicht hätte. Wir hätten nicht glücklicher sein können; dieses Gefühl hatten wir. Zum Beispiel, als wir für einen Augenblick auf dem Schlafzimmerbalkon saßen, oder als wir im Schlitten durch die aufgehäuften Schneemassen fuhren. Er sah auch so schön aus – wie er ohne Hut, die Hände in den Taschen, umherschlenderte. Er wog sich: 10 Stone.[1] Im Wartesaal stand ein Harmonium. Und dann verließ ich ihn, nach einem schnellen, aber nicht flüchtigen Kuß ...

Es war sehr schön auf dem Weg nach Sierre. Ich fragte mich, ob ich das alles wohl zum letztenmal sähe – die schneebedeckten Sträucher, die kahlen Bäume ...

Pinker ließ mich wissen, daß *The Westminster*[2] die *Garden-Party* angenommen hatte.

31. Januar. Reisen ist schrecklich. Alles ist so schmutzig, und der Zug rüttelt einen durch. Tunnels sind die *Hölle.* Ich habe Angst vor dem Reisen.

Wir[3] kamen spät in Paris an, aber es war sehr schön, wie wenn man aus dem Wasser emportaucht. In der Nacht schaute ich zum Wagenfenster hinaus und sah die *Männer mit den Laternen.* Aber das Hotel war wieder sehr schmutzig – Obstschalen, weggeworfenes Papier, Stiefel, Ruß, schlechte Laune.

---

[1] 1 Stone = ca. 7 kg.
[2] Eine Londoner Zeitschrift.
[3] Katherine wurde von Ida Baker, der treuen Freundin, begleitet.

Am Abend ging ich zu Manoukhin[1]. Aber auf dem Weg zu ihm, nein, schon vorher wurde mir bewußt, daß mein Herz nicht dabei war. Ich fühlte mich innerlich gespalten, ärgerlich und ohne Reinheit. Auch hatten L. M. und ich eine unserer berühmten Auseinandersetzungen gehabt, und ich ging ins falsche Haus. Und vergiß nicht das Laufen und Lachen drinnen, als ich läutete. M. hat da ein lahmes Mädchen, das ihm als Dolmetscherin dient. Durch dieses ließ er mich wissen, daß er mich vollständig heilen könne. Aber ich glaubte es nicht. Das alles schien plötzlich unwichtig und widerwärtig. Aber die Wohnung war nett – die roten Vorhänge, die marmorne Uhr und die Bilder von Damen mit gepuderten Haaren.

1. Februar. Um fünf Uhr dreißig ging ich zur *clinique* und lernte den andern Herrn, Donat, kennen. Ich bat ihn, mir die Behandlung zu erklären, was er auch tat. Aber vorher: Als ich mich der Türe näherte, wurde sie geöffnet, und die hellerleuchtete Eingangshalle lag vor mir, mit dem lächelnden Dienstmädchen, das einen kleinen Schal trug und mir die Türe aufhielt. Durch die Halle ging schnellen Schrittes ein Mann, der etwas auf den Händen trug, das wie ein Kreuz aus grünen Blättern aussah. Plötzlich bewegten sich die Arme des Kreuzes, und ich sah, daß es ein kleines Kind war, das man auf ein Holzbrett geschnallt hatte. Während ich wartete, drangen Stimmen, sehr laute Stimmen aus einem anderen Zimmer, M.s Stimme übertönte sie alle: *Da! Da!* und dann ein fragendes: *Da?*[2] Ich glaube, M. ist ein wirklich guter Mensch. Aber ich habe auch das schleichende Gefühl (ich verwende das Wort »schleichend« bewußt), daß er eine Art skrupelloser Betrüger ist. Ein neuer Beweis meiner gespaltenen Natur. Alles ist entzweit. Halb Applaus, halb Pfeifen.

---

[1] Ein russicher Arzt, der die TB. mit Strahlen behandelte und auf den Katherine durch ihren Freund S. S. Koteliansky aufmerksam gemacht worden war.

[2] Russisch für Ja.

Ja, so ist es. Um etwas zu tun, um etwas zu sein, muß man sich zusammennehmen und »seinen Glauben stärken«. Nichts, das irgendwie von Wert ist, kann von einem mit sich selber entzweiten Wesen kommen. Es ist ein bloßer Zufall, daß ich etwas schreibe, was auch nur einen Pfifferling wert ist, und dann ist es nur abgeschöpfter Rahm – nicht mehr. Aber erinnere dich: *The Daughters [of the Late Colonel]* wurde in Mentone geschrieben, im November, als ich nicht so schlecht war wie gewöhnlich. Ich versuchte damals aus ganzer Seele, gut zu sein. Hier versuche ich es ja auch, aber ich versage, und die Tatsache, daß ich mir dessen bewußt bin, macht jedes einzelne Versagen sehr bedeutsam – zur *Sünde.* Wenn ich mich, in Verbindung mit M.s Behandlung, selber behandeln würde – wenn ich mich aus diesem Sumpf der Verzweiflung herausarbeiten, ein ehrenhaftes Leben führen und vor allem mein Verhältnis zu L. M. bereinigen könnte – ich bin eine *Heuchlerin.* Ich bin auch eine hartgesottene Egoistin – eine solche Egoistin, daß es mich hart ankam, es einzugestehen, im Gedanken daran, daß dieses Buch gefunden werden könnte. Sogar mein Wohlbefinden ist eine Art von Gelegenheit zur *Eitelkeit.* Nichts ist schädlicher für die Seele als Egoismus. Und deshalb . . .

3. Februar. Um drei Uhr ging ich zur Behandlung. Es hat einen merkwürdigen Eindruck bei mir hinterlassen. Manoukhins schöne Geste, als er ins Zimmer trat, war vollkommen. Aber Donat schrie so, er streckte mir sein Gesicht unter die Nase und stellte mir *unanständige* Fragen. Ach, das ist das Grauenhafte am Kranksein. Man muß es dulden, daß die persönlichsten Dinge ans Licht gezerrt und mit kaltem Blick betrachtet werden. D. ist darin ein richtiger Franzose. *»Êtes-vous constipée?«* Werde ich das jemals vergessen, sein Gesicht direkt an meinem, und seine Krawatte schaute aus seinem weißen Mantel heraus. M. sitzt daneben und raucht, und sein Kopf – der eine merkwürdige Form hat: man fühlt seine

Nähe die ganze Zeit wie das Vorhandensein eines Instruments – hängt nach vorne. Aber er ist völlig anders. Er möchte einen beruhigen. *»Pas de cavernes.«*

Hatte Herzklopfen von dem Augenblick an, als ich mich auf den Untersuchungstisch legte, bis fünf Uhr. Aber als ich das spürte, während die Bestrahlung vor sich ging, war ich völlig gefühllos. Ich dachte: Nun gut, wenn mich das umbringt – auch recht! *Voilà!* Das zeigt, wie *krank* ich bin.

4. Februar. Massingham ist einverstanden mit der Idee, daß ich ihm regelmäßig Geschichten schicke. Hörte von Koteliansky über die »Leute«. Es war ein ziemlich elender Tag. Ich war krank, und am Abend hatte ich eine meiner schrecklichen Launen wegen einem Paket. Ist es möglich, daß man so unbeherrscht sein kann?

M. [Murry] läßt mich wissen, daß er vorzieht, in Montana zu bleiben. Seine Briefe sind sich nun alle gleich. Es atmet in ihnen die Befreiung von einer Spannung. Es ist bemerkenswert. Er glaubt kein Wort über Manoukhin und spricht davon, mich im Mai zu »holen«. Nun, wenn es mir besser geht, wird es nie mehr ein *»Holen« geben.* Dazu habe ich mich entschlossen. Der Brief hielt mich wach bis spät. Und mein Ischias! Merke es dir, falls es jemals aufhören sollte, wie schmerzhaft es ist. Denke daran, irgendwann einmal jemanden in einer Erzählung damit zu behaften. Ida ist eine sehr tragische Figur. Vergiß ihre Augen nicht – die schwarzen Pupillen – und ihre Blässe. Selbst ihr Haar scheint zu erblassen. Sie faltete die Steppdecke zusammen und hielt sie in den Armen wie ein kleines Kind.

5. Februar. Erstes Mondviertel. Schrieb an meiner Geschichte, las Shakespeare, las Goethe, dachte nach, betete.

Der Tag war kalt und schön. Aber ich fühlte mich krank und konnte nichts tun, als den ganzen Tag stillzuliegen. Dieses Nach-Paris-Gehen ist so viel wichtiger gewesen, als es zuerst den Anschein hatte. Ich beginne es jetzt als Ergebnis und Ende all meiner Lektüre zu betrachten. Ich glaube, daß sogar *Cosmic Anatomy* daran beteiligt ist. Etwas ist gebaut worden, ein Floß, schwach und nicht sehr seetauglich; aber es wird seinen Zweck erfüllen. Zuvor – ich meine während meiner Krankheit – war es mir, als ob man mich ins Wasser geworfen hätte, wenn ich »allein« war, und jetzt trägt mich etwas. Aber es gibt noch viel zu tun. Viel Disziplin und Meditation sind erforderlich. Wichtig ist vor allem, daß ich arbeite.

Pinker läßt mich wissen, daß Cassells *A Cup of Tea* angenommen hat. Schrieb, um verschiedenen Personen meine neue Adresse mitzuteilen.

Dachte nach über die Französinnen und ihr schamloses Vertrauen in die Macht des Sex.

6. Februar. Briefe von Brett und M[urry]. Der Brief von Brett war der schönste, den ich je erhalten habe. Es gab mir einen seltsamen Schock, feststellen zu müssen, daß M. nicht einmal fragte, wie es so ginge. Ein kindischer Brief, wie schon so viele, und ganz unpersönlich. Er hätte auch an irgend jemanden sonst gerichtet sein können. Gewiß, er wartete begierig auf Nachricht, aber . . . nur, weil er allein war. Bilde ich mir das bloß ein? Ist er dankbar, daß er wieder in sich zurücksinken kann? Ich spüre Erleichterung in jeder Zeile. Er fühlt keinen Zwang mehr – nichts, was ihn bindet. Dann soll es auch so bleiben. Aber ich werde kein Haus mieten, nirgendwo. Auch ich will frei sein. (Ich schreibe genau das, was ich fühle.) Ich mag M. einstweilen nicht sehen. Ich werde ihn bitten, nicht hierher zu kommen. Er benimmt sich gegenwärtig wie ein Fisch, der dem Angelhaken entflohen ist.

Ein schlechter Tag. Ich fühlte mich auf unbestimmte Weise krank – schreckliche Schmerzen und so weiter und Schwäche. Ich konnte nichts tun. Es war nicht nur eine körperliche Schwäche. *Ich muß mein Selbst heilen*, bevor ich gesund werden kann.

Ja, das ist es. was wichtig ist. Dazu brauche ich keine besondere Behandlung. Das muß ich allein und sofort tun. Hier liegt der wahre Grund, warum es mir nicht besser geht. Ich habe meinen Geist nicht *unter Kontrolle*. Ich bin müßig, ich gebe nach, ich versinke in Verzweiflung. Und obwohl ich die Idee einer wahren Ehe »aufgegeben« habe (nebenbei gesagt, das ist auch ein Beispiel für die Unsinnigkeit der Zeit. Vor einer Woche waren wir einander so nahe wie noch nie. Vor ein paar Tagen gehörten wir fest zusammen. Und jetzt ist mir, als ob ich schon monatelang von M. getrennt wäre. Es ist wahr, daß ich es nicht ertragen kann, an die Dinge zu denken, die ich an ihm liebe . . . kleine Dinge. Aber wenn man sie aufgibt, werden sie verblassen.) Ich bin nicht vollkommen, wie ich sein muß.

Der *Sketch*[1] hat *The Veil* angenommen und möchte mehr.

8. Februar. Ein Tag, den ich in der gewohnten heftigen Erregung verbracht habe, wie sie nur Jack hervorrufen kann. Jetzt will er kommen. Nichts kann ihn davon abhalten. Aber es wird so getan, als ob ich nach ihm verlangen würde. Er ist völlig in sich selbst verstrickt . . . Einen solchen (ich muß ein Wort dafür finden) *shell-fish*[2]! gibt es nicht noch einmal! Ich hasse das an ihm. Und es ist gemein, alles mir zuzuschieben. Und wenn er Tränen finden will, dann findet er sie auch. Es war keine Spur von Tränen festzustellen. Tatsache ist, daß diese ganze verheerende Angelegenheit, die mich fast umbringt – mich zugleich empört. Gerade seine Offenheit ist falsch. Ja, sie ist falscher als seine Unaufrichtigkeit. Ich habe das oft bemerkt. Ging zu jener Wohnung mit den Mädchen und dem »Onkel«. Die Außenansicht. Die Vorführung des Schlafzimmers. VOILA LA CHAMBRE! Die schlangenähnlichen Strümpfe im hinteren Zimmer.

---

[1] Londoner Zeitschrift.

[2] Schalentier (Muschel, Krebs); wahrscheinlich Wortspiel mit »selfish« (selbstsüchtig).

9. *Februar.* Habe mich stark erkältet. Auf der Bank habe ich im Augenblick etwa hundertdrei Pfund. Ida ist bei der Suche nach einer Wohnung sehr großmütig gewesen, denn sie ist erschöpft, und sie hat sich kein einziges Mal beklagt. Sie geht einfach hin und tut alles. Ich habe Fieber und fühle mich wie vor einem schweren Grippeanfall. Nichts macht mich kränker als diese Sache mit J. Sie *zerstört* mich . . . Ein elender Tag. In der Nacht dachte ich stundenlang an das Unglück, immer wieder entwurzelt zu werden. Jedesmal, wenn man einen Ort verläßt, geht etwas Wertvolles zugrunde, das erhalten bleiben sollte.

Wegen meiner Erkältung ging ich nicht in die *clinique.* Verbrachte den Tag im Bett und las die Zeitungen. Das Gefühl, daß jemand auf mich zukam, war zu stark, als daß ich hätte arbeiten können. Es ist, wie wenn man in einem Park, am Ende einer langen Allee, auf einer Bank sitzt und sieht, wie in der Ferne jemand auf einen zukommt. Man versucht zu lesen. Man hält das Buch in der Hand, aber es ergibt alles keinen Sinn, und das Buch könnte gerade so gut auf dem Kopf stehen. Man liest die Anzeigen, als wären sie ein Teil des Textes.

Ich darf das lange Gespräch über den *Haß,* das Ida und ich neulich abends miteinander hatten, nicht vergessen. Was ist Haß? Wer hat ihn je beschrieben? Warum hasse ich sie? Sie sagt: »Weil ich ein Nichts bin. Ich habe alle meine Wünsche in einem solchen Maße unterdrückt, daß ich jetzt keine mehr habe. Ich denke nicht. Ich fühle nicht.« Ich antworte: »Wenn du eine Woche lang geschätzt und geliebt würdest, wärst du gerettet.« Und das ist wahr, und ich möchte es tun. Ich sollte es wohl tun. Aber ich tue es nicht. Das Wunder ist, daß sie versteht. Niemand sonst könnte das.

Die ganze Woche saß sie in ihrem Eckchen. »Darf ich heute abend in mein Eckchen kommen?« fragt sie schüchtern, und ich antworte – so kalt, so zynisch. »Wenn du willst.« Aber was würde ich tun, wenn sie nicht käme?

Jack kam frühmorgens an, mit einem Brief für mich – *unvergeßlich*. Nach einer halben Stunde kam es mir so vor, als wäre er schon lange da. Ich bedaure immer noch, daß er von dort wegging, um *seinet*willen. Ich weiß, daß es um unsretwillen richtig ist. Wir gingen zusammen zur *clinique*. Kahle, unbelaubte Bäume. Ein wunderbares Leuchten am Himmel: die Fenster leuchteten auf wie Feuer. Manoukhin zeichnete mein Herz. Es wäre mir lieber, er hätte es nicht getan. Das abscheuliche Bild,- der Gedanke an mein Herz, das wie ein schwerer Tropfen in meiner Brust liegt, verfolgen mich. Aber er ist gut.

12. Februar. Vollmond. Wir stellten die Schachfiguren auf und begannen zu spielen. Es war ein unruhiger Tag. Ida ein und aus, ohne Bleibe – ohne Ort – wie ein Blatt im Wind durch einen dunklen Korridor getrieben und dann hinaus auf die rauhe Straße.

Jack las aus Tschechow vor. Ich hatte eine der Geschichten selber gelesen, und ich hatte das Gefühl, daß sie nichts war. Aber laut vorgelesen war es ein Meisterwerk. Wie kommt das?

Ich will mir den vorhergehenden Abend in Erinnerung rufen. Ich schlief. Er kam herein – steckte den Kopf zur Tür hinein, und in dem Moment, in dem ich erwachte, erkannte ich ihn nicht. Ich sah sein Gesicht, das mich an seine Mutter erinnerte und an Richard[1]. Aber ich fühlte einen Augenblick lang eine furchtbare Verwirrung. Ich wußte, daß ich das Gesicht kennen sollte und daß es zu ihm gehörte, aber er war irgendwie nicht anwesend. Ich glaube, daß Menschen, die den Verstand verlieren, dieses Gefühl haben, wenn Gesichter sich über sie neigen, und alte, alte Menschen vor ihren Kindern. Und das erklärt den einfältigen, gekränkten Ausdruck, den sie manch-

[1] Murrys Bruder.

mal annehmen. Sie haben das Gefühl, daß es nicht recht ist, daß sie sie nicht erkennen.

13. Februar. Fühlte mich krank, den ganzen Tag. Gefühl großer Verwirrung in Kopf und Leib. Ich fühle mich kränker denn je.

Jack ging aus und kaufte eine Teekanne usw.; auch ein Schachspiel, und wir fingen an zu spielen. Aber die Schmerzen im Rücken usw. machen mein Gefängnis fast unerträglich. Ich bringe es gerade noch fertig, aufzustehen, mich anzukleiden und ins Restaurant und wieder zurückzugehen, ohne daß man etwas merkt. Aber das ist auch buchstäblich alles. Ansonsten komme ich mir vor wie ein Käfer, der in einem Buch gefangen ist, so gebunden, daß man sich bloß noch hinlegen kann. Und selbst das wird zur Qual. Das Schlimmste ist, daß ich wieder alle Hoffnung verloren habe. Ich glaube nicht, ich kann nicht glauben, daß sich dies ändern wird. Ich bin von dem Floß wieder heruntergefallen und werde von den Wellen hin und her gespült.

14. Februar. Wieder ein höllischer Tag. Aber Jack hat Pastillen gefunden, die meinem Hals guttun, und es kam mir so vor, als ob sie auch das Herz beruhigten.

Ich hatte einen meiner vollkommenen Träume. Ich war auf dem Meer und segelte unter dem geöffneten Sonnenschirm in einer leichten Brise dahin. Himmlisch das Meer, der Himmel, das Land – der Sonnenschirm rosa – das Boot blaßrosa.

Wenn ich nur meine Mutlosigkeit überwinden könnte! Aber wer wird mir dabei helfen? Nun da Ida nicht mehr da ist, habe ich mehr zu tun – alle meine Kleider und so fort wegzuräumen und wieder herauszunehmen, auch ein paar Schüsseln abzuwaschen. Die Anstrengung verzehrt meine letzten Kräfte. Gegen fünf Uhr bin ich erledigt und muß ins Bett.

Es ist ein sehr trüber Tag. Die Kanarienvögel singen. Ich habe die Erzählungen von Bunin gelesen. Er ist keine sympathische Seele, aber es tut gut, ihn zu lesen ... er reißt einen mit sich fort.

17. Februar. Ging zur *clinique.* Ich hatte das Gefühl, daß dort alles schief ging. Manoukhin war zerstreut und etwas ärgerlich. Donat ging über alles hinweg, wie gewohnt. Aber das hat nichts zu bedeuten. Mir kam es so vor, als stimme etwas nicht, oder als liege etwas Unangenehmes in der Luft. Das Dienstmädchen dort ist eine sehr schöne, dralle junge Frau mit einem bezaubernden Lächeln. Ihre Augen sind grau. Sie kräuselt das Haar zu einem kleinen Pony und trägt einen leichten grauen Schal, eine Schürze und ein Paar ziemlich hohe Stiefel; leichten Schrittes, mit der kleinen rundlichen Hand den Schal haltend, öffnet sie die Tür.

Die Schneiderin.
Einer der Vorteile, seine Kleider von Miss Phillips machen zu lassen, war, daß man durch den Garten gehen mußte, um ins Haus zu gelangen. Das war vielleicht der einzige Vorteil, denn Miss Phillips war eine sonderbare, launenhafte Schneiderin, die immer eine Überraschung bereit hatte, genauer, die einen immer mit den Ärmeln überraschte. Ärmel waren ihre Schwäche und ihr Schrecken. Ich glaube, sie betrachtete sie als kleine Teufel, die man bekämpfen, aber niemals überwinden konnte. Was das Oberteil betrifft, so konnte sie eine sehr gute Paßform machen, nachdem es zuerst in Zeitungspapier, dann in ungebleichtem Kattun und endlich im Futter angepaßt worden war. Sie verweilte gern und lange beim Oberteil, strich daran herum, glättete es, ging darum herum, wobei sie nach ihrer Gewohnheit leise zischte. Aber der von ihr gefürchtete Augenblick kam schließlich doch.
»Haben Sie die Ärmel zugeschnitten, Miss Phillips?«
»Ja, mein Fräulein. Ich – einen Augenblick, mein Fräulein. Bitte!«
Und mit einem halb verdrießlichen, halb verzweifelten Blick

wurde das seltsame, trichterförmige Ding dem Arm zum Hineinschlüpfen entgegengehalten.

»Das Armloch ist *sehr* eng, Miss Phillips.«

»Man trägt sie diese Saison sehr eng, mein Fräulein.«

»Aber so kann ich ja die Hand nicht bis zum Kopf hinauf heben.«

»Bis zum Kopf, mein Fräulein?« echote Miss Phillips, als ob sie zum erstenmal von diesem gymnastischen Kunststück gehört hätte. Schließlich heftete sie das Armloch neu und hob es an die Schulter.

»Aber nun ist der Ärmel viel zu kurz, Miss Phillips; ich wollte einen la-angen Ärmel . . . ich dachte an Spitzen über der Hand.« Spitzenärmel fand ich und finde ich noch immer äußerst romantisch.

»O, Miss!« Die winzige Schere machte schnipp-schnipp, wie ein Vögelchen an einem kalten Wintermorgen, schnitt eine braune Papiermanschetten aus, und Miss Phillips heftete sie mit zitternden Fingern, während ich die Stirn runzelte und in meiner Wut sogar Grimassen schnitt. Ihr Haar war so sonderbar. Es war grau und in kleinen Büscheln angeordnet. Es erinnerte an einen Kaminvorleger aus Schaffell. Und immer klebten Fäden, winzige Stoffreste und Flaum daran. Es hätte weniger gebürstet als gründlich gewaschen und aus dem Fenster geschüttelt werden müssen, dachte ich. Was ihre Person betrifft, so war Miss Phillips außerordentlich dünn, und so eng eingeschnürt, daß jeder ihrer Atemzüge knarrte, und in gefühlvollen Augenblicken tönte sie wie ein Schiff auf See. Sie trug beständig die gleiche schwarze, mit einer Krause besetzte Alpakaschürze und an der linken Brustseite – o, wie grausam, wie unheimlich erschien es mir! – ein straffes, kleines rotes Plüschherz, das überall mit Nadeln und Stecknadeln durchbohrt war, und mit ein paar bösartig aussehenden Sicherheitsnadeln, um tiefer zu stechen –

»Bitte sehr, mein Fräulein, während ich die Nadeln herausnehme . . .« Ihre kleine, harte Hand flog hinauf, ließ sich

hoch oben nieder, griff zu wie mit Klauen. Sie hatte eine dünne Nase, mit einem einzigen Tupfen Rot an der Spitze, als ob ein mutwilliges Kind sie im Schlaf bemalt hätte.
»Danke, Miss Phillips. Kann ich's bis Samstag haben?«
»Samstag, gewiß doch, mein Fräulein!« zischte Miss Phillips durch einen von Nadeln starrenden Mund.
Während ich mich vor dem hohen Spiegel anzog, der an der Seite Flecken hatte wie gefrorene Fingerabdrücke, machte ich mir ein Vergnügen daraus, das komische kleine Zimmer nochmals zu besichtigen. In der Kaminecke stand das mit rotem Satin überzogene »Modell«. Seine Festigkeit endete an den Hüften in Drahtringen, die einen an einen Schneebesen gemahnten. Aber was für ein »Modell« es war! Was für Schultern, welcher Busen – welche Kurven, und keine schrecklichen Arme, die mit Ärmeln bekleidet werden mußten, kein Kopf, an den man hinaufreichen mußte. Es war Miss Phillips Gott. Es war auch, stellte ich fest, eine perfekte Dame. So und nur so erscheinen perfekte Damen in der äußersten Intimität ihrer Wohnung. Aber vor allem war es gottähnlich. Ich sah Miss Phillips, wie sie allein und zerstreut ihre Stoffe auf diesem unerschütterlichen Altar verschwendete. Vielleicht sollte man ihr sogar ihre Fehler verzeihen. Sie waren alle Teil einer rasenden Opferwut ...

Es folgt eine weitere, Anfang Februar erstellte Liste von Erzählungen, die für einen Band gedacht waren, der auf »The Garden-Party« folgen sollte. Es ist bemerkenswert, daß nur zwei der Erzählungen, die in den Listen vom Oktober 1921 vorgesehen waren, noch immer in Betracht kamen: »The Major and the Lady« (vorher »Widowed«) und »Honesty« (vorher »Second Violin«). Zwei Geschichten auf diesem Verzeichnis wurden nachträglich abgehakt, offensichtlich, weil sie vollendet waren: »The Fly« und »Lucien«. Aber von »Lucien« ist nur das im Tagebuch enthaltene Fragment erhalten geblieben. Andere Erzählungen aus diesem Verzeichnis, von denen nur Fragmente existieren, sind: »The Mother«, »A Visit«, »Sisters«, »The New Baby«, »Confidences« und »Aunt Fan«.

Die vollständige Liste lautet wie folgt:

The Major and the Lady [Der Major und die Dame]
The Mother [Die Mutter]
The Fly [Die Fliege]
An Unhappy Man [Ein unglücklicher Mann]
Lucien
Down the Sounds [Den Sund hinab]
A Visit (The Lily) [Ein Besuch (Die Lilie)]
Sisters [Schwestern]
The New Baby [Das neue Baby]
Confidences [Vertraulichkeiten]
The Dreamers [Die Träumer]
Aunt Fan [Tante Fan]
Honesty [Ehrlichkeit]
Best Girl [Brautjungfer]
A Cup of Tea [Eine Tasse Tee] *[11. Januar 1922]*
Taking the Veil [Der Nonnenschleier] *[24. Januar 1922]*
The Doll's House [Das Puppenhaus] *[30. Oktober 1921]*

In das Tagebuch aufgenommen wurden Fragmente von »The »Mother«, »Lucien«, »Down the Sounds«, »A Visit«, »Confidences, »Sisters«, »The New Baby«, »Aunt Fan« und ein Bruchstück einer sonst nirgends erwähnten Geschichte: »Comme il faut«.

20. Februar. Beendete *The Fly.*

Die Mutter.

Es gibt Menschen auf dieser Welt, die keinen Deut darum geben, ob ihre Geliebte schön, hübsch, jugendlich oder reich ist. Nur etwas verlangen sie von ihr – daß sie lächle.

»Lächle! Lächle jetzt!« sagen ihre Augen, ihre Finger, ihre

Zehen und selbst ihre winzigen Jäckchen. Und die Quaste auf der Mütze des kleinen Jean, die viel zu groß war für ihn und ihm über das eine Auge hing, so daß es aussah wie bei einem Betrunkenen, sagte es am lautesten.

Jedesmal, wenn seine Mutter sich zu ihm niederbückte, um sie ihm zurechtzurücken, konnte sie kaum an sich halten, ihn aus dem Kinderwagen zu heben, ihn an sich zu drücken, zu pressen und ihre Wange an seiner weißen Wange zu reiben und ihm zu sagen, wie sehr sie ihn liebte.

Jeans Wangen waren blaß, weil er in einem Erdgeschoß wohnte. Wenn man seiner Mutter Glauben schenken wollte, war er aber ein ganz gesundes Kind, und auch brav und munter. Er hatte lustige, fast verschmitzte Äuglein.

»Lächle!« forderten Jeans Augenbrauen, die sich gerade erst zeigten.

An einem vollkommenen Frühlingsnachmittag machten er und seine Mutter sich auf den Weg zum Park. Es war sein erster Frühling. Vor einem Jahr war er natürlich noch viel zu klein gewesen – erst sechs Monate alt! –, um sich für längere Zeit im Freien aufzuhalten. Sogar jetzt fuhr ihn die Mutter nur gegen die schrecklichen Prophezeiungen der Großmutter und die feierlichen Warnungen der Nachbarn spazieren. Die frische Luft schwäche ein Kleinkind sehr, und die Sonne ist, wie jedermann weiß, sehr, sehr gefährlich. Man holt sich ein Fieber, wenn man sich in die Sonne setzt, oder eine Erkältung, und man bekommt tränende Augen. Jeans Großmama verstopfte ihre Ohren mit Watte und hüllte sich in einen zusätzlichen schwarzen Schal, bevor sie es wagte, sich ihren Strahlen auszusetzen. Sie schlug den Schal so um sich, daß er ihren Mund und ihre bleiche Adlernase verbarg, und zog schwarzwollene Fausthandschuhe über die baumwollenen. In dieser Aufmachung und mit einem schweren Seufzer lief sie eilends in die Bäckerei, und nachdem sie ebenso eilig nach Hause zurückgekehrt war, trank sie etwas Blaues aus einer Flasche – als besondere Vorsichtsmaßnahme . . .

Aber in Jeans Mutter war eine schlimme Unbekümmertheit. Zuerst hatte sie sich entschlossen, einen Kinderwagen zu kaufen, und sich einen gebrauchten angeschafft. Dann hatte sie es sich in den Kopf gesetzt, mit Jean in den Park zu fahren. Und da waren sie nun!

Es ist wunderschön im Park; der Frühling ist da. Der Flieder blüht, das frische Gras zittert im Licht, und die Bäume, deren zarte Blätter golden in der Sonne schimmern, stehen mit wie zum Segnen ausgebreiteten Ästen da.

Jean und seine Mutter gehen den Hauptweg entlang. Sie ist sehr stolz auf ihn, und sie ist stolz auf sich selbst, daß sie es fertiggebracht hat, ihn hierher zu bringen. Die Räder des Kinderwagens quietschen, und auch das freut sie, denn sie glaubt, daß jedermann es bemerken und dabei den kleinen Jean anschauen würde. Aber niemand bemerkt es. Mütter, Kindermädchen, Kinder, Liebespaare, Studenten strömen vorüber. Ein kleiner Junge zerrt an der Hand seines Großvaters. Dann sagt er: »Lauf!« Und sie wanken zusammen los. Es ist schwer vorherzusagen, welcher von den beiden zuerst umfallen wird.

Aber all das ist ein großes Geheimnis für den kleinen Jean. Er schaut zuerst auf eine Seite, dann auf die andre. Dann starrt er seine Mutter an, und diese nickt und sagt: »Kuckuck!« Aber wie kann »Kuckuck« irgend etwas erklären? Einen Augenblick lang fragt er sich, ob er nicht weinen solle. Aber es gibt nichts, worüber man weinen könnte – und so hüpft er statt dessen auf und ab und versucht, aus einigen der engen, heißen Mäntelchen und Decken auszubrechen, die ihn fast ersticken. Die Hitze im Kinderwagen ist schrecklich. Jean sitzt auf einer dicken Decke, ein breiter Riemen hält seine Beine gefangen, und auf beiden Seiten, zu seinen Füßen und hinter seinem Kopf, liegen große in Zeitungspapier gewikkelte Bündel mit Mutters Flickzeug.

»Bist du hungrig? Bist du hungrig, hungrig, hungrig?« fragt die Mutter, während sie den Kinderwagen zu einer Bank hinfährt und sich dort niederläßt. Jean ist nie hungrig. Aber er nimmt den Zwieback, den sie ihm anbietet, knabbert daran und starrt auf das Gras auf der andern Seite des niedrigen Zauns.

Lucien.

Luciens Mutter war Schneiderin. Sie lebte mit ihrem Sohn in dem Dorf mit der großen Kirche unten im Tal. Es war eine sehr große, eine riesige Kirche; sie hatte zwei Türme, die wie Hörner aussahen. An nebligen Tagen, wenn man den Hügel hinaufging und von oben herunterschaute und die große Glocke läuten hörte, wurde man an eine große blasse Kuh erinnert. Lucien war neun Jahre alt. Er war nicht wie andere Knaben. Zum einen hatte er keinen Vater, und dann ging er nicht zur Schule, sondern blieb den ganzen Tag zuhause bei seiner Mutter. Er war sehr zart. Als kleines Kind war sein Kopf so weich geworden, so weich wie Gallerte, daß seine Mutter ihn zwischen zwei Bretter hatte spannen müssen, um ihn vor Erschütterungen zu schützen. Jetzt war sein Kopf ganz hart, aber seine Form war etwas sonderbar, und die Haare waren sehr fein, eher wie Flaum als richtiges Haar. Aber Lucien war ein gutes Kind, freundlich und ruhig, und mit der Nadel war er so geschickt wie ein zwölfjähriges Mädchen. Die Kunden der Schneiderin achteten nicht auf ihn. Die großen, voluminösen Bäuerinnen, die in die Stube seiner Mutter zur Anprobe kamen, hakten ihre Mieder auf und standen da im Korsett, kratzten sich an den roten Armen und sprachen mit der Mutter, ohne auch nur einen Blick auf den Jungen zu werfen. Und man konnte sich auf ihn verlassen, wenn man ihn zum Einkaufen schickte. (Mit welchen Seufzern kramte die Mutter in den Falten ihres Unterrocks, zog ihre schäbige Geldbörse mit der Schnalle hervor und zählte und befingerte die Münzen, bevor sie sie in seine kleine Hand fallen ließ!) Man konnte sich darauf verlassen, daß er die großen, unhandlichen, von langen rostigen Sicherheitsnadeln zusammengehaltenen Papierbündel an den richtigen Adressen abgeben würde. Bei diesen Botengängen sprach Lucien mit keinem Menschen und hielt sich selten auf, um sich umzuschauen. Er trottete die Straße entlang wie eine Katze, wenn sie im Freien läuft, hielt sich dicht an den Zäunen, rannte in die Läden hinein und wieder hinaus. Er zeigte sich erst in voller Größe, wenn er sich auf der obersten Treppenstufe auf die Zehenspitzen stellen und nach dem hohen Türklopfer hinauflangen mußte. Er fürchtete sich vor diesem Augenblick...

Den Sund hinab.
Als der kleine Dampfer um die Landspitze bog und in die nächste Bucht gelangte, sahen sie, daß auf Putnam's Pier die Flagge wehte. Das bedeutete, daß Passagiere abzuholen waren. Der Kapitän fluchte. Sie hatten schon eine halbe Stunde Verspätung, und er konnte es nicht ertragen, die Fahrzeiten nicht einzuhalten. Aber die Flagge auf Putnam's Pier, kirschrot vor dem grünen Gebüsch, wippte lustig an diesem glänzenden Morgen, wie um zu zeigen, daß ihr des Kapitäns Empfindlichkeiten völlig gleichgültig waren.
Es warteten dort drei Personen und ein alter Schäferhund. Eine von den dreien war eine kleine alte Frau, nahe den siebzig vielleicht, sehr adrett und flink, mit etwas Lila in ihrer Haube und blaßlila Bändern. Sie trug ein in einen langen Schal gewickeltes Bündel, weiß wie ein kleiner Wasserfall. Neben ihr standen die jungen Eltern. Er war groß und breitschultrig, etwas linkisch in seinem steifen schwarzen Anzug, bananengelben Schuhen und hellblauer Krawatte. Sie sah weich und formlos aus in einem wollenen Mantel. Ihr Hut sah aus wie ein Kinderhut, mit seinem Kranz von Maßliebchen, und sie trug eine Tasche ähnlich der Schulmappe eines Kindes, die vollgestopft und mit einem Tuch bedeckt war.
Als der Dampfer näherkam, rannte der alte Schäferhund

vor und gab einen Ton von sich, der sich anhörte, als ob er anfangen wollte zu bellen, aber dann ging er in das Husten eines alten Hundes über, als wäre er zu dem Schluß gelangt, daß der kleine Dampfer das Bellen nicht wert sei. Das gerollte Tau wurde ausgeworfen, die Laufplanke wurde vorgeschoben, und darüber trippelte die alte Frau, eilig und mit zurückgeworfenem Kopf, wie ein achtzehnjähriges Mädchen.
»Danke, Herr Kapitän!« sagte sie und nickte keck wie ein Vöglein.
»Ganz zu Ihren Diensten, Mrs. Putnam«, sagte der alte Kapitän Reid, der sie schon seit vierzig Jahren kannte. Nach der alten Dame kam der Schäferhund, dann die junge Frau, die ganz verloren aussah, gefolgt von dem jungen Mann, der sich wegen irgend etwas schrecklich zu schämen schien. Er hielt den Kopf gesenkt und ging mit stocksteifen Schritten in seinen knarrenden Schuhen; und eine lange braune Hand zupfte immer wieder an seinem blonden Schnurrbart.
Der alte Kapitän Reid blinzelte den Passagieren freundlich zu. Er steckte die Hände in seine kurze Jacke und holte tief Atem, als wollte er anfangen zu singen. »Morgen, Mr. Putnam!« brüllte er. Und der junge Mann richtete sich mit ungeheurer Anstrengung auf und warf einen besorgten Blick auf den Kapitän. »Morgen, Kap'tän«, brummte er.
Kapitän Reid betrachtete ihn kopfschüttelnd. »Schon gut, mein Junge«, sagte er. »Wir alle haben das auch durchgemacht. Der Jim hier« – und er wies mit einer Kopfbewegung auf den Steuermann – »hatte Zwillinge das letztemal, nicht wahr, Jim?«
»Ganz recht, Kapitän«, sagte Jim und grinste über das ganze Gesicht. Der kleine Dampfer zitterte, stampfte und machte sich wieder auf den Weg, während der junge Mann, ohne jemanden zu grüßen, auf knarrenden Schuhen nach hinten ging. Die beiden Damen – sie waren die einzigen Frauen an Bord – setzten sich auf eine grüne Bank an der weißen Deckreling. Kaum hatten sie sich niedergelassen:

»So, Mutter, laß mich ihn jetzt haben!« sagte die junge Frau besorgt, aber ruhig. Sie warf die Tasche beiseite.

Aber Großmama wollte ihn nicht hergeben.

»Du sollst dich nicht so anstrengen«, sagte sie. »Er ist bei mir sehr gut aufgehoben.«

Welche Folter! Die junge Frau schluchzte fast.

»Gib ihn mir!« rief sie und zerrte ihre Schwiegermutter tatsächlich am Ärmel.

Die alte Frau war sich wohl bewußt, was die Jüngere fühlte. In ihren Wangen bildeten sich kleine Lachfalten. »O, du meine Güte!« rief sie aus, halb lachend, halb scheltend: »Was für eine Ungeduld!« Aber schon während sie das sagte, legte sie das Baby sanft, ganz sanft in die Arme seiner Mutter. »So, so«, sagte Großmama, gab sich einen Ruck und zerrte an der Schleife ihrer Haubenbänder, als ob sie froh wäre, endlich die Hände frei zu bekommen.

Es war ein köstlicher Tag. Es war einer jener Tage, so klar, so still, so ruhig, daß man fast das Gefühl hat, die Erde selbst sei stehengeblieben, aus Erstaunen über ihre eigene Schönheit.

Ein Besuch (Die Lilie).

Als der alte Mr. Rendall am Fenster saß, mit der Decke über den Knien, mit seiner Brille, dem zusammengefalteten Taschentuch und seiner Medizin, die Zeitung neben sich auf einem Tischchen – wie er so dasaß und hinausschaute, sah er eine große, fremde Katze auf den Zaun hüpfen und mit einem großen Satz mitten auf seinen Rasen springen. Der alte Mr. Rendall haßte Katzen. Die Erscheinung dieser so dreisten, so sorglosen Katze, wie sie da über seinen Rasen wanderte, schnupperte und an einem Grashalm kaute, als ob der ganze Platz ihr gehörte, erfüllte ihn mit Wut. Er bewegte die Füße in den Filzpantoffeln, seine Hände hoben sich, zitterten und ergriffen die Lehnen seines Sessels.

»Tss!« zischte er und starrte die Katze gehässig an. Aber es war ein schwacher, kaum hörbarer Laut. Die Katze konnte ihn natürlich nicht hören. Was konnte er tun? Seine gelblichen alten Augen blickten im Zimmer umher nach etwas, was er werfen könnte. Aber selbst angenommen, es wäre etwas dagewesen, eine Muschel auf dem Kaminsims, ein Briefbeschwerer aus Glas auf dem Mitteltisch, so wußte der alte Mr. Rendall doch, daß er es so wenig nach der Katze schleudern konnte wie die Katze nach ihm.

Ah, das verhaßte Biest! Es war eine große, getigerte Katze, mit dünnem Schwanz und einem runden, flachen Gesicht wie ein Rosinenplätzchen. Jetzt faltete sie die Pfoten und ließ sich genau dem Wohnzimmerfenster gegenüber nieder, und es war unmöglich, nicht zu glauben, daß ihr dreister Blick ausdrücklich auf ihn gerichtet war. Die Katze wußte, wie er sie haßte. Aber es war ihr völlig gleichgültig. Sie war in seine Welt gekommen, ohne zu fragen, und sie würde bleiben, solange es ihr gefiel, und gehen, wenn die Laune sie ankam.

Ein kalter Windstoß strich durch das Gras, blies in das Fell der Katze, schüttelte den Goldregenstrauch und wirbelte den Küchenrauch auf den steinigen kleinen Garten hinunter. Hoch oben in der Luft heulte und kreischte der Wind. Und es schien dem alten Mr. Rendall, daß auch der Wind gegen ihn und mit dem Kater verbündet war und dieses gellende Geheul eigens machte, um ihn zu ärgern.

Warum stellte Marie seinen Sessel immer in das Fenster? Ob die Sonne nun schien oder nicht, sie steckte ihn in das Fenster, als wäre er ein Kanarienvogel ...

»Nun ja«, seufzte Janet – sie seufzte immer, wenn es ans Abschiednehmen ging – »wenn wir den Zug erreichen wollen, müssen wir gehen.« Und sie hob das Kinn und begann die Haubenbänder neu zu knüpfen.

»Komm herunter, Susannah!«

Susannah rutschte den glatten Sessel herunter. Sie war froh, daß sie gingen.

»Ich schaue herein, wenn ich wieder vorbeikomme«, sagte Janet. »Gib die Hand, Susannah, und sage auf Wiedersehn ... Nein, nicht diese Hand – die andre.«
Das kleine Mädchen senkte den Kopf tief, als ob es sich bitterlich schämte, und schlich hinter der Großmutter hinaus.
Als sie gegangen waren, legte sich der alte Mr. Rendall auf das Roßhaarsofa. Er fühlte sich viel besser, entspannter, leichter, nachdem er die Lilie von ihrem Stengel gerissen hatte. Hm! Das blasse Blut summte in seinen Adern. Er legte das Taschentuch über sein Gesicht und dachte fast mit einem Kichern, daß doch noch Leben in dem alten Burschen sei.

Vertraulichkeiten.
»Weißt du, mein Liebes«, sagte Kitty, wie sie mitten im Salon stand und ihre weißen Handschuhe abstreifte, »dein Haus ist zu schön, um es in Worten beschreiben zu können. Wunderschön!« Sie war gerade angekommen, ein wenig atemlos, wie gewöhnlich, aber auf eine so reizende Weise, mit großen Augen und halbgeöffneten Lippen – die Parmaveilchen vorne an ihrem Kleid bewegten sich leise. »Ich weiß nicht, was es ist«, fuhr sie fröhlich fort, »aber man hat immer das Gefühl, es sei so lebendig«. Und mit rascher Bewegung wandte sie sich ihrer Freundin zu: »Du versteht mich doch? Fühlst du es nicht auch?«
Aber Eva, die sich eine Zigarette anzündete, gab nicht sofort eine Antwort. Sie zog an der Zigarette, atmete tief, und dann sagte sie auf etwas seltsame Weise, indem sie den Blick auf die glimmende Spitze der Zigarette richtete:
»Ja, gewiß, auch ich hatte früher dieses Gefühl.«
»Früher? Warum früher?« Jetzt, da Kitty die Freundin näher anschaute, hatte sie den Eindruck, daß Eva blaß war. Ihr Ausdruck veränderte sich (sie war eine wunderbar mitfühlende Frau), und indem sie die Hände zu den Veilchen erhob, sagte sie leise: »Dieses Wetter ist furchtbar ermüdend, nicht wahr?«

Eva setzte sich. Aber noch immer blickte sie die Freundin nicht an. Mit den Fingerspitzen preßte sie die Zigarette etwas zusammen und murmelte mit der gleichen unnatürlichen Stimme: »Ja, du hast recht... das heißt... ich bin heute noch nicht draußen gewesen. Ich habe es nicht bemerkt.«
Das kam Kitty so sonderbar vor, daß sie sich rasch vorbeugte und die Hand auf das seidene Knie ihrer Freundin legte: »Du bist doch nicht krank, mein Liebes?« fragte sie zärtlich.
Aber Eva wandte sich ebenso schnell ab. »O, bitte, rühre mich nicht an! Sei nicht zu lieb mit mir!« Und jetzt konnte kein Zweifel mehr bestehen. In ihren Augen waren Tränen, ihre Lippen zitterten. »Ich mache mich lächerlich. Ich... ich hätte heute nachmittag niemand empfangen sollen...«

(21. Februar 1922.)

Schwestern.
Gerade als sie das Tor erreichten, drehte sich Agnes um.
»Wohin willst du, Liebe?« fragte Gertrude schnell.
»Die Sonne brennt so, ich muß meinen Sonnenschirm holen.«
»O, gut! Bring meinen auch, bitte.« Und Gertrude wartete. In ihrem rosa Kleid, eine Hand auf dem halbgeöffneten Gartentor, kam sie sich vor wie ein Bild. Aber unglücklicherweise war niemand da, es zu bewundern, außer dem rotbackigen Metzger, der eben in seinem gelben Wagen vorbeifuhr. Nun, selbst ein Metzger ist jemand, dachte sie, als Agnes auf dem blauen Kiesweg zurückgerannt kam.
»Danke! Es ist schrecklich heiß! Ich hatte keine Ahnung.«
»Eine brütende Hitze«, sagte die brünette Agnes.
Und mit aufgespannten Sonnenschirmen segelten die beiden die Straße hinunter, zu den beiden Misses Phipps, um ihre neuen Abendkleider anzuprobieren. Da gehen sie, dachte Gertrude, und, da gehen sie, dachte auch Agnes – die Töchter reicher Eltern, jung und attraktiv, die eine blond, die andere brünett, die eine ein Sopran, die andre ein Alt, und

hatten all die wirklich aufregenden Dinge im Leben noch vor sich ... Und gerade in diesem Augenblick bog Major Trapp auf seinem großen Fuchs in die Straße ein und grüßte sie im Vorübertraben; und die beiden verneigten sich, reizend, anmutig wie zwei Schwäne.

»Er reitet früh aus«, sagte Gertrude.

»Sehr!« bestätigte Agnes.

»Ich habe den Hut doch nicht zu sehr in die Stirn gezogen?« fragte Gertrude besorgt.

»Ich glaube nicht«, antwortete die schalkhafte Agnes.

Zum großen Glück war die Straßenbahn leer. Die Schwestern hatten sie ganz für sich allein. Mit Hochgefühl setzten sie sich in eines der kleinen Holzabteile. Der Schaffner pfiff, der Fahrer schlug auf die Glocke, die dicken kleinen Pferde zogen an, und schaukelnd setzten sie sich in Bewegung. Lustig tanzten und wogten die rosafarbenen Fransen an der baumwollenen Sonnenblende, und fröhlich blitzte die Sonne unter dem gewölbten Dach ...

»Aber was im Himmel soll ich damit anfangen?« rief Gertrude, während sie mit übertriebener Verachtung und Abscheu auf den Blumenstrauß blickte, den der alte Herr Phipps so liebevoll geschnitten und gebunden hatte.

Agnes verzog das Gesicht und lächelte die überirdisch weißen und goldenen Lilien und die taubenblauen Kolumbinen an. »Ich weiß auch nicht. Du kannst ihn unmöglich mit dir herumschleppen. Er sieht aus wie das Brautbukett eines Barmädchens!« Und sie lachte und griff an ihr prächtiges, dichtgelocktes Haar.

Gertrude warf den Strauß auf den Boden und stieß ihn mit dem Fuß unter den Sitz. Gerade noch rechtzeitig, wie sich herausstellte ...

Das neue Baby.

Es war halb elf Uhr, als die Dampfjacht den Sund entlangfuhr und die Fahrt sich verlangsamte ... »Hallo!« rief jemand. »Wir halten an.« Einen Augenblick lang, und es schien ein langer Augenblick zu sein, schwiegen alle. Sie hörten das Plätschern der kleinen Wellen an dem fernen Strand, und der weiche, feuchte Atem des Windes strich sanft über die dunkle See. Und wenn man zum Himmel hinaufschaute, hätte man glauben können, die lustig funkelnden Sterne erzählten einander, die Jacht sei für die Nacht vor Anker gegangen.

Und dann: »Also los, ihr Mädchen!« rief der joviale alte Herr Bürgermeister. Und Gertrude Pratt begann auf dem kleinen, niedrigen Klavier *The Honeysuckle and the Bee* zu klimpern. Da die ganze Gesellschaft seit drei Wochen jeden Abend das gleiche Lied sang, war der Lärm beträchtlich, aber sehr vergnügt. Es war eine große Erleichterung, nach dem langen, glühendheißen Tag auf dem Oberdeck zu liegen und aus voller Kehle zu singen:

I love you dearly, dearly and I
Want you to love me . . .

Solche Dinge konnte man nicht aussprechen. Und doch fühlte man sie. Wenigstens die Damen. Nicht für irgendjemand Bestimmtes, sondern für alle und alles, sogar für die Lampe, die von der Deckmarkise herunterhing, für Tanner, den Stewardsgehilfen, der an der Gitarre zupfte. Liebe! Liebe! Man konnte ihr nicht entrinnen. Man konnte wohl vortäuschen, sich für andere Dinge zu interessieren, durch Ferngläser gucken, dem Kapitän oben auf der Kommandobrücke intelligente Fragen stellen, oder Frau Strutts wunderbare Stickereien bewundern . . .

Man fand köstliche kleine Muscheln an diesen Stränden, kleine grünblaue, spiralenförmige Korallen und winzige gelbe, wie Maiskörner.

Sie stellten ihnen Fragen, betrachteten alles sehr aufmerksam, aßen die Früchte oder was man ihnen sonst anbot, und machten Fotos. Wenn eine Schaukel vorhanden war – und meistens gab es eine altmodische Schaukel, die an einem Ast im

Obstgarten hing – ließen sich die Mädchen von den Herren anstoßen, und sie flogen in die Luft mit wehenden Gazeschleiern, während der Bürgermeister draußen auf der Veranda saß und mit dem Gastgeber plauderte und die älteren Damen irgendwo im Hause ruhig miteinander plauderten.
»Wir... meine Frau.. das heißt..« Aber es half nichts. Er begann zu lächeln, und es schien, als könnte er nicht lächeln... einfach... kindlich... ja. »Tatsache ist«, sagte er plötzlich, »unser erstes Kind stellte sich heute morgen um halb vier ein. Ein prächtiger Junge!«
Der Bürgermeister hielt inne und grub seinen Schirm in den Sand. Er begriff es nicht sofort. »Sie meinen – wurde geboren?« fragte er.
»So ist es«, sagte der andere und nickte.
»Großartig!« rief der Bürgermeister; er drehte sich um und rief nach seiner Frau. »Mutter! Sie haben ein neugeborenes Baby!«

Die Blumen im Garten *sehen danach aus.* Und auch die kleinen nassen Muscheln am Strand. Und auch das Haus. Alles scheint Frische zu atmen, Frieden. Ich denke besonders an jene Muscheln – sie sehen so naiv aus.

»Nimm sie«, sagte er leise. Er bückte sich, stöberte in den Blättern und begann, die Früchte aufzulesen.
»Hör auf! Hör auf!« rief sie entsetzt. «Es bleiben ja keine mehr übrig.«
»Warum?« antwortete er einfach. »Ich gebe sie dir gern.«
Und dann gingen sie weg und dachten: »Was für ein Leben!« Es ist ganz hübsch, hier ein paar Stunden auszusteigen, an einem so herrlichen Morgen, aber stell' dir vor, hier festzusitzen – Jahr für Jahr –, und nichts zu sehen als das Meer, und als größte Sensation, wenn man frisches Farnkraut für das Kaminfeuer findet! »Gott! Was für ein Leben!« dachten die Männer, während sie an Deck auf und ab schritten

und auf die Lunchglocke warteten, und: »Du liebe Güte, nicht auszudenken!« dachten die Damen und puderten ihre Nasen in den flachen Kajütenspiegeln. Und der Lunch in dem hellen Speisesaal, bei offenen Türen, während die Stewards in ihren Leinenjacken hin und her flitzten, war immer besonders gut hinterher ...

Aber diese Geschichte ist sehr schwer zu schreiben. Es ist schwierig, in Fahrt zu kommen.

(26. Februar 1922.)

Tante Fan.

»Hast du meine Kosmeen gesehen, Liebes? Hast du heute auf meine Kosmeen geachtet? Wirklich, obwohl es meine sind, muß ich sagen, daß ich noch nie etwas so Prächtiges gesehen habe. Alle Leute staunen darüber. Sie bleiben stehen, um sie zu bewundern. Es ist fast unglaublich, daß die Kinder sie nicht abreißen, nun, da sie über den Zaun hinausschauen. Diese malvenfarbenen –! Hast du schon jemals etwas so Zartes gesehen? Es ist auch eine so ungewöhnliche Farbe! Und wenn ich daran denke, daß all diese Schönheit aus einem Drei-Penny-Päckchen der D.I.C. gekommen ist ...«

Zart wie Schmetterlingsflügel flatterten die Blütenblätter der Kosmeen in der sanft bewegten Luft. Sie waren warm, weiß, malvenfarben, blaßrosa und zitronengelb. Und in dem Gartenbeet unter dem zarten Grün guckte noch immer das kleine, schmutzige, in einer Holzklammer steckende Samenpäckchen hervor. Kezia erinnerte sich an den Tag, als sie der Tante zugeschaut hatte, wie sie eine Ecke des Päckchens abriß, den Samen ausschüttete und dann die feine Erde vorsichtig festklopfte. Und danach waren sie beieinander stehen geblieben, so wie jetzt, hatten ins Leere geblickt, aber genau das gesehen, was sie in diesem Augenblick vor sich sahen ... Was war eigentlich der Unterschied? Es war zu schwierig zu verstehen. Sie sagte: »Sie sind wunderbar, Tante Fan.«

»Schau dir diese Hummel an, Kezia! Schau dir den großen samtigen Burschen an!«
Sie schauten ihm zu. Wenn er sich an eine der Kosmeen klammerte, neigte die Blüte sich, schwankte ein wenig, zitterte, schien ihn zu necken, und wenn er wegflog, bewegten sich die Blütenblätter, als lachten sie.
»Aber jetzt muß ich wirklich gehen, Tante Fan!«
»Einen Augenblick, mein Liebes. Ich hole schnell die Küchenschere und schneide ein paar Blüten ab, solange du da bist.«
Sie war im Nu wieder zurück, und bevor Kezia richtig begriff, was geschah, hatte die Tante schnell und verschwenderisch ihre größten, schönsten Blüten abgeschnitten.
»O, Tante Fan, was machst du da!« Kezia war entsetzt. »Hör auf! Ich möchte keine davon. Warum mußt du immer alles verschenken? Wir haben Millionen und Abermillionen Blumen zu Hause. Die Vasen sind erst gestern wieder gefüllt worden. O, Tante *Fan*!«
»Nur die hier, Kezia, nur diese kleine Auswahl für die Vase in deinem Zimmer.« Sie drückte sie Kezia in die Hand und preßte die widerstrebenden Finger zusammen.
»Sie blühen um so besser, wenn man sie beschneidet. Das weißt du.«
Ja, das war ein Trost. Kezia lächelte einer reizenden, halbgeöffneten Knospe zu, deren Blütenblätter aus der Mitte hervorschossen wie die Federn eines winzigen Federballs.
»Also auf Wiedersehn, Tante Fan.«
Sie wandte sich um. Tante Fan nahm sie in die Arme, hielt sie fest, schaute sie nur einen Augenblick lang aufmerksam und ernsthaft an, bevor sie ihr einen schnellen, leichten Kuß gab.

Comme il faut.
Genau im richtigen Augenblick, nicht zu früh und nicht zu spät, bog der große blaue Wagen, der genauso aussah wie alle die anderen, in das eiserne Tor ein, knirschte über den

feinen Kies und hielt unter einer riesigen Glasveranda an. Ihr Benehmen in diesem Augenblick und unmittelbar danach war vollkommen. Ohne Eile und sogar etwas widerstrebend stiegen sie aus. Sie stand da und blickte, ohne daß ihre blauen Augen irgendeinen Ausdruck verraten hätten, über die Köpfe der Menschen hinweg, die schon an den Gartentischen saßen; er sah etwas verächtlich und gelangweilt aus, als ob er entschlossen wäre, kein überflüssiges Getue der untertänigen, schmeichlerischen Kellner zu dulden.

Und mit einem leichten Lächeln blickte er in das lächelnde Gesicht seiner Frau. »Wo immer auch das Haus gewesen sein mag«, fügte er mit leiser Stimme hinzu.

1. Mai. O, was wird dieser geliebte Monat mir bringen?

3. Mai. Paris. Ich muß heute anfangen, für Clement Shorter zwölf »Krämpfe« von je zweitausend Wörtern zu schreiben. Ich dachte an die Burnells, aber nein, das geht nicht. Viel besser wären die Sheridans, die drei Mädchen und der Bruder, Vater, Mutter usw., mit einer langen Beschreibung von Megs Hochzeit mit Keith Fenwick am Ende. Nun, das ist die erste, die flügge geworden ist. Die Schwestern Bead, die auf Besuch kommen. Das weiße Leintuch am Boden, wenn das Hochzeitskleid anprobiert wird. Ja, die Einzelheiten stimmen. Die Hauptsache aber ist – Wo soll ich anfangen? Man möchte es natürlich schnell hinschreiben.
Meg spielte Klavier. Ich glaube nicht, daß es gut wäre, damit anzufangen. Ich glaube, Mutters Heimkehr sollte das erste Kapitel sein. Das andere kann später kommen. Und in dem Spiel-Kapitel möchte ich besonderes Gewicht legen auf die Frage: Welches ist das wahre Leben – jenes oder dieses – später Nachmittag, diese Gedanken – der Garten – die Schönheit – wie alles vorüberrinnt – und wie das Ende so rasch zu kommen scheint.

Und dann wieder ist da der süße Vogel – ich habe Vögel stets geliebt – Wo ist der kleine Bursche?

Was ist es, das einen so bewegt? Was ist dieses Suchen – so freudig – ah, so sanft! Und es scheint ein Augenblick zu kommen, da alles offenbar werden wird. Ja, das ist das Gefühl ...

Merkwürdig ist, daß ich mich nur erinnere, wieviel ich vergessen habe, wenn ich jenes Klavier höre. Der Kasinogarten, die blauen Stiefmütterchen. Aber, o, wie *soll* ich diese Geschichte schreiben?

Ein unabgesandter Brief.

Mir ist, als ob ich in diesem Hotel vor Anker gegangen sei. Die Wochen vergehen, und wir tun immer weniger und scheinen doch für nichts Zeit zu haben. Mit dem Fahrstuhl hinauf und hinunter, die Korridore entlang, hinein in das Restaurant und wieder heraus – es ist ein ganzes, komplettes Leben. Für jeden hat man einen Namen; man ist empört, wenn jemand »unseren« Tisch gekapert hat, und die kleinen, zerkratzten Frühstückstabletts flitzen unbemerkt ein und aus, und es kommt einem ganz natürlich vor, den schweren Schlüssel mit dem Messingplättchen und der darauf eingravierten Nummer 134 mit sich herumzuschleppen. Ich bin 134, und Murry ist 135.

Ach Liebes, ich hätte Dir so viel zu erzählen, worüber ich schreiben möchte. Auf Deinen letzten, bezaubernden Brief habe ich Dir zu lange nicht geantwortet. Ich wünschte, daß Du *fühlen* könntest, welche Freude mir solche Briefe bereiten. Wenn ich einen Deiner Briefe fertig gelesen habe, höre ich nicht auf, zu denken, zu wünschen, über ihn zu sprechen, ihm beinahe zuzuhören ... Bitte fühle, wisse, wie wert sie mir sind – soviel mehr, als ich sagen kann!

Ich muß Dir wegen *Ulysses*[1] antworten. Ich habe mich gefragt, was man in England dazu sagt. Ich brauchte fast vierzehn Tage, bis ich mich durchgearbeitet hatte, aber auf das Ganze gesehen bin ich *dagegen.* Ich nehme an, daß es der Mühe wert gewesen ist, wenn doch nichts umsonst sein soll ... aber es ist bestimmt nicht das, was ich von der Literatur erwarte. Natürlich gibt es darin erstaunlich schöne Dinge, aber ich verzichte lieber darauf, wenn ich einen solchen Preis dafür bezahlen muß. Nicht weil mich das Buch schockiert (obwohl ich furchtbar schockiert bin, aber das ist »Privatsache«; ich glaube, es wäre ungerecht, das Buch danach zu beurteilen), sondern einfach deshalb, weil ich nicht glaube ...

Zimmer 135.
Wer hätte es geglaubt – wer hätte es sich vorstellen können? Was für ein unglaubliches Wunder ist geschehen! Ich zittere, ich fühle mich ganz ... Aber ich darf mich nicht zu sehr aufregen; man muß die Dinge im richtigen Verhältnis sehen. Sei ruhig!
Ich kann nicht! Ich kann nicht! Nicht jetzt. Könntest du mein Herz fühlen! Es schlägt nicht sehr schnell, nicht »rasend«, wie man sagt, nein, es zittert nur – ein ungewöhnliches Gefühl – und wenn ich ganz ehrlich sein soll, ich sehne mich so sehr danach, niederzuknien. Nicht um zu beten. Ich würde kaum wissen wofür. Um zu sagen: »Vergib mir!« Um zu sagen: »Mein Liebling!« Aber ich würde weinen, wenn ich es aussprechen würde. Mein Liebling! Mein Liebling! Weißt du, daß ich noch nie einen Menschen so gut gekannt habe, um ihn so zu nennen? Ein schönes Wort, nicht wahr? Und man streckt die Hand aus, wenn man es sagt, um die andere gerade noch zu berühren. ... Nein, nein. Es ist verhängnisvoll, solche Dinge zu denken. Man darf sich nicht gehenlassen.

---

[1] Roman von James Joyce, 1922.

Da bin ich – wieder in meinem Zimmer. Ich möchte zum Fenster hinübergehen und es weit öffnen. Aber ich wage es nicht. Er könnte aus seinem Fenster schauen und mich sehen; es könnte gewollt erscheinen. Man kann nicht vorsichtig genug sein. Ich werde einstweilen bleiben, wo ich bin, bis meine – meine Erregung etwas abklingt. Nr. 134. Das ist meine Zimmernummer. Ich wurde mir erst in jenem Augenblick bewußt, daß ich noch immer den großen flachen Zimmerschlüssel in der Hand halte. Was ist seine Nummer? O, ich habe mich das so oft gefragt. Werde ich es jemals wissen? Warum sollte ich? Und doch, nach dem, was soeben geschehen ist...

Wenn man in jenem Moment ein Blitzlichtfoto gemacht hätte, oder wenn ein Feuer ausgebrochen wäre und wir uns nicht hätten bewegen können und nur unsere verkohlten Leichen gefunden worden wären, dann wäre es das Natürlichste von der Welt gewesen, zu glauben, wir seien – zusammengewesen. Wir müssen genauso ausgesehen haben wie andere Paare. Daß er die Zeitung las und nicht mit mir sprach, das schien es noch natürlicher zu machen...

Diese Zärtlichkeit, diese Sehnsucht. Dies Gefühl, auf etwas zu warten. Was ist es? Nimm dich zusammen! Und dann geht man aus, und da sind neue Blätter an den Bäumen, das Licht zittert im Gras, und überall ist eine zarte Bewegung.

Ich habe nie ein großes Talent besessen, mir Dinge vorzustellen. Manche Menschen haben eine so große Vorstellungskraft. Sie erfinden lange Geschichten über die Zukunft...

28. Mai. Es kommt mir jetzt so viel natürlicher vor als zu der Zeit, als ich das letzte Mal schrieb. Damals hatte ich das Gefühl, daß ich jeden Augenblick in meinen Käfig zurückgetrieben würde; und jedesmal, wenn ich ausging, fragte ich mich, ob ich würde wieder umkehren müssen. Es ist wunderbar, wie rasch man sich an Segnungen gewöhnt. An das Unglück gewöhnt man sich nie.

Ein unabgesandter Brief.
Mai. Nur ein paar Zeilen, um Dir zu sagen, daß J. und ich diesen Sommer so viel Arbeit vor uns sehen, daß wir uns entschlossen haben, in das Hotel d'Angleterre in Randogne zu ziehen, wenn wir hier (Ende dieses Monats) abreisen. Machst Du jetzt große Augen? Aber im Sommer, im Juni und Juli, war dieser Ort so schön, und ich kenne ihn. Ein Tag, um uns einzurichten, und ein Blick auf die Berge würden genügen, dann könnten wir arbeiten. Alle anderen Vorkehrungen wären zu kompliziert – Deutschland usw. Wir haben buchstäblich keine Zeit, einen neuen Ort zu suchen und anzupeilen. Und dann sind wir auch in der Nähe von Elizabeth. Den Winter werden wir im Beau Rivage in Bandol verbringen. Ich werde mich nun sofort nach einem Mädchen umsehen. Ich brauche einfach eines. Ich habe einfach keine Zeit, mich selber um alles zu kümmern, und ich kann Unordnung, wie Du weißt, nicht ausstehen. Ich werde in der *Daily Mail* inserieren. Vielleicht hält Jack diesen Herbst auch Vorlesungen in England, und deshalb hätte ich gern eine wirklich zuverlässige Person, die die Briefe zur Post bringt, und so weiter, und bei mir ist ... Sprich nicht zufällig von unseren Plänen, bitte.
Wir haben hier einen wirklich ausgezeichneten Pianisten. Er spielt fast den ganzen Tag, und man schreibt *zu* seiner Musik. Au revoir. K. M.

Im Mai verließ Katherine Paris, um den Sommer in der Schweiz zu verbringen. Sie hatte die Absicht, im Herbst nach Paris zurückzukehren und die Behandlung bei Dr. Manoukhin weiterzuführen, die ihr, von außen gesehen, gutgetan hatte.
Aber Katherine glaubte nie daran, daß sie an Auszehrung sterben würde, sondern an einem Herzversagen, und sie glaubte, die Behandlung hätte ihrem Herzen geschadet. Und, was tiefer ging, sie hatte allmählich die Überzeugung ge-

wonnen, daß ihre körperliche Gesundheit vom Zustand ihres Geistes abhing. Von nun an war ihr ganzes Streben darauf gerichtet, einen Weg zu finden, um »ihre Seele zu heilen«; und so entschloß sie sich schließlich zu Murrys großem Bedauern, die Behandlung aufzugeben, und zu leben, als sei ihre schwere körperliche Krankheit nur sekundär, ja sogar, soweit sie das konnte, als sei diese gar nicht vorhanden.

Juni, Randogne, Schweiz. Das Entzücken darüber, allein zu sein, ist, finde ich, nur schwer zu verstehen. Es ist wahr, wenn ich ganz für mich allein irgendwo unter einem Baum sitze, habe ich das Gefühl, daß ich es zufrieden sein könnte, *nie mehr zurückzukehren.* Was die »Angst« betrifft – sie ist weg. Eine Art von Gefühllosigkeit hat ihren Platz eingenommen. Was sein wird, wird sein. Aber das ist keine sehr nützliche Feststellung, denn ich habe sie nie erprobt.
Wäre ich gleichermaßen glücklich, wenn jemand bei mir wäre? Nein. Ich würde dann zu sprechen anfangen, und es ist viel besser, nicht zu sprechen. Oder wenn Jack da wäre, würde er ein kleines blaues Buch von Diderot öffnen, *Jacques le Fataliste,* und zu lesen anfangen, und das würde mich unglücklich stimmen . . . Warum zum Teufel den muffigen, mit Schnupftabak beschmutzten Diderot lesen wollen, wenn man dieses andere Buch vor Augen hat? Ich mag kein Bücher*wurm* sein. Wenn man ihm sein Buch wegnimmt, hebt sich der kleine blinde Kopf, wackelt, hängt ängstlich und hilflos im leeren Raum – bis er sich wieder verkriecht.
Einsamkeit: »O Einsamkeit, sei du meines traurigen Herzens Königin!« Das ist es nicht im geringsten. Mein Herz ist nur traurig, wenn ich unter Menschen bin, und dann bin ich viel zu erregt, um an Königinnen zu denken. (O, Himmel! Hier kommt eine wandelnde Tragödie – Madame mit einem ganzen Tablett voll Speisen! Und ich bat bloß um ein Sandwich, nur ein Sandwich!) Sie kam, wanderte umher, während ich

dasaß, und dann setzte sie sich neben mich und bedeckte ihre weißen Strümpfe mit ihrem großen schlaffen Blumenstrauß. Und sie redete ...

Die folgende Beschreibung bezieht sich auf eine Familie, die in einem kleinen Chalet in Randogne wohnte, das Katherine von ihrem Hotelzimmerfenster aus sehen konnte.

Ich habe diese große, schwere Frau beobachtet, die sich so grämlich bewegt, sich mit ihren Eimern und Besen abmüht, mittags und abends an die Türe tritt, um nach Mann und Kind Ausschau zu halten. Sie sieht weder traurig noch glücklich aus, eher resigniert und abgestumpft. Manchmal, wenn sie innehält und um sich schaut, ist sie wie eine Kuh, die eine Straße entlang getrieben wird, und manchmal, wenn sie sich aus dem Fenster lehnt und ihrem flinken Mann zuschaut, wie er so munter Holz spaltet, glaube ich fast, daß sie ihn haßt – und daß ihr Anblick ihm die Kehle zuschnürt.
Aber heute, am ersten schönen Tag, seitdem die Pensionsgäste eingezogen sind, sind diese spazierengegangen und haben ihr Baby dem Kindermädchen anvertraut. Eine »Wiege«, die aus zwei Strohkörben auf einem Holzgestell bestand, wurde an die Sonne gestellt und mit dem Baby *beladen.* Und dann verschwand das Kindermädchen.
Und jetzt kam meine Frau um die Hausecke. Sie blieb stehen. Sie schaute sich rasch um. Sie beugte sich über die Wiege und streckte dem Kindchen einen Finger entgegen. Dann schien es, als ob sie einfach überwältigt würde von der Lieblichkeit, dem Wunder dieses kleinen Wesens. Sie ging auf den Zehenspitzen rund um die Wiege, neigte sich darüber, schüttelte den Kopf, schnippte die Finger – zog an einem winzigen Ärmel, bestaunte die Grübchen auf den runden Ärmchen. Ihr kleines Töchterchen, in einem weißen Hut (den Pensionsgästen zu Ehren), kam herangetanzt. Ich stellte mir vor, daß die Mutter es fragte, ob es gerne einen kleinen Bruder hätte.

Und das kleine Mädchen war fasziniert, wie es kleine Kinder von noch kleineren sind.

»Küsse seine Hand«, sagte meine Frau. Sie sah zu, wie ihr Töchterchen mit ernster Miene das Babyhändchen küßte; und sie konnte es kaum ertragen, daß jemand anderes als sie das Baby berührte. Sie zog ihre kleine Tochter plötzlich weg...

Als sie endlich über sich brachte, wegzugehen, zitterte sie. Sie ging die Treppenstufen hinauf ins Haus, stand mitten in der Küche still, und es schien, als ob das Kind in ihr ihre Liebe spürte und sich bewegte. Ein schwaches, schüchternes Lächeln war auf ihren Lippen. Sie glaubte und sie glaubte nicht.

Gyp, ihr Hund, ist die unterwürfigste Kreatur, die man sich vorstellen kann. Es ist ein dicker braunweißer Spaniel mit einem dicken, runden Schwanzende, das jederzeit für jedermann wedelt. Seine Leidenschaft gehört dem Baby. Wenn ihm jemand einen Stecken wirft, rennt er los wie verrückt, um ihn zurückzuholen, und legt ihn neben die Wiege. Und wenn seine Herrin das Baby trägt, tanzt er wie toll um sie herum, mit so wahnsinnigem Entzücken, daß man es kaum glauben kann. Er *fühlt* sich als einer aus der Familie – ein Familienhund.

Sein Herrchen ist ein sehr alberner, eingebildeter Bursche mit einer langen dünnen Nase, einem Haarbüschel und langen, dünnen Beinen. Er geht langsam und hält sich vollkommen steif. Die Hände verbirgt er immer in den Taschen. Gestern trug er den ganzen Tag ein Paar blaßbauer Wollpantoffeln mit Quasten. Und es war offensichtlich, daß er sich in diesen Pantoffeln mächtig gefiel. Heute geht er in Hemdsärmeln umher und trägt ein himmelblaues Hemd, schwarze Samthosen und eine kurze Jacke. Ich bin sicher, daß er glaubt, er sei so ideal für das Landleben angezogen. Ah, wenn er bloß noch eine Flinte hätte, die er über die Schulter hängen könnte!

Als er nach Hause kam, ging er steif wie ein Stecken, die Hände in der Tasche, bis zur Eingangstür und *blieb dort stehen*. Er pochte nicht, gab kein Zeichen. In weniger als einer

Minute wurde die Tür geöffnet. Seine Frau hatte *gefühlt*, daß er da war.
(Welches Verlangen nach Sonne man hier hat!)
Der Freund ist ein schneidiger junger Mann in einem grauen Anzug und mit einer Mütze, die er immer sehr schief aufsetzt. Er nimmt seine Mütze nicht gern ab. Er gehört zu der Sorte von Männern, die sich auf Tischkanten setzen oder an Bartheken stehen, die Daumen in der Weste. Er kommt sich großartig vor. Er ist davon überzeugt, daß alle Mädchen in ihn verknallt sind, und es ist wahr, daß jedes Mädchen, sobald er es anblickt, zu kichern anfängt. Trotz seiner Unbekümmertheit geht er mit dem Geld sparsam um. Wenn er mit seinem Freund ins Dorf geht, um Einkäufe zu machen, hängt er im Laden herum, betastet alles, beschnuppert alles, *deutet* auf bestimmte Dinge *hin*, kehrt jedoch den Rücken und pfeift, wenn es ans Zahlen geht. Er glaubt, die Frau seines Freundes sei in ihn verliebt.
(Wenn der Hund angebunden wird, winselt er kläglich und schluchzt. Das hemmungslose Geheul *gefällt* ihnen.)
Die Frau ist klein, unordentlich, mit großen Goldringen im Haar. Sie trägt weiße Segeltuchschuhe und eine mit künstlichem Pelz garnierte Jacke. Sie verbringt den Tag am Seeufer. Sie sieht unzufrieden aus, unglücklich. Sie bringt bestimmt alles durcheinander.
(Der Hund ist wirklich ganz hysterisch.)
Sie haben ein kleines, etwa sechzehnjähriges Dienstmädchen, mit einem lockeren Zopf aus dunklen, strähnigen Haaren und einer silberumrandeten Brille. Sie geht auf schrecklich demütige, aber selbstzufriedene Art und Weise und schiebt den Bauch vor. Sie ist die *verkörperte* Demut. Wie sie den Kopf senkt und hinter ihrem Meister herläuft! Es ist furchtbar. Sie möchte sich unsichtbar machen und ungesehen vorbeigehen. »Schaut mich nicht an!« Und sie löscht sich selber aus. (Das muß ganz direkt gesagt werden.) Sie ist es, die das Baby versorgt. Wenn die andern weggegangen sind, herrscht

sie über das Kleine, hebt sein Kleidchen hoch und ihre Ausrufe klingen sehr selbstgefällig.
Das Baby ist in dem Alter, in dem Kinder einem über die Schulter hängen. Es hat noch keinen Halt und bläst den Speichel aus dem Mund in seinem kleinen blauen Musselinröckchen. Wenn es schreit, tönt es, als ob es gequetscht würde. Seine Füßchen in weißen Stiefelchen sehen wie kleine Teigsemmeln aus.
(Die Begeisterung des Hundes ist so groß, daß man ihm am liebsten einen Tritt geben würde. Wenn seine Leute nach Hause kommen, macht er verrückte Sprünge und will wissen, wann der Spaß beginnt. Es ist widerwärtig.)

Ein seltsames Stück Psychologie: Ich mußte heute in einer Vertiefung hinter den Büschen verschwinden. Und was ich tat, gab mir ein Gefühl von normaler Gesundheit, wie ich es seit Jahren nicht mehr gekannt habe. Es war niemand da; niemand kümmerte sich darum, ob ich mich wohl fühlte, das heißt, es gab in diesem Augenblick nichts, was mich von einem gewöhnlichen menschlichen Wesen unterschieden hätte.
Jede kleinste Bewegung dieses Vogels ist so großtuerisch – als ob er versuchte, so dick wie möglich anzugeben. Warum?
Um mit diesem *Alleinsein* fortzufahren – es ein wenig zu *verfolgen?* Könnte ich wohl . . .? In meinem Fall scheint das ganz von meinem Gesundheitszustand abzuhängen. Wenn ich gesund wäre und am Abend aufbleiben und bis etwa um elf Uhr schreiben könnte . . .
Durch die Bäume hinaufzuschauen in das ferne himmlische Blau.
Es ist allmählich später Nachmittag, und alle Geräusche sind sanfter, tiefer. Das Sausen des Windes in den Zweigen ist *nachdenklicher.*
Dies – dies ist das größte Glück, das ich je erleben werde. Ein größeres Glück, als ich jemals für möglich gehalten hätte. Aber warum ist es unvereinbar mit –? Nur deiner

Schwäche wegen. Es gibt nichts, das dich daran hindert, so zu leben. Weißt du denn immer noch nicht, daß der andere um so zufriedener ist, je tätiger dein Leben ist und je mehr du für dich bist? Was er unerträglich findet, ist der Mangel an persönlichem Spielraum. *Und so ist es auch bei dir.* Es kommt ihm vor, als ob er in einem luftleeren Raum, unter einer Glasglocke, lebe. Du klammerst dich an ihn, um ihm zu gefallen, bis er es nicht mehr erwarten kann, daß du gehst. Wie schlecht, wie dumm du dir das Leben einrichtest! Begreifst du denn nicht, daß ihr beide lange genug beieinander gewesen seid, daß es für Jahre ausreichen sollte, daß die einzige Art und Weise, euch zu erneuern und zu beleben, darin besteht, euch zu trennen? Nicht notwendigerweise *gewaltsam,* sondern so verständig wie möglich. Du bist die dümmste Frau, der ich je begegnet bin. Du wirst nie einsehen, daß alles von dir abhängt. Wenn du nicht die Initiative ergreifst, wird nie etwas geschehen. Der Grund, warum du es so schwierig findest zu schreiben, ist, daß du nichts lernst. Ich meine, was die Dinge angeht, auf die es ankommt – wie der Anblick dieses Baumes mit seinen purpurnen Zapfen vor dem blauen Himmel. Wie kann ich ausdrücken, daß Harz auf den Zapfen ist? »Mit Edelsteinen geschmückt?« *Nein.* »Mit Perlen besetzt?« *Nein.* »Sie sind wie Kristalle.« Muß ich? Ich befürchte es ...

Berghotel.

Hinter dem Hotel – *à deux pas de l'Hôtel* laut Prospekt – dehnt sich eine riesige Fläche eines sanft ansteigenden Rasens mit einzelnen Baumgruppen, Tannen und Fichten. Dahinter liegt der Wald, durchzogen von grünen Pfaden und rauhen, rasch stürzenden Bächen. Über dem Wald erhoben sich dunkelblaue, weißgestreifte Berge, und noch höher oben schwebte eine weitere silberhelle Bergkette in dem stillen, durchsichtigen Himmel.

Was konnte angenehmer sein nach dem langen, schrecklich

kalten Winter, als an einem schönen Frühlingsnachmittag draußen zu sitzen und zu plaudern, langsam, leise, behaglich? Es ist nichts geschehen, und doch scheint man sich so viel zu sagen zu haben. Im Winter kann man wochenlang existieren, ohne ein Wort mehr zu sagen, als unbedingt nötig ist. Aber jetzt, in der Wärme und im Licht, hat man ein solches Verlangen zu sprechen, daß man kaum warten kann, bis man an die Reihe kommt . . . Es war heiß in der Sonne. Tante Marie hatte sich eine Zeitung auf den Kopf gelegt, Tante Rosa ein Taschentuch. Aber der Vater der kleinen Anna, dessen Haare so dicht waren wie ein Pelz, wollte seinen Kopf nicht bedekken. Die drei saßen in einer Reihe auf Segeltuchsesseln vor dem hinteren Eingang zum Hotel, und die kleine Anna tanzte um sie herum, bald vor, bald hinter ihnen, bald von einer Seite zur andern, wie eine Mücke.

Die kleine Anna und ihr Vater waren mit der Seilbahn aus dem Tal heraufgekommen, um den Tag bei den Tanten zu verbringen, den Besitzerinnen des riesigen, luftigen Hotels mit den großen Fenstern, den Holzbalkonen und der Glasveranda. Wie? All dies gehörte diesen beiden unbedeutenden, kleinen, grauhaarigen Wesen in den schwarzen Wollkleidern? Sie selber schienen sich bewußt zu sein, wie furchtbar unangemessen das war, und sie beeilten sich, mit vertraulichem und fast ungläubigem Flüstern zu erklären, daß sie das Hotel geerbt hätten. Und da sie es niemals verkaufen oder verpachten konnten, hätten sie versucht, ihren Lebensunterhalt damit zu verdienen. Aber es kämen nur ganz wenige Gäste hier herauf. Für junge Leute sei es zu ruhig. Es gab keine Tanzdiele, keinen Golfplatz, nichts in aller Welt zu tun, als die Aussicht zu bewundern. Und Gott sei Dank seien sie noch nicht so tief gesunken! Und sogar für alte Leute sei es zu ruhig. Es gab keinen Arzt, keine Apotheke. Und was die Aussicht anging, so sei man versucht, zu wimmern – die Berge sähen so kalt aus, so grausam gefühllos . . .

Ich scheine jede Fähigkeit zum Schreiben verloren zu haben. Ich kann wohl in einer unbestimmten Art und Weise denken, und es scheint alles mehr oder weniger klar und der Mühe wert zu sein. Aber weiter komme ich nicht. Ich kann es nicht niederschreiben. Manchmal kommt es mir vor, als funktioniere mein Gehirn nicht mehr. Aber nein! Ich kenne den wahren Grund. Es kommt daher, daß ich noch immer an einer Art nervöser Erschöpfung leide, die von meinem Leben in Paris herrührt. Zum Beispiel die Sitzungen beim Zahnarzt. Wenn jemand anderes – jemand mit Einbildungskraft – erkannt hätte, was ich litt, dann hätte er auch gemerkt, daß ich wirklich am Ende meiner Kräfte war. Und dann die Anstrengung, weiterzumachen, meine Kleider zu bürsten, mich immer und immer wieder aufs neue abzumühen, und mit Miss Brett zu sprechen, hustend . . . Bogey war wirklich wunderbar. Aber ihm zuzuschauen, wie er alles tat, war fast so anstrengend, wie wenn ich es selber gemacht hätte. Und bedenke, wie ich auf andern Reisen umsorgt gewesen bin – es wurde mir alles erspart. Ich hatte nichts zu tun, als stillzuhalten. Diesmal fühlte ich mich allem ausgeliefert. Nebenbei gesagt, Tschechow fühlte genau die gleiche Enttäuschung. Und welcher Mensch, der mit einem Pessimisten zusammenlebt, würde sie nicht fühlen? Einen anderen Menschen in Gang zu halten ist tausendmal schwerer und ermüdender, als sich selbst in Gang zu halten. Und dann das stete Gefühl, daß alles auf *steinigen Boden* fällt. Nichts wird genährt, gehegt und gepflegt. Er hört zu. Es verleiht ihm ein schwaches Gefühl zu leben, und dann entschwindet es ihm, als ob es nie gewesen, und er . . . *(Juni 1922)*

Anfang Juli setzte Katherine den obenerwähnten Entschluß, von Murry getrennt zu leben, in die Tat um. Sie verließ Randogne und übersiedelte nach Siders (Sierre). Murry blieb in Randogne und besuchte seine Frau nur über die Wochenenden.

Die folgenden Erzählungsfragmente stellen Katherines vergebliche Versuche dar, schöpferische Arbeit zu leisten. Sie versuchte auch »The Doves' Nest«, eine Erzählung, die sie im Januar begonnen hatte, weiterzuführen, vergeblich. Die Erfahrung in Paris hatte sie völlig erschöpft.

Frühling in der Tyrell Street.

An einem schönen Frühlingstag, einem jener köstlichen, makellosen Morgen, da man das Gefühl hat, daß die himmlischen Hausmädchen voll Freude die ganze Nacht emsig gewesen sind, verschloß Mrs. Quill die Hintertür, das Fenster der Speisekammer und die Eingangstür und machte sich auf den Weg zum Bahnhof.

»Auf Wiedersehen, kleines Haus«, sagte sie, als sie das Gartentor hinter sich zumachte, und sie wußte, daß das Haus sie hörte und liebte. Es war nicht ganz leer. In ihrem Schlafzimmer schlief Chi-Chi in seiner Wiege seinen Morgenschlaf. Aber die Vorhänge waren zugezogen, und er war so wunderbar erzogen. Sie konnte sich darauf verlassen, daß er nicht erwachen würde, bis sie zurückkam.

Zu dieser Stunde sonnten sich all die kleinen Häuser an der Tyrell Street in dem strahlenden Licht; all die Kanarienvögel in *ihren* kleinen Häuschen, die in der Veranda hingen, zwitscherten, so laut sie konnten. Es war kaum zu fassen, wie die Kinder in ihren Kinderwagen, die die Veranden mit den Kanarienvögeln teilten, bei all dem Lärm schlafen konnten. Aber offenbar konnten sie's: sie gaben keinen Laut von sich. Der gewichtige hellgelbe Metzgerwagen fuhr eilig die Straße hinauf und hinunter, und an den Hintereingängen sah man den Bäckerjungen mit seinem Korb, den er wie eine große Muschel auf den Rücken geklemmt hatte, ein und aus gehen.

In der Nacht hatte es geregnet. Noch immer waren auf der Straße Pfützen zu sehen – wie zerbrochene Sterne. Aber der Fußsteig war schön trocken. Was für ein Vergnügen es war, auf dem hübschen, sauberen Weg zu gehen!

Die Sheridans.

Es war später Nachmittag, als Mrs. Sheridan, nachdem sie der Himmel weiß wie viele Besuche gemacht hatte, den Heimweg antrat.

»Gott sei Dank! Das wäre überstanden!« seufzte sie, als sie das letzte Gartentor hinter sich zumachte und ihr kleines chinesisches Kartenetui in die Tasche stopfte.

Aber es war noch nicht ganz vorbei. Obgleich sie nicht den leisesten Wunsch verspürte, sich an diesen Nachmittag zu erinnern, hatte ihr Geist offenbar beschlossen, daß sie ihn nicht vergessen sollte. Und so sah Mrs. Sheridan sich, während sie nach Hause ging, an Türen klopfen, durch dämmrige Dielen in große, farblose Besuchszimmer schreiten, hörte sich sagen »Nein, sie wolle keinen Tee, vielen Dank! Ja, sie sind alle wohlauf. Nein, sie hatten es noch nicht gesehen. Die Kinder werden heute abend hingehen. Ja, denken Sie bloß, er ist angekommen. Jung und gutaussehend dazu! Ein großer Vorzug! O, nein, auf keinen Fall! Sie war entschlossen, keines ihrer Mädchen heiraten zu lassen. Ganz unnötig, heutzutage, und ein solches Risiko!« Und so fort, und so fort.

»Was für ein Unsinn sind diese Besuche! Welche Zeitverschwendung! Ich bin noch nie einer Frau begegnet, die auch nur so getan hätte, als ob es ihr Spaß machen würde. Warum tut man's dann? Warum sollte man es nicht ein für allemal beschließen?

Zierorangen . . .« Und Mrs. Sheridan erwachte aus ihrem Traum und stand unter einem schönen Falschorangenstrauch, der an dem weißen Staketenzaun des alten Mr. Phillips wuchs. Die kleinen, schwammartigen Früchte – oder waren es Blüten? – leuchteten brennendhell in der Nachmittagssonne. »Sie sind wie kleine Welten«, dachte sie, indem sie durch die großen verschrumpelten Blätter hinaufschaute, und sie streckte die Hand aus und berührte eine der Früchte leicht. »Das Berühren der Dinge ist so seltsam, so anders, man kennt etwas eigentlich nicht, bevor man es berührt hat – wenigstens bei Blumen ist es so. Rosen zum Beispiel – wer kann an einer Rose riechen, ohne sie zu küssen? Und Stiefmütterchen, die kleinen Herzblättchen! Man beachtet sie lange nicht genug.« Nun war ihr Handschuh ganz gelb bestäubt. Aber das machte ihr nichts aus. Ja, sie freute sich sogar darüber. »Ich wünschte, du würdest in meinem Garten wachsen«, sagte sie bedauernd zu dem Falschorangenstrauch, und sie dachte weiter: »Warum ich Blumen wohl so sehr liebe? Keines der Kinder hat das von mir geerbt. Laura vielleicht. Aber selbst bei ihr ist es nicht dasselbe. Sie ist zu jung, um das gleiche Gefühl zu haben wie ich. Ich habe Blumen lieber als Menschen, abgesehen von meiner Familie, natürlich. Heute nachmittag zum Beispiel. Das einzige, was wirklich zählt, ist dieser Falschorangenstrauch.« (Aber das ist nicht ausführlich genug, auch nicht gehaltvoll genug. Ich glaube noch immer, daß zuerst eine Beschreibung der Zeit und des Ortes kommen sollte. Und erst dann sollte Licht auf die Gestalt von Mrs. S. fallen, wie sie nach Hause geht. Ich kann darüber in der Tat ziemlich viel schreiben – ich kann alles beschreiben – die Bäder, die Allee, die Menschen in den Gärten, den Chinesen unter dem Baum in der May Street. Aber in diesem Fall wird sie sich dieser Dinge nicht bewußt sein. Und das ist nicht gut. Sie müssen von ihr gesehen und gefühlt werden, während sie nach Hause geht ... Das Gefühl des Fließens, hinein in die Häuser und wieder heraus – des Gehens und Zurückkommens – wie Ebbe und Flut. Zu gehen und nicht zurückzukehren. Wie schrecklich! Der Vater im Ankleidezimmer – das vertraute Gespräch. Wie er ihre Haarbürste gebraucht – seine Leidenschaft für *haltbare* Dinge. Die Kinder, wie sie um den Tisch sitzen – das Licht draußen, das Silber. Ihre Gefühle, wie sie sie alle versammelt sieht – ihr Verlangen, daß sie immer *da*bleiben möchten. Ja, ich komme der Sache näher. Ich erinnere mich nun an S. W. und sehe ein, daß es mit Liebe geschrieben werden muß. Die Schwierigkeit liegt aber trotzdem darin, all dies in einem *Brennpunkt* zu vereinigen – den jungen Arzt einzuführen und ihn beständig immer näherzubringen, bis er endlich Teil der Sheridanfamilie wird, bis er endlich Meg entführt hat ... das ist keineswegs leicht ...)

Nun war ihr weißer Handschuh ganz gelb geworden. Aber das war gleichgültig. Sie freute sich sogar darüber. »Warum wächst du nicht in meinem Garten?« sagte sie bedauernd zu dem Zierorangenstrauch. Und sie dachte weiter: »Warum ich Blumen wohl so sehr liebe? Ich habe sie lieber als Menschen – abgesehen von meiner Familie, natürlich. Heute nachmittag zum Beispiel. Das einzige, was wirklich zählt, ist dieser Falschorangenstrauch. Ich meine, der einzige Augenblick, da ich das Gefühl hatte, mit etwas in Berührung zu kommen, war, als ich unter diesem Strauch stand. Diese Dinge sind sehr schwer zu erklären. Aber die Tatsache bleibt, daß ich niemals das Gefühl habe, jemanden zu brauchen – ausgenommen Claude und die Kinder. Wenn die übrige Welt morgen hinweggefegt würde.«

Komm zurück! Komm! Es war eine Qual für Mr. Sheridan, zu spät zu kommen, oder zu wissen, daß andere zu spät kamen. Es war immer so gewesen. Wie er mit seiner Frau im Garten plauderte – die Stille, das Gefühl der Leichtigkeit, die Schritte auf dem Kiesweg – die dunklen Bäume, die Blumen, die nachtduftenden Levkojen – welches Glück war es doch, hier mit ihm zu gehen! Was er sagte, war eigentlich nicht so wichtig. Aber sie fühlte, daß sie ihn in einer Weise für sich hatte wie bei keiner anderen Gelegenheit sonst. Sie fühlte sein *Wohlbehagen*, und obwohl er nie auf das schaute, was sie ihm zeigte, machte das nichts aus. »Sehr schön, Liebes!« war genug. Er machte stets Pläne, blickte immer in die Zukunft ... »Später möchte ich ...« Aber sie – sie kümmerte sich gar nicht darum; sie liebte nur die Gegenwart und lebte in ihr.

(Ich habe heute morgen über diese Geschichte nachgedacht. Ich glaube, ich weiß jetzt so viel darüber, wie ich überhaupt darüber wissen kann. So kommt es mir vor. Und wenn gerade jetzt das Wunder geschähe, würde ich hineingehen und es mir zu eigen machen. Schon das bloße Aufschreiben bringt alles näher. Es ist sonderbar, aber der bloße Akt, *irgend etwas zu schreiben,* hilft. Es scheint einem zu helfen, schneller vorwärtszukommen ... Aber ich habe so kalte Füße.)

Die Aufregung an jenem Morgen begann zuerst einmal damit, daß ihr Vater plötzlich beschloß, sie könnten am Ende doch Champagner haben. Was? Unmöglich! Mutter machte Spaß!

Eine hitzige Diskussion über dieses Thema hatte getobt, seit die Einladungen verschickt waren. Vater hatte die Sache verächtlich abgetan und sich geweigert, weiter zuzuhören, und Mutter hatte wie gewohnt, solange sie mit ihm zusammen war, seine Partei ergriffen: »Natürlich, Liebster, ich bin ganz deiner Meinung«; und sie hatte für die Kinder Partei ergriffen, als sie mit ihnen zusammen war: »Sehr unvernünftig, das kann ich wohl begreifen.« So daß die Kinder inzwischen die Hoffnung auf Champagner gänzlich aufgegeben und ihre ganze Aufmerksamkeit statt dessen auf die Möglichkeit einer Rheinweinbowle gelenkt hatten. Und nun hatte Vater ohne jeglichen Grund und ohne daß jemand etwas zu ihm gesagt hätte, nachgegeben – was ihm ganz ähnlich sah.

»Es war unmittelbar nachdem Zaidee den Morgentee hereingebracht hatte. Er lag auf dem Rücken und starrte an die Decke. Und plötzlich sagte er: ›Ich will nicht, daß die Kinder mich als Spielverderber betrachten wegen dieser Tanzerei. Wenn das für sie so wichtig ist, wenn es darum geht, ob die Sache mit oder ohne Schwung vor sich geht, nun, dann bin ich geneigt, ihnen den Champagner zu lassen. Ich werde ihn auf dem Weg zur Bank bestellen‹.«

»O, du meine Güte! Und was hast du gesagt?«

»Was konnte ich wohl sagen? Ich war überwältigt. Ich sagte: ›Das ist sehr freigebig von dir, Daddy, Lieber‹, und ich stellte den ganzen Teller mit den Butterbrotschnittchen auf seine

Brust. Als eine Art Opfergabe. Ich dachte, er hätte sie verdient. Und er mag die dünnen Butterbrotscheibchen so gern!«
»Seht ihr den Teller vor euch«, rief Laurie, »wie er sich auf seiner Brust leise hebt und senkt?«
Sie fingen an zu lachen, aber es war wirklich höchst aufregend . . . Der Champagner machte einen großen Unterschied – nicht wahr? Das bloße Gefühl, daß er da war, das machte einen ganz anderen . . . O, unbedingt!

4. Juli. Dies ist ein verheerendes kleines Notizbuch, ganz im alten Stil. Wie es mich bloßstellt!
Heute ist Dienstag. Seitdem ich M[ontana] verlassen habe, habe ich ungefähr eine Seite geschrieben. Die übrige Zeit scheine ich geschlafen zu haben. Natürlich sind dadurch die alten Befürchtungen wiedergekommen, daß ich nie mehr schreiben könnte, daß ich die Schlafkrankheit bekäme usw. Aber heute morgen hätte ich beinahe den ersten Zug getan, und heute abend habe ich das Gefühl, daß eine gewisse Zeit der Erholung vielleicht doch nötig war. Der Geist wurde erstickt durch die Anschwemmungen dieser schrecklichen Zeit. Ich schrieb heute an Kot[eliansky]. Das scheint die Dinge näherzubringen.
Erst jetzt fange ich wieder an zu sehen und die Schönheit der Welt wieder in mich aufzunehmen. Die Schwalben heute – ihr Flattern und Schlagen – die feinen, sich gabelnden Schwanzfedern – die durchsichtigen Flügel, wie Fischflossen. Das kleine dunkle Köpfchen und das im Licht golden schimmernde Brüstchen. Dann die Schönheit des Gartens und der geharkten Wege . . . Dann, Stille.
Ich möchte die Kanarienvogelgeschichte[1] gern morgen schreiben. So viele Ideen kommen und gehen. Wenn die Zeit dazu noch ausreicht, werde ich sie alle niederschreiben – wenn ich

[1] »The Canary«, K. M.s letzte Erzählung, die sie am 7. Juli beendete.

weiterhin nicht gestört werde. Die Geschichte über dieses Hotel wäre wunderbar, wenn ich sie schreiben könnte.[1]
Ich führe einen beständigen Krieg gegen kleine Täuschungsmanöver. Zerreiße das Notizbuch! Zerreiß' es, jetzt. Aber jetzt tue ich so, als ob ich Notizen über ein Buch mache, das ich schon gelesen habe und das ich verachte ...
Welch schrecklicher, entsetzlicher Quatsch!
Wenn irgendwo ein Buch zu lesen ist, ganz egal, wie schlecht es ist, dann muß ich es lesen. Ist das immer so gewesen? Ich kann mich nicht erinnern. Wenn ich zurückblicke, kommt es mir so vor, als hätte ich immer geschrieben. Sinnloses Geschwätz ist es. Aber es ist doch immer noch besser, dummes Zeug zu schreiben als gar nichts.

Katherine hatte eigentlich vorgehabt, am 20. August nach Paris zurückzukehren, um die Behandlung bei Dr. Manoukhin wiederaufzunehmen. Statt dessen entschloß sie sich Anfang August, nach London zu fahren. Am 8. August schrieb sie ihrem Mann einen Brief, der diesem erst nach ihrem Tod überreicht werden sollte. Am 14. August machte sie ihr Testament, und am 17. August reiste sie ab. Die Behandlung (eine Bestrahlung der Milz) wurde eine Zeitlang von einem Londoner Radiologen fortgesetzt; aber mit ihrem Herzen war sie nicht mehr dabei. Sie glaubte nicht länger an die Möglichkeit einer nur physischen Heilung. Die folgenden, rein formellen Eintragungen in ihrem Tagebuch, die in dieser Form zum erstenmal vorkommen, weisen offensichtlich darauf hin, daß sie sich vorwiegend mit ihrem inneren Problem beschäftigte.

4. September. Tee mit Papa.

5. September. O. [Orage.] Tee mit Mrs. Richmond.

[1] Die nicht beendete Erzählung »Father and the Girls« in »The Doves' Nest«, wo auch »The Canary« enthalten ist.

6. September. Webster. Zwölf Uhr.

7. September. Tee mit Papa und den Kindern.

8. September. Lunch mit Edward Garnett.

9. September. Suche nach der Strickweste. Kündigte Minnie.

10. September. Orage sieben Uhr dreißig hier.

12. September. Die Kinder zum Tee.

14. September. Lunch mit Papa. Sah Marion Ruddick. Lesung, 28 Warwick Gardens.

15. September. Webster um zwölf. Sah Dr. Sorapure. Schrieb Roma Webster.

16. September. Orage acht Uhr dreißig. Kot. um zwei.

17. September. Lunch mit Sydney und Violet [Schiff]. *Widerlich.* Die Kinder zum Tee.

18. September. Kot. um zwei.

19. September. Blumenshow mit Mrs. Richmond. Lunch ein Uhr dreißig, Belgravia Restaurant, Grosvenor Gardens. Vivian Locke Ellis und Sullivan kamen zum Nachtessen. Langweilig. Husten sehr lästig. Sah Webster.

20. September. Lunch mit Beresford um ein Uhr. Richard zum Tee. Sullivan zum Nachtessen.

21. September. Charlotte zum Tee. 146 Harley Street acht Uhr. Kot. am Nachmittag.

22. September. Lilian. Lunch mit Anne. Richard zum Tee.

23. September. Kot. drei Uhr.

24. September. Charlotte zum Tee.

Am 3. Oktober 1922 ging Katherine nach Paris, angeblich um die Behandlung bei Manoukhin fortzusetzen. Sie sagte, sie sei mit der versuchsweisen Behandlung in London unzufrieden gewesen. »Ich würde jedes Hotel in Paris, jede Pariser Umgebung in Kauf nehmen um Manoukhins willen«, schrieb sie Murry am 27. September. Dieser hatte jedoch den Eindruck, daß das nur ein Vorwand war und daß ihre wahre, obwohl vielleicht noch halb unbewußte Absicht war, mit dem Russen Georg Iwanowitsch Gurdjieff, der in Avon bei Fontainebleau ein »Institut für die harmonische Entwicklung des Menschen« leitete, in Verbindung zu treten. Am 16. Oktober ging sie in die Priorei von Avon bei Fontainebleau. Sie kehrte von dort nicht mehr zurück.

September. Mein erstes Gespräch mit Orage fand am 30. August 1922 statt.
Bei dieser Gelegenheit sagte ich ihm, wie unzufrieden ich mit dem Gedanken sei, daß das Leben etwas Geringeres sein sollte, als was wir uns »vorstellen« konnten. Ich hatte den Eindruck, daß das fast allen Leuten, die ich kannte oder auch nicht kannte, so ging. Kaum war die Jugendzeit, mit dem wenigen an Kraft und Antrieb, die für die Jugend charakteristisch sind, vorbei, so hörten sie auf zu wachsen. Gerade in dem Augenblick, da man fühlte, daß jetzt die Zeit gekommen sei, sich zusammenzunehmen, seine ganze Kraft einzusetzen, das Steuer zu ergreifen, erwachsen zu werden, schienen sie sich damit zu begnügen, ihren tiefsten Herzenswunsch gegen unzählige kleine Wünsche einzutauschen. Das Bild, das sich mir dabei aufdrängte, war das eines Flusses,

der in zahllosen dünnen Rinnsalen in einem dunklen Sumpf versickert.

Diese Menschen betrogen sich natürlich selber. Sie nannten dieses Versiegen – größere Toleranz, breitere Interessen, einen Sinn für Proportionen, damit die Arbeit einen nicht der Möglichkeiten des »Lebens« beraube. Oder sie nannten es ein Entrinnen aus Selbstbezogenheit und intellektuellem Suchen – eine einfachere und deshalb bessere Lebensweise. Aber früher oder später, wenigstens in der Literatur, hörte man einen Unterton tiefen Bedauerns heraus, etwas wie ein Unbehagen, das Gefühl, um etwas gebracht worden zu sein. Man hörte oder glaubte den Schrei zu hören, der seinen Widerhall im eigenen Sein fand: »Ich habe es verfehlt. Ich habe aufgegeben. Das habe ich nicht gewollt. Wenn das alles ist, dann ist das Leben nicht wert, gelebt zu werden.«

Aber ich *weiß*, daß dies nicht alles ist. Wie weiß ich das? Nehmen wir den Fall K. M. Sie hat, solange sie sich erinnern kann, ein typisch falsches Leben geführt. Und doch gab es, durch das alles hindurch, Augenblicke, Momente, in denen etwas aufschimmerte, in denen sie die Möglichkeit von etwas ganz anderem fühlte.

Wellensittiche: *Männlich* und weiblich. Männchen grüner Unterleib, Flügel mausgrau mit gelben Tupfen, breit an der Unterseite, allmählich sich verjüngend bis zu den Kopffedern, so schmal wie nur möglich. Gelbe Köpfchen: ganz zartes Blaßblau um den Schnabel herum und oben auf dem Schnabel. Beim Männchen sehr schöne schwarze Tupfen, pechschwarz unter dem Schnabel. Schwanz des Männchens blau. Weibchen gelb mit blaßgrünem Überwurf mit feinen Bleistiftstrichen. Der Vogel ist gelb, eher grüngelb. Männchen wühlt in seinem Rücken, findet ...

30. September. »Wissen Sie, was Individualität ist?«
»Nein.«

»Bewußtsein des Willens. Sich bewußt sein, daß man einen Willen hat und handeln kann.«
Ja, so ist es. Ein herrlicher Ausspruch.

3. Oktober. In Paris angekommen. Zimmer im Select Hotel, Place de la Sorbonne, für zehn Francs am Tag pro Person. Was hast du für einen Eindruck? Keinen bestimmten. Das Zimmer sieht aus, als ob man darin arbeiten könnte. Ich bin für L. M.[1] eine wirkliche Plage; sie ist bleich, mit dunkelumränderten Augen. Ich mißtraue meinen Reaktionen so sehr, daß ich kaum zu sagen wage, was ich von dem Zimmer usw. halte. Weiß ich es? Nicht wirklich. Nicht mehr als sie.
Ich dachte heute an M[urry]. Wir sind nicht mehr beieinander. Bin ich aber auf dem richtigen Weg? Nein, noch nicht. Ich schaue nur zu und mache andern etwas vor. Ich bin nicht mit Herz und Leib dabei. Ich komme mir wie eine kleine Schwindlerin vor . . . und das bin ich auch. Einer der K. M.'s tut es so leid. Natürlich tut es ihr leid. Sie muß sterben. Gib ihr *keine* Nahrung.
Oktober. Wichtig. Wenn wir anfangen, unser Versagen nicht mehr so ernst zu nehmen, so heißt das, daß wir es nicht mehr fürchten. Es ist von größter Wichtigkeit, daß wir lernen, *über uns selbst zu lachen.* Was Schestow einen »Anflug von leichtherziger Vertrautheit und Spott« nennt, hat seine Bedeutung.
Was wird aus Anatole France und seinem bezaubernden Lächeln werden? Verbirgt es nicht einen Mangel an Gefühl, wie Murrys Müdigkeit?
Das Leben sollte sein wie ein stetiges, sichtbares Licht.
Was bleibt von all den gemeinsam verlebten Jahren? Es ist schwer zu sagen. Wenn sie so wichtig waren, wie kommt es dann, daß nichts davon übrigbleibt? Wer hat *aufgegeben* und *warum?*

[1] Ida Baker begleitete K. M. auch auf dieser, ihrer letzten Reise.

Habe ich nicht die ganze Zeit gesagt, daß der Fehler darin liegt, daß man versucht, den Körper zu heilen und der kranken Seele überhaupt keine Beachtung schenkt? Gurdjieff behauptet, gerade das zu tun, wovon ich stets geträumt habe.

Der Ton einer Straßenpfeife, Hunderte von Jahren alt.

14. Oktober. Orage geht nach Paris.

Die folgende Eintragung hatte K. M. aus dem Tagebuch herausgerissen, um sie ihrem Mann zu schicken. Aber dann scheint sie es sich anders überlegt zu haben. Murry fand die Blätter nach ihrem Tode unter ihren Papieren mit der Überschrift: »Diese Seiten aus meinem Tagebuch. Laß sie Dich nicht betrüben. Die Geschichte hat ein glückliches Ende, wirklich und wahrhaftig.«

14. Oktober. Heute morgen habe ich nachgedacht, und jetzt habe ich das Gefühl, daß ich vielleicht Klarheit in die Dinge bringen kann, wenn ich versuche aufzuschreiben, ... wo ich stehe.

Seit ich nach Paris zurückgekehrt bin, bin ich so krank wie je. Gestern habe ich tatsächlich geglaubt, ich müßte sterben. Das ist keine Einbildung. Mein Herz ist so erschöpft und zusammengeschnürt, daß ich nicht weiter gehen kann als bis zum Taxi und zurück. Ich stehe um Mittag auf und gehe um halb sechs zu Bett. Ich nehme immer wieder einen Anlauf und versuche zu »arbeiten«, aber die Zeit dafür ist vorbei. Ich kann nicht arbeiten. Seit April habe ich praktisch nichts mehr getan. Aber warum? Obwohl die Behandlung bei Manoukhin mein Blut und mein Aussehen verbessert und tatsächlich eine gute Wirkung auf meine Lungen gehabt hat, ist mein Herz davon nicht im geringsten besser geworden. Und ich habe diese Besserung nur dadurch erlangt, daß ich im Victoria Palace Hotel das Leben einer Leiche geführt habe.

Mein Geist ist fast erloschen. Meine Lebensquelle ist am Versiegen, und es dauert nicht mehr lange, dann wird sie ganz ausgetrocknet sein. Mein verbesserter Gesundheitszustand ist fast nur Schein – Komödie. Was habe ich davon? Kann ich gehen? Nur kriechen. Kann ich etwas tun, mit meinen Händen, meinem Körper? Gar nichts. Ich bin wirklich hoffnungslos krank. Was ist mein Leben? Die Existenz eines Schmarotzers. Fünf Jahre sind nun vergangen, und meine Fesseln sind enger denn je.

Ah, ich bin durch das Schreiben schon etwas ruhiger geworden. Ich danke Gott, daß ich schreiben kann! Ich fürchte mich so sehr vor dem, was ich nun bald tun werde. Alle die Stimmen der »Vergangenheit« sagen: »Tu es nicht!« Bogey sagt: »M[anoukhin] ist ein Gelehrter. Er tut seinen Teil. Jetzt ist es an dir, den deinen zu tun.« Aber das nützt gar nichts. Ich kann meine Seele genauso wenig heilen wie meinen Körper. Noch weniger, glaube ich. Läßt sich etwa Bogey, der frisch und gesund ist, nicht durch ein paar Furunkel am Hals entmutigen? Denk an die fünf Jahre Gefängnis. Jemand muß mir helfen, daraus zu entkommen. Wenn dies ein Geständnis von Schwäche ist – dann ist es eben eines. Aber nur jemand mit einem Mangel an Einbildungskraft wird es so nennen. Und er wird mir helfen? Denk an die Schweiz: »Ich bin hilflos.« Natürlich ist er hilflos. Ein Gefangener kann einem anderen Gefangenen nicht helfen. Glaube ich an die Medizin allein? Nein, niemals. An die Wissenschaft allein? Nein, niemals. Es kommt mir kindisch und lächerlich vor, zu glauben, man könne geheilt werden wie eine Kuh, *wenn man keine Kuh ist.* Und all diese Jahre hindurch habe ich nach jemandem Ausschau gehalten, der meine Ansichten teilt. Ich habe von Gurdjieff gehört, der nicht nur der gleichen Ansicht zu sein, sondern unendlich viel mehr davon zu wissen scheint. Warum sollte ich zögern?

Angst. Angst vor was? Ist es nicht letzten Endes die Angst davor, Bogey zu verlieren? Ich glaube, das ist es. Aber, du lieber Himmel, schau doch den Dingen ins Auge. Was hast du jetzt von ihm? Was für ein Verhältnis habt ihr zueinander? Er spricht mit dir – manchmal – und dann geht er wieder. Er denkt zärtlich an dich. Er träumt von einem Leben mit dir, *eines Tages*, wenn das Wunder geschehen sein wird. Du hast für ihn die Bedeutung eines Traums. Nicht einer lebendigen Wirklichkeit. Denn du bist keine. Was habt ihr Gemeinsames? Fast nichts. Und doch ist da ein tiefes, süßes, zärtlich flutendes Gefühl in meinem Herzen, das Liebe zu ihm und Sehnsucht nach ihm ist. Aber was nützt das jetzt, so wie die Dinge stehen? Solange ich krank bin, ist ein gemeinsames Leben nur eine beständige Qual mit ein paar glücklichen Augenblicken. Aber ein Leben ist es nicht. Ich habe während meiner Krankheit (mit ein oder zwei verhängnisvollen Ausnahmen) versucht, ihn daran zu hindern, sich völlig darüber klar zu werden, was vor sich ging. Ich hätte versuchen sollen, ihn dazu zu bringen, daß er sich mit den Tatsachen auseinandersetzte. Aber ich konnte es nicht. Das Ergebnis ist, daß er mich nicht kennt. Er kennt nur die »Wig-der-es-eines-Tages-besser-gehen-wird«. Nein. Du weißt doch, daß Bogey und du nur eine Art Traum seid von etwas, was sein könnte. Und das, was »sein könnte«, kann nie, nie Wirklichkeit werden, wenn du nicht gesund bist. Und du wirst nicht gesund werden dadurch, daß du es dir »vorstellst« oder darauf »wartest«, oder indem du versuchst, das Wunder aus eigenen Kräften zu vollbringen.

Wenn also der Großlama von Tibet versprach, dir zu helfen – wie kannst du zögern? Wage es! Wage alles! Kümmere dich nicht länger um die Meinung anderer, um diese Stimmen. Tue, was für dich das Schwerste ist auf Erden: Handle selbständig. Sieh der Wahrheit ins Auge.

Es ist wahr, Tschechow hat es nicht getan. Ja, aber Tschechow ist tot. Und laß uns ehrlich sein. Wieviel wissen wir von Tschechow aus seinen Briefen? War das alles? Natürlich nicht. Glaubst du nicht, daß er ein ganzes Leben voller Sehnsucht hatte, von dem kaum ein Wort in den Briefen steht? Dann lies seine letzten Briefe. Da hat er die Hoffnung aufgegeben. Wenn man diese letzten Briefe aller Sentimentalität entkleidet, dann sind sie schrecklich. Es gibt da keinen Tschechow mehr. Die Krankheit hat ihn verschlungen.

Aber vielleicht ist all dies Unsinn für Menschen, die selbst nicht krank sind. Sie sind nie diesen Weg gegangen. Wie könnten sie verstehen, wo ich mich befinde? Um so mehr Grund, allein und mutig vorwärts zu schreiten. Das Leben ist nicht einfach. Trotz allem, was wir über das Geheimnis des Lebens sagen, möchten wir es letzten Endes wie ein Kindermärchen behandeln ...

Nun, Katherine, was verstehst du unter Gesundheit? Und wozu willst du sie?

Antwort: Unter Gesundheit verstehe ich die Kraft, ein volles, erwachsenes, lebendiges, atmendes Leben zu leben in enger Berührung mit allem, was wir meinen, wenn wir von der äußeren Welt sprechen. Ich möchte in sie eingehen, Teil von ihr sein, in ihr leben, von ihr lernen, alles hinter mir lassen, was angenommen und oberflächlich ist an mir, und ein bewußtes, unmittelbares menschliches Wesen werden. Ich möchte andere verstehen lernen, indem ich mich selber verstehe. Ich möchte alles sein, dessen ich fähig bin, so daß ich (und hier habe ich angehalten und gewartet und gewartet, aber umsonst – es gibt nur einen Ausdruck dafür) *ein Kind der Sonne werde*. Davon zu reden, anderen helfen zu wollen, ein Licht voranzutragen und so weiter, darüber auch nur ein Wort zu verlieren, wäre falsch. Möge das genügen: *ein Sonnenkind*.

Und dann möchte ich *arbeiten*. Woran? Ich möchte so leben, daß ich sowohl mit den Händen als auch mit dem Gefühl und dem Verstand arbeite. Ich möchte einen Garten, ein kleines Haus, eine Wiese, Tiere, Bücher, Bilder, Musik. Und aus alldem heraus, als Ausdruck davon, möchte ich schreiben.

(Auch wenn ich vielleicht von Droschkenkutschern schreiben werde. Darauf kommt es nicht an.)
Aber warmes, volles, lebendiges Leben – im Leben verwurzelt sein – lernen, wissen wollen, fühlen, denken, handeln. Das ist es, was ich mir wünsche. Und nichts weniger. Danach muß ich streben.
Ich habe dies für mich selber geschrieben. Ich werde jetzt wagen, es Bogey zu schicken. Er soll damit tun, was er will. Er muß sehen, wie sehr ich ihn liebe.
Und wenn ich sage »Ich habe Angst« – laß es dich nicht beunruhigen, liebstes Herz. Wir alle haben Angst, wenn wir in Warteräumen sitzen. Doch wir müssen darüber hinausgelangen, und wenn der andere Ruhe bewahren kann, dann ist das alle Hilfe, die einer dem andern zu geben vermag.
Wenn dich das aber beunruhigt, so zeig es doch Dunning? Ich habe Vertrauen zu Dunning, obwohl ich glaube, daß er dein Problem nicht wirklich gelöst hat. Zeige ihm auch das. Er wird verstehen.
Und all das klingt sehr eifrig und ernst. Aber nun, da ich es durchgekämpft habe, empfinde ich es nicht mehr so. Tief im Innersten bin ich glücklich. Mögest du auch glücklich sein. Am Montag gehe ich nach Fontainebleau, und am Dienstagabend oder Mittwochmorgen werde ich *wieder hier sein. Alles ist gut.*
Doktor Young, der Mann aus London, der sich Gurdjieff angeschlossen hat, hat mich heute besucht und mir über das Leben dort erzählt. Es klingt wunderbar einfach und gut und scheint das zu sein, was man braucht.

Oktober. Die Jardins du Luxembourg.
Ein ganz kleiner Eisenbahnzug mit einer hölzernen Signalpfeife kam angefahren. Er hielt an, pfiff und bewegte sich dann langsam vorwärts, mit einer wunderbar ausdrucksvollen Bewegung des rechten Arms. Die Menschen waren ohne jede Bedeutung. Er fuhr durch sie hindurch, an ihnen vorbei,

fuhr an ihnen entlang. Und dann fiel er seiner ganzen Länge nach hin. Aber zwei Herren hoben ihn auf, klopften ihm auf den Rücken, und gleich pfiff er wieder (eher länger als gewöhnlich) und fuhr wieder weiter ...

Eine kleine vogelähnliche Mutter mit einem Baby im Arm und an der Hand ein winziges Mädchen in einem Mäntelchen, das aus einem plissierten Rock geschneidert worden war, und mit einer rosa Schleife – sie sah aus wie rosa Flanell – auf dem hochgetürmten Haar. Ein sehr reiches Kind in einem weißen Kastorhut ging vorbei und verliebte sich in die rosa Flanellschleife. Als sein Kindermädchen nicht aufpaßte, blieb es zurück und ging neben seinem armen Schwesterchen her, schaute es verwundert an und hielt sorgfältig Schritt.

Eine kleine Person in einem rosaroten Hut ging vorüber und zog vorsichtig einen winzigen Puppenwagen hinter sich her. Er war so klein, daß sie ihn an einem Wollfaden ziehen mußte. Und natürlich fiel der Puppenwagen um, als sie einmal nicht aufpaßte und ruckweise an ihm zog. Etwa zwei Minuten lang zog sie ihn auf der Seite liegend weiter. Dann entdeckte sie den Unfall, rannte zurück, richtete ihn wieder auf und schaute sich sehr zornig nach allen Seiten um: *Bestimmt* hatte ihn irgendein unsichtbarer Feind absichtlich umgeworfen. Ihr kleiner, direkter, dunkler Blick war furchterregend. Sah sie jemanden?

Und dann plötzlich erhebt sich der Wind, und all die nackten Blätter fliegen so fröhlich, so eifrig und lustig dahin, als ob sie dankbar seien, daß sie noch nicht an der Reihe sind, um zu ...

15. Oktober. Nietzsches Geburtstag. Saß in den Jardins du Luxembourg. Kalt, elend und unglücklich. Widerwärtige Menschen beim Mittagessen, alles widerwärtig, vom Anfang bis zum Ende.[1]

[1] Deutsch im Text.

17. Oktober. Laubblätter. Die Vier Brunnen. Die rote Tabakfabrik. Englischer Hund. Der Leichenzug. Aktionen und Reaktionen. Die seidige Schale, wie die Innenseite einer Katzenpfote. »Liebling.«
Feuer ist Sonnenlicht und kehrt in einem unendlichen Kreislauf wieder zur Sonne zurück ... Er [Gurdjieff] sieht genau aus wie ein Wüstenscheich. Ich mußte immer wieder an Doughtys *Arabia* denken.
Wild begeistert oder todernst zu sein – beides ist falsch. Beides vergeht. Man muß sich einen immer gegenwärtigen Sinn für Humor bewahren. Es hängt ganz von dir selber ab, wieviel du siehst oder hörst oder verstehst. Aber Sinn für Humor ist, wie ich festgestellt habe, in jeder Lebenslage richtig. Jetzt verstehst du vielleicht, was »gleichmütig« bedeutet. Es bedeutet, sich nichts aus den Dingen zu machen, und seinen Geist nicht zur Schau zu tragen.

18. Oktober. In dem herbstlichen Garten fallen die Blätter. Das Geräusch kleiner Schritte, wie leises Geflüster. Sie fliegen, wirbeln, flattern, zittern.

November. Die folgende Liste von Wörtern und kleinen Sätzen, für welche sie den russischen Ausdruck suchte, gibt ein beredtes Zeugnis von den Beschwerden und Strapazen, die Katherine im Gurdjieff-Institut in Avon bei Fontainebleau wissentlich und willentlich auf sich nahm und ertrug.

Mir ist kalt.
Bringen Sie Papier, um Feuer anzuzünden.
Papier.
Glühende Asche.
Holz.
Zündhölzchen.
Flamme.
Rauch.

Stark.
Kraft.
Ein Feuer anzünden.
Kein Feuer mehr.
Weil das Feuer nicht mehr brennt.
Weißes Papier.
Schwarzes Papier.
Wieviel Uhr ist es?
Es ist spät.
Es ist noch früh.
Gut.
Ich möchte Russisch mit Ihnen sprechen.

Die Priorei von Avon bei Fontainebleau, wo Katherine die letzten Monate ihres Lebens verbrachte, war ein schöner Herrensitz im Stil des 17. Jahrhunderts, zuerst Karmeliterkloster, später ein Landhaus der Madame de Maintenon, der zweiten Gemahlin Ludwigs XIV. Die schöne Fassade schaute auf einen großen Park mit Alleen alter Bäume, die unmerklich in den Wald von Fontainebleau übergehen. Die den Park entlangführende Straße trägt heute den Namen »Rue Katherine Mansfield«.

Wie man an verschiedenen Stellen ihres Tagebuchs und ihrer Briefe sehen kann, war Katherine zu der Überzeugung gelangt, daß die Krankheit, an der sie litt, ihr vom Schicksal auferlegt worden war, damit sie Gelegenheit hätte, sich über bestimmte Fragen, die sie ihr ganzes Leben lang bedrängt hatten, Rechenschaft abzulegen. Wer bin ich? Was ist mein wahres Ich? Wo ist der feste Grund in mir? Diese und ähnliche Fragen klingen in ihren Briefen, in ihrem Tagebuch und in ihren Erzählungen immer wieder durch. Katherine war überzeugt, daß sie nicht nur körperlich, sondern vor allem geistig gesunden würde, wenn sie die Antwort auf diese Fragen fände. Nur in der Einsamkeit und unter der Führung eines überlegenen Geistes glaubte sie das ersehnte Ziel erreichen zu können.

In Georg Iwanowitsch Gurdjieff glaubte sie diesen geistigen Führer gefunden zu haben. Durch englische Freunde, besonders durch S. S. Koteliansky und A. R. Orage, wie durch die Lektüre des Gurdjieff-Schülers P. D. Ouspensky, hatte sie von den Lehren des russischen Denkers und Philosophen Kenntnis erhalten. Viele der Gedanken, die ihr hier begegneten, waren auch ihre Gedanken.

Durch ein einfaches, naturverbundenes Leben in körperlicher und geistiger Arbeit wollte Gurdjieff seine Anhänger zu körperlicher Gesundheit und geistiger Einsicht erziehen, wobei das Ziel das Erwachen aus einer illusorischen Existenz zur Selbstverwirklichung war.

Und wirklich fand Katherine in der Priorei von Avon jenes einfache, volle Leben, von dem sie so lange geträumt hatte. Ihre Briefe aus jener Zeit sind ein Zeugnis des endlich gefundenen Glücks. Es ist wohl möglich, sogar wahrscheinlich, daß die mit diesem Leben verbundenen Anstrengungen und Entbehrungen zuviel waren für ihre ohnehin schon sehr angegriffene Gesundheit. Auf jeden Fall aber war ihr tiefster Wunsch – ein wesentlicher Mensch zu werden – dort in Erfüllung gegangen.

Drei Wochen vor Weihnachten 1922 hatte Katherine ihrem Mann geschrieben, sie würde es vorziehen, ihn nicht vor dem nächsten Frühjahr wiederzusehen. Obwohl es ihr damals auch körperlich besser zu gehen schien, wollte sie ihn nicht vor ihrer vollständigen Wiederherstellung sehen. Am letzten Tag dieses Jahres jedoch lud sie ihren Mann ein, am 8. Januar 1923 nach Avon zu kommen und einige Tage bei ihr zu verbringen. Ob sie ahnte, daß ihre Tage gezählt waren?

John Middleton Murry traf am frühen Nachmittag des 9. Januar 1923 im Gurdjieff-Institut ein. Katherine kam ihm entgegen. Sie war sehr blaß, aber sie strahlte vor Glück. Sie schien ihm ein von Liebe verklärtes Wesen zu sein. Gemeinsam wohnten sie der Einweihung des neu eingerichteten Theatersaales im Gurdjieff-Institut bei. Am späten Abend saßen sie noch im Salon des Schlosses, um der russischen Musik zu lauschen. Es war etwa zehn Uhr, als Katherine sagte, sie sei müde. Zusammen gingen die beiden die große Treppe zum ersten Stock hinauf, wo ihr Zimmer lag. Plötzlich wurde Katherine von einem krampfartigen Hustenanfall ergriffen. Jack half ihr ins Zimmer. Der Husten steigerte sich zum Paroxysmus, und sie erlitt einen Blutsturz. Sie brach auf dem Bett zusammen und sagte, wie Murry berichtet, noch: »Jack... ich glaube ... ich werde sterben.« Jack rief sofort einen Arzt. Dr. Young, Katherines englischer Freund, und zwei andere Ärzte kamen unverzüglich. Aber ihre Bemühungen waren vergeblich.

Katherine Mansfield starb im Alter von vierunddreißig Jahren und drei Monaten und wurde auf dem Friedhof von Avon begraben. Auf dem Grabstein eingemeißelt steht ein Spruch aus Shakespeares Heinrich IV., den sie besonders liebte:

»Aber ich sage Euch, Mylord Narr, aus diesem Nesselbusch Gefahr
Pflücken wir die Blume Sicherheit.«

Bibliographische Hinweise

WERKE VON KATHERINE MANSFIELD

Collected Stories of Katherine Mansfield, London 1951.
The Journal of Katherine Mansfield, 1904–1922, Definitive Edition, ed. John Middleton Murry, London 1954.
Katherine Mansfield's Letters to John M. Murry, 1913–1922, ed. John Middleton Murry, London 1951.
The Garden-Party and other Stories, New York 1922.
Bliss and other Stories, New York 1921.
The Dove's Nest and other Stories, New York 1923.
The Little Girl and other Stories, New York 1924.
Poems, London 1930.
In a German Pension, London 1922.
The Aloe, London 1930.
Maxim Gorki, *Reminiscences,* Auth. Translation from the Russian by Katherine Mansfield and S. S. Koteliansky, London 1928.

DEUTSCHE ÜBERSETZUNGEN

Das Gartenfest, Erzählungen von Katherine Mansfield, Zürich 1953.
Seligkeit, Erzählungen von Katherine Mansfield, Zürich 1954.
Dein großes Herz, Erzählungen von Katherine Mansfield, Frankfurt 1959.
Katherine Mansfield, *Erzählungen und Tagebücher,* Zürich 1974.

ÜBER KATHERINE MANSFIELD

Alpers, Anthony: *Katherine Mansfield*, London 1954.
Berkman, Sylvia: *Katherine Mansfield, A Critical Study*, New Haven 1951.
Carco, Francis: *Souvenirs sur Katherine Mansfield*, Paris 1934.
Friis, Anne: *Katherine Mansfield, Life and Stories*, Kopenhagen 1946.
Schwendimann, Max A.: *Katherine Mansfield, ihr Leben in Darstellung und Dokumenten*, München 1967.
Lawrence, Frieda: *The Memoirs and Correspondence*, London 1961.
Glenavy, Lady Beatrice: *Today we will only gossip*, London 1964.

Personenverzeichnis

Alpers, Anthony, engl. Schriftsteller, Autor einer Biographie von K. M.

Amiel, Henri-Frédéric, 1821–1881, franz.-schweiz. Schriftsteller, Autor eines berühmten Tagebuchs, *Fragments d'un journal intime.*

Andersen, Hans Christian, 1805–1875, dän. Dichter und Märchenerzähler.

D'Annunzio, Gabriele, 1863–1938, ital. Romancier u. Dramatiker.

Austen, Jane, 1775–1857, engl. Erzählerin.

Baker, Ida (Pseudonym Leslie Moore, L. M.), Katherines lebenslange Freundin.

Barrie, Sir James, 1860–1937, schott. Dramatiker u. Romancier.

Bashkirtsheff, Marie, 1860–1884, russ. Malerin, bekannt durch ihr Tagebuch.

Beauchamp, Anne, geb. Burnell, K. M.s Mutter.

Beauchamp, Connie, Kusine von K. M.

Beauchamp, Sir Harold, Bankier in Wellington N. S., K. M.s Vater.

Beauchamp, Jeanne, K. M.s Schwester.

Beauchamp, Leslie Heron, K. M.s geliebter Bruder, im Ersten Weltkrieg umgekommen.

Beauchamp, Marie, K. M.s Schwester.

Boswell, James, 1740–1795, engl. Schriftsteller *(Life of Samuel Johnson).*

Boulestin, Marcel, engl. Schriftsteller und Verleger der Zeitschrift *Keepsake.*

Bowden, George, Gesangslehrer, K. M.s erster Mann.

Brawne, Fanny, Freundin und Braut von John Keats.

Brett, Dorothy, engl. Malerin, Freundin von K. M.

Brooke, Rupert, 1887–1915, engl., von patriotischen Gefühlen inspirierter Dichter, gefallen im Ersten Weltkrieg.

Bunyan, John, 1628–1688, englischer Prediger und Schriftsteller *(The Pilgrim's Progress).*

Butler, Samuel, 1612–1680, engl. Dichter, dessen Meisterwerk, *Hudibras,* eine burleske Satire gegen den Puritanismus ist.

Calderon, George, engl. Schriftsteller, Autor einer Tschechow-Biographie.

»Cäsar«, eigentl. Arnold Trowell, K. M.s Jugendliebe.

Campbell, Gordon, Rechtsanwalt, Freund von J. M. Murry.

Campbell, Beatrice, Gattin von George Campbell, Freundin von K. M.

Cannan, Gilbert, Studienfreund von J. M. Murry, Advokat in London. Er und seine Frau Mary blieben K. M. und J. M. Murry lebenslang eng verbunden.

Carco, Francis, 1886–1958, franz. Dichter und Romancier *(Jésus-la-Caille),* Freund von K. M.

Carroll, Lewis, Pseudonym von Charles L. Dodgson, 1832 bis 1898, Autor des berühmten Kinderbuchs *Alices Adventures in Wonderland.*

Chaucer, Geoffrey, 1340–1400, engl. Dichter, Autor der *Canterbury Tales.*

Chopin, Frédéric, 1809–1849, poln. Pianist und Komponist.

Coleridge, Samuel Taylor, 1772–1834, engl. Dichter, Kritiker u. Philosoph *(Kubla Khan, The Ancient Mariner, Shakespearean Criticism).*

Colette, Sidonie Gabrielle, 1873–1954, franz. Schriftstellerin, in erster Ehe verh. mit Henry Gauthier-Villars, genannt »Willy«.

Cramb (?), Lehrer von K. M. am »Queen's College« in London.

Curtis-Brown, berühmte literar. Agentur in London.

Defoe, Daniel, 1160–1731, engl. Erzähler u. Verfasser von wirtschaftspolit. u. sozialkrit. Schriften, Autor von *Robinson Crusoe* u. a.

De la Mare, Walter, 1873–1956, engl. Dichter, Freund von K. M. u. J. M. Murry.

Dickens, Charles, 1812–1870, engl. Romancier.

Diderot, Denis, 1713–1784, franz. Philosoph, Essayist u. Erzähler *(Jacques le fataliste),* Enzyklopädist.

Dostojewski, Feodor Michailowitsch, 1821–1881, russ. Romancier.

Dougthy, Charles Montagu, 1843–1926, engl. Dichter und Forschungsreisender *(Travels in Arabia Deserta).*

Dowson, Ernest, 1867–1900, engl. Dichter, Vertreter der sog. »Dekadenten«.

Dyer, Belle, K. M.s Tante.

Dyer, Marg. Isabella, geb. Mansfield, Katherines Großmutter mütterlicherseits, auf die K. M.s Schriftstellername zurückgeht.

»Eddie«, E. K. B., neuseeländ. Malerin und Illustratorin, Freundin der jungen Katherine.

»Elizabeth«, Pseudonym für Elizabeth, Gräfin Russell, Kusine von K. M., Autorin von *Elizabeth and her German Garden.*

Fergusson, J. D., schott. Maler u. Kunsttheoretiker, Freund Katherines und Murrys.

Dr. Foster, K. M.s Arzt in Ospedaletti.
Forster, Edward Morgan, 1879–1956, engl. Erzähler und Kritiker *(Howard's End)*.
France, Anatole, 1844–1924, franz. Romancier, Nobelpreisträger.
Fullerton, Jinnie, Katherines Freundin in Mentone.

George, W. L., 1882–1926, engl. Journalist und Schriftsteller, machte Katherine mit J. M. Murry bekannt.
Gladstone, William, 1809–1898, engl. Staatsmann.
Goodyear, Frederick, intimer Freund Katherines und Murrys, fiel im Ersten Weltkrieg Mai 1917.
Goethe, Johann Wolfgang, 1749–1832, deutscher Dichter u. Dramatiker.
Gorki, Maxim, 1868–1936, russ. Romancier u. Dramatiker.
Griffin, Hall, Lehrer Katherines am Queen's College.
Gurdjieff, Georg Iwanowitsch, russ. Philosoph u. Thaumaturg, Gründer des »Instituts für die harmonische Entwicklung des Menschen« in Fontainebleau.

Hardy, Thomas, 1840–1928, engl. Dichter, Romancier u. Dramatiker.
Heine, Heinrich, 1797–1856, deutscher Dichter.
Hill, Dr. Croft, Katherines Arzt in London.
Honey, Mrs., Katherines Zimmerfrau in Looe, Cornwall (1918).
Huguenot (?), Katherines Französischlehrer am Queen's College.

Ibsen, Henrik, norweg. Dramatiker, 1828–1906.
Jaloux, Edmond, 1878–1949, franz. Schriftsteller.
James, Henry, 1843–1916, amerik. Romancier, lebte lange in London.
Johnson, Samuel, Dr., 1709–1784, engl. Schriftsteller, Kritiker, Lexikograph, Autor eines berühmten engl. Wörterbuchs.

Keats, John, 1795–1821, engl. Dichter, einer der drei großen engl. Romantiker mit Byron u. Shelley. Starb 26jährig an Lungentuberkulose wie K. M.

Koteliansky, S. S., »Kot«, poln. Übersetzer, guter Freund von K. M.

Lamb, Charles, 1775–1834, engl. Schriftsteller, Essayist, Erzähler.

Lawrence, David Herbert, 1885–1930, engl. Romancier.

Lawrence, Frieda, geb. v. Richthofen, Frau des Obigen, Freundin von K. M.

Lloyd, George, David, 1863–1945, brit. Staatsmann.

Macdowell, Edward, 1861–1908, amerik. Komponist.

Manoukhin, H., Dr., Arzt in Paris. Behandelte K. M. mit Röntgenstrahlen.

Massingham, James, Redakteur der engl. Zeitschrift *The Nation*.

Meredith, George, 1828–1909, engl. Romancier.

Milne, Alan Alexander, 1882–1956, engl. Schriftsteller.

»Mimi«, Jugendfreundin Katherines.

Mirbeau, Octave, 1850–1917, franz. Romancier u. Dramatiker.

Montaigne, Michel de, 1533–1592, franz. Philosoph u. Essayist.

Moore, George, 1852–1933, irischer Dichter, Romancier u. Dramatiker.

Moore, Thomas, 1779–1852, anglo-irischer Dichter.

Morris, William, 1834–1891, engl. Dichter u. Maler.

Murry, John Middleton, 1889–1957, engl. Kritiker u. Schriftsteller, Katherines geliebter Mann.

Murry, Richard, Maler, Bruder des Obigen.

Nietzsche, Friedrich, 1844–1900, deutscher Philosoph.

Orage, A. R., Verleger, Freund Katherines, Herausgeber der Zeitschrift *The New Age*, in welcher K. M.s erste Erzählungen erschienen.

Orton, William, engl. Schriftsteller, Autor von *The Last Romantic.*

Ouspensky, P. D., Autor von *Cosmic Anatomy.*

Pasteur, Louis, 1822–1895, franz. Biologe; schuf die Grundlagen der mod. Bakteriologie.

Pater, Walter, 1839–1894, engl. Schriftsteller.

Pinker, literar. Agentur in London.

Pope, Alexander, 1688–1744, engl. Dichter und Essayist, Übersetzer, Herausgeber der Werke Shakespeares.

Prowse, R. O., engl. Schriftsteller *(A Gift of the Dusk).*

Rendall, Dr., Arzt in Mentone (1920).

Rice, Anne Estelle, amerik. Malerin, Freundin von K. M.

Robins, Elizabeth, engl. Schriftstellerin *(Come and Find Me).*

Robinson, Henry Crabb, 1775–1867, engl. Schriftsteller, machte sich um die Vermittlung dt. Schrifttums verdient und hinterließ ein kulturgeschichtlich wertvolles Tagebuch.

Rossetti, Dante Gabriele, 1828–1882, engl. Dichter und Maler.

Sadlair, Michael, Studienfreund J. M. Murrys u. Mitbegründer der Zeitschrift *Rhythm.*

Santayana, George, 1863–1952, amerik. Philosoph span. Herkunft.

Schestow, Leo, 1866–1938, russ. Philosoph.

Schiff, Sidney, engl. Schriftsteller, Freund der Murrys.

Shaw, George Bernard, 1856–1950, anglo-irischer Dramatiker.

Shakespeare, William, 1564–1616, größter engl. Dramatiker.

Sheehan, Patrick, Kutscher u. Gärtner in Chesney Wold, Karori, N. S., wo Katherine einen Teil ihrer Jugendjahre verbrachte.

Shelley, Percy Bysshe, 1792–1822, engl. Dichter.

Sheridan, Richard Brinsley, 1751–1816, engl. Dramatiker.

Shorter, Clement, Redakteur der engl. Zeitschrift *Cassell's Magazine.*

Sienkiewicz, Henryk, 1846–1916, poln. Romancier *(Quo Vadis?)*

Sorapure, Dr., Victor, K. M.s Arzt in London, den sie sehr verehrte.

Spahlinger, Dr., Henry, Genfer Arzt. Die von ihm entwickelte Behandlung der Tb. bestand in der Injektion eines Serums aus abgeschwächten tierischen Tuberkeln.

Spenser, Edmund, 1552–1599, engl. Dichter *(The Faery Queen).*

Stevenson, Robert Lewis, 1850–1894, schott. Dichter u. Romancier.

Stephani, Dr., R., Spezialarzt für Lungenkrankheiten in Montana.

Symonds, John Addington, 1840–1893, engl. Dichter, Übersetzer u. Historiker.

Temple, Sir William, 1628–1699, engl. Essayist u. Politiker.

Thackeray, William M., 1811–1863, engl. Romancier.

Tolstoi, Leo, 1828–1910, russ. Schriftsteller.

Tomlinson, Henry, Major, 1873–1958, engl. Romancier, Freund von K. M.

Trowell, Arnold, »Cäsar«, Cellist, Katherines Jugendliebe.

Trowell, Garnet, Violinist, Freund von K. M., Vater ihres totgeborenen Kindes.

Tschechow, Anton, 1860–1904, russ. Schriftsteller u. Dramaker, den K. M. sehr verehrte; starb wie sie an Tb.

Turgenjew, Iwan Sergejewitsch, 1818–1883, russ. Schriftsteller.

Twain, Mark (Samuel Langhorn Clemens), 1835–1910, amerik. Schriftsteller.

Vaihinger, Hans, 1852–1933, deutscher Philosoph, Begründer der Philosophie des »Als Ob«.
Van Gogh, Vincent, 1853–1890, holländ. Maler.
Velazquez, Diego de Silva, 1599–1660, span. Maler.
Verlaine, Paul, 1844–1896, franz. Dichter.

Whitman, Walt, 1819–1892, amerik. Dichter.
Wilde, Oscar, »O. W.«, 1854–1900, engl. Dichter u. Dramatiker.
Wordsworth, Dorothy, 1771–1855, Schwester von William Wordsworth und fünfzig Jahre lang seine ergebene Gefährtin und Mitarbeiterin, berühmt sind ihre Briefe und Tagebücher.
Wordsworth, William, 1770–1850, engl. Dichter.
Wyllarde, Dolf, engl. Schriftsteller.

Zossima, russ. Mönchspriester in Dostojewskis *Die Brüder Karamasow*.